现代城市社会与文化丛书

乡土上海

都市内的村落延续与内生

张文明　邓辰辉　编著

XIANGTU SHANGHAI
DUSHINEI DE CUNLUO YANXU YU NEISHENG

中国社会出版社
家一级出版社・全国百佳图书出版单位

图书在版编目（CIP）数据

乡土上海：都市内的村落延续与内生 / 张文明，邓辰辉编著．—北京：中国社会出版社，2017.1
ISBN 978－7－5087－5538－0

Ⅰ.①乡…　Ⅱ.①张…②邓…　Ⅲ.①农村调查—社会调查—上海　Ⅳ.①D668

中国版本图书馆 CIP 数据核字（2017）第 014965 号

书　　名：乡土上海——都市内的村落延续与内生
编　　著：张文明　邓辰辉

出 版 人：浦善新
终 审 人：李　浩
责任编辑：陈　琛　　**责任校对：**丁　一

出版发行：中国社会出版社　**邮政编码：**100032
通联方法：北京市西城区二龙路甲 33 号
电　　话：编辑室：（010）58124835
邮购部：（010）58124864
销售部：（010）58124845
网　　址：www. shcbs. com. cn
shcbs. mca. gov. cn
经　　销：各地新华书店

中国社会出版社天猫旗舰店

印刷装订：中国电影出版社印刷厂
开　　本：170mm×240mm　1/16
印　　张：25.75
字　　数：400 千字
版　　次：2017 年 2 月第 1 版
印　　次：2017 年 7 月第 2 次印刷
定　　价：50.00 元

中国社会出版社微信公众号

总 序

“城市”作为人类文明的载体一直是社会学关注的重要议题，可以说，社会学学科在很大程度上是基于对近代城市社会与文化剧烈变革的极度关注而逐步形成和发展起来的。从某种意义上说，社会学学科的命运与现代化背景下的城市发展的命运一样，它们是在互为哺育中紧密伴随而共同成长的。

然而，现代城市社会与文化却处处充满着各种不平衡的张力，犹如现代性本身所蕴含的内在矛盾和张力一样，现代城市社会与文化也一直充斥着各种难以厘清的问题甚至矛盾。在城市里，有生存的机会，有自律、理性，但也有生存的压力，人们必须要学会独立、自助；在城市里，人们获得了独处的机会，但却必须同时承受孤独与冷漠；在城市里，人们有了现代文明创造的一切便利，但所有的设施和服务几乎都是通过金钱与人们发生关系，经济关系虽会使人们变得理性，但也会变得更加无情。当初，那些为了摆脱传统乡村“束缚”而到城市中寻找“自由”的人们，如今却必须学会适应这个“陌生”和“无奈”的社会。因此，现代城市及其所表现出来的种种特性已不仅仅是一种社会现象，也是一种文化现象。作为表征人类联系的某种具体形式，城市本身就蕴含着人类社会与文化的种种关联性，是人类物质生活和精神文化世界的交汇地，也是各种社会与文化现象的演绎场所与流动的空间。可以说，现代城市到处都充满着魅力、迷惑甚至矛盾，或许正因为如此，它也吸引着越来越多研究者的目光和兴趣。

近一二十年来，在中国经济快速增长和社会高速转型的大背景下，城市作为现代社会中的经济“增长机器”，正在迅速催生中国“城市奇迹”的出现，已经有越来越多的中国城市进入了世界500强城市之列。与此同时，城市社会的不满情绪普遍增加，社会与文化危机事件接连而起，呈现出高频次、多领域、大规模的态势。以当前中国许多城市普遍追求的城市化为例，自改革开放以来，城市化就成了现代性张扬的一个极好的展示舞台，在“经济增长”和“GDP主义”的狂热追逐下，城市化自然充当了发展主义的排头兵，并在人类历史较短的时期内就创造了一个一个的“城市奇迹”，完成了对整个世界的改造——把一块块恬静幽雅的田园变成了拥挤不堪的热土。直到现在那些没有很好地实现城市化的地区还在后悔当初没有抓住机遇，希望自己能够急起直追，用城市化来彻底改变自己落后的命运。这种城市的经济奇迹与社会文化危机并存的独特现象不仅极大地影响到中国城市的经济社会发展与公共治理，还将对城市基层社会的政治生态和文化体验产生巨大的挑战。毫无疑问，这种“城市奇迹”与城市社会文化危机并存的现象已经成为一个极为重要且急需探究的理论议题与现实问题，也亟待城市社会学者和文化学者的高度关注和重视。因此，我们不仅必须时刻保持自身对“现代城市社会与文化”的想象力和洞察力，而且还应当始终培养一种实践品格，以积极的姿态介入城市的日常生活之中，用“社会学的想象力”直面中国城市社会的重大公共议题，参与公共辩论，增进公共理性。

华东师范大学社会学学科具有悠久的历史和雄厚的根基，自1913年中国第一个社会学系建立以来，华东师范大学在其前身沪江大学、大夏大学等学术前辈的开拓性贡献下，就为城市研究打下了坚实的学科基础，建立了深厚的学术传统。1979年中国大陆恢复重建社会学学科伊始，华东师范大学就率先并明确提出了把“城市社会与文化”作为学科建设和学术研究的主攻方向。经过30余年的学科发展，逐步建立了从本科、硕士到博士、博士后的完整的社会学一级学科培养体系，不仅设立了以共同突出“城市社会与文化研究”为学术特色的社会学、人口学、民俗学、人类学四个专业博士点，而且还建立了一批跨学科的城市研究机构，并由此成为教育部人文社会科学重点研究基地华东师范大学中国现代城市研究中心的核心组成单位。

2009 年，在原社会学系和人口研究所的基础上，华东师范大学整合了校内社会学学科资源和城市研究队伍，建立了社会发展学院，下设社会学系、社会工作系、人口学研究所、民俗学研究所和人类学研究所五个基本单位，各专业在继承“城市社会与文化”研究传统的基础上得到了均衡发展和有效管理。为了进一步凸显这一学科特色和共同的研究方向，学院拟以丛书的形式组织和资助一批学术专著的出版，并明确强调该丛书不仅要突出现代城市社会与文化研究的原创性、实证研究特色，而且要积极鼓励各种跨学科、前沿性、国际化的城市研究，不断拓宽城市社会与文化研究的视野。本丛书所有受到资助出版的专著都经过学院学术委员会的严格评审，代表了近期我院有关城市社会与文化研究的最新成果。

毫无疑问，以“现代性”作为问题意识，通过对“城市社会与文化”的多面向解析，自觉地把“城市研究”的视野与“现代性反思”的论域有机地结合起来，力图在跨学科、跨文化的意义上推动以“社会与文化”为中心的城市研究具有非常重要的现实意义和学术价值。近年来“城市研究”之所以渐成热点，不仅是其顺应了当代社会理论发展的一个新趋向，即企图超越以“现代民族国家”为基本单位的分析范畴，寻找研究历史和现实的更具体、更微观同时也更生动的分析单位，更重要的是，“城市”始终处于“现代社会与文化”的核心位置，是我们理解社会文化变迁轨迹和把握未来发展趋势的风向标，也是人、社会、环境多向互动的重要场所。因此，在“现代性反思”的视野中，我们不仅需要重新考量中国现代城市社会与文化的发展历程、社会动力和文化影响，而且必须把“城市”作为一个整体，放置到与经济环境、人文地理、自然生态的复杂关系网络中予以重新定位，通过现代性的反思来促进中国城市社会和文化的实践发展与理论提升，进而培育出一个能够激发更多学科兴趣的城市研究方向和学科特色，或许，这正是我们今后持续努力的一个共同目标。

华东师范大学社会发展学院学术委员会主任 文軍

2014 年国庆节，于上海

目　录

第一章　互惠原则与农民的随礼行为

第一节　绪论

一、问题的提出

近30年来中国社会转型的一个主流趋势是都市化进程。都市化进程给当代中国社会生活带来了不可估量的影响。有学者指出，都市化绝不仅仅发生在有限的都市空间内，人类在整体上已经被“都市化”了；在当代，并不是每个个体都直接生活在大都市中，每个人都可以激烈批判和否定城市生活方式，但是，无论人们在现实中的衣食住行，还是文化消费、精神享受等更高层次的活动，都不可能与大都市绝缘①。城乡结合部农村由于处于都市化进程中城市与农村的啮合带，兼有两者的典型特征，故更集中地凸显出中国都市化进程所产生的各种影响。本章试图以上海郊区农村婚礼、丧礼、生育礼三种礼仪场合及其礼单为出发点，通过人们相互之间的“礼尚往来”②、人情交往圈的构成及随礼礼金的多少来考察村民随礼行为中的互惠原则，呈现一个发达城市郊区农民家庭的随礼网络。

与血缘和地缘纽带更为明显的农村“熟人社会”相比，主要以业缘为基础、以原子化个人为主体构建的城市“生人社会”中似乎“礼物”与“随礼”行为的发生频次要低得多。但需看到，城市具有另一种形态的“礼物”和“随礼”行为。如果说农村的“随礼”更多是以维持“差序格

---

① 刘士林：《中国都市文化研究三题议》，2006年4月12日《中华读书报》。

② 阎云翔：《礼物的流动：一个中国村庄中的互惠原则与社会网络》（李放春、刘瑜译），上海人民出版社，2000年版，第121页。

局”的关系网络为主，则城市中的“随礼”行为更多缘于个体生活中的利益权衡。如果说农村中“随礼”行为的涉及对象主要是亲戚朋友等熟人，则城市中“随礼”行为的涉及对象更广，不仅包括亲戚朋友等熟人网络，也包括单位领导、政府官员等生人网络。那么，城乡结合部，特大城市的郊区农村的情况如何是一个值得关注的话题。本章通过对城乡结合地带农村的“随礼”行为加以研究，将其放入当代中国迅速的城市化进程这一大背景下，考察受到都市化影响的个体与家庭如何应对以随礼为主要手段的人情交往，如何在随礼过程中贯穿互惠原则，从乡土文明与都市文明的关系角度管窥当代中国城市化进程中的城市与乡村，检讨这一进程中城郊农民的文化系统整合状况。

二、概念界定

1. “礼物”与“随礼”①

“礼”在词源意义上不仅仅包括诸子百家和古代君王关于“礼”的意义，在作为一种行为准则和道德规范之外，礼逐渐走向日常生活，并作为一种态度、行为乃至于一种物的形式继续发挥作用。礼物、礼金、礼单是中国传统之“礼”在现代日常生活中的延续和发展。礼物是表示“礼”的态度、行为的实物形式，人们必须遵循不同的仪式场合中礼物赠予的潜在规则。礼金，是礼物的货币形式，出于方便、清晰可计算等优势，它逐渐取代实物形式的“礼”，成为主要的随礼形式。礼单，记录仪式场合人们之间随礼的载体，更确切地说，它是礼金收入与支出的真实记录。“随礼”是一种行为或过程，人们通常以能够充当“礼物”（实物或现金）的物、行为或价值为媒介创造人与人之间的联系并长久维持这种联系。

2. “互惠”与“交易”

Reciprocity 在汉语中可翻译成“互惠”“互酬”等含义，在人类学与社会学研究中广泛采用“互惠”的说法。马林诺夫斯基是明确提出互惠制的第一人，在他那里，互惠是一种双方通过馈赠和礼物流动承担义务的制

---

① 关于“礼物”与“随礼”的概念界定参见作者已发表的文章：翟清菊、胡悦晗：《当代中国社会中的“礼物”及“随礼”行为研究述评——基于社会学与人类学双重视角的考察》，载《华中师范大学研究生学报》2010 年第 4 期。

度，在这种义务的约束下，双方不得不进行礼物流动维持关系。然而，马氏的互惠并没有明确指出这种义务发生在具有什么关系的个体之间，比如熟人、亲戚、陌生人等；他也没有限定礼物的种类，比如财物、劳务等等。卡尔·波兰尼弥补了这两个缺憾，他把互惠定格为一种经济交换形式，它发生于血缘和伙伴关系结成的共同体之中，是一种广义的“赠予”，绝非限于财物和服务方面。显然，波兰尼拓展并限定了互惠的含义，但是，波兰尼也有缺憾，他没有给这种互惠关系抑或广义“赠予”一个时间维度，这种互惠是短暂的还是长期的？他没有进行任何限定。在这一点上，阎云翔有新的发展，他在《礼物的流动：一个中国村庄中的互惠原则与社会网络》一书中提出，从长远来看，人们之间的礼物流动遵循互惠原则，互惠维持需要长期运作经营。

在礼物与赠礼的相关理论与实证研究中，学者们热衷于比较礼物与商品、互惠与交易这两组范畴。礼物与互惠是莫斯称之为“礼物经济”的范畴，而商品与交易则是商品经济的范畴。范·巴尔从双方关系、交换目的、被交换物品与服务的性质、对交换关系应有的态度以及交换关系成立的条件等层面较为系统地区分了这两组概念（夏建中，1997）。王铭铭（1997）在闽台三村的研究中也曾指出，农民的互助资源不是严格意义上的“物物交换品”①，互助资源的交换也不像商品交换那样能够立即兑换交换价值，人情渗入之后，互助资源交换的价值兑换具有了长期性。笔者在归纳范·巴尔、王铭铭等学者的研究观点的基础上，将以互惠为原则的礼物经济与以交易为中心的商品经济两组范畴作出尝试性的比较，见表1－1。

表1－1②　商品经济与礼物经济之比较

比较项目	商品经济	礼物经济
双方关系	关系平等而脆弱，随交易完毕而结束	关系牢固，随流动而增强

① 王铭铭：《村落视野中的文化与权力：闽台三村五论》，北京三联书店，1997年版，第172页。

② 该表参照范·巴尔在《互惠性与女性地位》中对“互惠”与“交易”的区分总结归纳而成，参见夏建中：《文化人类学理论学派：文化研究的历史》，北京·中国人民大学出版社，1997年版，第285—286页。

续 表

比较项目	商品经济	礼物经济
是否等值	等价交换	长远互惠，未必等值
被交换物或服务的性质	必需品或想要的东西	对方喜欢的东西
交换目的	获得自己需要或想要的东西	建立或维持关系
交换价值实现特征	即时性，立刻兑现	长期性
保护条件	法律维护	道德伦理
发生情境	市场	仪式等生活社会情境

综合相关研究来看，以互惠交换为原则的礼物经济与以等价交易为核心的商品经济在交换双方关系性质、交换原则、被交换物的特质、交换目的、交换价值实现的特征、保护条件以及发生情境等方面都有显著不同，礼物经济更强调关系的维护、长期的往来以及仪式性的场合，互惠是礼物经济的关键内核。它不论是作为一种交换原则，还是一种行为表现，都贯穿于礼物交换过程的始终。

在中国农民的日常随礼行为中，互惠作为一种原则，具体表现在义务、人情、理性三个层面。首先，参加随礼的义务主要来自于中国人礼尚往来、重视人情的传统，村庄内部潜在的规约的约束，以及维护血缘、业缘、地缘关系人情网络的目的。最后，农民重视人情，通过随礼来构建家庭特定的社会关系网络。再次，农民推崇礼尚往来，在长期的礼物流动中保持随礼双方随礼价值的整体平衡，并在这个前提下，更加看重人情的回报。

本章认为，在农民家庭的关系网络中，人们出于自愿或各种义务，以赠予礼物或礼金的方式参与人情交往，并产生这样的期许：在将来某个或某些特定的场合会收到回礼，与赠予一样，回礼也通过实物和礼金两种形式来实现，但是这种回礼无法立刻兑现，需要等待合适的随礼时机与随礼场合。而在这个较为长期的“赠予—回礼”的过程中，互惠贯穿始终，它既表现成一种维持双方整体平衡的原则和心理，又落实为一种坚持长期参与随礼的行为与态度。在日常随礼过程中，互惠集“人情”与“理性”于一身，在随礼价值相当的前提下，人们更加重视人情关系网络与“人情”的回报。

长远来看，人们之间的随礼往来在礼金和礼物价值上能够维持整体平衡，也就是说，人们频繁参与随礼行为，但却不会得到货币或者实物价值增值的回报，那么，面对这种最多只能维持平衡而不可能获得更多回报的随礼行为，人们为什么还要坚持参与？人们能得到什么？显然，这不是物质的回报，而是一种情感投入，人们倾向于选择认定，赠礼、回礼的过程亦是情感投入与回报的过程。在熟人社会中，这是维系乡村社会关系的一种潜在力量，即人情，它是中国社会本土化的概念，主要有两层含义。其一，它是一种资源，是在社会交往中可以用于馈赠的一种资源①，当然，它需要借助于具体的媒介比如礼物、礼金等实体形式来实现馈赠。“人情”蕴含在礼物和礼金当中，伴随礼物流动而实现馈赠，并贯穿整个随礼过程。其二，“人情”是人与人之间相处的社会规范，它鼓励人们在节日庆典相互随礼拜访，在贫病境地彼此帮助扶持，恩报相施②。这与中国古代社会的“仁”“义”“礼”的“大传统”相衔接，“人情”转而发展成为普通百姓日常生活中的规范，并在日常随礼活动中得以实现和维护。

此外，除了“人情”“理性”，道德伦理、亲缘关系、情感联系、交往历史等也是中国农民随礼的重要依据。在面对具体的随礼情境时，人们往往综合考虑，排列出上述各种元素的不同组合，进而对是否参与随礼、以何种方式参与、随礼价值多少等问题作出选择和决定。简而言之，在中国农村仪式性场合的随礼行为中，互惠既是建立在传统文化、道德义务、人情伦理、亲缘关系、情感联系、交往状况等各种中国“元素”基础之上的随礼行为，又是集“人情”和“理性”于一体的随礼原则。

三、上海市奉贤区N村概况

N村是原N村与D村、F村三村合并的建制村，位于上海市南部奉贤区NQ镇。1984年实行政社分设以后，N村才正式建制，隶属原萧塘乡，1994年更名XD镇，后因建立上海市工业综合开发区（奉浦工业区）与奉贤现代农业园区，XD镇先后三次划出不同规模的地域面积，于2003年11月再次合并建制，XD镇与NQ镇合并，建立新的NQ镇，成为奉贤区的中

①② 黄光国、胡先缙：《面子：中国人的权力游戏》，北京·中国人民大学出版社，2004年版。

心镇。2003 年至今，N 村隶属新的 NQ 镇。目前，N 村全村地域面积约 6 平方公里，耕地面积 2800 亩，常住户籍人口 6200 多人，2100 多户，划分为 33 个村民小组，有村属企业 40 余家①，工业用地面积扩大，大量村民从田地走向厂房车间。N 村境内有奉浦大桥、沪杭公路、莘奉金高速公路穿过，大桥和公路建设征用了一部分农民的土地。《上海农村空洞化状况调查》项目统计数据显示，在 N 村，约 32% 的村民家庭没有土地，超过 58% 的村民只有很少的几分地②。农民的土地拥有状况直接影响到农民的职业构成、经济收入结构。在土地实现流转或被征用以后，一部分村民转向工厂，职业发生变化，工资收入逐渐取代农业收入成为家庭的主要收入来源，与此同时，村民的社会交往结构也在发生微妙的变化，同事以及由同事关系发展而来的朋友关系逐渐成为村民日常生活交往网络的一个重要组成部分。

此外，根据《XD 志》记载，2005 年 5 月，XD 派出所户籍人口注册姓氏 267 个，其中超过千人的姓氏有：王、张、潘、朱、陈 5 个③，N 村的主要姓氏有陈、潘、袁、朱、顾、王等六大姓，还有周、唐、张、金等姓氏。可见，N 村并非单姓村，明确这一点，有助于我们理解宗族与地缘关系在人情往来中的作用。

第二节　N 村的随礼场合及其变迁

一、村民的随礼场合

“仪式”，顾名思义，有“仪”有“式”。“仪”，“度也”④，是一种法

---

① 上海市奉贤区《XD 志》编纂委员会编：《XD 志（1986—2003）》，上海辞书出版社，2008 年版，第 57 页。

② 数据来源：华东师范大学社会学系张文明教授主持的上海市决策咨询项目《上海市农村“空洞化”状况调查》，2010 年。

③ 上海市奉贤区《XD 志》编纂委员会编：《XD 志（1986—2003）》，上海辞书出版社，2008 年版，第 44 页。

④ 宋易麟编著：《说文解字今注》，南昌 · 江西教育出版社，2004 年版，第 592 页。

度、标准；“式”，“法也”[①]，是一种式样与法式。“仪”强调一种内在的标准与规则，“式”则倾向于外在的表现形式。现代汉语中对于“仪式”的理解更偏向于“式”，仪式是举行典礼的程序、形式。

“ritual”是英语情境中的“仪式”，在社会学与人类学中备受关注。涂尔干从宗教仪式出发，强调仪式是宗教的核心，并从仪式中看到了社会的源泉，人们在仪式中聚集、活动进而体验社会成员身份并在仪式中感受维持团结的集体意识（涂尔干，2006）。也就是说，人们通过仪式活动强化了彼此之间的联系，仪式作为一种联系纽带，维护社会团结。在人类学界，仪式也成为拉德克里夫－布朗图腾崇拜研究和马林诺夫斯基的原始岛民研究的主要研究对象，在这一点上与涂尔干的观点相类似。弗洛伊德则从精神分析角度出发，更加关注仪式心理上的功能，认为仪式可以用来对抗恐惧和焦虑，强调仪式对个体的作用[②]。范·盖内普提出“通过礼仪”（rites of passage），也翻译成为“生命礼仪”，是将人们成长过程中的生物性事件与社会文化经历联系起来的礼仪形式，并区分出仪式的三个阶段——“分离阶段”“过渡或通过阶段”“统合或组合阶段”[③]。

社会学与人类学中关于仪式的研究还有很多，比如弗雷泽、特纳、戈夫曼等，在此不一一赘述。从既有研究来看，不同学者对什么是仪式、仪式有哪些类别、仪式有何功能等问题都有不同的看法，本章主要以婚礼、生育礼、丧礼三种重要的人生礼仪为研究对象，在具体礼仪情境中关注人们的随礼行为。

阎云翔在分析下岬村的礼物流动时，将仪式按照场合区分为仪式性场合与非仪式性场合，也即“大事”与“小情”，是否举行庆典，是否记录礼单是他的主要分类标准；另外，他又在两种场合下区分了“表达性礼物馈赠”与“工具性礼物馈赠”（阎云翔，2000）。那么，在N村，有哪些场合需要随礼？

像结婚、老人死了、生孩子、孩子考上大学、当兵、生病、建房子、

---

① 宋易麟编著：《说文解字今注》，南昌·江西教育出版社，2004年版，第347页。

② Bryan. S. Turner, The Cambridge Dictionary of Sociology (CambridgeUniversity Press. 2006), pp. 525－526.

③ 夏建中：《文化人类学理论学派：文化研究的历史》，北京·中国人民大学出版社，1997年版，第115页。

做寿、小孩10岁、20岁。(个案6-F)

结婚、生小孩、考大学、老人过世、生病、建房子都要去的。(个案1-C)

小孩子办满月酒，建新房、老人做寿、小孩子生日、老人去世、结婚、生小孩、小孩考上大学。(个案9-Z)

结婚、丧事、生育、升学、参军、新房落成、老人寿诞、孩子满月及整岁生日、生病等每一个场合，村民家庭的主要关系网络都要到场并随礼。其中，仪式性场合主要有婚礼、生育礼、丧葬礼，这三种场合都有特定的仪式，并举办特定的活动，人们通过随礼表示对三种生命礼仪的庆贺、祝福与悼念。其他场合，如升学、参军、新房落成、老人寿诞、孩子满月及整岁生日、生病等都属于非仪式性场合。在非仪式性场合中，人们对庆贺方式的选择有较强的自主性，但是每一项随礼都有自身独特的意义。升学、参军，是祝贺个体社会地位、文化经历等发生转变的升迁礼；新房落成，是恭贺主人建成新房的"上梁礼"或入住新房的乔迁之喜；老人寿诞，是庆贺老人健康长寿的"祝寿礼"；孩子满月及整岁生日，是纪念孩子健康成长的"足月之喜"和"生日礼"；生病，是祝愿病人早日恢复健康的"探病礼"。

在1982年编纂的《萧塘志》第十六章风俗篇中就有记载"礼仪习俗记婚嫁、丧葬、孕育、寿诞、交往5类"①。可见，在很早之前，婚礼、生育礼、丧礼等礼仪习俗就已经是村民日常生活中重要的组成部分。

"结婚是（人一生中）最大的事"（个案6-F）、"生小孩（生育礼）是小孩子出生的第一件喜事"（个案9-Z）、"丧礼是最后一件事啊"（个案7-W）。

在问及随礼场合的访谈中，村民口中的三件大事，无非是婚礼、丧礼与生育礼三种人生礼仪。在村民看来，婚礼是最重要的礼仪，结婚是最重要的大事；生育礼是新生命的开始，无论是对于新生儿还是新生儿的母亲，都要通过随礼来表示问候和祝福；丧礼或葬礼，虽然是悲伤的场合，也相当隆重，尤其被生者所重视，吊唁并随礼以表示对死者的敬意和对生

① 上海市奉贤区《XD志》编纂委员会编：《XD志（1986—2003）》，上海辞书出版社，2008年版，附录部分。

者的安慰。在N村，需要随礼的场合有很多，但是，最大份额的随礼还是发生在这三种主要的仪式性场合之中。结婚、生子、死亡是人生的三个关键性阶段，与之相关的人生礼仪——婚礼、生育礼、丧葬礼也自然成为人们日常生活中最重要的三种仪式。这三种场合都会举办特定的仪式和活动，通常人们以酒席、庆典或悼念的形式表达喜庆或寄托哀思，仪式参与者通过礼金赠予和劳务帮助等方式来分享喜悦、分担痛苦。由于这三个礼仪象征着一个人从出生到死亡的过程当中三个最关键的阶段，故可称之为“生命礼仪”。

那么，伴随着经济和社会的发展，村民在这三种仪式场合的随礼有没有发生变化？发生了哪些变化？囿于没有史书记载，没有声像记录，要探究这些问题，我们只能去寻找活生生的当事人，借助于口述史的回忆资料。以下基于村民口述资料，简要介绍N村婚礼、生育礼、丧礼三种礼仪并呈现三种场合的随礼变迁。

二、婚礼场合与随礼变迁

结婚，是个体人生的重大转折，它意味个体家庭角色和社会身份的转变，标志着个体从父母家庭分离出来，成立独立的子家庭。婚礼的重要性，在于通过“婚礼”正式的仪式，能够让两姓家族的血缘得以结合，达到承先启后的特殊意义。《礼记·昏义》中指出：“昏礼者，将合二姓之好，上以事宗庙，而下以继后世也。故君子重之。”① 古代中国人认为，阴阳相合是天地生成的自然的法则，而“婚礼”则是男女双方结合成为婚姻关系的典礼仪式。《易·序卦》曰：“有天地然后有万物，有万物然后有男女，有男女然后有夫妇，有夫妇然后有父子，有父子然后有君臣，有君臣然后有上下，有上下然后礼义有所错。”② 中国人对婚礼的重视由来已久。传统意义上的婚姻实际上确指依礼仪程序完成的、夫妇双方经家长认可而结合的、从夫居（实为从夫父居）的、确保建立姻亲联系的、两人以上组成的社会结构③。

① 《十三经注疏》之《礼记正义》，台北·台湾古籍出版公司，2001年版，第1888页。
② 《周易》，台北·台湾古籍出版公司，2002年版，第479页。
③ 苏冰、魏林：《中国婚姻史》，台北·文津出版社，1994年版，第3页。

1. “报喜”与婚宴

在村民眼中，婚礼是人一生当中“最大的一件事”。因此，婚礼是最隆重和最被重视的礼仪。在婚礼前一个月，新郎和新娘家都会组织“报喜”，父母或者祖父母带上“喜钱”，挨家挨户通知：“某月某日举办婚礼。”这是N村的传统，在婚礼举办的前一个月一定要报喜，“喜钱”的数量一般在60—100元，可以是60元、80元或100元等象征吉利的双数整十金额。此外，送多少喜钱也要看新郎或新娘家庭的实际经济状况，最低可送40元，经济条件好的村民家也可以送200元甚至更多。酒席是婚礼举行当天酬谢宾客的主要形式，即婚宴，婚宴可以选择在家里举办，也可以承包给村里的“膳事堂”，还可以选择去镇上的酒店、饭馆。一般村民自家的空间不足以摆开几十桌酒席，此外，从借板凳桌椅、锅碗瓢盆到买菜买酒、烹饪上桌都需要很多劳务帮助，考虑到这两个因素，只有极少数村民选择在家里举办婚宴。另外，去镇上酒店、饭馆办婚宴，花费相对较高，也不实惠。于是，在简单方便、经济实惠的双重权衡之下，大部分村民选择去村里的“膳事堂”举办婚礼。

那边（膳事堂）有厨师负责做好，桌子、碗筷什么的都有，方便，也比在外面酒店便宜。（个案6－F）

在村里办，好很多，不用自己麻烦。（个案1－C）

膳事堂，是N村村民委员会筹资建立的供村民举办婚礼等喜庆礼仪的专门场地，2003年建成，足以容纳40桌，约300人，主要提供厨房、炊具、餐具、桌椅等设备，配有专业大厨。村民只需要采购食材、烟酒、喜糖等物品，其他酒席的准备工作都交由膳事堂办理，每桌交付80元的代理费用。但是，膳事堂只承办婚礼、生育礼、升学礼等喜庆的宴席，不接受丧礼酒席。究其原因，村民们的看法相当一致，都认为，膳事堂是村里的公共场所，应该用于办喜事，给村里增添喜气。但是绝不允许办丧事，村民对丧礼的认识多半是忌讳和不吉利。村民ZWS这样说：“要是村里有一家在膳事堂办了丧礼，那还有谁敢去办婚礼啊？”“中国人生命智慧的最根本特征莫过于对死亡有意识的回避”，“敬死亡而远之”[①]。死，成为现实生活中最根本的禁忌，一切与“死”相关的东西也都成为禁忌，尤其是丧

① 何显明：《中国人的死亡心态》，上海文化出版社，1993年版，第6页。

礼，中国人图的是吉利[①]。从根源上来看，村民对于丧礼的忌讳，源于中国人对“死亡”的禁忌。因此，如果我们考虑到中国人对死亡固有的回避心理，那么村民反对膳事堂承办丧礼酒席也在情理之中，丧礼是关于死亡的仪式，不如婚礼、生育礼喜庆。

最后，关于“见面礼”。在婚宴中，新娘作为新人会收到丈夫家庭长辈或年长同辈的“见面礼”，中国北方俗称“改口费”。N村的见面礼，主要由新郎的父母、祖父母、外祖父母、舅舅、姑姑、阿姨等近亲赠予，通常是一个装有礼金的红包，金额一般在100—200元，这部分礼金通常不计入婚礼随礼，也不会记入礼单，也就是说，村民家庭主要的近亲在婚礼上实际随礼包括两个部分，一是赠予新郎父母家庭的礼金，二是赠予新娘的“见面礼”，这明显不同于生育礼、丧礼等场合的随礼。

2. 婚礼与随礼变迁

在联系人C的帮助下，笔者找到个案J，她的口述回忆有助于我们理解N村村民随礼状况及变化的大致趋势。

个案J，现年72岁，老伴去世，儿子媳妇5年前入住XD镇上的商品房，村里一套两层的楼房留给她住，儿子媳妇在周末或其他节假日回来探望。J年轻的时候曾是村里的妇女主任，是同龄人中比较有文化的人。在联系人C的推荐下，笔者完成了与个案J的访谈，并整理得到三份1954年到2010年的随礼回忆记录表格（表1－2、表1－3、表1－4）。

表1－2[②]　N村婚礼随礼变迁（1954—2010年）

年代＼关系	婚礼随礼状况（1954年至今）					
	1954—1960	1961—1970	1971—1980	1981—1990	1991—2000	2001—2010
外公外婆	10元	20元	50元	100元	200元	300—600元

① 何显明：《中国人的死亡心态》，上海文化出版社，1993年版，第8页。

② 表1－2、表1－3、表1－4均根据访谈资料整理而成，显然表格中并没有涵盖全部参与三种仪式性场合的关系网络，比如堂亲、姻亲等关系都没有涉及，考虑到这是第一手资料，暂不作补充。

续 表

年代 关系	婚礼随礼状况（1954 年至今）					
	1954—1960	1961—1970	1971—1980	1981—1990	1991—2000	2001—2010
娘舅舅妈	20 元	50 元	100 元	200 元	500 元	500—1000 元
兄弟姐妹	一双皮鞋	40—60 元	80—100 元	—	—	—
朋友	一双布鞋	一双皮鞋	一幅被面	一个被套	200 元	600—800 元
同事	—	—	—	—	80—100 元	200—400 元

注：表格中的关系称谓均以婚礼当事人新郎或新娘为基点。“朋友”“同事”既包括婚礼当事人的朋友、同事，也包括当事人父母的朋友、同事。

由表 1 -2 可以看出婚礼随礼三个明显的变化与特征。

（1）非亲缘关系嵌入人情关系网络

从婚礼礼仪的参与者来看，一个明显变化是“兄弟姐妹”的淡出与同事朋友比例的增大。从上述 20 世纪 50 年代至今的 N 村随礼表格中可以看出，“外公外婆”“舅舅舅妈”和朋友一直都是积极参与者；“兄弟姐妹”到 80 年代就从婚礼仪式中退出了。究其原因，在于 80 年代以后国家计划生育政策的全面施行，N 村独生子女家庭增多，80 年代出生的村民基本没有兄弟姐妹，因此在婚礼中就缺失了与“兄弟姐妹”的人情往来，由此体现出国家权力对乡土社会关系网络的渗透作用。另外，90 年代开始，新的交往群体——同事逐渐进入婚礼场合，这和 1990 年以后 N 村的工业发展密切相关，尤其是 1995 年建立 XD 工业区和 XD 浦江工业园区（《XD 志》，1986—2003 年）吸纳了大部分的村民劳动力，如此一来，人们在职业结构改变的同时人际交往圈中也纳入新的因素——同事群体以及由同事关系发展而来的朋友群体。

从该案例中婚礼参与者的人员变化上可以看出，出生于 20 世纪 70 年代后的新一代年轻人在社会关系网络方面开始更多依赖于学校与工作单位等方面。在婚礼场合中，同事与朋友群体参与者不仅在数量上增多，在婚礼仪式中体现的作用也日渐明显。

（2）礼金取代礼物

从婚礼上人们随礼的形式来看，主要有两种形式：实物形式——具体的礼物与货币形式——礼金。不同关系的参与者所选择的随礼形式不同。20 世纪 50 年代至今，“外公外婆”与“舅舅舅妈”都赠予礼金，“兄弟姐妹”在 20 世纪 50 年代送的是实物，60 年代开始送礼金，而朋友群体直到 90 年代以后才开始送礼金，这和同事群体进入交往圈的时间相当。

可以看到，早在 20 世纪 50 年代，礼金就已经出现并逐渐取代礼物成为主要的随礼形式。在村民看来，礼金之所以逐渐取代礼物，主要有三个方面的优势：第一，携带轻便，在三种生命礼仪中，以生育礼的礼物最多，据村民 JHL 回忆，30 年前他姐姐生孩子，他和父母、大哥三家所送的礼物整整装了一车，显然不如礼金携带方便；第二，免除挑选礼物的烦恼，村民普遍反映，送礼金简单，不用费心去买礼物，也不会赠送了对方不喜欢或者不需要的礼物，让对方按照自己的意愿去处理礼金；第三，便于计算，赠礼与回礼更加清晰简单，也方便记录礼单。商品经济的发展使得农村逐渐摆脱了过去物质匮乏的时代。故相较于实物而言，礼金不但携带轻便，利于送礼者准备，更能够由礼物接受者个人随意支配，这种更加灵活的随礼形式也受到更多人的认可与接受。

从 N 村婚礼的随礼变迁我们可以看到，在 20 世纪 90 年代之前，不同关系的参与者所选择的随礼形式不同，亲缘关系多赠送礼金，而非亲缘关系的朋友群体则多选用实物赠予。为什么亲戚关系更趋向于礼金，而较远的朋友关系倾向于礼物？村民这样回答：

我们小时候，家里都很穷的，没钱随礼的，朋友结婚么，就买双鞋子，好像 1 块钱左右，你想想要是送钱，你总不好意思拿出一块钱，那不好看的，买双鞋子总归体面一点。要是亲戚结婚，那就不好只送鞋子了，借钱也要送的。（个案 4－J）

确实，经济条件不允许也是考虑赠送礼物的一个重要因素。在经济条件较差的境况下，农民根据亲缘与非亲缘关系区别对待，对于非亲缘关系选择赠送礼物以避免礼金不足的尴尬，但是对于亲缘关系的婚礼，农民宁愿借钱随礼也不马虎。至于究竟为什么亲缘与非亲缘关系在选择随礼形式上会出现差异，这个问题值得我们思考。如果我们把赠予实物看作是一种重在参与的“合作式”随礼，那么礼金赠予是否也可以理解成一种重在支持的“生活援助式”随礼？前者赠送礼物，对回赠的要求不高；后者赠送礼金，更倾向于支持。

（3）舅舅随礼

从随礼数量和价值方面来看，有共同的发展趋势：无论是赠予礼金还是礼物，每一类关系的参与者所随之“礼”都随着时间的变迁不断水涨船高。20世纪50年代，“外公外婆”的10元礼金、“舅舅舅妈”的20元礼金，而在50年后则分别增加到300—600元、500—1000元，这对应了村民所说的“物价上涨了，送的钱也要涨”。从表1－2中可以看到，“舅舅舅妈”随礼价值居于各类关系之首。在N村，人们称舅舅为“娘舅”，它被视为家庭关系网络中最亲和最具权威性的亲属关系，在村民分家析产、举办婚丧典礼、家庭纠纷等仪式性与日常生活场合中，“娘舅”都是最为重要的参与者。舅舅往往以娘家代表的身份在分家时充当“中人”；在婚庆、生育礼等人生礼仪中，当事人的舅舅必须到场并赠送最为丰厚的礼金；丧礼场合尤其是母亲的丧礼，外甥必须第一个向娘舅报丧、跪拜，舅舅不到场，母亲不可入殓下葬。这与传统社会和少数民族社会中的“舅权”的表征相类似，“舅权”是母系家庭中舅舅对甥辈的权利与义务，在哈尼族、白裤瑶族、羌族以及畲族等少数民族的社会生活中表现得比较突出。以闽、浙、皖一带的畲族为例，舅权在畲族家庭中有非常特殊的地位，在甥辈出生、满月时，舅舅必须第一个收到喜信，在庆典上也要比其他亲戚多备贺礼；舅舅有权过问甥辈的婚姻大事，在婚宴上入座首位或“大位”；夫妻不和、外甥分家，须请舅父调解、主持；同样，母亲逝世要火速向舅舅报丧，舅父前来吊丧，甥辈须下跪迎接，丧事的操办听凭舅父的意见①。潘光旦曾指出，在中国华北和江南的汉族中，舅舅的权威也同样重要，女子出嫁由舅舅背上喜轿，成年的兄弟吵架，总要请娘舅出面调解，兄弟分灶分家也要请舅舅来做中人②。由此可见，不论是传统社会，还是现代的少数民族与部分汉族地区，舅舅作为娘家的代表人，在甥辈家庭的重大生活事件中扮演着重要角色，舅舅的权威不容忽视。上海郊区农村也不例外，舅舅的权威主要通过甥辈家庭对舅舅的尊重以及舅舅随礼来

① 郭志超：《畲族文化述论》，北京·中国社会科学出版社，2009年版，第224—225页。

② 邝东：《舅权的产生、发展和消亡初探》，载《民族研究》1985年第2期。

体现，甥辈的婚礼、生育礼以及父母的丧礼，必须邀请娘舅参加；同时，舅舅通常也是随礼最为丰厚的人。

三、生育礼场合与随礼变迁

1. 生育礼仪

恩格斯在《家庭、私有制和国家的起源》中指出，“历史中的决定性因素，归根结底是直接生活的生产和再生产”，而生产本身有两种，一种是生活资料的生产，一种是人类自身的生产，即“种的繁衍”①。恩格斯的论述揭示出生育在人类历史中的重要性。在世界各民族的历史上或多或少都出现了较强烈的生殖崇拜，而中华民族的生殖崇拜活动则往往与求子意愿紧密联系在一起，从中凸显出中国人独特的生命意识②。N 村居民把生育礼仪看作“小孩出生的第一件喜事”。可见，在村民眼中，生育礼仪非常重要，它是对新生命的欢迎仪式，也是祝贺家庭“添丁之喜”的庆典。

生育礼或诞生礼是新生儿人生礼仪的开始，传统诞生礼主要包括“洗三”“满月”“百日”和“周岁”等仪式。据村民介绍，按照传统，要在新生儿出生的第三天举行“洗三”仪式，届时，接生婆用艾叶、花生、红枣泡的水为婴儿洗澡，并且在这一天，主家准备“红鸡蛋”“喜面”向亲戚传报喜讯。伴随着现代医学的发展，新生儿多在医院诞生，医生和护士取代了传统农村的“接生婆”，因此“洗三”一般由医生完成，免除了洗浴礼仪，唯有“报喜”的传统一直延续。实际上，新生儿家庭的大部分亲缘关系已经在孩子出生之后通过电话、亲自探望等方式得到了喜讯，也就是说，“报喜”这一仪式中“传达喜讯”的意味已经淡去，那么人们为什么还要坚持操办这样的仪式？在村民看来，即便亲属都已经得到喜讯，但出于礼貌和喜庆，还是会“报喜”，通常由新生儿的父亲带上红鸡蛋、喜面等“喜物”前往亲缘关系家逐一通知喜讯，在特定的关系网络内分享主家的“添丁之喜”。“满月”是生育礼仪中最为隆重的部分，对于新生儿及其母亲都有重要意义，生子满月、产妇出月都是值得庆贺和纪念的事，所

① 恩格斯：《家庭、私有制和国家的起源》，载《马克思恩格斯选集》，北京·人民出版社，1972 年版，第 2 页。

② 郑晓江主编：《中国生育文化大观》，南昌·百花洲文艺出版社，1999 年版，第 6 页。

以，主家会宴请宾客，举办“满月酒”答谢宾客的祝福与随礼，在酒席之前，新生儿家庭要请所有宾客吃一碗鸡汤面，在酒席上分发给每个宾客三个“红鸡蛋”。据村民所说，吃面是为了祈求新生儿健康长寿，吃鸡蛋则寓意圆圆满满。“百天”取意新生儿出生100天，寄托“百”之圆满、完全。原先，在孩子百天之时，外公外婆要赠送长命锁，缝制“百家衣”，为孩子消灾福佑。现在多流行拍“百日照”或者视频，留作纪念并寄托家庭对孩子的祝福。“周岁”即孩子一周岁纪念，“抓周”是最重要的仪式。“抓周”，古称“试儿”，是指将各种代替不同职业的玩具、生活学习用品、食物等物件陈列在孩子面前任由孩子抓取，以预测孩子成年后的性格、志趣、造化等。

2. 生育礼随礼变迁

表1-3　N村生育礼随礼变迁（1954—2010年）

年代／关系	生育礼随礼状况（1954年至今）					
	1954—1960	1961—1970	1971—1980	1981—1990	1991—2000	2001—2010
女方父母	20只鸡蛋或1只鸡	2斤红糖1只鸡	2斤红糖、1只鸡、饼干	1只鸡、蹄髈、肉松、核桃	1只鸡、奶粉或200元	小孩衣服、尿不湿、奶粉、600元
男女双方兄弟姐妹	20只鸡蛋或1只鸡	2斤红糖、1只鸡	2斤红糖、1只鸡、饼干	1只鸡、蹄髈、肉松	1只鸡、奶粉或200元	小孩衣服、尿不湿、奶粉、鸡或600元
朋友	—	—	—	—	奶粉或50元	奶粉、尿不湿或400元
同事	—	—	—	—	—	100—200元

注：表格中的关系称谓均以生育子女家庭中的丈夫与妻子为基础。

（1）女方父母与生育礼

与婚礼不同，在生育礼仪中，“女方父母”和男女双方的“兄弟姐妹”均被纳入仪式网络。由表1-3我们可以看到，在几类关系网络中，“女方父母”随礼价值最高，其次是男女双方的“兄弟姐妹”，20世纪90年代以后朋友群体才开始参与到生育礼仪当中，而同事群体在生育仪式中随礼则要更晚一些，总体来看，在生育礼上，以朋友和同事关系为主的非亲缘关系不仅参与随礼时间较晚，随礼数量和价值也远不及亲缘关系。

从20世纪50年代至今，女方父母一直都是生育礼随礼的主角。在N村，从孩子“洗三”到“抓周”，女方父母都要准备不同的礼物。

这个要送很多东西的，一般性在女儿怀孕之后就要准备买东西，买被子、小孩衣服、鞋子、毛线、尿布很多东西，早点买。在女儿生好小孩之后，要送点鸡蛋、鸡、核桃，补补身体，现在还有人的妈妈（产妇的妈妈）要给小孩子送奶粉的。小孩100天，送个长命锁，也有送玉观音、玉佛的，保佑小孩平安。小孩抓周，一般买些笔、本子、计算器、书包、玩具、吃的喝的东西，看看小孩喜欢抓什么。（个案6－F）

为什么“女方父母”是生育礼中的主要随礼者？这在村民眼中似乎不足以成为问题，在他们看来，生育是继女儿出嫁之后的第一件大事，指向女儿身体恢复和外孙辈的出生，赠予厚礼是“人之常情”。一方面，赠送鸡蛋、鸡、核桃之类的“营养品”以慰问女儿，期望女儿产后早日康复；另一方面，赠送婴儿衣服等礼物以表达对新生命的关爱和祝福。

（2）实物礼多于礼金

如表1－3所示，与婚礼的随礼一样，20世纪50年代至今，在随礼价值上，生育礼随礼价值一路攀高；而与婚礼随礼显著不同的是，直到90年代，生育礼随礼中才出现了礼金的随礼形式，实物形式一直占据主导地位。起初，主要的赠予对象是生育孩子的母亲。鸡蛋、红糖、鸡、核桃、肉松、蹄髈等都是赠予母亲的，这些东西在村民看来都是“补品”，有利于母亲身体恢复和“下奶”以顺利哺喂初生的婴儿。20世纪90年代开始，生育礼礼物中出现了奶粉、小孩衣服、尿不湿等，这是直接指向初生婴儿的礼物，而相应的指向新生儿母亲的礼物逐渐被礼金所替代。村民普遍认为，面对市场上日益多样化的“补品”，人们很难选择合适的“补品”赠予产妇，索性赠送礼金，由主家自由支配。不难发现，这里有一个显著的变化：随礼的实物形式逐渐由指向产妇的“补品”变成指向新生儿的生活必需品，为什么会出现这种转变，值得我们思考。

四、丧礼场合与随礼变迁

1. 丧礼与“豆腐饭”

丧礼，人生的“最后一件事”。中国社会里有一套正确的、与人生周期相配合的仪式动作，其中，婚礼和丧礼是主要的生命周期仪式，普罗大众按着认可的仪式程序，投入文化整合的进程①。丧礼是已故者与“现世”的最后一次联系，是活着的人对已故者的悼念与哀伤表达，它是三种主要仪式性场合中唯一悲伤的仪式，N村传统的葬俗主要包括送终、整容、入殓、戴孝、做七、设灵台、哭丧、落葬八个部分，以1977年为界，之前实行土葬，此后全部实行火葬。20世纪80年代，丧葬习俗逐渐简化，形成以吊丧、守灵、出殡、哭丧、斋饭、做七、落葬为主要内容的现代葬俗。斋饭，俗称“豆腐饭”②，是丧家招待宾客的酒席形式。据年纪大的村民介绍，早些时候，豆腐饭名副其实，以豆腐等豆制品为主要食材做出各色素食菜，其中必有豆腐汤、豆腐羹。发展到今天，“豆腐饭”逐渐成为“奔丧”或“丧礼”的一个代名词，在保留豆腐类菜肴的基础上，菜色和种类日渐增多，荤菜也成为“豆腐饭”的主要组成部分。但是，无论如何，丧礼的性质决定了其膳食远不及婚宴和“满月酒”丰盛。

丧礼酒席只能选择在家里举办，即便空间不够，丧家也不会主动借用邻居家的空间摆酒席，否则将被认为是不吉利的兆头，因此，一般选择在室外摆放桌子“吃豆腐饭”。在村民看来，婚礼、生育礼等喜庆的仪式，可以借用邻居家的空间，相互“沾沾喜气”，这是好事；如果某家的婚礼、生育礼摆了室外酒席，也足以说明主家在村里没有好的人际关系，会被认为是“难看”的事。

借的隔壁家的地方，结婚不能在外面摆桌子的，在外面很难看的，只有老人死了才在外面摆。（个案3-Z）

而丧礼则完全不同，丧家也会主动回避。在N村，举办丧礼期间，丧家的主要家庭成员不会亲自去村民家拜访，请人帮忙、租借酒席用具等一律由丧家的亲属代为办理，比如王家父亲去世，在丧礼期间，王家两兄弟及其妻子都不会外出拜访，需要丧家出面的大小事务都由王氏兄弟的堂兄、堂姐帮忙处理。这在上海多数郊区农村诸如宝山、松江、嘉定、崇明等地区也都有类似的约定：丧礼期间避免把晦气和不吉利带给别人，这依然是中国人回避、忌讳死亡的体现。

---

① 华琛：《中国丧葬仪式的结构——基本形态、仪式次序、动作的首要性》，载《历史人类学学刊》2003年10月第1卷第2期，香港中文大学。

② 袁晓林、王宏刚主编：《民俗上海·奉贤卷》，上海文化出版社，2009年版，第90页。

2. 丧礼随礼变迁

表 1-4 N村丧葬礼随礼变迁（1954—2010 年）

年代 \ 关系	丧葬礼随礼状况（1954 年至今）					
	1954—1960	1961—1970	1971—1980	1981—1990	1991—2000	2001—2010
女儿	10 元	20 元	被面一条	1000 元	2000 元、花圈一个	2000 元、花圈一个锡箔百张
儿子	送葬	送葬	送葬	送葬	送葬、花圈一个	送葬、花圈一个、锡箔百张
朋友	2 元	4 元	被面一条（返还）	50 元（返还）	花圈一个、100—300 元	花圈一个、锡箔百张、400—600 元
同事	—	—	—	—	—	50—300 元
邻居	劳务	劳务	劳务	劳务	30—100 元	100—300 元

注：表格中的关系称谓均以逝世者为基础，此处丧葬礼特指老人去世的丧葬礼。“同事”与“朋友”既包括已故者及配偶的朋友、同事，也包括子女的朋友、同事；表格中的“邻居”是指包括邻居在内的同村人。

（1）子女送葬与邻居的参与义务

费尔巴哈曾说过，中国人是最为死人操心的民族[①]。列维－布留儿在《原始思维》中也指出，自远古至今，中国人为死人操心，给活人带来了沉重的负担[②]。确实，中国人忌讳言死，但是作为一种社会事件的丧事，却成为古今中国人现实生活中的核心事件。在以儒家思想为正统的汉文化中，丧礼是体现传统社会宗法伦理、情感责任——“孝”的最根本方式，上自天子王侯，下到黎民百姓，都极为推崇，而在生活实践中这一思想具体表现为厚葬之风。在N村，老人去世以后，子女都尽一切可能将丧礼办

① 何显明：《中国人的死亡心态》，上海文化出版社，1993 年版，第 188 页。

② 列维－布留儿：《原始思维》（丁由译），北京·商务印书馆，1981 年版，第 293 页。

得周全、“体面”。

由表1-4可以看出，“儿子”是丧事最主要的承担者，“女儿”则是仪式中随礼价值最高的人。儿子负责送终、送葬，这是中国传统“养儿观念”的集中体现——“养儿防老”，在中国传统乡村社会，主要由儿子承担老年父母的赡养责任并在老人去世后举办葬礼。当然，现代社会也渐渐涌现“女儿养老”的社会风尚，尤其在上海地区，伴随着独生子女家庭的增多，女儿、女婿组成的年轻家庭要担负赡养双方老人的责任，儿子养老送终的观念有所变淡，但是，在有儿子的家庭中，依然要由儿子负责养老送终、举办葬礼。

“女儿”作为葬礼的参与者通过随礼等方式表达自己对已故父母的哀思、悼念，以及对兄弟的安慰与分担。据村民反映，在很多丧礼上，“女儿”的礼金远高于“儿子”筹办丧礼实际偿付的花费，丧礼上收到的礼金与丧礼花费基本持平。

参与丧礼的非亲缘关系主要有“朋友”和“同事”，不同的是，从20世纪50年代开始，“朋友”一直参与丧礼并随礼，而同事群体近10年才逐渐进入丧礼的随礼网络。在丧礼中，“邻居”作为地缘关系的代表，包括邻居在内的所有同村人，他们始终参与丧礼，主动提供劳务帮助，近年来关系密切的同村人也开始赠送礼金，主要以邻居和村里的同姓人家为主。与婚礼与生育礼完全不同，全村人参与丧礼，地缘关系在丧礼中显得尤为关键。在村民看来，婚礼、生育礼都是极为重要的典礼，但是，作为同村人，一般根据实际交往状况来决定是否到场并随礼，而丧葬礼仪则不同，丧礼是悲伤的礼仪，人们如果不主动参与并提供劳务帮助就会被人说成是不懂礼节或者是没有人情味。

老人去世是白事，豆腐饭只能在家里吃，在家里办酒席要帮忙，还有入棺啊、下葬啊一大堆的事，都要很多人手，邻居就住在旁边，一般性都会来的，劝劝（丧家）不要伤心，问问要不要帮忙，基本都会来的。（个案2-P）

在的时候，吵架、打架、关系不好、不来往都不要紧，死了，就不计较了，一般人知道了消息，都会去的，人都死了，还讲什么。（个案5-L）

“人死为大”“死人远比活人大”，也就是说，不论个体生前有何等品行以及在世与他人有何等关系，一旦个体死亡既成事实，活着的人都“礼让三分”，死者为尊。村民普遍认为，在N村，同村民小组的人主动参加丧礼是无须言明的规则。抛开死者生前的是非对错，抛开人们与死者之间关系的远近亲疏，即便是“一辈子的仇人”，一方去世，另一方也没有任何理由不去吊唁，这是人之常情。也许我们可以把村民这种朴实的宽容称作是一种村庄内部潜在的道德，在村庄日常生活中，它比法律法规更有约束力。说到底，这是中国人重视丧礼、敬畏死亡心理的延伸。

（2）实物赠予与劳务帮助

从表1-4中可以看到，在N村的丧礼场合中，参与者主要通过实物赠予以及劳务帮助两种方式随礼。其中，表示悼念和祭奠的实物占主导，如绸缎被面、花圈、锡箔等。花圈、锡箔通常会在丧葬仪式过程中焚烧。据村里的老人介绍，被面的原型是挽幛，是一种题有挽词的整幅绸布，后来在农村葬礼中逐渐被简化，隐去了挽词，很多地区直接以毛料、绸缎被面或毛毯代替，悬挂于灵堂等祭奠场所以表示对已故者的悼念。由亲戚、邻居及其他同村人所提供的劳务帮助，是丧葬仪式的一大显著特征。

华琛在关于中国的丧葬仪式的考察中指出：“在中国人的丧礼中，一般的观众扮演着一个主动的角色，他们与受聘的专家一起创造一场仪式表演。小区成员同时是观察者和被观察者；他们在仪式的表演中同时扮演着主导者和观众的角色。专家、服葬者和小区成员等在仪式中的恰当表现，都与每一个相关的人有着密切的关系。……参与者的内在状态、个人信仰和倾向，基本上与仪式是没有关系的。”[①] 独特的丧葬仪式集结了很多人，社区成员是不可或缺的部分。在N村，同村人以提供劳务帮助的形式广泛、主动参与丧礼，一方面源于村庄内部潜在的人情、道德义务的约束，也折射出中国人所共有的敬畏死亡的心态；另一方面主要取决于丧礼独特的仪式，设“豆腐饭”，为死者更衣、入殓、出殡、下葬等仪式都需要大量的劳务帮助，仅仅依靠丧家及其亲戚，难以自如应对。出于人们对死亡的避讳，丧家不会主动上门请同村人帮忙，这一村庄内部的共识促使村民

① 华琛：《中国丧葬仪式的结构——基本形态、仪式次序、动作的首要性》，载《历史人类学学刊》2003年10月第1卷第2期，香港中文大学。

在得知老人去世消息的第一时间，主动去丧家吊唁并询问是否需要帮忙。

通过上述考察可以看出，自20世纪50年代至今，婚礼、生育礼、丧礼三种礼仪场合，村民的人情关系网络、随礼形式、随礼数量都发生了不同程度的变迁，同时，综观三种仪式场合的随礼状况，不难看出，三种随礼呈现出共同的变化趋势：第一，伴随时间推移，随礼价值水涨船高；第二，朋友、同事等非亲缘关系逐渐参与到仪式当中；第三，货币形式的随礼——礼金逐渐代替礼物成为主要的随礼方式。仪式性场合的随礼是囊括随礼行为的主体——参与者、随礼行为得以实现的媒介——礼物、随礼行为的现实体现——“到场”、帮助三部分的复杂统一体，在特定的仪式性场合中，每个部分契合在一起，促成个体及其家庭与关系网络中的每个“节点”维持长期的礼尚往来。

往深层看，我们就会发现，在仪式背后，存在一个维系仪式与随礼的共同基点，即人情关系，礼金抑或礼物无非是仪式参与者用于建构、维护人情关系网络的媒介，随礼是人们在一个相对稳定的家庭“人情圈”内互通有无的馈赠行为。出于人情和维护关系网络的目的，人们不断参与随礼，在较为长期的随礼往来中，无论人们更加关注人情抑或物质回报，总体来看，随礼双方在赠予与回收礼金、礼物的价值上趋于平衡，主观上也不存在“占便宜”的心理，也就是说，一般情况下，随礼双方都不会出现“亏损”，双方都尽可能地保证礼金、礼物流动的平衡，礼尚往来。当然，这里的“不亏损”与“趋向平衡”是建立在长期交往基础之上的总体平衡，也就是说，互惠绝非完全等价，互惠的人情交往不具有等价性。

随礼是农民日常生活重要组成部分，但是，仪式性场合的随礼不可能如同日常生活一样频繁发生，因此，在赠予和回赠之间存在一个时间差，少则几天几个月，多则几年几十年。在这个较长时间间隔里，村民们总是小心翼翼，恐怕错过每一个应该随礼的场合。为了保证及时的随礼或回礼，人们借助于礼单，用以记录仪式性场合中宾客的随礼状况，保存长时间的人情记忆。

第三节　礼单与N村村民的人情关系网络构建

一、礼单与人情关系网络

1. 礼单的类型

礼单，又称“礼账”或“人情簿”，是特定仪式场合中人们用来保存随礼状况的书面形式和正式记录。阎云翔把礼单作为区分仪式性场合与非仪式性场合的标志之一，并认为礼单是“社会地图”，“记录并显示了人际关系网络”①。

村民家庭的礼单分为正式和非正式两种。正式的礼单，是指在各种仪式性场合中，庆典的主家会请专人负责记录礼单，这里的“专人”并非阎云翔笔下的“有教养的和受人尊敬的簿记员”②，而通常由主人在最亲近的人之中选择三位，比如自己抑或配偶的兄弟姐妹，分别负责接礼——数礼、记录、保管，礼单记录在完全公开的场面进行，仪式结束后，将礼单和礼金一并交给主人。礼单内容主要分为两个部分，一部分是宾客名称，也可以用亲戚称呼来代替，另一部分是随礼数量，比如“陈某某300元”“二舅800元”等等。婚礼等庆典的礼单一般记录在红纸上，象征喜庆；丧礼礼单则写在黄纸上，表示哀悼。非正式的礼单，是指在仪式结束以后，村民自己凭借礼金结算和记忆，记录随礼收入与支出的一种非正式保存形式。

2. 礼单的功能

礼单要记的，假设你不记，人家送多少，下次你不记得了，再办事你怎么办，这个要记的，就自己写写好了。一般性找最亲的人写，自己的兄弟姐妹帮着写。(个案2-P)

在调查中，很多村民都能从柜子里或箱子底下翻出一个泛黄的本子，在他们看来，即便是泛黄的小本子也不能丢，要一直保留下去，以便在人

---

①② 阎云翔：《礼物的流动：一个中国村庄中的互惠原则与社会网络》（李放春、刘瑜译），上海人民出版社，2000年版，第3页。

情交往当中适当随礼，适当回礼。从N村收集到的礼单来看，村民私下记录的非正式礼单远多于仪式性场合公开记录的正式礼单，这一点不同于中国东北及华北地区的农村，东北与华北地区的婚礼与丧礼上一般会专门设立“账房”，请专人用毛笔来书写礼单。村民PYF认为，礼单是较为隐私的东西，不宜公开。他主要从两个方面作了解释：首先，在婚礼和丧礼中记录礼单，并不是为了展示每个宾客的随礼状况，而只是为主家参与后续仪式场合进行随礼或回礼提供有力参照；其次，大部分仪式中都有不宜对所有宾客公开的礼金——隐性的礼金，比如，PYF告诉我们，在他儿子的婚礼上，他的姐姐就随了两次礼，一次是公开的礼金300元，一次是在婚礼之前私下里给的500元，这部分隐性的礼金不可能对PYF的两个哥哥公布，因为在哥哥儿子、女儿的婚礼上，姐姐都随了300元。此外，不公开记录礼单，也可以避免宾客中随礼较少者的尴尬，私下记录礼单，无论随礼多少，就只有赠、受双方清楚，于是，变相地缓解了“面子”上的压力。

可以说，礼单是用于记录人情往来的私人物件，主要功能在于保存重要仪式性场合中所有参与人员的随礼状况，保存人情记忆，以便在适当的场合、适当的时机赠予或回赠适当的礼金。特定的场合中，赠予多少礼金才算“适当”，这主要取决于赠、受双方以往的人情往来历史、情感联系，而礼单恰恰充当了保留人情往来历史的媒介，为保证适当随礼提供了参照系。

3. “人情”与关系网络

黄光国、胡先缙分析了中国文化中“人情”的三种含义：其一，人情是一种情绪反应，这种反应在个体遭遇到各种不同情境时发生；其二，人情是一种可用于赠予的社会资源，它不只是金钱、礼物、服务等实物，还包含抽象的情感；其三，人情是一种社会规范，指导人们人与人之间应该如何相处，符合“人情”规范的行为主要表现为两类：一是通过拜访、馈赠礼物等方式保持与关系网络内的其他人保持良好的人际关系，二是当关系网内的个体面临困境或遭遇危机时，其他人应该尽力帮助①。

① 黄光国、胡先缙等：《人情与面子：中国人的权力游戏》，北京·中国人民大学出版社，2004年版。

杨中芳将“情”与“心”、“情”与“礼”、“情”与“已”、“情”与“性”、“情”与“礼”等中国特色概念相对应进行了本土分析，并认为，指向特殊对象的“人情”是最为复杂的一个概念①。翟学伟将“人情”与“面子”作为情理社会中获得权力的两种不同方式，其中，“人情是在报和欠的过程中获得的权力”②，“面子是在关系的关联中获得的权力”③。

可见，海内外学者关于人情的研究不外乎“面子”“权力”“关系”三个方面，而“面子”和“权力”的研究也始终置于关系网络之中的，因此，人情与关系是理解中国社会的一对重要范畴，其他诸如面子、权力等概念都在附有人情关系的网络内部产生。本章中“人情关系网络”主要指，村民以随礼的方式参与特定家庭的仪式性场合，在长期的礼尚往来中构建特定家庭的社会关系。

二、一个家庭的婚礼、生育礼与丧礼的礼单呈现

在特定家庭的人情交往网络中，人们借助于特定的仪式与场合，通过礼物、礼金的赠予参与人情交往。各种仪式性场合的礼单，既能起到保存人情记忆的作用，又反映了特定家庭的人情关系网络。本章将以王姓村民WWH家的三份礼单为切入点，具体把握一个村民家庭的人情关系网络与不同场合中的随礼状况。

在分析王家的礼单之前，有必要对王家的基本经济状况、家族关系进行简单介绍。户主王WWH，男，56岁，原N村八组村民，是XD镇机电厂的电器工人，每月工资2600元；妻子C，55岁，在XD镇做钟点工，每月工资960元；独生女，30岁，已婚，嫁在XD镇。W与妻子C现居住在西闸公路以北的两室一厅商品房里，N村王家宅基地上还有一栋两层的楼房，由W的母亲独居。从经济收入和居住状况来看，王家在N村属于中等水平。

如图1－1所示，从曾祖父母（曾外祖父母）到户主W的外孙女，王

---

① 杨中芳：《如何理解中国人：文化与个人论文集》，重庆大学出版社，2009年版，第388—392页。

②③翟学伟：《人情、面子与权力再生产——情理社会中的社会交换方式》，载《社会学研究》2004年第5期。

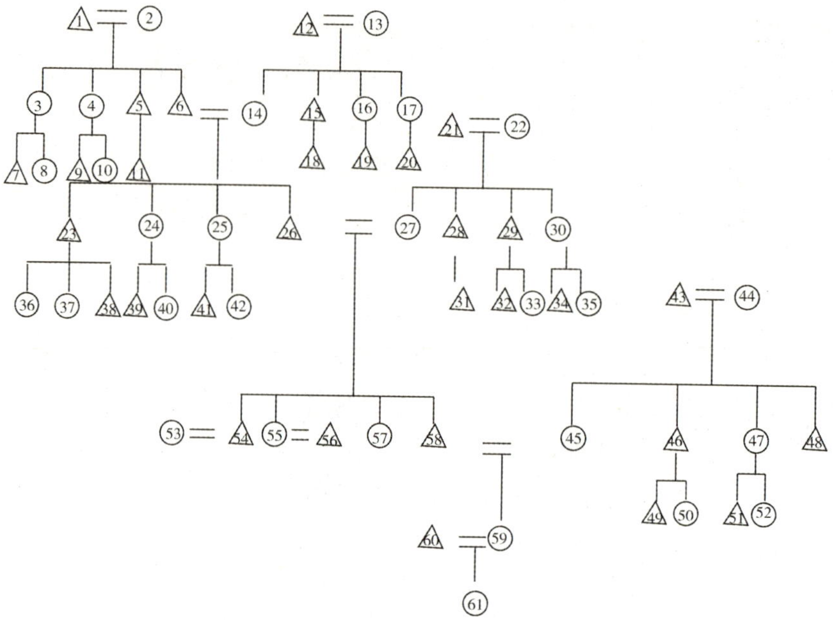

图1-1　王家家族关系网络图

注：图1-1各类亲属关系称谓均以户主W为基础。1、2：曾祖父、母；3、4、5、6：祖姑母（褚姓）、祖姑母（钱姓）、叔祖父、祖父；7、8、9、10、11：表叔、表姑、表叔、表姑、堂叔；12、13：外曾祖父、母；14、15、16、17：祖母（费姓）、舅祖父、姨祖母（沈姓）、姨祖母（朱姓）；18、19、20：表叔、表叔、表叔；21、22：外祖父、母；23、24、25、26：伯父、姑母（宋姓）、姑母（潘姓）、父亲；27、28、29、30：母亲（蔡姓）、舅父、舅父、姨母（周姓）；31、32、33、34、35：表兄、表兄、表姐、表兄、表姐；36、37、38、39、40、41、42：堂姐、堂姐、堂兄、表兄、表姐、表兄、表姐；43、44：岳父、岳母；45、46、47、48：妻子C（陈姓）、妻兄、妻姐（金姓）、妻兄；49、50、51、52：妻侄、妻侄女、妻外甥、妻外甥女；53、54、55、56、57、58：弟媳、弟弟、妹妹、妹夫（王）、姐姐（收养）、户主W；59、60、61：女儿、女婿、外孙女。

家亲属关系网络经历六代延续。其中，W的祖父母、父母及W与妻子C三代是主要的亲属关系网络，主要的血缘与姻亲关系有：祖父与祖母——王家与费家；父亲与母亲——王家与蔡家；户主与妻子——王家与陈家。从上述三代血缘与姻亲双重关系中衍生出堂叔、表叔、表姑、表兄、表姐、堂兄、堂姐、妻兄、妻姐等一系列亲属，构成王家的家族关系网络。图1-1中列出了王家的61位亲属，其中58：户主W，45：户主妻子C；1、2与12、13分别是户主W的曾祖父、母与外曾祖父、母；6、14与21、22分别是W的祖父、母与外祖父、母；26、27与43、44分别是W的父、母与岳父、母；59、60 是 W 的女儿、女婿，61 是外孙女。

以下将参照王家的家族关系网络图示具体分析王家的三份礼单：2001 年独生女婚礼礼单、2002 年独生女生育礼礼单、2003 年 W 父亲丧礼礼单。

1. 婚礼礼单

表 1－5① 2001 年王家独生女婚礼随礼状况

亲属与关系	随礼人数	礼金金额（元）	百分比（%）
姻亲关系	15	6340	49.84
师徒关系	4	3000	23.58
朋友	2	1400	11.01
同事	1	200	1.57
邻居、同姓	5	820	6.45
母方亲属	6	960	7.55
合计	33	12720	100

注：表格中的亲属关系范畴均以王家男性户主 WWH 为基础。关于礼单中的“随礼人数”，指代参与婚礼并随礼的家庭数或户数，实际参加婚礼的人数远多于“随礼人数”。文中的其他表格同此。

（1）婚礼中的意外参与者

2001 年独生女婚礼是王家自女儿出生以来举办的首次正式仪式，王家及其主要的亲属关系网络都极为重视，礼单中记录了 33 个随礼项，也就是说，至少有 33 户家庭在此次婚礼中与王家有随礼往来。据 W 回忆，婚礼报喜送出“喜钱”1500 多元，遍布亲属关系的 23 家，然而，婚礼当天实际参加并随礼的有 33 家，这是王家感到荣耀的事情。W 表示，即便临时添置酒席，也不会觉得麻烦。最让 W 意外的是，远在崇明的舅表兄（32）和表姐（33）都赶来参加婚礼，W 的舅舅（29）年轻时就因病去世了，后来舅母改嫁到崇明的同姓（蔡姓）人家，生两子一女。考虑到两家交往渐少，此次婚礼王家便没有向其发出正式邀请。此外，W 的两个朋友（陈、高）从 W 的徒弟（徐）那里得知婚礼日期，特意从外地赶来参加婚礼。邻居和村里的同姓等 5 户人家，同样没有接到王家正式的“报喜”，却在婚礼当天主动随礼，这是让 W 感到非常自豪的事。

① 表 1－5 是笔者根据村民提供的礼单归纳制作而成，下文中的表 1－6、表 1－7 同此。

仪式性场合中意外的参与者，给主家带来的不仅仅是礼金，更关键的是意外参与重新联结起中断的关系网络，这是弥补人情交往中断最为“体面”的方式。王家婚礼上，“舅表兄”和“表姐”的参与，改变了长久以来互不来往的局面，此后，“舅表兄”与“表姐”家儿女婚礼，王家都会到场并随礼。朋友从外地赶来参加婚礼，增进了彼此的情谊，延续了人情。在村民眼中，邻居和村里的同姓人家主动参与婚礼场合是主家“人缘好”的直接体现，相反，如果某户人家的重大仪式性场合没有任何邻居、同姓等同村人主动参与或到场帮忙，那么，这也直接反映出主家在村里的人际关系不好、“人缘差”。

(婚礼) 村里人不来的，也不请的，关系好的邻居、同姓的有的会来，这主要看关系，关系好嘛就来往，不好嘛也就不送了。你想想，你去请了，人家一定要来的，如果不是心里愿意的，会很尴尬的，好像是我去人家讨钱一样，一般不会这样的，都住在村里，哪家办喜事都清楚，想来就自己来了，不请的。(个案9－Z)

在N村，一般不会主动邀请邻居、同姓等同村人来参加婚礼和生育礼，这主要基于两个方面的考虑。首先，在较为封闭的村庄社区里，诸如谁家什么时候办喜事等之类的消息会自然传播开来，主家没有必要“报喜”或发送“请帖”。其次，不邀请村里人还可以避免双方不必要的尴尬。N村有一条不明说的潜规则：只要主家在村里发出婚礼邀请，被邀一方一定会参加并随礼。但是，人们往往不会选择这种正式邀请的方式，转而采取一种静默的方式，不主动、不邀请，如此一来，即便没有任何同村人参与，主家也不会感觉没面子，同时也避免了被邀一方因不情愿而被迫参加的尴尬。可见，在婚礼场合中，村民不对地缘关系作任何随礼预期。实际上，每一个长期生活在村庄中的个体及家庭，对于自身在村庄生活中的地位以及人际关系状况都有一个较为明确的定位，但是，这种“定位”仅仅停留在“心知肚明”阶段。

(2) 姻亲、师徒关系构成主要人情关系网络

从婚礼参与者来看，参加婚礼并随礼的33位宾客中，主要有姻亲关系、师徒关系、朋友、同事、邻居与同姓、母方亲属六类关系范畴，需要特别说明的是，本文中“姻亲关系”仅仅指代以男性户主所在家庭为中心，经由婚姻关系而形成的亲属关系，并不包括男性户主的父辈家庭的姻

亲关系。比如在王家的礼单中，姻亲关系主要包括W妻子的“娘家人”、W的姐姐和妹夫，而诸如“舅表兄”“表姐”之类的亲戚都归入“母方亲属”一类。在王家的婚礼礼单中，记录了15位姻亲关系随礼项，随礼金额最多，接近一半的礼金来自姻亲关系，值得注意的是，婚礼上15位姻亲关系亲属中有13位是W妻子的“娘家人”，可见，以W妻子“娘家人”为代表的女方姻亲关系在王家的人情关系网络中举足轻重，这部分亲属在王家婚礼上，参与最为广泛、随礼价值最高。

由户主W的职业领域发展而来的师徒关系积极参与随礼，这是王家婚礼礼单的一大特色，参与随礼的主要有师傅以及W的三个徒弟，全部随礼金额仅次于姻亲关系。研究师徒关系的学者大多倾向于认为，在逐渐企业化、市场化、合同化的社会大环境下，传统的师徒关系已经消弭，师徒在职业、工作之外的生活互动也不复存在。笔者不否认这一关于现代师徒关系整体发展趋势的论断，的确传统师徒关系在现代市场化管理与工具性利益诉求之下呈现式微之势。但需要指出的是，在中国广大的农村地区，传统的师徒关系依然有生存空间，不以工具性利益为主导的传统师徒互动继续存在。

从N村随礼变迁来看，朋友关系是特定家庭关系网络中较为稳定的部分。王家婚礼的意外参与者包括W的两个好朋友，据W介绍，朋友（高）原来住在村里，是从小一起长大的伙伴，后来因为工作调动搬去外地了；另一个朋友（陈）是曾经的工作伙伴，有共同的电器钻研爱好，关系一直很密切。但考虑到陈、高两人均住在外地，特地赶来参加婚礼多有不便，王家便没有向其发出邀请。

此外，还有主动参与婚礼的5位同村人，包括2户邻居和3户同姓，随礼金额不多，但是足以体现王家在村里的社会地位，足以让王家感觉荣耀。同事关系也渐渐参与到婚礼仪式当中，王家独生女的婚礼上只有W的一位同事参加，并随了200元的礼金。

从随礼金额来看，尽管从100元到1400元都有分布，但是绝大部分随礼者（20位）随礼金额集中在200元或低于200元，这部分礼金主要来自堂（表）兄弟姐妹、同事、邻居同姓等关系的参与者。W的徒弟、朋友、姐妹以及妻子的兄弟姐妹等10位随礼者随礼金额在200元到1000元，而随礼金额在1000元及高于1000元的只有3位，分别是W的徒弟（徐）、妻兄、妻姐。从婚礼参与度和随礼金额两个层面来看，姻亲关系是王家婚礼随礼的主体，妻方姻亲尤为突出；与其他村民家庭相比，师徒关系是王家较为独特的关系网络，构成仅次于姻亲关系的人情网络。

2. 生育礼礼单

表 1－6　2002 年王家独生女生育礼参与者状况

亲属与关系	随礼人数	礼金金额（元）	百分比（%）
姻亲关系	9	5780	45.51
师徒关系	4	2520	19.85
朋友	2	1400	11.02
同学、同事	5	2120	16.69
其他亲属	2	880	6.93
合计	22	12700	100

注：表格中除“同学、同事”之外的其他关系范畴均以户主 WWH 为基础。此处的“同学、同事”关系主要既包括生育礼当事人——王家独生女的同学与同事，也包括户主 W 的同事。

再来看看 2002 年王家独生女生育礼的礼单，有 22 位宾客参与生育礼并随礼，主要包括姻亲关系、师徒关系、朋友、同学、同事等范畴，“其他亲属”指代 W 的母亲与妹妹。令笔者不解的是，在生育礼礼单中出现“妹妹”“妹夫”两个随礼名目，而实际上 W 只有一个妹妹，并且确信婚礼礼单中的“妹夫”和生育礼礼单中的“妹夫”也是同一个人，为什么会重复随礼？据 W 所说，2002 年妹妹与妹夫协议离婚，但妹夫也是王姓族人，因此，在和妹妹离婚之后依然会出席王家的仪式性场合并随礼。

由表 1－6 可以看到，姻亲关系、师徒关系的随礼金额分别居于第一、第二位，这两类关系依旧构成生育礼随礼的主体。与婚礼礼单比较而言，朋友关系参与生育礼变化不大，是稳定性较好的关系网络；此外，同学、同事关系逐渐参与生育礼随礼，礼金比例居于第三位。

生育礼的随礼金额分布于 120—1500 元，集中区域为 400—1000 元，超过六成的宾客随礼金额在 400—1000 元，只有同事、表兄等 5 位参与者赠予金额低于 400 元，与婚礼一样，只有 3 位随礼者赠出了 1000 元及以上的礼金，依然是 W 的妻兄、妻姐与徒弟。可以说，这部分关系网络——姻亲与师徒关系，既是王家人情关系网络的核心组成部分，也是最为稳定的部分。

3. 丧礼礼单

表 1－7 2003 年王家父亲去世丧礼参与者状况

亲属与关系	随礼人数	礼金金额（元）	百分比（%）
姻亲关系	7	1150	13.09
父方亲属	28	3450	35.30
母方亲属	12	1770	18.11
朋友、同事	13	1210	12.38
师徒关系	4	550	5.63
邻居、同姓	30	1445	14.78
其他亲属	1	200	2.04
合计	95	9775	100

注：表格中除“姻亲关系”“朋友、同事”之外的其他关系范畴均以户主 WWH 为基础。其中“姻亲关系”既包括 W 的妻子与弟媳的娘家人，还包括 W 的姐姐（收养）与妹夫；“朋友、同事”既包括 W 自身的朋友、同事，也包括其弟弟的朋友、同事。“父方亲属”主要指户主 W 的父系亲属，以及父亲的堂（表）兄弟，如姑父（母）、叔婶、伯父母及其子女（姑表亲、堂亲之类）、表叔表姑等；“母方亲属”主要指 W 的母系亲属，如舅父母、姨父母及其子女（舅表亲、姨表亲之类）。“其他亲属”指 W 已离婚的妹夫。

（1）不可或缺的参与者

显然，丧礼上的宾客最多，遍及“姻亲关系”“父方亲属”“母方亲属”“朋友、同事”“师徒关系”“邻居、同姓”等各类关系范畴。与 2001 年的婚礼礼单及 2002 年的生育礼礼单相比较而言，W 父亲丧礼的参与者有以下四个特点：第一，父方亲属作用凸显。包括 W 的姑母、姑表兄弟姐妹、堂兄弟姐妹、表叔等在内的“父方亲属”在丧礼随礼中扮演重要角色，到场的 95 位宾客，有 28 位是父方亲属，随礼金额比例超出 35%。从参与人数、随礼金额以及丧礼中的劳务帮助情况来看，父方亲属在丧礼仪式上的作用不可替代。第二，母方亲属也较为广泛地参与丧礼。12 位母方亲属参加丧礼并随礼，主要包括 W 的姨父、姨表兄弟姐妹及舅表兄弟姐妹等，随礼金额居于第二位。第三，长辈亲属参与丧礼并随礼。“父方亲属”与“母方亲属”中有 13 位是长辈亲属，包括 W 的姑姑、表叔、姨父等，而这类亲属并没有参加王家女儿的婚礼与生育礼，可见，丧礼从代际上拓展了人情交往的关系网络，既包括婚礼、生育礼中的同辈亲属，也包括长辈亲属。第四，邻居、同姓等同村人是丧礼中不可或缺的部分。我们知道，没有同村人参加王家独生女的生育礼，婚礼上 5 位关系密切的同村人主动参与并随礼，这给王家带来荣耀。而在 2003 年，有 30 位邻居及王姓人家主动参与到丧礼仪式中并相应随礼，为什么三种仪式性场合会如此悬殊呢？为什么同村人（通常指同一村民小组的村民）如此广泛参与丧礼？

葬礼嘛，一个队的，都去……（个案 6 – F）

老人死掉，一个队的会来，一家一个人，吃豆腐饭。（个案 7 – W）

老人死了吗，一般都要去的……一个队的也去的，就最后一次了，最后一件事了，不能不去的。（个案 8 – T）

老人去世……邻居、一个队的、同姓的来帮忙，出葬需要很多人帮忙……（个案 9 – Z）

在村民眼中，丧礼是人生的最后一件事，是死者与现实社会的最后一次联系，所以，同村人在得知丧礼消息之后都会主动前往丧家慰问，并主动提供劳务帮助。丧礼是已故者的家人为其举行的告别仪式，也是亲属关系网络对已故者表示哀悼纪念的仪式，因此，不论已故者生前有何作为，同村人都会主动参加丧礼，“人死为大”。另外，人亡故后有一系列的仪式，诸如穿衣、入殓、封棺、出殡、下葬等，丧家需要邻居等同村人的劳务帮助。

（2）各类参与者的随礼金额

再来看看丧礼中人们的随礼金额分布。无论是礼金总额还是单个宾客的随礼金额，丧礼都明显低于婚礼和生育礼。尽管随礼金额从 30 元到 500 元不等，但是随礼超过 200 元以上的只有 3 位宾客，分别是王家收养的女儿（俞，500 元）、W 的妹夫（王，300 元）、姑姑（王，250 元），即为已故者的女儿、女婿（前女婿）和妹妹等姻亲关系。参与丧礼的 95 位宾客中，七成参与者（68 位）随礼金额为 100 元或低于 100 元，主要是邻居、同姓和一部分姻亲和朋友。30 位邻居和同姓参加丧礼并随礼，随礼金额都低于 70 元，可见，邻居、同姓等同村人广泛参与，但礼金流入量不大，因此，地缘关系的同村人参与丧礼的重点不在于礼金，而在于劳务帮助。

综上我们可以看出，丧礼场合的人情交往有两大特点：其一，参与丧礼礼仪的宾客人数最多，人情关系网络纵深发展，代际亲属关系（长辈、同辈、晚辈亲属都有涉及，以父方亲属为主）与邻居、同姓等地缘关系网络均是丧礼场合不可或缺的部分。其二，丧礼场合中人们普遍随礼较少，远不及婚礼与生育礼，并且多选择诸如 30 元、70 元、100 元、110 元、150 元等单数百位或十位金额，而在婚礼与生育礼中，多选择象征吉利、喜庆的金额数，诸如 120 元、160 元、180 元、200 元、600 元、800 元、880 元等。

4. 指向不同主体的三种仪式性场合及随礼

婚礼、生育礼、丧礼三种生命礼仪都是个体生命历程中的核心事件，生命礼仪的主体及其家庭为了庆祝、纪念而举办仪式，家庭人情关系网络内的人积极参与仪式并随礼，或者说，主家与宾客共同创造了一种仪式的场合，通过酬谢与随礼来完成仪式的意义。但是很明显，三种生命礼仪的主体不同，人们随礼的指向主体也发生变化，正是这种差异带来了三种仪式随礼的区别，以王家的三份礼单为例，突出表现在：

不同仪式场合有不同的参与者。由前文的礼单分析可以看出，王家的人情交往关系网络主要由姻亲关系、师徒关系、朋友、同事、同学关系、邻居、同姓等同村人关系、父方亲属、母方亲属等组成，但是具体到三种仪式场合，构成王家人情关系网络的各类关系在仪式随礼中的参与度也随之发生不同程度的变化。

婚礼参与者中六成以上都是 W 妻子的“娘家人”，生育礼中也有四成以上宾客来自妻方姻亲关系；姻亲关系的随礼金额也居于各类亲属关系随礼的第一位。可以看出，在王家女儿的婚礼与生育礼上，以 W 妻子的娘家人为代表的姻亲关系参与最为广泛、随礼最多。然而，这部分姻亲关系并未全部参加 W 父亲的丧礼，究其原因，W 的妻子 C 认为，女儿婚礼与生育礼均在 W 和 C 组成的核心家庭内部举办，娘家人自然都会参与，而丧礼则是以 W 父亲、母亲为中心的“大家庭”范围内的仪式，所以娘家人不会全数参与。

W 的师傅、三个徒弟、两位朋友均参与了婚礼、生育礼、丧礼并随礼，而在婚礼与生育礼上，朋友与师徒关系参与者的随礼金额仅次于姻亲关系，朋友关系及师徒关系是王家非亲缘人情网络中最为稳定的一个组成部分，其中，师徒关系是王家特有的社会关系网络。

同学、同事关系参与三种仪式变动幅度较大，女儿婚礼上只有一位同事参与并随礼，而参与生育礼的都是女儿的同学与同事，W 的同事并没有参加。而丧礼礼单上，同事关系有所扩展，W的3位同事参与并随礼。可见，在指向不同主体的仪式性场合，同学、同事等非亲缘关系的参与状况明显不同。子女婚礼，人们随礼主要指向父母家庭，赠予或者回赠是对父母家庭长期以来礼金、礼物以及人情的一种回馈；子女生育下一代则更多是以子女家庭为核心的人生事件，所以，子女的同学、同事等关系更广泛地进入生育礼的随礼网络；作为非亲缘关系的同事、同学群体参与长辈丧礼主要指向已故者的子女家庭，通过参与随礼表达对已故者子女的慰问或人情的回赠。

地缘关系的“邻居”“同姓”等同村人是构成村庄内部人际关系的关键部分。在N村，地缘关系没有参与婚礼和生育礼的义务，在村民看来，王家婚礼上有5位同村人主动参与，这足以说明王家在村里有“好声誉”和“好人缘”。可见，同村人是否参加婚礼与生育礼完全取决于主家与村里人的关系及交往状况。但是，丧礼则完全不同，在N村，村民在得知老人去世的消息之后，都会主动前往丧家吊唁并提供劳务帮助，这是村庄中的“人之常情”，而且村民都坚信，不会出现违背“常情”的人，“一般都要去的”（个案8－T），这是村庄内部潜在的约定，极少有村民违背这一内在约定，或者可以说，参与丧礼这一行为已经脱离参与者主观意愿而独立存在，与参与者是否真实愿意参加毫无联系。

“父方亲属”“母方亲属”主要包括W父母亲的兄弟姐妹与表兄弟姐妹及其子女，多为长辈与亲缘关系较远的亲属，这部分亲属只在W父亲的丧礼上随礼，并没有参与W女儿的婚礼和生育礼。“父方亲属”“母方亲属”是以W的父亲与母亲为中心的亲属关系，参与丧礼主要是对W父亲生前及其家庭全部人情的回馈，所以说，丧礼随礼指向的主体是W的父亲，即死者，而不同于婚礼与生育礼中指向W的家庭及其女儿家庭。因此，指向不同主体的仪式，继而出现指向不同主体的随礼，这是研究不同仪式性场合随礼的一个重要维度。

综合三份仪式性场合的礼单来看，姻亲关系在婚礼与生育礼中参与最多，随礼最重；父母双方的亲属广泛参与丧礼场合；生育礼中少有邻居、同姓参与，而村庄潜在的伦理规则约束人们主动参与同村人的丧礼，但随礼较少；朋友关系是村民人情交往中相对稳定的关系网络，随礼金额也相当可观；同事、同学作为新的群体逐渐进入仪式性场合，但与其他几类关系相比，同事群体参与随礼相对微弱，调查中有村民认为“同事随的礼金应该返还”，这主要考虑到同事群体的不稳定性，村民的绝大部分同事来自于外省市，他们担心，如果当下接受同事的礼金，一旦同事离开工厂或离开上海，人情回赠便成为问题，因此，大部分村民选择不邀请同事参与仪式性场合。

三、村民的人情关系网络构建——以婚礼礼单为例

1. N 村婚礼场合中的人情关系网络

黄玉琴最先提出“人情圈”的概念，用以指代当下“某一农民家庭有人情往来的家庭的总称”[①]，并认为“人情圈”有相对固定的边界，按照血缘关系的远近层次分布（黄玉琴，2002）。本章借用黄玉琴的“人情圈”这一概念，指代农民家庭的人情交往网络，而研究这一人情交往网络除了根据村民的口述资料梳理村民家庭亲属关系网络之外，最直接的方式便是借助于礼单，呈现仪式性场合中有哪些人参加随礼，随多少礼。N 村潘、张、金、袁四户村民家庭的婚礼礼单为我们分析村民家庭的人情交往网络提供了具体资料，以下表 1－8 是综合四份婚礼礼单制作而成的婚礼场合中各类亲属、关系的参与和随礼状况。

表 1－8[②]　N 村四份婚礼礼单的综合分析

亲属与关系	随礼人数	随礼人数百分比（%）	礼金金额（元）	礼金百分比（%）	礼金平均数（元）
姻亲关系	45	23.44	47940	37.38	1065.3
父方亲属	40	20.83	31780	24.78	794.5
母方亲属	15	7.81	9640	7.51	642.7
朋友、同学关系	26	13.54	12880	10.04	495.4
同事关系	38	19.79	10980	8.56	288.9
邻居同姓	19	9.90	6140	4.79	323.2
过房亲	9	4.69	8900	6.94	988.9
合计	192	100	128260	100	668.0

注：本表格是对 N 村四户村民家庭的婚礼礼单的综合分析，分别是潘家（1999 年儿子婚礼）、张家（2007 年儿子婚礼）、金家（2008 年儿子婚礼）、袁家（2009 年儿子婚礼）四家的婚礼礼单。表格中的亲属、关系网络均以各户男性户主为中心。

① 黄玉琴：《礼物、生命仪礼和人情圈》，载《社会学研究》2002 年第 4 期。

② 表 1－8 是笔者根据收集到的四户村民家庭的婚礼礼单归纳制作而成。

表1-8是综合四户村民家庭婚礼礼单而制作的简表，难以涵盖详细的信息。为了更清晰地呈现和理解村民家庭的人情交往网络，在此有必要对潘、张、金、袁四户村民家庭基本信息及婚礼礼单作简要交代。

N村7组潘家，户主潘，57岁，初中文化水平，在MH工厂打工，每月工资1500元左右；潘妻，56岁，初中文化水平，在XD镇的纺织厂上班，每月1200元；儿子与媳妇结婚11年，据1999年潘儿子婚礼礼单记录，婚礼上有25位随礼者，随礼总额为5600元，最高随礼金额为300元，来自潘的姐姐、内弟及过房亲。

N村6组张家，户主张，51岁，初中文化水平，在XD镇打工，每月工资1800元；张妻，51岁，在N村幼儿园工作，每月工资约2000元；儿子2007年举办婚礼，60人参与婚礼并随礼，超过半数的参与者是妻子和儿子的同事、同学，礼金总收入37400元，最高随礼金额2000元，分别来自张的内弟与连襟。

N村14组金家，户主金，48岁，高中文化水平，在JD一个台资企业从事运输工作，每月工资4800元；金妻，46岁，初中文化水平，在XD镇纱厂上班，每月收入1500元；儿子2008年5月1日举行婚礼，婚礼上58位宾客到场并随礼，收入礼金总额为55100元，最高随礼金额5000元，分别来自金的兄弟姐妹及内弟。

N村7组袁家，户主袁，初中文化水平，49岁，在XD镇工厂打工，每月工资1800元左右；袁妻，50岁，原在XD镇纱厂上班，2006年患病，现在家休养；儿子2009年举行婚礼，为了“冲喜”，在家举办婚礼，礼单记载有49位随礼者，随礼总额30160元，最高金额为2000元，来自妻兄。

（1）姻亲关系

家庭是建立在血缘和婚姻基础上的，是纵向的宗族关系与横向的姻亲关系的结合体，因此，经典的姻亲关系研究总是与“亲属制度”“宗族”或“宗亲关系”等范畴相联系。弗里德曼的宗族范式曾经一度垄断了汉人亲属关系研究，认为，宗族是村庄形成和发展的基础，宗亲关系比姻亲关系更为重要。费孝通先生在《乡土中国》中，也将亲属关系更多理解为血亲或血缘关系，把生育当作是形成亲属关系的主要途径，并没有强调由婚姻而来的姻亲关系[①]。然而，弗里德曼基于文献资料分析的宗族范式，在面对实证的田野调查时，也摆脱不了衰落的命运，人类学与社会学界转而关注姻亲关系，并认为在村民的日常生活中姻亲关系的地位逐渐超越宗亲关系。此后，阎云翔在东北下岬村的研究突出了姻亲作为实践性的亲属关系在中国北方村庄社区关系网络形成中的重要作用，并把姻亲关系视为“亲属关系中馈赠者的主体”[②]。王铭铭在研究华南溪村社会关系时，也将“姻亲或通过姻亲发生关系人”作为溪村社会的三种社会关系类型之一，与“堂亲或有共同祖先的人”“朋友或在工作和学习中关系亲密的人”共同构成溪村的主要社会关系网络。

如前文所述，本章“姻亲关系”主要指以男性户主所在家庭为中心，经由婚姻关系而形成的亲属关系，并不包括长辈亲属中的姻亲关系，即男性户主的姑父、姨父、舅舅等亲戚都不在“姻亲关系”之列，而分别属于“父方亲属”与“母方亲属”，也就是说，这里的“姻亲关系”将“父系姻亲”“母系姻亲”排除在外，特指“自身姻亲”与“子代姻亲”两类[③]。另外，我们在姻亲内部区分亲属距离，分别称之为姻亲近亲和姻亲远亲。以男性户主为例，姻亲近亲指户主的姐妹家、女儿家、岳父家、配偶的兄弟姐妹家以及他们的子女；姻亲远亲指户主儿媳的娘家、配偶的伯叔、堂兄弟姐妹等配偶的其他旁系血亲。在N的婚礼场合中，姻亲近亲随礼显著多于姻亲远亲。

由表1-8我们可以看到，在潘、张、金、袁四家的婚礼上，姻亲关系在参与人数、随礼金额以及平均随礼金额三个方面都居于首位，参与人数最多，随礼总额最高，人均随礼金额超过1000元。在村民那里，“姻亲关系”并不被人们直接提到，通常由“娘家人”“自家兄弟姐妹”等称呼来代替。

结婚是大事，一般性送钱最多的肯定是自家兄弟姐妹，我的兄弟姐

① 费孝通：《乡土中国》，上海人民出版社，2006年版，第57页。

② 阎云翔：《礼物的流动：一个中国村庄中的互惠原则与社会网络》（李放春、刘瑜译），上海人民出版社，2000年版，第113页。

③ 刁统菊等在《宗族村落中姻亲关系的建立、维护与重组——以鲁东小姚格庄为个案》一文中，列举了四种姻亲关系范围：母系姻亲（舅舅）、父系姻亲（姑父）、自身姻亲（岳父）、子代姻亲（儿媳妇的娘家和女儿的婆家）。（刁统菊：《宗族村落中姻亲关系的建立、维护与重组——以鲁东小姚格庄为个案》，载《民俗研究》2008年第3期。）

妹、我老公的兄弟姐妹，这些总归是最亲的，我儿子结婚，我妹妹和弟弟都送得2000块，老公的姐姐送1600块，老公的哥哥、弟弟都是1000块的。我娘家人送得最多，老公的兄弟送钱少一点。（个案5－L）

可见，姻亲关系是N村婚礼场合极其重要的关系网络，在上述案例中，L的“娘家人”与L丈夫的姐姐共同构成了主要的姻亲关系，这部分人在婚礼上的随礼价值远高于血缘关系（L丈夫的兄弟）。在婚礼与生育礼上，姻亲关系参与最为广泛，随礼价值最高，这在N村是普遍现象，村民习以为常。在日常生活中，姻亲关系也成为主要的合作与互助对象，村民往往优先选择姻亲关系的姐夫、连襟、妻舅作为合作对象，而很少考虑自己同源的兄弟。问及原因，村民都不能具体回答，在他们看来，涉及利益问题，与自家兄弟合作多有不便，而与姐夫、连襟、妻舅合作，压力则小很多。正如李银河在浙江南阳村和南山头村调查时所说的那样，族亲中有利益冲突，是兄弟的一分为二，而姻亲则是利益加感情的结合，是夫妻的合二为一①。

调查还发现，无论日常生活还是在仪式性情境中，N村几乎不存在任何“宗族”的影子，即便是在聚集整个家庭关系网络的丧礼上，“族亲”也仅仅指代男性户主的叔伯以及堂兄弟姐妹之类亲属，人数相对较少，所以，文中将这部分亲属归入“父方亲属”之列。N村没有祠堂，即便是村里的陈、潘、王等大姓人家也没有族谱，“同姓”在N村已经普遍被当作地缘关系，同姓人家也仅仅是关系相对亲密的“同村人”而已。显然，这里的宗族被分解了，亲族归入父系亲属，成为血缘关系，而疏远的同姓族人则被归入地缘关系。因此，在几乎不受到宗族关系影响的N村，姻亲关系在仪式性场合与日常生活中意义重大。

（2）父方亲属、母方亲属

阎云翔以“父方亲戚”概念指代户主的姑姑们和她们的子女；“母方亲戚”指代户主的舅父姨母们及其子女（阎云翔，2000）。笔者基于N村各种仪式性场合实际的参与者状况而采用“父方亲属”这一概念，它与阎的“父方亲戚”略有不同，除了户主的姑姑及其子女之外，还包括阎文中“族亲”意义上的亲属关系，比如父亲的兄弟、堂兄弟姐妹，户主自己的

① 李银河：《生育与村落文化》，呼和浩特·内蒙古大学出版社，2009年版，第67—68页。

兄弟与堂兄弟姐妹，等等。“母方亲属”则与阎的“母方亲戚”相同，主要指代户主母亲的兄弟姐妹及其子女，诸如户主的舅表亲、姨表亲之类。

仅从四份婚礼礼单来看，父方亲属是仅次于姻亲关系的亲属类别，而在袁家与金家的婚礼中父方亲属参与人数一度超过姻亲，尤其是袁家，父方亲属随礼人数与随礼金额都居于各类亲属关系之首。袁姓是村里的大姓之一，仅由袁家曾祖父一支衍生而来的就有四个大户，袁的祖父是其中之一，袁的祖父育有三男两女，袁的父亲排行老二，上面有一个伯父，往下是叔叔和两个姑妈，各家又继续有儿女成立小家庭。而袁家 95 岁高龄的祖父依然健在，所以伯叔、姑舅之间的联系依然密切，相继组建并独立的小家庭也都联系在一起，重大仪式性场合都会参与并随礼。因此，在袁家儿子的婚礼上，父方亲属最多。袁的妻子告诉我们，一旦祖父去世了，他们之间的联系就会慢慢淡化。也许正如袁的妻子所说的那样，父方亲属关系参与人情网络与一脉血系的维持者密切相连，一旦共同的祖辈去世，较远的父系亲属之间的人情往来也会慢慢淡薄，甚至中断。

在潘、张、金、袁四户家庭的婚礼中，母方亲属的比例以及母方亲属的随礼金额远不如姻亲与父方亲属。实际上，父母双方的亲属多为长辈与远亲，因而无论是父方亲属，还是母方亲属，参与婚礼与生育礼的人数都不会超过丧礼。婚礼和生育礼是户主子女的仪式性场合，人情网络辐射以户主家庭以及子女家庭为中心的亲属与非亲属关系网络；而丧礼则是户主父母的仪式性场合，父母双方的亲属及朋友自然都会参与。囿于隔代与血缘关系渐行渐远，父母双方的亲属较少参与户主子女的婚礼与生育礼。

同样，在父方亲属与母方亲属内部，血亲的随礼价值远高于堂亲与表亲，比如受礼者的兄弟随礼金额总会高于堂（表）兄弟，可见，在亲属关系内部亲疏远近是决定人们随礼金额的重要因素。

（3）过房亲

过房亲是盛行于沪浙一带的民间风俗，在浙江嘉兴、湖州地区以及上海的松江、奉贤、崇明、嘉定等郊区较为普遍。广义的“过房亲”与民间意义上的“认干亲”“结干亲”意思相近，即通过寄父母与寄子女之间的“干亲”关系连接或增强两个家庭之间的人情往来。早些时候，人们还会举行特别的“认亲”仪式，设宴招待宾客，以宣告两个家庭之间过房关系的正式建立。

据村民介绍，N村建立过房亲关系主要有以下几个原因：第一，没有生育子女的家庭通过过继的方式从其他家庭（一般是亲友家庭）认领一个孩子作为过房儿子或过房女儿，以祈求带来生育的好运。第二，孩子出生以后，体弱多病，父母为求子女健康成长，寻找特定生肖或姓氏的亲戚、朋友作为孩子的寄父母，更名换姓，以求平安。第三，两个家庭交往情谊深厚，希望通过干亲关系进一步发展成为亲戚关系，增强联谊。第四，为了攀附富贵而将孩子过房给别人。在N村，初生孩子体弱多病是父母寻求建立过房亲的主要动因，其次是结婚多年未生育子女的家庭与其他家庭建立过房关系。这时候，自家亲朋好友通常成为人们选择过房对象家庭的首要选择。一方面，选择自家的亲属关系网络建立过房关系相对比较可行；另一方面，也有利于加深彼此联系，亲上加亲。

严格来说，如果建立过房亲的双方家庭不是亲属关系，而是朋友、同学、同事、邻居等其他关系，那么这种过房亲既没有建立在血缘基础上，也没有涉及姻缘关系，它不能算是亲属，而是一种拟亲属关系。但是，这种拟亲属关系，在双方家庭的婚礼等仪式性场合中与近亲亲缘关系同等重要，寄父母或干父母及干兄弟姐妹的参与度与随礼价值往往与亲生兄弟姐妹没有差别，甚至多于自己的兄弟姐妹。潘、金、袁三家的婚礼上都有过房亲参与，主要有户主的寄父母和过房兄弟、配偶的寄父母以及儿子的寄父母。潘家的两位过房亲LJZ与LJM，分别随礼300元、200元。LJM是户主潘的过房兄弟，LJZ是过房兄弟LJM的堂姐，因结婚多年未生育子女，潘便将自己的儿子过房给LJZ，如此一来，LJZ拥有了双重身份，既是潘家儿子的寄妈，也是户主潘的过房堂姐。婚礼上，她随礼300元，而300元也是1999年潘家儿子婚礼上的最高随礼金额，她与潘的姐姐、内弟并列最高礼金数额。金家儿子的婚礼上，有5位过房亲属参与，分别是妻子的寄父母、户主的寄父母及过房兄弟。户主及妻子的寄父母分别随礼2000元，仅次于户主和妻子的兄弟姐妹，三个过房兄弟也分别随礼800元。户主金幼年多病，金父便主动找到好友CXQ，希望将儿子过房给C家，以求儿子能和C家的三个儿子一样健康成长。建立过房关系以后，每逢C家三个儿子的婚礼、生育礼，金父都必到场随礼，彼此之间的人情往来不曾中断。

（4）朋友、同学、同事

朋友、同学、同事等自致性的非亲缘关系逐渐进入婚礼场合并随礼，其中，朋友关系成为婚礼等重大仪式性场合中比较稳定的关系网络之一，随礼金额仅次于较亲近的亲缘关系。

王铭铭认为“朋友”一般形成于市场、学校、军队、工厂中，如此看来，朋友可能是同学、战友、同事，但他又指出，朋友不会是堂亲和姻亲，极个别人会和同村或同族人成为朋友。在N村的调查中我们发现，村民的“朋友”主要有以下四种类型：第一，“发小”，从小一起长大的同村伙伴，这是来自地缘关系的朋友关系，比如村民W的朋友GYH，自小而来的伙伴情谊是维持双方人情往来的重要原因。第二，学生时代的“好哥们儿”，同学关系中保留下来的朋友关系，在婚礼与生育礼场合中，这类朋友关系较为突出。第三，工作上的伙伴，在工作领域中认识，有共同的兴趣爱好，由同事关系发展成为朋友，比如W的另一位朋友CJP。第四，亲属关系中“合得来的人”，一般这种亲属关系不会很亲近，堂亲与姻亲近亲很难发展成为朋友关系，而与自己较远房的表亲成为朋友的可能性较大一些，比如金家，户主金与远房表弟JB既是亲属关系，又是朋友关系。共同的社会生活经历、共同的历史回忆是形成朋友关系的前提条件，心理上的慰藉与理解是朋友不同于其他任何关系的独有特性，在人情往来中，来自朋友的帮助远不及亲人和族人多，但是，唯独朋友的心理安慰与朋友之间共同的心理素质是其他任何亲属所无法替代的，既没有血缘的宿命，也非经由婚姻关系而来，联系朋友关系的纽带是长期不断的交往与互助，这种交往关系最经久不衰，然而，一旦人情交往中的某个环节出现差错，也极其容易失去朋友，因此，日常生活中人们对待朋友关系非常谨慎，在人情交往中小心翼翼，唯恐错过某个“应该”参与的场合。

同学与同事关系是朋友关系之外的两种非亲属关系。伴随着农民受教育水平的提高，同学关系逐渐走进各种仪式性场合。在N村，如果某个家庭的子女的婚礼或生育礼上有很多同学参与，对主家而言也是一种荣誉，因为同学的到来，也直接反映了子女的受教育水平，家长会认为这是给自己脸上增添了光彩。20世纪90年代开始进入村民人情交往网络的同事关系是村民新的职业选择的结果。正如阎云翔著述中所描绘的那样，农民不会把一起从事农耕的人称为“同事”，N村村民只称呼工厂、学校、医院等场域中一起工作的人为“同事”，所以，同事关系的出现与N村的产业形态、土地状况等方面的变化密切相关。工业园区的建立、土地征用与流转共同促成村民离开土地和农耕生活，逐渐走向工厂车间，从而有机会结识同事关系。显然，在三种非亲属关系中，同事关系参与仪式性场合并不频繁，而且随礼金额最低，一般 200—300 元，并且回礼时很少增加礼金价值。

（5）邻居、同姓

费孝通先生指出，在稳定的乡土社会中，地缘关系与血缘关系不分不离，地缘是“血缘的投影”①。不可否认，个体的地缘关系具有部分先赋性，个体在出生之前无法决定自己出生在哪里，无法选择出生以后拥有怎样的村庄环境，诸如此类问题都和血缘关系密切相关。在传统的村庄中，祖祖辈辈安土重迁，血缘对地缘的决定性作用尤为明显。当然，即便在日益发达的现代社会，个体在出生之前也无法选择自己的出生地，然而，伴随着农村社会流动性的增强，人们渐渐脱离了安土重迁的“黎民之性”，搬离村庄的人越来越多，后天选择成为重建地缘关系的一个重要动力。工、农业园区、交通线路的建设与开发占用 N 村的大量土地，大部分村民的职业转向非农，纷纷在 XD 镇或新建小区买房置家，如此一来，传统村庄的地缘关系逐渐松散，新的地缘关系开始建立。

邻居与同姓都是基于地缘发展起来的人情关系网络，婚礼与生育礼场合并不主动邀请地缘关系的同村人参与，意外的参与者会给主家带来荣耀和“面子”；但在丧礼场合，同村人尤其是同一个村民小组的人如果没有主动去吊唁，就会被认为是“不懂人情”“不懂规矩”，如此约定俗成的规则潜在约束着每个村民家庭的随礼，邻居、同姓等同村人通常构成丧礼场合最主要的参与者。

（6）“三缘关系”网络：亲缘、业缘与地缘

从婚礼场合的主要参与者来看，村民家庭的人情交往网络可以归为三大类，一是亲缘关系，包括姻亲、父方亲属、母方亲属、过房亲等；二是自致性的业缘，包括朋友、同学、同事关系等；三是地缘关系，主要指邻居、同姓等同村人。显然，亲缘关系占据主导地位，192 位随礼者中有 109 位来自于户主家庭的亲属关系，随礼金额占礼金总额的 76.61%。其中，

① 费孝通：《乡土中国》，南京·江苏文艺出版社，2007 年版，第 76 页。

姻亲关系比例最高，45 位姻亲关系亲属随礼金额所占比例为 37.38%，居于全部婚礼随礼者的第一位，平均每位姻亲随礼金额高于 1000 元，可见不论从参与人数、随礼总额还是从平均随礼金额来看，姻亲关系在婚礼场合的地位无可替代。父方亲属是居于第二位的亲属关系，40 位父方亲属随礼总额仅次于姻亲关系，居于第二位，人均随礼金额为 794.5 元。婚礼场合中，母方亲属的参与度与随礼金额并不突出，只有 15 位母方亲属参与并随礼，人均随礼金额为 642.7 元，低于父方亲属。过房亲，更确切地说，它是一种拟亲属关系，是通过“过继”或“寄养”而形成的亲属关系，在四户村民家庭的婚礼礼单中，三户有过房亲，192 位随礼者中有 9 位是过房亲，分别是过房父母、过房兄弟、过房姐妹等，人均随礼金额相当可观，仅次于姻亲关系的随礼金额，为 988.9 元。

我们将朋友、同学、同事关系归为自致性的业缘关系。192 位宾客中，有 1/3 是包括朋友、同学、同事在内的非亲缘关系，随礼总额为 23860 元。64 位非亲缘关系的宾客中，朋友、同学的参与人数不及同事多，但在随礼金额上，同事的随礼数量远比不上朋友和同学，人均随礼金额也相差较多，朋友一般随 400—600 元，而同事一般随 200—300 元。邻居、同姓等地缘关系在婚礼场合中的参与没有丧礼场合广泛，四场婚礼上有 19 位同村人参与并随礼，人均随礼金额为 323.2 元。

传统的“三缘关系”是指血缘、地缘、业缘三种，而本文以“亲缘”代替“血缘”，主要是考虑到，传统的血缘关系并没有把姻亲关系涵盖在内，姻亲一直被置于“外戚”或“亲戚”之列，而 N 村的婚礼随礼实践充分证明了姻亲在仪式性场合中不可替代的作用，所以，以“亲缘”代替“血缘”准确性更强。此外，正统的业缘关系用于指代基于社会分工而形成的同业、同学关系，并不包括趣缘关系的“朋友”群体，笔者在此将“朋友”关系纳入“业缘”关系，特作说明。于是，新的“三缘关系”——亲缘、业缘、地缘组成了 N 村村民的人情关系网络，其中，包括姻亲、父方亲属、母方亲属、过房亲在内的亲缘关系是婚礼随礼的主体；20 世纪 90 年代以后，以同事、同学、朋友为代表的业缘关系参与婚礼日渐普遍，其中，朋友群体是最为稳定的部分；地缘关系在婚礼与生育礼中的作用并不如其参与丧礼一样明显。

由此看来，“三缘关系”在农民仪式性场合参与随礼有明显差异，亲缘关系是主导，业缘关系逐渐进入婚礼等仪式性场合，地缘关系参与婚礼具有较大的自主性。如果一定要给“三缘关系”进行一个排列，村民习惯于采用“关系距离”来区分，排在第一位的是亲缘关系，其次是业缘关系，地缘关系排在最末位。

但是，这并不是说构成农民人情关系网络的“三缘关系”之间是完全割裂的，“三缘”之间也有叠合之处，两缘或多缘叠合让一部分人获得双重甚至多重身份，在重合的关系内，人们随礼遵循特定的规则。首先，当两种关系重合时，人们倾向于选择关系距离更近的身份参与随礼，比如，村民 WWH 和他的朋友高某是一起长大的伙伴，他们的朋友关系建立在“同村”这样一种地缘关系之上，在王家的礼单上，高某被记录在“朋友”类而非同村人。其次，当个体丧失了两重或多重身份中那个相对亲近的身份时，个体会退而选择另一相对疏远的身份继续参与随礼。在王家的礼单上，WJS 既是 WWH 的妹夫，也是同姓同村人，亲缘与地缘重合，在与 WWH 的妹妹离婚以后，WJS 继续以“同姓”的身份参与王家父亲的丧礼。最后，当亲缘与业缘关系叠加时，随礼价值一般高于同等关系的亲缘或业缘关系。金家婚礼上，户主 JHL 的表弟 JB 既是表亲也是朋友，随礼 1000 元，而同等表亲的“表哥”“表姐”仅随礼 500 元。当然，也不是任何“两缘”叠加都会增加随礼价值，比如地缘和亲缘的相加，村庄地缘关系与亲缘或血缘关系相结合，更多指向“族亲”或“宗亲”，但是在 N 村，恰恰这部分关系网络被分解了，亲缘关系较近的一部分归入“父方亲属”，另一部分关系相对较远的划入“同村人”。

2. N 村婚礼场合中的人情交往

（1）“三缘关系”参与婚礼

从四份婚礼礼单的综合分析来看，N 村村民家庭的人情交往圈无非由上述几类关系网络构成，亲缘关系占据主导地位，其中姻亲是关键性的关系网络，父方亲属居于其次，母方亲属的作用并不明显，特色的过房亲在婚礼场合中的意义不可忽视；通过整个家庭或家庭成员个体的学习、工作等社会生活而形成的一种自致性网络，即业缘关系逐渐进入婚礼场合并在婚礼场合中发挥重要作用，朋友、同学随礼的价值远大于同事群体；邻居、同姓等建立在地缘关系之上的人情网络虽然对礼金流入的贡献率最低，但在婚礼场合中，同村人的参与可以被看成是婚礼主家的荣耀，因此，在地缘关系上，村民之间的人情往来看重的不只是礼金的数量或礼物的价值，更多的是一种心理上的满足感与认同感，也就是说，地缘关系给予婚礼等仪式性场合的并不是礼金收入，而是“人气”。

亲缘、业缘、地缘三种关系构成村民人情往来的主要关系网络，虽然在以特定村民家庭为中心形成的人情关系网络内部，这三类关系的分布与构成会有明显差异，但是，一般来说，先赋的血缘关系、经由婚姻而来的姻亲关系、过房寄养形成的拟亲属关系等亲缘关系在村民的婚礼场合中地位最为重要，参与人数最多，随礼金额最高，这也说明 N 村较完整地保留了传统乡土社会“亲缘关系”（郭于华，1996）的重要地位。后天自致性的业缘关系也逐渐发展起来，朋友、同学、同事等非亲缘关系参与婚礼等仪式性场合的比例趋于增大。地缘关系是村民共同居住、共同的归属感而形成的关系网络，在婚礼中这一关系弹性较大，不同村民家庭的婚礼上，地缘关系参与差别较大，远不如全村参与丧礼场合那么稳定。

但是，需要明确的是，在各类关系网络内部也存在不同的随礼规则。在亲属关系内部，亲属关系的亲疏远近是衡量与选择随礼价值的一个重要标准，诸如，姻亲近亲与姻亲远亲之间、血亲与堂表亲之间等在随礼上的差异非常明显。而在朋友、同学、同事等非亲属关系网络中，人情交往历史与交往状态成为主要的考量因素，人们在选择参与与否、随礼多少等问题上主要考虑彼此之间以往的交换状况，互惠成为最主要的标准。地缘关系中，邻居与同姓参与婚礼主要是基于双方较为密切的联系，“关系好的”人会主动参与并随礼。

（2）随礼价值被潜在约定

从潘、张、金、袁四户村民家庭的婚礼上各类关系宾客随礼的平均数来看，各类亲属关系的随礼金额都在“范围”之内上下波动，没有出现“不适当”的随礼状况。姻亲关系平均随礼金额 1000 元以上，父母双方亲属随礼金额在 600—800 元，朋友、同学随礼人均金额为 495 元左右，同事随礼在 200—300 元，邻居、同姓等地缘关系的随礼稍高于 300 元，而过房亲是特殊的拟亲属关系，随礼份额仅次于姻亲关系。

在访谈中我们发现，村民能够较为一致地说出哪一类关系网络应该随多少礼。

一般娘舅舅妈、阿姨、姑姑都给的多一点，我们都是 1000 多，有钱的

嘛就多一点，一般都是最多的。（个案1－C）

自家兄弟姐妹多一点，800的，1000的都有，也有更多的，几千的，表姐表哥、堂哥堂姐嘛，一般性四五百，多的嘛600块。朋友多一点，一般600—800块，有钱的嘛可以再多一点，主要看关系。（个案2－P）

只是钱不一样多，最亲一般是1000—2000块，表亲500块左右。（个案6－F）

最多的嘛总归是亲戚，自家兄弟姐妹，我的兄弟姐妹，我老公的兄弟姐妹，其他的亲戚少一点，400块、500块、600块的都有，朋友嘛多一点。（个案7－W）

可见，在特定的仪式性场合中，什么人应该随多少礼已经在村民心目中有了大致的范围。比如在N村，婚礼场合中各类关系网络随礼约定的“范围”如下：“自家兄弟姐妹”主要包括受礼者（婚礼当事人的父母）及配偶的兄弟姐妹，随礼金额最高，一般在1000元左右；其次是朋友，一般600—800元；堂（表）亲一般400—500元；同事200—300元；邻居200—300元。另外，这里的“范围”并没有规定随礼上限，根据各类关系参与者家庭的实际经济状况可自由选择增加随礼金额，比如在金家的婚礼上，户主的哥哥、姐姐与内弟都随礼5000元，这就远远超出了约定的“范围”。

村庄内部，人们就各种不同类型的关系网络在婚礼上的随礼金额或随礼价值达成隐性的约定，这是农民长期参与随礼的经验总结，也为人们随礼提供了潜在的参考标准。在某个特定的仪式性场合中，人们都知道，随多少礼金“适当”，怎么做才称得上是不失人情的随礼。

第四节　赠予－回礼：农民随礼行为中的互惠原则

一、赠予－回礼：礼金折射出的随礼逻辑

1. 基于亲属距离与交往状况的双重随礼逻辑

（1）亲属距离与互惠共同决定随礼

礼物的价值或礼金的数量能够反映出馈赠者与受礼者之间的亲近程度

（阎云翔，2000），也就是说，在特定的随礼场合中，收礼者与赠礼者的关系越亲近，收到的礼物就越有价值、收到的礼金数额就越高。王家的婚礼礼单（表1-9）为我们检验这一观点提供了翔实的资料。我们看到，尽管礼金的数额从100元到1400元不等，但是随礼金额在1000元及以上的只有3位，200元到1000元的有10位，其余20位参与者的随礼金额都在200元或低于200元。

从前文王家的礼单分析中可以看出，除了丧礼之外，在婚礼与生育礼中，姻亲关系参与人数最多，随礼金额最多，但很明显的是，姻亲近亲与姻亲远亲的随礼金额差异很大。在王家的婚礼和生育礼礼单中，最高随礼金额分别来自户主W的连襟与妻兄，都超出1000元，所以，构成姻亲近亲的连襟与妻兄是王家人情关系网络中最为重要的参与者。而同样是姻亲关系的还有妻子的堂兄弟姐妹，随礼金额只有200元左右，这部分随礼者是姻亲中的远亲亲属。可见，亲属距离在礼金赠予中占据重要地位，不同的亲属距离决定了人们的随礼金额。

表1-9　2001年王家独生女婚礼礼单

关系	姓名	礼金金额	关系	姓名	礼金金额
徒弟	XQL	1200元	妻堂弟	CHZ	180元
	XGM	800元	妻堂姐夫	FML	180元
	YSP	800元	妻堂姐	CJX	160元
师傅	LMF	200元		CYX	120元
朋友	GYH	600元	舅表兄	CHB	180元
	CJP	800元		CHY	200元
同事	CYM	200元		CML	180元
妻兄1	CBC	1000元		CXL	200元
妻兄2	CHC	400元	舅表嫂	CXM	100元
妻姐夫	JSN	1400元	舅表姐	CXY	100元
妻外甥	JXC	300元	收养姐姐	YQG	300元
妻外甥女	JXQ	500元	邻居、同姓	JH	200元
妹夫	WJS	800元		WSG	160元
妻侄女	CZY	400元		WZ	100元

续 表

关系	姓名	礼金金额	关系	姓名	礼金金额
妻侄子	CZH	200 元		WJM	200 元
妻堂兄	CZC	200 元		DTW	160 元
	CYC	200 元			
合计	12720 元				
备注	礼单中的人物关系称谓均以户主 W 为基础				

但是，亲属距离并不是决定随礼金额的唯一因素，当亲属关系内部出现矛盾时，亲属距离或血缘关系可能完全不起作用。王家婚礼礼单中最慷慨的赠礼者是“妻姐夫”“徒弟”和“妻兄 1”，而这 3 位分别是户主 W 的连襟、徒弟与妻兄，值得注意的是，W 的妻子 C 有两个兄弟——“妻兄 1”赠送了 1000 元礼金，而“妻兄 2”仅送了 400 元。C 的父母育有两男三女，C 排行老五，上有大哥、二哥、大姐、二姐，其中大姐年幼因病夭折，现在只有兄弟姐妹 4 人，上述礼单中的“妻兄 1”是二哥，“妻兄 2”是大哥，“妻姐夫”是二姐夫。据 C 介绍，大哥是原 N 村的村党支部书记，在任期间积极投资房产，在现在居住的 FL 新村小区建起两栋四层高的楼房，分别卖给了自己家的兄弟姐妹和其他亲戚，在 C 及其兄弟姐妹看来，大哥卖房的价格“比外人还要贵很多”。C 表示，毕竟是自家兄弟姐妹，虽然心里不好受，也还是借钱买了房子，因房产出售，大哥成为村里的首富，此后，哥哥的性格有了很大变化，人情也淡了，渐渐看不起经济条件不如他的自家兄弟姐妹，人情交往逐渐变少，这一点可从王家的 2000 年的婚礼礼单和 2001 年的生育礼礼单中看到，C 的大哥参加了婚礼并随礼 400 元，随礼金额远少于其他兄弟姐妹，而 2001 年王家的生育礼礼单中并没有 C 大哥的随礼记录，经笔者核实，C 的大哥确实没有参加 2001 年的生育礼。这一点让 C 和她的兄弟姐妹都很生气，因为此前大哥家儿子婚礼、生育等各种仪式场合，兄弟姐妹都积极参与并随礼，从表 1－10 王家的随礼支出明细中可以看到，王家参加了 1992 年大哥儿子婚礼与 1994 年儿子生育礼，并分别随礼 400 元、600 元，而在 1992 年、1994 年，普通礼为 200 元，400 元、600 元礼金算得上“大礼”了。据 C 回忆，那时候自己身体不好，不能做重活儿，还经常跑医院，丈夫处于学徒阶段，每个月只有几

百元的工资，家里的几亩地也因为没人管理而歉收。每年几千块钱的收入也只能担负女儿的学费，维持基本的家庭生活，但 C 仍然表示不能忽视人情往来，于是选择外借债务来随礼，1992 年侄子（大哥之子）婚礼上的 400 元礼金借自 C 的二哥和姐姐，直到年底才还清欠债。而后来兄弟姐妹都相继要办喜事了，大哥却退出了人情交往圈，以致渐渐断绝了与另外三个兄弟姐妹的往来。显然，在王家的婚礼以及后来的生育礼上，C 的二哥与姐夫都随了重礼，而大哥只随了普通礼（2000 年，400 元只能算普通）。所以说，同类别的亲属关系中，即便是同等亲属距离的亲属之间，人情往来也有差异，血缘关系并不能绝对保证维持长期的人情交往，互惠是最根本的考量原则和前提。C 的大哥在其儿子婚礼、生育礼等场合接受了来自兄弟姐妹的礼金赠予，但却没有同等参与兄弟姐妹家各种仪式，破坏了互惠的潜在规则，也打破了血缘在乡土社会中的意义。也就是说，虽然人情交往中不要求完全等额或等值的礼金、礼物交换，但必须维持长期的、总体上的平衡，人情的天平偏向任何一方，关系都不可能长久。

因此，在亲缘网络内，亲属距离是决定随礼金额的重要因素，同一亲属关系类型随礼大体相当，但亲属距离绝不是唯一标准，互动双方既往的人情交往历史以及互惠原则也成为决定随礼状况的另一重要因素。

（2）关系维系状况是主要影响因素

从 C 与其大哥的人情交往可以看出，即便是在亲缘关系网络中，血缘关系也不能保证长期的人情交往，长期的随礼往来必须建立在互惠上。试想一下，如果 C 的大哥也能和 C 的其他兄弟姐妹一样继续参与随礼，继续维持仪式性场合中的人情交往，也不至于弄成如此僵局。所以，在亲缘关系网络中，除了考虑血缘关系以及亲属距离之外，还应将交往双方的人情关系维系纳入其中，以考察影响人们随礼状况的各种因素。

在非亲缘关系网络中，随礼自然不会受到来自血缘关系的影响，人情交往状况以及相互关系的维系状况成为决定人们随礼的主要因素。W 的师傅和三个徒弟都参加了王家的三种仪式性场合并随礼，仅从三个徒弟的随礼礼金来看，以徒弟 XQL 随礼最多。在婚礼与生育礼礼单中，X 随礼金额均居于第二位，仅次于户主的连襟与内弟。据 W 介绍，X 是他的大徒弟，女儿举办婚礼时，X 已经跟随自己 10 年之久，逢年过节、大事小情都会走动，师徒关系更像父子关系。王家婚礼与生育礼上 X 分别随礼 1200 元和

1000 元，都是重礼。而其他两个徒弟（X、Y）当时才入门一年，师徒之间交往较少，那是第一次参与王家的仪式性场合。在婚礼上，X、Y 分别随礼 800 元。因此，在非亲缘关系的同类关系网络中，基于不同的关系维系状况，人们会选择不同的随礼金额。

2. 妻方姻亲关系成为礼金流入量最大的亲缘关系网络

根据潘、张、金、袁四户村民家庭的婚礼礼单以及王家的婚礼、生育礼礼单，我们可以看出，姻亲关系是婚礼、生育礼等仪式性场合的随礼主体，无论是参与人数还是随礼金额都居于首位。在王家的婚礼上，33 位宾客参与随礼，其中姻亲关系 15 位，随礼金额为全部礼金收入的 49.84%，但是，需要注意的是，这里的“姻亲关系”包括两部分人，一部分是妻方的亲属，另一部分是户主 W 与已出嫁的姐妹之间的姻亲关系。很显然，在王家的婚礼礼单中，属于后者的只有 W 的妹夫与姐姐（收养），分别随礼 800 元、300 元，仅占王家婚礼全部礼金收入的 8.65%，而剩余的 13 位姻亲关系均来自妻子娘家，随礼总额所占比例为 41.19%。从参与人数和随礼金额来看，女方姻亲关系多于男性户主一方的姻亲关系。的确，户主 W 只有一个妹妹和一个姐姐，而妻子 C 有一个姐姐和两个哥哥，双方亲属构成存在差异，我们无法从参与人数上直接进行比较，所以，比较双方姻亲各自的随礼金额更为简单、直观。显然，婚礼上最高金额的礼金来自于妻方的兄弟姐妹，而户主姐妹的随礼金额则相对少很多。这种差异不仅仅出现在王家的婚礼礼单中，潘、张、金、袁四家的婚礼上，随礼最多的也是连襟、内弟（或妻兄）等妻方姻亲。

最多的嘛总归是亲戚，自家兄弟姐妹，我的兄弟姐妹，我老公的兄弟姐妹，那个时候，我姐姐和弟弟给的 1200 块，我老公的妹妹给的 1000 块，其他的亲戚少一点。（个案 7 - W）

据村民介绍，婚礼与生育礼中，随礼价值最高的多为“自己的兄弟姐妹”，这是包括户主及配偶的兄弟姐妹在内的核心关系网络，随礼金额一般在 1000 元左右，其中，户主一方的“兄弟姐妹”随礼金额相对低于妻方的“兄弟姐妹”。这也意味着，在姻亲关系内部，以男女双方为界限而形成两种姻亲关系，这两种姻亲关系在家庭的仪式性场合随礼不同，女方姻亲随礼金额明显高于男方姻亲。从阎云翔开始，姻亲关系就被视为馈赠的主体，王铭铭、李银河也都强调了姻亲在农民日常生活中的重要作用，遗憾的是，他们并没有对男女双方的姻亲关系进行区分，更没有深入探讨男女双方姻亲关系在仪式性场合乃至日常生活中的差异以及产生这种差异的原因。在 N 村，女方姻亲关系的重要作用不仅仅表现为婚礼等仪式性场合的广泛参与和高额礼金，也体现在日常生活的合作与互助当中，村民更倾向于求助妻方姻亲。农村家庭规模缩小，女方婚姻支付增多，以及村庄中女性地位的不断提高等多重因素共同推动妻方姻亲成为农民日常生活中最为关键的人情关系网络。

3. 基于交往历史的互惠回礼逻辑

表 1－10　1992—2010 年王家随礼支出明细

关系	姓名	随礼场合、年份	随礼金额
徒弟	XQL	儿子婚礼（2010）	2000 元
徒弟	XGM	生孩子（2006）	1000 元
师傅	LMF	儿子婚礼（1995）	100 元（借钱随礼）
朋友	GYH	女儿婚礼（2002） 女儿再婚（2009）	800 元 500 元
朋友	CJP	女儿婚礼（2005）	800 元
同事	CYM	生孩子（2007）	300 元
妻姐 妻姐夫	CLM JSN	女儿婚礼（1998）	1200 元
		儿子婚礼（2000）	1200 元
妻兄 1（大哥）	CHC	儿子婚礼（1992） 儿子生孩子（1994）	400 元（借钱随礼） 600 元
妻兄 2（二哥）	CBC	儿子婚礼（1994） 女儿婚礼（1998）	600 元 800 元
妹妹、妹夫	WWX、WJS （2002 年离婚）	生孩子（1999）	600 元
		妹妹再婚（2007）	600 元
妻外甥女	JXQ	生孩子（1999）	800 元
妻外甥	JXC	生孩子（2001）	800 元
妻侄子	CZH	生孩子（1996）	400 元
妻侄女	CZY	生孩子（2000）	800 元
妻堂兄	CZC	女儿婚礼（1997）	100 元
妻堂兄	CYC	儿子婚礼（1998）	100 元
妻堂弟	CHZ	妻子手术（1998）	80 元

续 表

关系	姓名	随礼场合、年份	随礼金额
妻堂姐夫	FML	儿子婚礼（1996）	60 元
妻堂姐	CJX	女儿婚礼（1995）	60 元
妻堂姐	CYX	儿子婚礼（1993）	50 元
舅表兄 1	CHB	儿子生孩子（2003）	260 元
舅表兄 2	CHY	女儿婚礼（2003）	280 元
舅表兄 3	CML	女儿生孩子（2004）	260 元
舅表兄 4	CXL	手术（2006）	280 元
舅表嫂	CXM	孙子考大学（1997）	60 元
舅表姐	CXY	老伴去世（2005）	170 元
收养的姐姐	YQG	儿子婚礼（1996） 儿子生孩子（1998） 女儿婚礼（2003）	300 元 200 元 600 元
邻居	JH	婚礼（2004）	280 元
邻居	DTW	女儿婚礼（2008）	260 元
同姓	WSG	父亲去世（2000）	70 元
同姓	WZ	母亲去世（2002）	150 元
同姓	WJM	女儿婚礼（2005）	300 元
合计		39 次随礼	18420 元

注：礼单中的人物关系称谓均以户主 W 为基础。

从王家的随礼支出明细来看，王家与主要的亲属关系网络中的每个家庭都保持着长期的人情往来，从 1992 年到 2010 年的 18 年间，王家赠礼、回礼多达 39 次，其中婚礼 22 次，生育礼 11 次，丧礼 3 次，探病礼 2 次，升学礼 1 次，随礼支出总额 18420 元。可以看出，王家的全部随礼中，非仪式性场合中的随礼行为较少，绝大部分的随礼行为都发生在重要的仪式性场合，诸如婚礼、生育礼、丧礼等。其中，婚礼是最普遍的参与仪式，其次是生育礼。1992 年到 2010 年，王家的礼金支出金额不断攀升，不同的亲属关系、不同的随礼场合，王家的随礼支出也分别不同，礼金支出从 60 元到 2000 元不等分布。1992 年的婚礼中，200 元为普通礼，400 元即为重礼，而到了 2009 年和 2010 年的婚礼上，400 元只能算是普通礼，只有同村人和小部分同事才会随 200 元。从王家的各项随礼支出也可以看出，人们在不同的仪式性场合中随礼数量不等，婚礼礼金最高，其次是生育礼，丧礼礼金最少。

（1）等待合适的回礼机会

王家的随礼支出中，最高金额是2000元，这是王家送给徒弟X的回礼。徒弟X在王家独生女婚礼与生育礼上都随了上千元的重礼，这些王家都记在心里，等待合适的回礼机会。2010年X的儿子结婚，王家随礼2000元，这也是徐家礼单中居于第二位的重礼。为什么会随如此重礼呢？W的妻子C这样说：

XQL，我女儿结婚给了1200块，外孙出世给了1000块，他是多的，他嘛是我老公的徒弟，一直都来往的，上个月他儿子结婚，来叫我们的，我们去了2000块，他家孩子小，一直没办什么事，我们女儿结婚生孩子都随了礼，这次嘛，我和我老公就随多一点，2000块。（个案1－C）

基于X长期以来的随礼，王家认为在X家儿子的婚礼上，必须赠送一份大礼，以回报X长期的赠予。在W看来，2000元是合适的数额。首先，这是一份大礼，作为师傅，在徒弟儿子婚礼上随这样一份大礼没有任何不合适；其次，2000元不及X长期赠予王家的礼金总额多，不会给X家带来压力；最后，在礼金上留有余地，表示还会继续交往下去，在以后X的儿子的生育礼等仪式性场合中，王家还会随礼，如此一来，既完成了回礼，又延续了人情往来。

人们常说“人情债”“收了人情欠了债”，也就是说，在接受他人馈赠的同时产生了偿还人情的义务，这便是回礼的义务。但是人们并不希望受礼者把回礼看成是一种“还债”行为，人们总是在回礼中极力避免给人“交易”的嫌疑，这就使得人们在处理回礼问题时异常谨慎。我们知道，绝大部分的礼金赠予都发生在重要的仪式性场合，而这些场合的发生需要时间和条件，所以，人们在特定的仪式性场合中接受礼金之后，一般都会经历一个较为漫长的等待期，以寻找合适的时间、合适的场合来实现回礼，正如王家在X家儿子婚礼中的回礼一样显得合乎常情、自然顺当。

（2）略增回礼价值

人们通常选择略增礼金数量来回礼，这样一方面能够避免受礼者把礼金赠予当作“还债”，另一方面说明赠礼者还有意愿与受礼者继续交往下去，为后续交往奠定基础。比如，王家与四个舅表兄之间的人情往来开始于2000年独生女婚礼上舅表兄的意外参与，在婚礼上，四个舅表兄分别随礼180元、200元、180元、200元；随礼支出显示，2003—2006年间，王家相继选择四户表亲家庭的婚礼、生育礼、探病礼分别回礼：260元、280元、260元、280元，出现80元的回礼增幅。显然，王家的回礼没有区分场合，增幅相等，王家这么做出于怎样的考虑呢？W的妻子告诉我们，王家和崇明蔡家（舅表兄）在舅舅去世以后一直都没有联系，女儿婚礼上，他们的意外来访并随礼，两家人情往来重新开始。此次随礼选择增幅80元，主要有四个方面的考虑：第一，对于一般的远房亲属来说，80元的回礼增幅是可以被接受的；第二，选择相同的增幅，是因为王家与四家都是相同的舅表亲关系，这样可以避免人情的轻重不一；第三，没有回赠相等数量的礼金，主要是因为王家女儿婚礼上四家随礼的礼金稍有差异，因而在回礼时没有送出完全相等的礼金；第四，至于不区分场合，主要是考虑到四个舅表兄家庭不同的生命周期，不容易遇到相同的场合进行回礼，比如，大舅表兄年纪最大，儿子已经结婚生子，所以只能选择以探病礼的方式完成回礼。

一般来说，回礼增幅会因为亲属距离、随礼金额、随礼场合的不同而有所差异。重要仪式性场合中，随重礼的往往是户主及配偶的兄弟姐妹，礼金多在800元以上，在这种情境中，亲密的亲属距离与较高的随礼金额决定了回礼时礼金上浮的额度相对较高，一般为200元；而诸如邻居、同事等随礼较少的参与者，在回礼时，增加额度也相对较小，一般选择100元、80元或60元等吉利数额。因此，基于不同的亲属关系距离而呈现出不等的随礼金额是影响回礼增幅的一个重要因素。此外，相对于婚礼与生育礼而言，丧礼场合回礼的增幅较小，一般选择100元、70元、50元或30元等单数的十位数额。

（3）长期往来，整体平衡

将王家的随礼支出明细（表1－10）与婚礼礼单（表1－9）对照来看，王家与人情关系网络中的每个家庭都保持着一次以上的礼金往来，回礼一方总是选择适当增加回礼金额，但双方随礼金额总体上保持大致平衡。以王家与其连襟金家的礼金往来为例，如图1－2所示，双方的礼金往来主要发生在婚礼与生育礼两种仪式性场合，金家育有一子一女，分别于1998年和2000年举办婚礼，又于1999年和2001年分别举办生育礼，两次

图 1－2　王家与其连襟金家的礼金往来示意图

注：图中⟸表示金家流入王家的礼金，主要集中于两次，即 2001 年王家独女婚礼与 2002 年王家独生女生育礼；⟶表示王家流入金家的礼金，王家四次随礼场合分别为 1998 年、2000 年金家女儿、儿子婚礼；1999 年、2002 年金家女儿、儿子生育礼。

婚礼中王家分别随礼 1200 元，生育礼各随 800 元，随礼总额为 4000 元，这是王家的随礼支出。2001 年王家独生女的婚礼上，金家随礼总额 2200 元，主礼部分 1400 元，来自连襟夫妇，金家增加了 200 元作为回礼，金家子女的新生家庭也分别赠礼 300 元和 500 元。2002 年王家生育礼上，金家再次回礼，主礼部分由王家赠礼的 800 元增加到 1000 元，子女分别随礼 400 元，回礼总额 1800 元。因此，金家的两次回礼的总额也是 4000 元。可见，金、王两家之间的随礼平衡并没有因为双方子女数量不同以及随之而来的随礼场合差异而遭到破坏，长期来看，双方礼金往来整体平衡，所以说，不论在哪种场合，不论以何种形式随礼、回礼，最终都将保持整体上的平衡。在人情交往中，这种总体和长期的平衡并不仅仅是巧合，而是贯穿随礼行为始终的互惠原则在起作用。

二、“情”“理”合一的互惠原则

1. 村民眼中礼物流动与互惠

究竟是什么维系人们之间长期的“赠予－回礼”过程？莫斯给予初民社会的回答是“礼物之灵”，这是一种深藏于原始丛林的精神，它促使人们不得不参与到礼物交换之中，有义务地赠予，有义务地接受，有义务地回礼，一旦个体人为阻碍礼物流动，就会受到这种超自然力量的惩罚。显然，这种“灵力”并不能解释中国农村社会中的礼物流动现象，在中国村庄社区中并未存在过一种足以解释人们为何长期卷入人情往来的超自然力。

在马林诺夫斯基那里，互惠是一种关于“赠予－回报”的“义务感”，馈赠双方都负有承担义务的责任，一方做出赠予行动之后，另一方也在接受礼物的同时背负回赠的义务而必须给予相应的回馈。实际上，马氏的“互惠”是对存在于礼物交换过程中的“义务”进行的再诠释，所以，他并没有从根本上回应莫斯的观点，在批判了“礼物之灵”之后，选择绕道而行，避开了“义务”的来源问题，转而创造“互惠制”的概念来描述礼物交换的状态，而对于这些义务感从何而来，哪些因素促生这种义务感等问题并没有给予回答。这是本文接下来要讨论的问题：义务感从何而来？有哪些因素促使人们积极投身于随礼行为？

在N村，赠礼－回礼是日常生活中不可或缺的组成部分，没有村民认为个体可以退出人情圈而独立过活，村民表示，即便背负沉重的人情负担也不轻易退出人情交往。村民普遍反映，参与人情交往是“应该的”，是“人之常情”，也是祖先传下来的，没有人可以改变，也不可能改变。当被问及为何如此执着于人情交往时，大部分村民这样回答，“没有为什么，都一样，不可能断掉的，会一直下去”“没办法的事”“人们都这样，我们要不做，就会丢掉亲戚关系，就会被人说闲话”“不走动就不亲了，有来有往关系才不会断”“都一样的，双方拿钱，谁也占不到谁的便宜”……

据村民的表述，我们可以看出，村民能够体会人情交往的意义，也认同随礼行为的各种规则，但却没有人可以明确回答：究竟是什么让人们如此坚持随礼行为。于是，人情交往变成了“只可意会”的事，看似简单却也复杂。

以局外人的立场来看，农民面对沉重的人情消费负担，依然坚持长期随礼并坚信任何时候人情往来都不会中断，主要有两个方面的原因：首先，这种行为与信念源于传统文化与传统习俗，以随礼为主要手段的人情交往是祖先沿袭下来的规矩，这是“文化惯性”的作用；其次，在现实生活中，人情交往也确实维护了村民家庭的关系网络，人们担心一旦退出人情交往圈，就会失去亲属关系乃至整个关系网络，情感联系是人们坚持长期随礼的一个重要动力源。此外，人们长期参与随礼也有不得不为之的无奈感和义务感，“没办法的事”，害怕别人说闲话，受到村庄内部潜在的道德、义务的约束。而“谁也占不到谁的便宜”是人们跳出情感、道德层面之外的一种理性计算，坚持礼金或礼物价值的长期平衡，进而构成互惠成立的前提条件。

2. 道德、人情与理性

（1）道德义务

阎云翔把人情看成是一种基于常识的伦理体系，这种伦理体系在日常生活中被人们所内化，进而成为指导人们行动的基本准则，在此可以具体理解为，人们在礼物交换过程中应该遵循的基本原则，也就是人情交往中最基本的道德义务。从三种仪式性场合的随礼来看，这种道德义务在丧礼场合中对于地缘关系有极为显著的约束作用。

在N村，以邻居、同姓等同村人为代表的地缘关系构成丧礼场合最为独特、参与最为广泛的关系网络。比如王家父亲的丧礼，95位宾客到场并随礼，其中30位是邻居、同姓等同村人。而在王家的婚礼上只有很少的几户同村人主动参与，为什么会产生如此差别呢？这和村庄社区内部潜在的道德和责任密切相关。婚礼场合不会主动邀请同村人参与，村民也没有义务参与村民家庭的婚礼，所以，在婚礼上出现的同村人，一般是与主家联系密切的人，或是与主家有人情交往历史的人。而丧礼场合则完全不同，当一则丧礼的消息在村庄内部传播开来，作为同村人，确切地说，应该是同一个村民小组的人，有义务主动前往丧家随礼吊唁，主要通过两种方式参与丧礼：第一，随礼，赠予丧家礼金，礼金数量一般较小，如30元、50元、70元、110元等；第二，劝慰已故者的家人，并主动询问丧家有什么需要帮忙的地方。这是丧礼场合对于同村人最起码的礼节要求，一旦有人试图违背这一礼节，那么，换来的将是人们鄙夷的眼光，还有“不懂人情”的标签。W的妻子C告诉笔者，自从王家搬到小区新房居住以后，她和丈夫就更加关注8组（原居住地）村民家庭的丧礼信息了，恐怕错过其他同村人家的丧礼。之所以这么做，主要有两方面的考虑：其一，王家父亲的丧礼上，同村人都来随礼并提供劳务帮助，所以，回礼是应尽的义务；其二，W的母亲仍然住在村里，等寿尽年终之时还需要村里人帮忙，因此，主动参与丧礼，也为未来丧礼场合中的联系和互助奠定了基础。可以说，王家积极关注并参与其他村民家庭的丧礼，一举三得，既完成了回礼，赢得了“重人情”的好口碑，还为未来的互惠打下基础。

（2）与“人情”相关的亲缘关系、情感联系

郭于华（1996）用“亲缘关系”表示传统农业社会格局中的人际关系结构，它是一种以血缘为基本连接纽带，以辈分、长幼、性别为等级秩序，以婚姻为连接方式的一种人际关系网络。那么，这种包括血亲、姻亲、族亲在内的亲缘关系在农村社会人们的随礼行为中充当怎样的角色？由前面的礼单分析我们不难看出，在村民家庭的各种仪式性场合中，无论是参与状况还是礼金赠予，亲缘关系都居于首位，婚礼、生育礼、丧礼上绝大部分参与者以及最高份额的礼金都来自亲缘关系。纵然构成亲缘关系的血亲、姻亲、族亲、过房亲等关系类别在不同的随礼场合随礼行为有很大差异，但是有一点毋庸置疑：作为各种关系总体的亲缘关系在仪式性场合中始终扮演着至关重要的角色。

访谈中，我们了解到，在N村，作为男性户主的姐妹及妻方的兄弟姐妹在婚礼和生育礼上总会随出最重的礼，这一点在潘、张、金、袁四户家庭的婚礼礼单与王家的婚礼与生育礼礼单中都可以得到验证，最高的礼金总是来自连襟、妻兄（或内弟）以及户主的兄弟姐妹。很显然，这部分亲属是亲缘关系中亲属距离较近的关系网络，所以，也正如我们前文所论证的那样，代表远近亲疏的亲属距离是决定农民随礼行为的一个重要因素，同时，也正是这种基于亲属距离的考虑，当村民面对不同的仪式性场合时，每个人都会根据自己在亲属关系网络中的位置，判断自己是否应该参与，应该随出多少礼金。实际上，在随礼网络中，处于不同位置的每个个体早就被潜在规定了随礼区域及随礼范围。一般来看，在婚礼与生育礼中，姻亲近亲，包括男性户主的姐妹家，妻子的兄弟姐妹都不能缺席，并且也是随礼最多的关系网络，这是基于传统亲缘关系而滋生的农民随礼义务。

人情交往有利于建立和维护人际关系，这是学界关于“人情”或“人情交往”研究的一个主要维度。而在日常生活中，人们通过随礼行为参与人情交往，也确实体会到人情在建立和增强人际联系方面的重要作用，也恰恰是这一点构成了人们不轻易退出人情交往圈的一个关键动因。人们通

过长期随礼获得了较为稳定的人情关系网络，恐怕一旦终断了人情交往，彼此的情感联系遭到破坏，继而打破完整的人情交往圈，失去网络中的某些成员。因此，从这个角度来看，情感联系也是人们坚持长期的人情往来的一个重要因素，失去关系网络的顾虑让人们不轻易中断随礼行为。

在朋友关系网络中，情感联系的作用体现得最为明显。朋友圈子是基于共同的历史记忆、社会经历、社会心理素质所形成的关系网络，都是“合得来的人”。显然，从朋友关系形成一开始，情感联系就占据了主导地位，共同的记忆和经历，在不断的联系中增强情感，培养共同的心理素质，慢慢在现实生活中获得“合得来的人”。近几十年来，随着农村人情交往圈的扩大，朋友群体日渐出现在婚礼、生育礼、丧礼等仪式性场合，随礼金额仅次于核心亲属关系，逐渐成为农民人情关系网络中最为稳定的组成部分。在王家的婚礼与生育礼礼单中，户主的两个朋友 G、C 分别随礼 600 元、800 元，G 是户主儿时的伙伴，但是后来 G 家搬家去了外地，距离较远，双方的联系只限于重要的仪式性场合；C 是工作伙伴，他与户主有钻研电器的共同爱好，从 1998 年开始，两家关系就一直很密切，逢年过节双方都会互相拜访、走动。W 告诉我们，G、C 两家的任何仪式性场合，王家都会主动参加并随礼，这是朋友之间最起码的要求，义不容辞。

（3）与“理性”相关的交往历史与礼金平衡

阎云翔的研究强调“礼从往来”，也就是说，人们往往根据以往的相互关系来置礼。在这里我们可以从两个方面来理解：第一，“相互关系”是相互之间的情感联系，人们根据不同的亲属关系类别、密切程度等标准来决定随礼状况；第二，“以往的相互关系”也是彼此之间的交往历史，主要指双方既往的礼金流动状况和日常生活中的其他往来状况，也就是说，人情记忆在人们选择置礼时发挥重要作用。

W 的舅舅去世以后，两家便慢慢退出了各自的人情交往圈，W 的妻子 C 告诉我们，如果没有婚礼上的意外来访，两家的关系也就中断了。4 位舅表兄、表姐意外参与王家独生女的婚礼，重新连接起王、蔡两家的人情往来，我们可以认为，婚礼上的人情记忆是促成王家继续参与蔡家的仪式性场合的关键动因，因为从亲疏远近来看，舅表亲属于远亲；从情感联系来看，双方已经中断往来多年。所以说，王、蔡两家的交往延续较少受到道德义务、亲缘关系、情感联系的制约，因为参与随礼而保存的人情记忆才是维持双方人情交往的主要原因。同样，王家在徐家（徒弟）婚礼上随出了2000元的大礼，不可否认，王家出于回礼义务参加徐家的婚礼，但是关于随礼金额的选择，王家主要基于两个方面的考虑：一是徐家长期参与王家的婚礼、生育礼、丧礼等仪式性场合，并在婚礼、生育礼上都随了重礼；二是日常生活中的其他非仪式性场合，比如时令节气、逢年过节等，徐、王两家也走动频繁。可见，伴随既往交往状况与人情记忆而来的是一种随礼与回礼的义务感，它不仅是人们选择是否参与某个场合的主要原因，也是决定随礼金额的重要依据。

黄光国、胡先缙（2004）把“人情”看作是一种可交换的资源，是人们在社会交换中可赠予他人的一种资源①。阎云翔（2000）并不完全认同这一观点，他更强调人情作为一种伦理体系的意义，道德义务、情感联系、经济理性共同组成了这一体系，其中，道德与情感成分明显多于经济理性。而到了翟学伟（2004）那里，人情是感性的范畴，情感联系在人情交往中的作用进一步凸显，“中国人的人情交换是以情感相依而非理性计算为基础”②。可见，人情与理性的关系问题在学界并没有一个权威的定论。笔者看来，就农民随礼行为中礼金流动的过程与结果来看，这种以随礼为主要手段的人情往来过程中不乏理性计算的成分，人们极力维持礼金流动的整体平衡。礼单中记录的每一笔收礼金额都成为人们再次置礼的主要依据。人们通常在前一次收礼的基础上略增回礼金额，而这个增幅是村民综合考虑随礼对象、随礼场合、随礼历史等多重因素而得出的，也就是说，每一个场合，人们每随出一份礼，赠予一定数量的礼金，都是人们经过理性计算、综合权衡而来的结果。换言之，在人情交往中，人们除了受到来自村庄内部乃至整个社会的道德义务的约束，考虑彼此的亲缘关系、情感联系、人情记忆之外，还隐含着基于这四种因素的理性计算和权衡考量。

---

① 黄光国、胡先缙：《面子：中国人的权力游戏》，北京·中国人民大学出版社，2004年版。

② 翟学伟：《人情、面子与权力再生产——情理社会中的社会交换方式》，载《社会学研究》2004年第5期。

第五节 结语

一、一些研究发现

本章考察了N村的婚礼、生育礼、丧礼三种仪式性场合农民的随礼状况，主要包括农民随礼变迁、随礼主体、随礼价值以及随礼过程中潜在的互惠逻辑，结论如下。

1. 随礼价值逐年攀高

从20世纪50年代至今，村民的随礼金额从最初的几元钱发展到现在的几百元、几千元，随礼价值日趋攀高，总体呈现上扬趋势。伴随工资水平提高、农民收入增多以及物价上涨而来的是人情交往中随礼价值的水涨船高。对于普通村民家庭而言，随礼支出是一笔大消费。有村民表示，遇到随礼集中的年份，家庭基本收入难以支付高额的人情支出，这时候，人们一般通过借贷来完成随礼。我们发现，中国传统的伦理道德、村庄社会内部规约、人情与维持随礼平衡的理性等方面的合力共同推动村民积极参与随礼并努力维持长期的随礼往来。

2. 新的“三缘关系”构成农民家庭的人情关系网络

以亲缘、业缘、地缘为代表的“三缘关系”不同程度参与三种仪式性场合随礼，其中，亲缘关系是主导，业缘关系逐渐进入人情交往，地缘关系在不同的仪式性场合有不同的规定和随礼。亲缘关系广泛参与婚礼、生育礼、丧礼三种生命礼仪并赠送重礼，这是N村村民随礼的一个共同特征。姻亲关系成为亲缘关系中最为突出的关系网络，尤其是在婚礼与生育礼上，姻亲参与者最多，随礼价值最高，而在姻亲内部，依据亲属距离和男女双方而区分的姻亲近亲与远亲、男方姻亲与女方姻亲随礼差异较大，以女方姻亲近亲随礼最多，比如，婚礼场合中“舅舅”往往要送出最大的礼。20世纪50年代至今，N村的仪式性场合都有朋友群体参与，同事、同学关系到了90年代才开始进入村民家庭的随礼网络。地缘关系参与随礼是丧礼场合最为突出的特征，同村人有参与丧礼的“义务”，这既是来自于村庄内部的道德伦理的约束作用，也充分体现了中国人对死亡的敬畏心理；婚礼与生育礼场合，地缘关系没有义务参与，意外的参与者会给主家带来好声誉。

3. 三种仪式性场合的随礼指向不同主体

通过研究发现，三种仪式性场合的随礼分别指向不同的主体。婚礼随礼主要指向婚礼当事人的父母与家庭，以父母为中心的家庭关系网络构成婚礼的主要随礼主体。生育礼随礼指向两代家庭，一是生育子女的核心家庭，二是核心家庭的父母家庭。所以，通常参与生育礼并随礼的关系网络也由两部分组成，一是生育子女的核心家庭的亲缘关系、业缘关系；二是核心家庭父母家庭的亲缘关系。丧礼随礼主要指向死者和以死者为中心的家庭，参与随礼的通常是以死者及其配偶为中心的亲缘、业缘和地缘关系，也有一小部分指向已婚子女家庭的姻亲与业缘关系参与。

4. 基于人情与理性的互惠原则

从村民随礼的“赠予－回赠”出发，我们可以隐约感受到“三缘关系”参与随礼遵循着某些相异或相同的原则。亲缘关系中，亲属距离是决定随礼的重要因素；业缘关系中，交往关系远近成为主要的考量标准；地缘关系参与随礼主要区分不同的随礼场合。同时，也不难看出，“三缘关系”参与随礼遵循共同的原则，即互惠原则，落实在随礼行为上就表现为：人们会依据两个家庭之间的关系维系状况，确定是否参与随礼；依据彼此之间的人情往来状况，确定随多少礼金或送出什么价值的礼物。实际上，基于关系维系状况、基于人情交往历史的随礼最基本的前提只有一个，即维持双方长期的人情交往，保证礼金、礼物价值的整体平衡，实现人情与理性的优化配置。

二、启发与反思

在都市化与现代化的进程中，郊区农村不断受到来自中心城市经济、社会等诸多层面的辐射与影响，这种影响通常最先体现在郊区农村较为宏观的经济、社会变革上，比如产业结构、农业种植形态、职业结构、居住形式等变革，这类变革比较明显、快速，也相对容易发生。而文化整合远没有经济和社会整合迅速，涉及社区文化、生活方式等村庄社区微观层面的东西很难被改变，甚至可以说，在短时期内，即便村庄经济、社会整合发生了巨变，村庄文化极有可能并不发生任何明显的变革。

从仪式性场合的随礼与村民家庭的人情交往出发，考察作为村庄社区日常生活重要组成部分的礼物流动及随礼行为对于理解城市化背景下乡村社会变迁具有重要意义。N村位于上海南部郊区，因建设城市交通干线、工业园区，耕地被征用，传统的农业种植形态被打破，村民从田间走向车间，职业构成与收入来源都发生了变化，村庄经历合并建制，传统的村庄独门独院的居住形态也逐渐被小区公寓式的住房所替代。的确，从村庄产业结构、农民的职业构成、居住形态等方面来看，N村在城市发展的辐射作用下发生了巨大变化，这些都是受到中心城市发展影响的最为直接、外显的后果。但是，在我们深入考察村庄日常生活以后，我们便能发现，在N村，传统文化与乡土文明依然占据重要地位，都市文明对于村庄的影响并没有深入文化价值的层面。在农民随礼与人情交往中，这种体会更为深刻。

首先，婚礼、生育礼、丧礼等主要生命礼仪的仪式延续传统，并没有发生明显变化。比如婚礼之前要“报喜”，婚宴要隆重，新人在婚礼上收到“见面礼”；生育礼仪举办“满月酒”，过“百岁”，举行“抓周”仪式；丧礼要吃“豆腐饭”“做七”；等等。其次，“三缘关系”构成村民家庭主要的人情关系网络，传统亲缘关系依旧在仪式性场合与日常生活中占据主导地位，地缘关系积极参与丧礼，可见，村民家庭传统的人情交往圈并没有被打破，也未发展成为新的以业缘为中心的城市型人情关系网络。再次，互惠而非工具性。在诸多学者那里，城市礼物流动与随礼行为都具有较强的功利性，是工具性随礼，而在N村，村民随礼遵循维持礼金流动的整体平衡的互惠原则，理性算计仅仅是为了保证长期平衡，这是传统礼文化中“礼尚往来”的延续和发展。最后，村民随礼受到传统道德、人情伦理、村庄内部规约约束。

总体来看，N村村民在随礼及其相关的人情交往过程中并没有打破乡土社会的传统文化与乡土文明，更没有形成新的都市文明，也就是说，都市文明对于郊区农村的辐射作用短期内只能反映在村庄经济与社会变革上，文化价值层面的变革还需要很长一段时间。因此，在政府和社会积极推进城市化的进程中，要关注郊区农村的文化整合，试图实现村庄经济、社会、文化整合的同步性和全面性。

第二章 内源性发展与经济生活

第一节 绪论

一、问题的提出

改革开放30多年，中国发生了翻天覆地的变化。占全国人口六成以上的中国农村也发生了日新月异的变化。对于农村而言，1998年召开的中国共产党十五届三中全会《关于农业和农村若干重大问题的决定》有着深远的意义。决定总结农村20年改革基本经验时，提出："必须坚持以市场为取向的改革，为农村经济注入新的活力。确立农户自主经营的市场主体地位，鼓励农民面向市场发展商品生产，进入流通领域。"这也意味着改变单一的产业结构，增强劳动力流动机制从而逐步促使城乡二元结构开始走向解体。然而，众所周知，由于中国农村改革的重要特点是经济改革先行于政治、社会文化领域的改革，社会结构对农村进一步发展的制约作用日趋明显①。

今天看上海农村的发展。从外部环境来看，是城市向农村的渗透与扩张。农民虽获得了自主经营权，但由于市场机制的不完善和交通不便利等相关因素的限制，使这些权利很难发挥效用。而从内部结构来看，上海的农村与上海城市发展的速度相比，是比较落后的。除人口流动和土地扩张发生变化之外，农村许多地区还保持着十几年乃至20年前的原貌。农村产

① 李国庆：《中国村落类型分析视角》，百村调查试点村《行仁庄》卷的导论，即将由社会科学文献出版社出版。

业结构基本以第一产业为主，村落集体经济主要收入来源却依靠国家拨款和租让土地等途径；消费成本上升，农民收入很难从本质上增加；现代文化与传统文化发生激烈的碰撞。农村发展远远滞后于城市发展。那么，上海农村的发展方向是什么？将按照什么样的模式发展下去？正是本章将要探讨的问题。

内源性发展的概念主要侧重于文化本身，指在社会变迁中由该社会的内部创造所引起的发展方式。内源性发展的动力是本土资源，依赖本土劳动力创新机制，而不诉诸外在力量的驱使，不破坏自然生态环境，不改变本土传统文化，有效调动民众自主性并且发挥其积极性和本土特色。内源性发展的这些特点对于社会主义新农村建设有其理论意义。同时，内源性发展更倾向于本土社会化过程，这种要求对于减少城市人口压力、限制人口流动、改善农村"空巢"现象、实现有效资源配置等有其现实意义。因此，它将避免农村经济完全依附于城市经济体系，从而产生农村人口大量涌入给城市带来的混乱；同时，它还将避免发达国家已经发生的农村人口大量外流引起的农村地区人口过疏化、老龄化所导致的村落社会解体，从而保证农村和城市协调发展①。

上海作为经济高度发展的大都市，其市场机制、经济资源配置结构和政治意识相对较为成熟。那么，上海农村是否已经具备内源性发展理想形态的诸多客观因素？上海农民是否已达到小康生活水平？是否上海农村的发展模式就是理想的内源性发展模式？这一现实问题还亟待于"实证检验"。本章试图在借鉴和吸收对于内源性发展理论的既有研究成果的基础上，梳理内源性发展理论所包含的相关因素和理论重点，以上海崇明的FJ村为例，以村民的日常经济生活为侧重点，通过村民的经济生活来看其背后的村民价值观念、村落的社会结构，并试图将内源性发展理论浓缩和运用在村落的变迁过程中，通过一个个案尽可能地描述和展现上海农村变迁的状况和农民的生活状态，把握村落的特征，揭示村落社会结构与村落自立发展的相互关系，分析上海农村是否拥有内源性发展的相关特点和探索阻碍其发展的客观因素。

---

① 李国庆：《中国村落类型分析视角》，百村调查试点村《行仁庄》卷的导论，即将由社会科学文献出版社出版。

二、概念界定与既有研究

1. “内源性发展”的概念

内源性发展又称为内发发展（Endogenous Development），最初以文本形式提出是在 1988 年联合国教科文组织编的《内源发展战略》一书中，它把内源性发展定义为：“内源发展的首要含义是：尊重文化的同一性和各国人民享有自己文化的权利。在经济上的考虑和把发展归结为数量上的增长长期居于统治地位以后，人类恢复了自身的中心地位，人类既是发展的动力，又是发展的目的。”① 它又补充说明：“内源的和以人为中心的发展有两个基本要求：在形式上，发展应该是从内部产生的；在目的上，发展应该是为人服务的。在发展的进程以及发展的目的以人为重点的必要性得到承认以后，还应该给人、人的本质和目的、人的需要和资源下定义，这是一项非常艰巨的任务。”② 而内源性发展其实早在 1976 年日本学者鹤见和子在日本首先倡导“内发性、自生性发展论”。在 1996 年 3 月首次发行鹤见和子的《内発的発展論の展開》一书。他在书中综述了一些学者的论述，这些学者大多数从经济视角考虑，而最后他提出了自己对内发发展的定义。“内发性发展是指实现人类共通目标的一种途径、模式及其形式多样的社会变化过程。”③

上述的表述是内源性发展在国内外比较经典和被大多数学者所公认的内源性发展理论的基本界定。但这样的界定相对来说比较粗略，还有待于进一步细化和解释，因此在本章的既有研究部分更为详细地进行论述。

2. 何为“经济生活”

在农民的生活中，经济生活是其生活的重要部分，通过对农民经济生活的探究，可以折射出经济生活背后的政治、文化、社会等原因，这也是本章关注的焦点。农民经济生活的外在表现形式是众多因素综合发挥作用的结果，对于更好地研究村落社会结构有着重要的意义。

经济生活结构研究主要以经济生活为媒介，通过经济生活的表现形式

---

① 联合国教科文组织：《内源发展战略》，北京・社会科学文献出版社，1988 年版，第 1 页。

② 联合国教科文组织：《内源发展战略》，北京・社会科学文献出版社，1988 年版，第 2 页。

③ 鹤见和子：《内発的発展論の展開》，东京・株式会社筑摩书房，1996 年版，第 9 页。

剖析村落的内在结构，主要视角是个体或者农村家庭、村落主体、地方市场和地方政府（村民委员会）之间的相互关系。对于经济生活结构的研究能很好地与内源性发展相联系。因此本章主要以经济生活的结构为立足点，从结构视角出发，探究与村落发展的联系。

对于农村经济生活的文化史研究主要以历史资料为主，而社会学研究更依赖于调查访谈。因此，社会学研究更倾向于揭示现阶段时期的社会问题。而无论是生活史的研究还是目前社会学的研究主要是存在这样的局限，学者对于农村经济生活研究在进行全面的访谈和细致的描述之后就此终止，而未从农民经济行为着手探究其背后所推动的相关因素，包括文化因素；探究农民价值观念的历史转变。此外，有必要通过一个村落切入，在现实背景中进行探讨经济生活中的文化因素、政治因素，这才能进一步直观地看到时代变迁中的社会结构。

从国内外文献的梳理中，可以看出最初提出的内源性发展更强调于本土文化因素，而之后更注重经济因素的作用。从这些文献中可以提炼出三个要点：第一，在内源性发展理论中，身份是其理论发展的假设前提。第二，公民参与或者说公民自身和集体寻求发展的努力，是内源性发展的基础。第三，内源性发展并非有一套模式或者规范的道路，而是根据本土资源、本土劳动力和物力所决定的，是一条多样化的道路。

那么，从经济发展视角来看，在欠发展的中国农村地区是否具有内源性发展的潜力和可能？或者说，针对一个村庄的个案研究，是否能零星地看到除第一产业即从事农业劳动之外的其他经济劳动方式？这些劳动方式是如何运作和发展的？是否能为其他村庄的发展提供一种借鉴，而非表面的仿效和复制。

第二节　理论框架及调研村庄情况

一、理论框架

基于前述的研究成果和对既有研究的思考，本章拟以内源性发展理论作为理论基础，分析崇明 FJ 村村民的经济生活的方式问题，以及从本土资源、地域身份和公民参与以及领导者力量等维度来考察嵌入村民的经济生活中的相关因素，及其各因素之间的相互影响和相互作用。

1. “内源性”与“外源性”的区别与联系

“内源性”与“外源性”的讨论常常将学者们带入“二元化”的误区。“内源性”与“外源性”从根本上说它们之间的背景、发展起点和内在逻辑都存在着差别，但这种差别并不是绝对的，常常一个区域的发展是两种发展形式的交织，没有绝对的、不可逾越的鸿沟。

内源性与外源性不应该被解释为互斥的分类；内源性进程不应被理解为与全球化相背离。换句话说，内源性发展不能解释为与全球化进程相分离的本土发展。而是一种存在于内部与外部因素之间的区域特殊组合。就如同李国庆在对日本的富士见町的调查所论述的那样，他认为这个区域的发展体现内发发展和外发发展相乘效果，是共同作用的产物①。不能进行这样的假设：在抵制和同全球化进程竞争中，内源性发展一定比外源性发展更有利益。在欧洲南部的内源性发展的历史经验已经是否定的并且导致了区域的社会经济问题。希望将内源性发展理论运用到中国农村是有缘由和其历史背景的，中国是后发国家，受到西方思想冲击巨大，而之前的发展经验告诫我们因依靠自己本土力量发展而不能一味诉求外部力量。所以，在这样的条件下，内源性发展比外源性发展更有利于中国本土，但这样的思路并不一定完全正确，要依赖区域发展的实际因素而定。内源性发展暗示在不同地方实现农业的“再连接”。这样的再连接可使得个人农场和本地之间有很大的变化。结果可根据多样目标导向的战略行动来解释内源性发展，这种战略行动可以是个人农业经营的也可以是农业集体劳动的②。换言之，内源性发展并不是意味着封闭，而与此相反，它与市场有密切的联系。可以通过市场的需求将农业实现大规模经营或者集体经营。

2. 内源性发展理论的相关因素

（1）宏观研究：村落主体因素

1998 年英国莱斯特大学地理学学者 Lan Bowler 认为，内源性进程在研

---

① 李国庆：《日本农村的社会变迁：富士见町调查》，北京·中国社会科学出版社，1999 年版，第 91 页。

② Ian Bowler, “Endogenous agricultural development in western Europe.” Tijdschrift voor Economische en Sociale Geografie 90（1999）, pp. 260 – 271.

究中加强对本土(local)的强调来回应全球化的经济力量。内源性发展意味着借助当地资源，发挥自我维持的一个过程并且没有依赖于国际金融机构、跨国公司和国际监管机构制约的嵌入式发展①。内源性进程也已经在研究中探索地区和农村发展，在那里“自下而上”的战略已与先前主导的“自上而下”或内源性发展范式②相比较。此外对于农业中的内源性发展作了更多的努力。

在农业的内源性发展的多种属性能被识别。中心特征是对本土资源的依赖、对发展的当地控制和本土的发展利益的保持力。Lan Bowler 认为，农业的内源性发展的属性如下：一个自我为中心（self - centred）和发展的本土进程；基于本土可获得的资源（自然的、人为的和文化的）；依赖于生产本土的具体产品和服务；原始组合的社会关系、市场和将本土特征转换成资源的技术能力；为本土资源提供一个新的动力；管理成本高于处理和转换成本；留于本土的发展优势；对发展进程的本土控制；本土价值的发展（来源：出现于 van der Ploeg 同 Long 1994 和 van der Ploeg 同 van Dijk 1995 的不同出处）。

上述对内源性发展在农村发展中的论述是比较完整的，并且列举了 9 项内源性发展的属性，或者说是衡量内源性发展的指标。从这 9 点内容也正好符合了作者对于内源性发展的界定。内源性发展是基于本土基础上的。从本土资源中产生，走本土进程的道路，在本土发展优势上成熟、控制，并为本土资源再有促进作用，即提供新的动力。我们认为对应上述的几点内容可以作为衡量的指标放在村落这一特定研究对象中进行考察。

（2）微观研究：村民的地域身份

Christopher Ray 在 Endogenous Development in the Era of Reflexive Modernity 一文中指出地域身份建构的目的在于是制定战略和落实到地方结构中，这种地方结构可以使本土化协调更多的有效的外部力量，这种外部力量可能会破坏本土化的良好社会经济。该方法试图以提高本土化的意识作为发

① Amin, A. , “The Difficult Transition from InformalEconomy to Marshallian Industrial District.” Area, 26 (1994), pp. 13 - 24.

② Barke, M. & M. Newton, “The EU LEADERInitiative and Endogenous Rural Development.” Journal of Rural Studies, 13 (1997), pp. 319 - 341.

展政策和行动的单位，并的确作为地理单位发展的意义可能被建构①。换言之，只有村民对地域身份的认同才能组织村落的集体力量帮助村落抵抗外来力量的侵袭，才摆脱村落只作为行政单位发挥其作用的“虚无形象”。法国学者 Mamadou Ndoye 在对非洲教育的研究中，提倡教育必须服务于加强非洲文化身份，这反过来将集合并树立鲜明有关人口的文化特质②。因此，这些都突出了身份对于内源性发展的重大意义，它是内源性发展的假设前提。

（3）中观研究：公共参与

意大利学者 Gioacchino Garofoli 认为内源性发展的模型保证地方经济体系转型过程的自主权。它通过强调地方社会行动者的决策过程中心地位和控制并内化外部知识和信息的能力来实现，还通过假定普遍地发展自我维持过程。这个过程转型是以地方特征和政府资金变化的能力为基础的③。

这里所说的“公共参与”，笔者认为不能单独只有村民本身。公共参与包括村民、村落精英（包括村干部）和政府。一个行之有效的系统需要两个“终端”和更需要具有协调的“中介者”。一方面，村民的公共参与是“民主”的象征，村落的发展控制权在村民手中；另一方面，可以防止领导者的集权化。这个一般发生在极端的内源性发展中，而且在其发展的较高层次中出现。

综上所述，本章对于内源性发展的理论解释还在探索中，但基于上述学者对于不同维度的论述给予有效的参考。

内源性发展是一种理想形态，并不存在绝对走内源性道路的区域或者村落。但是，在目前的历史背景下提倡内源性发展有其重要的价值。如果能很好地反映一个村落的现状，不仅要从宏观上进行把握，还注重村民自身对于其地域身份的认同。本章从横向上主要以村民经济生活的方式进行划分，从纵向上来看，不同的经济生活方式的维度中都包含了内源性发展的宏观、中观和微观因素，从而可以全面地反映村落的社会结构。

---

① Christopher Ray, “Endogenous development in the era of reflexive modernity.” Journal of Rural Studies, 15 (1999), pp. 257 – 259.

② Mamadou Ndoye, “Globalization, endogenous development and education in Africa.” Prospects, 27 (1997), p. 83.

③ Gioacchino Garofoli, LocaldevelopmentinEurope theoretical models and international comparisons. European Urban and Regional Studies, 9 (2002), pp. 228 – 229.

内源性发展除给予本章一个解释的视角之外，本章也在补充内源性发展在上海农村研究中的空白。首先，内源性发展理论相对来说是比较宏大的理论，除少数学者对日本村落或者西方农场进行研究外，几乎没有学者将这个理论运用到中国村落的研究中。其次，内源性发展理论相对其他理论而言还未成熟，它更需要实证研究中的检验和创新。社会学的创始人孔德在提出建立社会学体系时，主张“预见来自科学，行动来自预见”，社会学必须对社会现实加以科学的认识，通过实证研究来预见社会变迁的方向。根据不同区域的特征进行进一步的修正。因此，本章试图通过实证研究回答以下几个问题：村落的产业结构如何？是否拥有本土资源？与其他村落相比有何特点；村落发展的变迁主体是谁？村落结构变动还是村民主体的个体行动；村落的社会关系网络是怎么样的？是否还是“礼俗社会”；内源性发展的相关因素在村落发展中是如何展现的？这些因素的作用到底是什么？

二、村落基本情况

新 FJ 村由原来的 FL 村、FQ 村和原 FJ 村三村在 2002 年 4 月合并而成。其中原 FL 村 1 个生产小组，原 FQ 村 8 个生产小组和原 FJ 村 10 个生产小组，总共 19 个生产小组。原 FL 村位于崇明的中北部，其中有马桥养殖场和港沿良种场。在 BY 公路的北西部是 QJ 农场，东西部是 FM 农场。而在 BY 公路的南面就是 FJ 和 FQ 区域。原 FJ 村与原 FQ 村由界河所分隔。村内有一条东西方向的主干道路，界河和主干道路相交的桥名为 FJ 路桥。在原 FQ 村区域内，由西向东依次为 FQ 八队、FQ 七队到 FQ 一队。在界河的东面为原 FJ 十队、FJ 九队、FJ 八队到 FJ 一队。并且只有在 FJ 村东北面集中种植林业。

其中，目前的村民委员会在 FJ 五队区域内。在 FJ 村最东面有个乡镇企业：GY 电镀厂。除此之外，在 FQ 五队和 FJ 五队有两个村办企业，但现一个取消一个转为私有。村民的居住区一般都在村内主干道路的两侧，而且非常集中。在南北向现已有若干条白色路。与 FJ 村相邻的南面是 FX 村，也属于 GY 镇行政范畴。

截至 2007 年年底，FJ 村共有村域面积 5500 亩，其中可耕地面积 2902 亩，人均可耕地面积 1.0 亩；村总人口 2750 人，村总户数 1150 户，村民小组数19个，村农业人口2335人，村非农业人口415人，60岁以上村民1548人，村域内企业1个，上年度村可支配收入29万元，村劳均收入6179元，村人均收入4599元。FJ村是一个农业村，主要种植粮食作物和少量经济作物还有其他作物。其中富良是一个良种繁育基地，制种玉米。其他农作物均由村民自家种植。FJ村在2004年，总共有1104户农村户数，农村人口为2400人；在2008年，总共有1133户农村户数，农村人口为2237人。可见，在2004—2008年的4年中，该村户数增加，人口有所减少。

在农村从业人员中，2004年和2008年的劳动年龄内分别为1440人和1390人，其中女性分别为720人和734人，占总农村从业人员劳动年龄内50%和52.8%。在劳动年龄内的男女比例基本平衡，女性劳动者的比例略高。在统计范围内外出务工者的人数较少。而2004年在劳动年龄内的村民从事农业的比例约为58.9%，从事建筑业的比例只有7%；2008年在劳动年龄内的村民从事农业的比例也约为58.9%，从事建筑业的比例只有8%。可见，农业人员从事农业的比例占50%以上，远远高于从事其他行业的比例。因此，该村是以纯农业为主的传统农业村落。

第三节　作为本土资源的土地——农民身份的重构

中国自古以来以农立国，土地是农民赖以生存的第一生产要素。历史上农民多次进行革命也是为了获得土地，获取他们生存发展的根本。2004年国务院印发的《关于深化改革严格土地管理的决定》，对于土地执法、规划管理等作出了全面系统的规定，尽可能保障农民权益、促进集约用地、健全责任制度。因此在考察农民经济生活时，土地是首要讨论的重要问题。本章侧重于两个方面，土地给村民带来的经济利益和土地特有的文化属性。

一、经济属性：土地价值的变迁

1. 土地的耕作与收益

FJ村是以传统农业为主的村落。据2005年的统计数据，该村农业经营收入230万元，其中，种植业为216万元，占总农业经营收入的94%。

而林业只有4万元，牧业为10万元，分别占总农村经营收入的1.7%和4.3%。从一定意义上来说，该村的发展依赖于土地所创造的价值，能否合理利用土地进行增值，直接关系到村落的发展。

在现实的人类社会中，作为人类生产活动和生存发展最基本的物质条件的土地的开发和利用也不是孤立地存在，它总是与一定的社会生产方式相联系①。土地除了自然属性之外，土地也是经济关系的体现物。土地的商品经济属性是通过农民的劳作所获得的农作物进行交换而实现的。

家里总共有8口人，一共是5亩土地。种些水稻、玉米、黄豆。够家里人吃，每年多不下来多少，更不可能拿去卖换钱了，稍微多点粮食就用来养鸡、鸭和鹅。（访谈对象A07）

家里有5口人，总共5亩地，种植水稻、黄豆等粮食作物，除了家里人吃外，剩下的卖给粮站，大概一年有2000元收入。我们村基本上种植的都是粮食作物，很少人家种经济作物。（访谈对象A05）

现在种植粮食的成本很高，从插秧到施肥最后收割都需要资金投入。目前，机器化已经普及各个村，插秧等原本农民自身的劳动现在通过机器都能实现，但这在一定程度上增加了农民的负担。在“三农”得到政府和党的关注之下，取消了农业税，同时还获得一些补贴能弥补化肥、种子等原料的投入。（访谈对象C01）

土地是稀缺的自然资源，受客观限制，土地不能再生，土地的供给极为有限。20世纪70年代末实行家庭联产承包责任制时，该村人均获得七分地左右（各生产小组均不相同），当时人均粮食开支有限，可通过集镇、贸易市场、粮站等渠道获得收益，满足日常经济生活的其他消费。但随着家庭人口增加，基于人均七分地所种植的农作物，只能满足家庭整体粮食开支，略有剩余，基本上无法通过农作物剩余产出获得巨大经济收益，收益极为有限。此外，物价上涨所导致的生产原料如种子、化肥等价格的上涨，增加农民的前期投入。因此，在这些因素综合作用下，农民寻求其他的“出路”（在第三章第三节详细介绍）。

---

① 郝寿义：《论社会主义土地的经济属性》，载《南开经济研究》1987年第4期。

2. 土地自身的交换

随着城市化的推进，土地的经济属性通过征用、征收等形式表现得更为突出。由于土地资源有限的特点，土地的征用、征收费用较为巨大。这成为土地自身作为商品的新形式。在20世纪末开始整个上海进入高速发展时期，尤其最近几年，地域开发的规模进一步扩大。地域开发计划，是公共部门通过变革城市与农村社会结构的构成角色以及变革人员和社会资源的分配原则，从而实现人口与产业在城乡间的合理布局，振兴经济，最终消除地区差距以及城乡差距、人口过疏过密以及公害等社会问题的政策体系①。

在上海乃至中国的地域开发中，它与农民利益、土地有着密不可分的联系。在中国目前地域开发的状态下，无论是市场化或非市场化的运作方式，地域开发主要是通过大面积征地拆迁，以资产形式或另一种资源给予农民利益。而进行拆迁或者征用是农民以唯一生产资料——土地作为牺牲来换取利益。

这边没什么发展的，有什么发展，不像上海，他们拆迁可以分到好几套房子，也给补贴。我们这边那么远，要开发还不知道什么时候呢，所以没什么好发展的。（访谈对象A11）

土地就是用来种植物的，种水稻、小麦，其他也没什么价值。要是能被拆迁或者土地被征用是很好的。它主要是给房子或者一次性给钱，这个多少不好说，各地方有各地方的标准，但肯定不会少。没了土地，就靠这钱过日子，或者去打工，要是我们家现在能拆迁，给些钱我就可以给儿子买房子或者造房子了。（访谈对象A04）

可见，土地自身作为商品进行交换具有直接、短期利益巨大等特点。土地被征收或征用能在短期内给农民带来经济利益和眼前利益，但无法保证长期的农民经济生活。同时，就土地自身作为商品同通过土地种植所获得农作物收益不同，前者不需要农民付出劳动，也不需要农民资金投入。基于这两点，农民对于征用或征收基本持乐观、积极的态度。

同时，目前大多数村民就将发展等同于开发，土地等同于其他资产的

① 李国庆：《日本农村的社会变迁——富士见町调查》，北京·中国社会科学出版社，1999年版，第45页。

一种特有形式。在地域开发的背景下，土地成为村民转换成资产的手段和工具；反之，没有开发土地就没有任何附加价值。可见，村民对于发展的思考非常薄弱。

在较长的一段时间内，农民对于土地的理解还只限于土地的种植所获得的收益，只作为生存的一种方式，而尚未意识到土地本身的交换价值。但最近几年地域开发所带来的眼前利益直接或间接冲击着农民对于土地种植的态度、经济生活的选择方式及行为方式的逻辑。

我们现在这边有很多人家都在造房子，听说是崇明要大开发了，前段日子还有人过来拍房子，这要是像上海那些人家一样能拆迁就好了。现在拆迁都是给很多钱的，要么就给房子，根据家里人口或者房子面积，总之是很划算的。（访谈对象 A15）

而当大量的开发信息传递给农民后，他们就盲目地认为当土地进入流通领域进行交换时，它的利益才实现最大化。农民过多地评价以土地自身交换所得的经济属性，而忽视以劳动力附加于土地所创造的经济属性，从而农民很少再考虑土地的使用价值是否能实现利益最大化，从而形成“思维惰性”。

3. 内源性与土地资源

在内源性发展的理论中，本土资源是村落发展的核心。土地是农民除劳动力要素之外的唯一资源，过去农民的生产和生活完全依赖于土地。对于 FJ 村以传统农业为主的村落而言，土地资源在本土可利用资源中占有巨大份额。目前，农村地域开发的城市扩张形式虽尚未直接影响到 FJ 村的土地流转和利用，但在村民的思想观念中形成一股“飓风”，间接影响到村民对于土地的价值观，从过去的注重土地的自然属性逐渐转变为注重土地的经济属性。从访谈中也可发现，村民积极、迫切地期望这种扩张式的外源发展能快速、有效地作用于该村。村民希望通过征用来改变贫穷的生存状态。换言之，以牺牲内源性发展的本土资源来换取目前经济生活的满足。

但在尚未影响到的时期中，就形成这样一种断层：土地既未被征用，村民又丧失对土地另一种经济属性（通过种植作物有效产出）的思考。这就是上述所说的“思维惰性”。这种思维逻辑牵绊着农民去思考是否能进一步利用土地，是否能通过自身劳动创造新的价值，而一味地等待与盲目地随从，这进一步破坏“发展”对于村庄的重要意义。换言之，村民更依赖于外在力量所“创造”的发展成果，而非通过本土内在劳动力资源和村民智慧进行开拓。

二、文化属性：土地对农民身份的重构

有学者认为，对于一个社会而言，有三个层面：技术、制度和文化。小到一个人大到一个国家实质都是文化属性的产物。在《哲学小辞典》中，苏联哲学家罗森塔尔·尤金将文化定义为：“人类在大地上所创造的物质财富和精神财富的总和，文化的核心问题是人。”对于农民来说，土地文化是研究农民在土地上进化与发展的历史①。土地文化集中体现了农民思想价值观念的变化。土地具有多重属性，主要有经济属性和文化属性。这双重属性的对应，可能会引起不同效益的追求。存在这样一种可能：在面对实际经济利益时土地的文化属性在逐渐地淡化。这对于土地的合理利用、创造经济效益和形成独有的土地文化是不利的。因此，基于土地内涵农民价值观念的这一特征，即文化属性的重要性，笔者认为有必要进行一番探讨和论述。

在费孝通先生书中曾写道“一位老汉说土地是他的命根子”。但这样的价值观念在FJ村村民的思想中已经消失殆尽了。

地能转让就最好了，要是被征用就更好了，这样一了百了，换个工作，没工资还能享受低保。将来我们的孩子都去城市里工作，要是在农村也不种地了，留着也没什么用。（访谈对象A15）

以前没有什么其他工作，那我们老百姓只有种地，现在好了，可以出去打打工，干干零活，就这样赚的钱也比光种地的多。所以现在这里很多家都把地送人了，送邻居送亲戚，送给那些还需要种地的人。有时候地还送不掉，还没人要，那要是有外地人过来承包就好了。（访谈对象A08）

过去土地是农民生活的唯一生产资料，农民无论在经济上还是心理上极为依赖土地，并认为土地是“传家之宝”，也是后代赖以生存的基础。现在农民思想的转变也许是有第二选择从事其他职业，也许是有其他收入来源，但农民极力摆脱农民身份是一个不争的事实。同时，农民越来越期望子女或者后代能有机会从事其他职业，摆脱农民身份。

① 吴晔：《关于中国土地文化的几个问题》，载《中国土地》2008年第1期。

年纪大了我都不想种了，我就指望着孩子能争气点，不要回农村来。回来了也不要种地。种地有什么好，人又累又没钱，你看城市里的人，个个长得白，工资又高。孩子就应该多读点书，找份轻松的工作就行了。（访谈对象A13）

调查显示，村民对于农民身份无法产生强烈的认同感，并且不希望后代延续农民身份。这是社会多重因素导致的结果。首先，“农民”成为一个贬义词，成为贫穷、辛苦、底层的代名词。其次，农民收入普遍较低，无法满足日益多样的生活方式。“农民”不再只是一个群体的总称，还是一种职业，这种职业与其他职业相比，存在缺乏社会保障、医疗教育落后等劣势。这一价值观念的转变，直接影响到农民的行动逻辑，也迫使农民身份的重构。农民身份的重构是潜移默化的，是不以人们的意志为转移的。笔者认为，文化属性在农民价值观念中的淡化是造成农民身份无法强烈认同的直接原因。文化属性是联系农民与农民身份之间的纽带。土地的文化属性决定着农民的文化归属。而共同的价值观和生活方式是村落发展的基石，如果农民对于土地的文化认同已经非常薄弱，农业发展必然成为一种困境。

因此，文化与经济是相互融合的整体的两个部分，两者相互影响，相互制约。土地除有经济属性之外，人们还赋予它文化属性，文化属性的建立是对于土地价值的肯定，也是建立长效机制的有力保障。在发展的初期，由于经济的外在表现比较明显，往往注重经济而忽略社会和文化发展。但这似乎产生一种悖论，经济指标是反映发展的有效指标，但却并非是促使文化因素的必要条件。就帕森斯的社会系统理论来看，他认为社会的良好运行是子系统之间相互作用的结果。文化系统是最不易变动的，并且它既是变迁中的带动因素，又是变迁中的滞阻因素。由此可见，文化在整个系统运作中的重要性和不可替代性，经济在发展中无法决定文化因素，而只存在相互影响的可能。

农民地域身份是以农民身份为前提的村民身份，换言之，村民首先是农民，只有当村民强烈认同自身的农民身份，才有可能进一步认可自身的地域身份。因为，在传统的农业村落，村民多数仍从事专职农业。在上述对于土地的文化属性的探讨中，明显表现出村民开始转变对土地的价值观，甚至在一定程度上，试图摆脱农民的身份。这种对于身份的认同与否，直接关系到村民对地域的归属感。

三、土地收益下的农民理性选择

1. 农作物种植结构

我家有1亩左右的土地，种些水稻、黄豆，这些都自己吃，就这么点地。(访谈对象A03)

家里有5亩，种植水稻、黄豆，卖给粮站，水稻现在就1元1斤，这样我们家大概一年只有2000元收入。(访谈对象A05)

家里总共有5亩，种些水稻、油菜、小麦、黄豆等。总共一年小麦卖到2500元，这些都包括了我家里承包给外地人的两亩地。我们吃完多的就卖给私人出来收的，卖掉2000斤。(访谈对象A02)

土地首先考虑人地比例的问题。在有限的土地资源条件下，各人所分配到的土地寥寥无几，同时，随着人数不断增加，土地就更为稀有。FJ村人均可耕地面积为1亩。以一家三口为例，平均一个家庭可分到3亩左右的土地。如果这样的土地种植粮食作物，刚好满足一个家庭的年所需粮食，或许还有所剩余。但这样的种植状态，除满足日常所需之外，土地已经无法给农民带来额外的经济利益。

对于以传统农业为基础的村落而言，在人均土地有限的情况下，农业经营模式的好坏直接关系到村落的发展，农民收入的增长。

FJ村所种植作物基本分为：粮食作物、经济作物和其他作物。粮食作物中只统计玉米种植面积，主要原因是在FL大队以种植玉米为主。水稻、黄豆、油菜等尚未统计。在经济作物中棉花、花生、金瓜和甘蔗等作物基本是满足村民日常生活所需，没有一项经济作物形成规模和体系，销售也无从谈起。

该村之前搞过特色农业，橘树，1994年时有240亩。一直到去年市场经济形势严峻，橘子只卖3角一斤，又没有很好的销售渠道，就因此而渐渐衰落。(访谈对象C01)

上海其他农村肯定比我们好，他们有经济作物种，这里没有销路，他们还有专人指导。就像下沙（崇明东部），那边种花，连黄芽菜都拿出去卖，种半亩番茄就有几千元。我们这边没有人来收，那么等于扔掉。所以这边一直种些水稻什么的作物。(访谈对象A05)

在提倡特色农业的趋势下，FJ 村以橘树为本土特色。早在 1994 年就有 240 亩的规模。而由于缺乏专业技术指导、销售销路受阻、没有完整的一体化体系，造成橘树因金融危机等客观因素，而陷入困境。

2. 种橘树事件

我们家总共有 12 亩地，当时种丝瓜时问别人要的地。种些水稻、橘子（4 亩半多）、黄豆。橘子种了有五六年了，种的前 3 年政府是有补贴的，当时提倡说种橘子一亩给 300 元。当时有很多人家种，我们就跟着种了。我们种的橘子就拿到镇上零卖，我也不知道村里的特色农业是搞橘子。现在一斤橘子卖 5 角，一共差不多一年有 1000 元吧。这里还有很多是被偷掉的。上沙（崇明西部）的橘子 0.28 元一斤，他们的橘子都是销到外地去的，因为他们的产量多所以就便宜了，味道因为和我们的橘子差不多。（访谈对象 A04）

就该村民从种植橘树这一事件的变化中，很好地体现了理性选择理论在经济生活的选择方式中的运用。当村民在得到这一信息——种橘树前 3 年政府给予补贴之后，通过村民自身对于种橘树的偏好；以种橘树为代价减少其他作物的种植；和在政府给予补贴的制度框架下，村民开始试图实施其行为。在这一过程中，还受到群体内个体互动的影响，最终出现种植大面积橘树的社会结果。如果说村民在五六年前刚提倡橘树补贴的环境下作出理性选择，那么也就很容易得出目前村民放弃种植橘树也是理性选择的表现。原因有三：一是目前已无政府补贴；二是卖出的价格与前几年相比降低，与同时间其他地区相比也比较低；三是没有销路。换言之，种植橘树所付出的代价远远超出它所带来的收益。

3. 理性选择与寻求外源性

科尔曼对于理性选择理论进行了如下论述，他认为理性选择理论的基本原理是，一个行动发生的可能性是行动者所期望从多种可能的行动结果中获得的功利的函数。行动者的这种行动所追求的是价值或者利益的最大化。“不同的行动（在某些情况下是不同的商品）有不同的‘效益’，而行动者的行动原则可以表述为最大限度地获取效益。”[①] 因此，在政府无补

① 詹姆斯·科尔曼：《社会理论的基础》（邓方译），北京·社会科学文献出版社，1990 年版，第 15 页。

贴，橘树收益又不如其他经济作物的情况下，村民只能在不同的“效益”下，寻求最大化的收益。因此，笔者认为村民选择种植粮食作物而非选择种植经济作物，或者外出务工放弃原来的生活方式，是一种被迫的选择结果。

通过村民种植橘树的经济行为方式，表明村民也在市场范围内积极地寻求与外在需求对接的途径，从而突破贫困、生活水平低下的现实。但是这样的努力却并没有给村民带来利润，也没有在领导者的带领下形成规模经营，加强农业与市场的连接。这就是村落本身所存在的发展瓶颈，这种整体性的宏观问题阻碍了村民个体的经济收益。在这种形式下，村民只能通过所谓的“理性选择”：一方面，种植粮食作物满足基本物质生活；另一方面，通过需求外源性的帮助来改变生活现状。

FJ 村是以传统农业为主的普通村落。对于从事传统农业的村民而言，土地是生产、生活所依赖的基本生产要素，也是村落进一步发展农业的基石。但是在上述调查访谈中，不难发现，该村出现这样的现象。一是村民期望以土地转让或征用为代价所换来的经济利益，该经济利益包括：工作、城镇户口、一次性征地费用等经济补偿。二是土地对于村民而言，不再具有浓烈的文化属性，导致村民不再有强烈的文化认同感。三是在经济利益的追求下，村民放弃在原地域内的种植，寻求其他职业。四是农村土地并非荒废，而选择送人或者被他人承包。在四个现象的深层意义下，主要存在以下问题：首先，无论是以何种经济补偿方式，只要满足村民目前的需求，村民自愿放弃土地的经营权和其他一切合法权利。其次，村民的农民身份与身份背后文化之间存在矛盾和冲突，换言之，村民虽仍为农民，但已疏离甚至放弃农民这一“职业”所从事的工作。最后，村民放弃原地域的种植，意味着两层含义：一是村民放弃农业再创新和研究。二是村民离开农村，去城镇、城市生活和工作。这种现象的背后就揭示了城市化背景下的农村地域开发、文化属性及农民的理性选择之间存在密不可分的联系。

FJ 村内源性发展的可能是有效利用土地，但是在文化属性的作用下，村民失去对于创造土地使用价值的信心，而诉诸外在的地域开发这一外源性的作用；而在外源性与内源性的断层中，村民又只能通过外出务工等外源性形式满足日常的经济生活。在农民理性选择的行动过程中，不难发现，农民试图寻求内源性发展的可能，但是由于制度作用的消失、经济收益的下降，农民又再次回归到原点，即寻求外源性的帮助。因此，FJ 村的内源性发展的基本要素是存在的，但是随着村民价值观念的转变，种植土地未获得高额经济收益的事实背景下，土地资源不再是内源性发展的本土资源，而作为外源性发展的交换工具。

第四节　乡村发展的动力机制——集体经济与村民个体行动

农村集体经济是“社会主义劳动群众所有制经济”的简称，是集体所有制的主要形式和公有制经济的主要组成部分。传统农村集体经济是指区域性（行政区域）农村劳动群众共同占有生产资料的一种公有制形式。在新形势下，传统农村集体经济转向于新型农村集体经济，它是指在以家庭联产承包经营为基础的统分结合的双层经营体制下，农民按照一定区域或按股份所有，生产与交换过程中实行某种程度的合作经营，分配制度上实行按劳分配和按生产要素分配相结合的所有制经济[①]。因此，在短短 30 年里，集体经济也为适应新变化而进行利益和生产分配等方面的调整。那么在 FJ 村的集体经济是否也进一步转型呢?

FJ 村的集体经济并不发达，据 2004 年统计，该年集体资产总额 45 万元，村集体负债总额 42 万元。经济总收入为 1215 万元，非农产业收入 836 万元，村可支配收入只有 33 万元。2008 年的村级财务收支预决算表显示，该村收入总额为 58.8260 万元，主要依赖于上级财政转移支付收入 29.1260 万元，占该村收入总额的 49.5%。专向拨款中帮扶资金为 5 万元，占收入总额的 8.5%。可见，该村的集体经济资产大部分来源于上级拨款和专项拨款。

一、集体经济的传统与变迁

1. 村民眼中的集体经济

1979 年，我国开始了以家庭联产承包责任制为主要内容的农村经济改

① 齐力、梅林海:《新型农村集体经济的发展条件、现存问题及改革措施研究》，载《南方农村》2009 年第 1 期。

革。家庭联产承包责任制改革打破了人民公社体制的旧格局，而将土地按照农户家庭规模和劳动力数量承包给农户，将农民的收入与劳动付出直接挂钩[①]。这一方面，提高农民的生产经济性，获得农业生产的剩余所有；另一方面，农民可自由分配时间，丰富日常生活。合理的制度只有在符合其时代背景下才能发挥效用，并且制度也存在“有效期限”。在中国经济快速发展，尤其在农村发展明显滞后于城市发展的背景下，制度的一成不变只会加剧城乡差距的拉大。

我们说以前有工厂这就叫集体经济，现在都转为私有了，还有什么集体经济啊。有集体经济当然好了，村里就有钱了，也可以给我们造些路灯什么的。我们村里钱不多，隔壁的村都是靠工厂赚钱的，我们这边都没有了。现在村里做的白色路面、新盖的村民委员会大楼都是政府给的钱，我们村没有那么多钱的。（访谈对象 A06）

现在的集体经济和过去都差不多，以前大家都是一起种地，按人头交钱，那时候比较苦，按每个劳动力交钱，要是那年收成好，那还没什么大问题，要是收成不好，那交人头钱是很辛苦的事情。我们村里还有工厂，现在买断了，以前估计也得交点钱。现在都是各家管各家的。（访谈对象 A14）

由此可知，对于集体经济这一概念，访谈者的差异较大。访谈对象 A06 认为，集体经济只有在计划经济时代才可谈论，而现在的集体经济已经不复存在。这种认识模糊的观点，导致村民对集体经济不够重视，缺乏主体性，同时，也未曾意识到集体经济对农村发展的重要性。村落为一个整体，必然有其集体经济，随着时代的转变，或集体经济的形式有所转换，但集体经济仍然存在。在“公有”转为“私有”的变化过程中，传统的集体经济能力在不断地解体，而新的集体经济应运而生。访谈对象 A14 认为，集体经济就等同于集体的经济，只是个体收入的简单综合。这显然有失偏颇。

2. 集体经济的传统与转型

多数村民都存在类似思想。那么类似思想的根源是什么？

首先，“集体”与“个体”劳动形式的分离。“分田到户”之前，村民

① 黄季焜：《制度变迁和可持续发展——30 年中国农业与农村》，上海 · 格致出版社，2008 年版，123 页。

劳作有规定时间、专人负责通知，地域和时间都存在一致性。但在其之后，村民可以自由分配时间，与其他村民接触频率减少，从而淡化集体观念。

其次，个人收入与集体经济的分离。据村干部介绍20世纪90年代集体经济的收入来源（如下所述）于村民，村民对于集体经济的收入有一定的了解，并且是“纳税人”。而取消“人头税”之后，村内经济来源主要是政府拨款和帮扶结对津贴（如下所述）。FJ村集体经济收入来源的转变是导致村民对于集体经济概念模糊或漠视的主要原因。

20世纪90年代的时候，村的经济来源主要是对村民收取管理费、公积金和公益金。这些费用的收取是按人头计算，管理费一人40元，收取的管理费是支付村干部、事业人员、会计和大队长等劳务费。公积金又称为劳动积累，每人收取100元左右。这些都是对劳动年龄内的村民进行收取。据村民回忆，那时候最高一年交过每人120元。一块地种的油菜收成还不及所交的两人240元，当时等于白种甚至还倒贴。这就是“人头税”。

目前村经济来源是政府拨款，财政转移支付金从2008年之前的17万元到2008年之后的38万元递增。还有来自国药控股集团的帮扶结对的津贴。（访谈对象C01）

再次，集体经济“私有化”的转变。此处所述的集体经济主要是指曾属于村办企业的那一部分，其转变为私营企业。原村办企业中有一个弹簧厂。据村干部论述，1995年买断转私营，买断费为27万元，买断费交给村民委员会进行管理。这一买断行为，直接造成该企业的性质转变。村民不再是村办企业的一分子，没有话语权和支配权。从而使得村民减少从事兼业的一条有效途径，进而减少对于村集体的依赖，淡化主人翁意识。

1995年弹簧厂进行买断，当时的买断价为27万元。现在年末给70岁以上老人慰问。（访谈对象C01）

弹簧厂以前是我们大队的，后来买断之后就转为私有了，包括厂地都归弹簧厂了。以前我也是在那厂里做弹簧的，最早时候弹簧厂有二三十人，现在只有十几个人。后来因为厂里嫌我年纪大了就把我辞了。现在厂里的十几个人有些是我们村的，有些不是。厂长就要些和他有点亲戚关系的，或者工钱便宜点的人手。（访谈对象A01）

因此，“分田到户”的转型促使村民发挥其主体的积极性。但随着新时代的进步，“分田到户”的转型导致农民劳作方式的转变；税收制度的转型导致农民对村内资产态度的转变；集体经济性质的转型导致农民兼业途径的转变。

集体经济是村民政治和经济参与的重要媒介。一方面，原有的小组会议、交“人头税”无疑让村民们充满对集体经济的关注。这也是公共参与的重要表现方式。另一方面，村民对集体经济关注度的减弱，直接减弱村民在集体经济方面的创造性，集体经济在逐渐地“弱化”，自身的弱化和影响力的弱化。

3. 集体经济的发展瓶颈

集体经济是中国农村机制良好运行的重要保障。所以，集体经济的发展也直接关系到村落主体、村落中的个体村民、村落的自治与公共参与、村落的经济发展水平。而以下的三个特点是目前阻碍FJ村集体经济快速发展的重要因素。组织结构的重叠阻碍集体经济发展的民主性和独立性；村落过度地孤立使得无法协调和整合周边资源，形成规模和大范围的市场；精英是集体经济的重要支持者和拥护力量，没有非体制精英的领导就很难将村落集体经济扶上正轨。

（1）组织结构的重叠

村落集体经济的基础建立在血缘与地缘的社会关系纽带之上。就FJ村集体经济发展状态而言，集体经济的发展“命脉”完全掌握在村民委员会或者说是基层党组织手里，这样重叠的组织结构使得村民委员会的权力在无限制扩大，不利于集体经济的独立发展，无论是从资金、资源、生产方式等都受村民委员会的控制和干预，而在集体经济发展的管理问题上也就必然依赖于村民委员会的管理力量。村民委员会的管理力量毕竟有限，而村民委员会更多是政治精英，无法在经济和市场的角度思考集体经济发展，这无疑在一定程度上削弱本土经济精英的培养和经济精英队伍的壮大。

（2）村落独立体的局限

国外学者在研究内源性发展中提出“农场再连接”的思想与“制度网络”的概念。制度网络中的“制度”概念可延伸到包括地方的管制代理商、本地政府、公共和私人组织例如银行、教育、文化范围和正式生产队[①]。虽然制度网络是一个地理学的概念，但无论如何，制度网络强调整体性的概念，每个制度之间是相互联系与相互作用的，每个制度也必然存在一定的功能性。

"农场再连接"的思想隐含在内源性发展理论之中，它对于个体农业和本地之间有重大的变化。"农场再连接"突破了社区发展的框架，换言之，村落建筑在独立发展的同时，也应重视与周边村落或者周边农场、生产小组之间的联系。而目前集体经济的发展就出于村落独立的考虑，忽略与周围经济实体间联系的重要性。"农场再连接"也突出了过去欧洲发展模式的弊端，也曾经缺乏农场间相互的连接，因此，内源性发展理论也被学者们认为它是农场实现再连接的有效理论支撑。

（3）精英纽带的断裂

FJ 村是一个缺乏非体制精英的村落，非体制精英的缺乏使得连接各农户家庭纽带的断裂。集体经济的一个重要特征是将各农户家庭生产摆脱分散经营的状态，摆脱不能获得规模效益、无力抵御市场风险的缺陷，希望通过集体经济这一平台，给予农户在生产、销售上提高生产服务能力，降低生产成本。从而进一步使得农户家庭生产与市场间相互连接。

集体经济不应该被理解为集体的经济，因为这样集体的概念过于模糊，集体中的个体无法有效地界定。我们必须认识到发展和壮大集体经济并不是村民委员会的任务，它需要更多村落精英的支持与努力。同时，我们必须重视村落与村落之间、村落与其他实体之间的相互联系，摆脱村落独立体"闭门造车"式的发展瓶颈，更多将集体经济与市场结合起来，充分认识到市场对于集体经济发展的重要性。

二、个体行动——手工业的出现与兴盛

FJ 村是纯农业为主的传统农村，但在日常经济生活中，有些妇女在自己家中制作手工。这引起笔者一系列思考，手工业的源头在哪里？为什么村内有多家小作坊却未形成一个完整的体系或形成一定的规模？这些制作手工的农家与农家之间有何关系？手工业是否能成为 FJ 村支柱产业来进一

① Ian Bowler, "Endogenous agricultural development in western Europe." Tijdschrift voor Economische en Sociale Geografie , 90 (1999), pp. 260 – 271.

步发展？对于这些问题的思考也许能寻求一个新的发展模式，而对于在此变化过程中所遇到的可能性进行观察和分析更具有特殊的意义。

1. 手工业的规模与地缘结构

在行政村的统计表中，农业的生产结构分为种植业、林业、渔业和牧业等一些传统农业，但从未提及过该村的手工业。虽然该村的手工业并非该地域所独有的特色产业，但因为从事该手工业的人数较多，生产设备一应俱全，家庭作坊的规模大小不等，则有必要对此探讨一番。笔者通过熟人的介绍相继拜访过从事这些家庭作坊的村民和规模较大的家庭作坊。

（1）GY 镇——FJ 村的生活圈

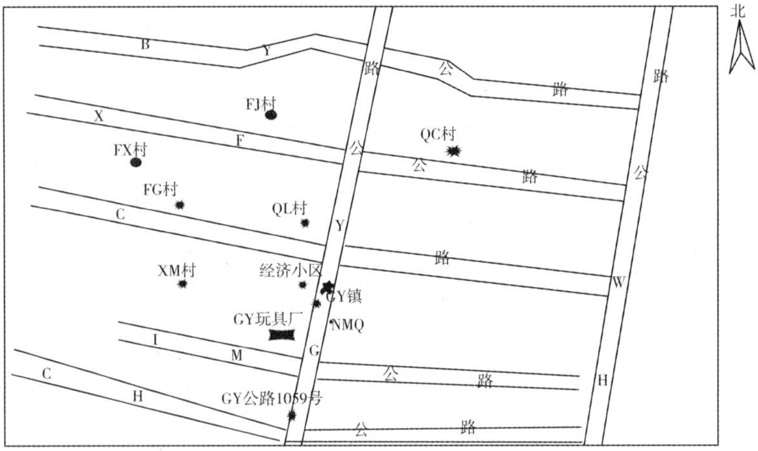

图 2－1　GY 镇手工业工厂示意图

FJ 村是属于 GY 镇的行政村之一，位于其最北端。手工业小作坊分散地分布在 FJ 村的村域中，不计其数。而大型的手工业作坊分散地分布在 GY 镇的地域范围内。如图 2－1 所示，大型的手工业作坊呈不规则分布，主要集中在 GY 公路以西，特别在 GY 镇附近尤为集中。其中星形标记的总共有六个，是目前 GY 镇最近几年建立的玩具厂。

图 2－1NMQ 以南的 GY 玩具厂是这些手工业作坊的起源。GY 玩具厂成立于 20 世纪 70 年代末，当初厂内共有 300 多名员工，大多数员工来自于 NMQ 附近。这主要原因是 NMQ 曾被征地，多数被征地的村民就进入 GY 玩具厂工作。只有小部分员工来自 GY 镇其他村，只能通过顶替等形式进厂。目前，这家玩具厂仍旧存在，员工数量比成立初多，现在的员工来自于 GY 镇各个行政村。

QL 村（原十二大队）是 GY 玩具厂的一个分厂，有几十人的规模。虽然 QL 村的玩具厂以新名字建立，但是其性质仍从属于 GY 玩具厂。而且其他 5 个玩具厂规模都比 GY 玩具厂规模小，成立时间也比 GY 玩具厂晚，因此，笔者将其视为 GY 玩具厂的扩张和延伸。

可见，在 GY 镇的地域范围内，类似 FJ 村的村落不占少数，法律认可的玩具厂集中遍布在 GY 镇的西北地区。最初的手工业发展来源于 GY 玩具厂，这是手工业历史传承的起点。随着二三十年时代的变迁，进入该厂员工的准入机制已渐渐放宽，掌握手工业技术的农民再进一步扩大，这是 FJ 村手工业发展的基石。

（2）手工业与小作坊的联系

受 GY 镇辐射的 FJ 村，虽未成立玩具厂，但是小型的手工业作坊甚多。那么，FJ 村村域内的小作坊与这些玩具厂存在什么联系呢？

36 岁开始到玩具厂工作，它是乡办企业，做了 8 年，经常上晚班，回家要骑半小时到 35 分钟的自行车，所以就辞职不做了。后来就在家做玩具，那是因为我大女儿的干娘。我从她家把做玩具的材料拿到家里做，刚开始做书包、小孩衣服、棉絮衣服等，后来开始做玩具。干娘家住在十七大队（FX 村），我们的材料都是她家里拿的，她的小姑有渠道，在 BB 镇东面，是私人接头的，做出来之后可以出口。（访谈对象 B01）

我是他家的邻居，你看他家就住在那幢（指向东南面）。一般都是从他们家拿，有时他不在家，就放我这儿，然后其他人就从我这里拿。我以前也是在 GY 玩具厂上班的，后来生孩子之后就不去了。（访谈对象 B02）

这边对面的十五大队也有人家加工玩具的，玩具厂来不及做的活儿就给私人家里加工。10 多个人去做，那边专门是个加工点，还有专人进行教。因为不同的娃娃都是参照样本做的，有时候复杂的话要专人教下该怎么做。（访谈对象 B05）

一般去她那里做的都是他们那边的邻居，还有一些事听说他们家做这个然后跑过去要来做的。他们都要有缝纫基础的人做。（访谈对象 B03）

从访谈中可知，玩具厂与小作坊之间存在密不可分的联系，可将小作坊视为玩具厂的空间延伸。玩具厂场地及资金的限制，无法提供更多的资金增加村民就业，但季节性的供给需求又需要劳动力资源，这种方式的扩张，节省工厂对人力、物力的花销，是农村乡镇办企业特有的一种扩张模式。

其中主要有两种形式。一是分散式加工。村民将利用自家场地、自家具备的生产工具，在规定时间内完成所接收的加工工作量。然后村民自行送往发送材料的点，形成一种交接型的工作模式。二是集中式经营。以某个村民的家庭用地作为教授、加工的场地，其他村民可不定时前往学习技术，也可选择性地带回自家进行加工。这种工作模式比较松散，但是能将技术进一步普及。

（3）手工业组织模式

通过对于手工业组织模式的研究，能很好地了解小作坊在整个生产链中处于何种地位，从而可进一步探讨村民做出这种行为的思维逻辑。而FJ村的手工业工厂组织处于组织模式的底层，没有科层制的严谨，也没有家族企业的排外性，而是基于血缘与地缘，但又不拘泥于此的发展模式。

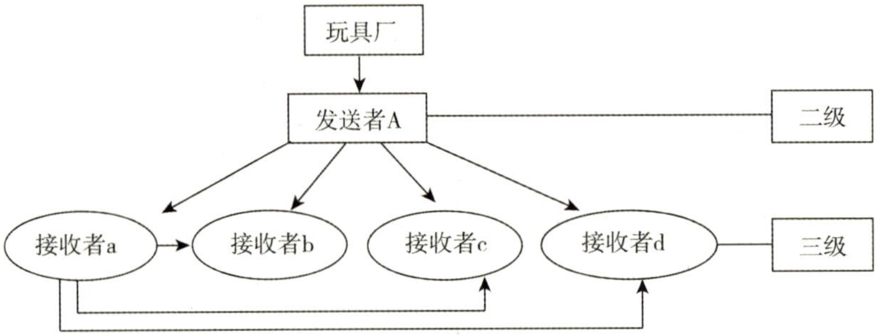

图2－2　手工业工厂组织分配图

图2－2是某手工业生产链的组织分配图。主要由三级组成，第一级是玩具厂，它作为提供生产资料的进出口商，拥有销售资源，占有最大的利益和权利。二级担任发送生产材料的任务，与一级之间多为血缘关系。二级发送者可由若干个组成。三级是小作坊，它们之间处于并列关系，接收者a只作为发送者A的偶然代理者，没有其他特别的权利。只有当任务较少，无须所有小作坊完成时，接收者a享有优先权。二级与三级之间可存在血缘、地缘等关系。其他小作坊也可通过优先进入生产链的小作坊进行推荐或者可自荐。

从图2－2分析，三级小作坊获得的利益最少，从上往下依次剥削通过生产所获得的利益。这些小作坊可视为工厂生产的进一步延伸，主要依赖于血缘和地缘关系获得生产资料。

2. 手工业发展动力机制与延续力量

张世文在《定县农村工业调查》一书中论述到，工业的存在必须具备以下四个要件：一是工厂必有生产此工业品的原料。二是必存在对此工业品的需求。三是必有生产此工业品所需要的工具和技术。四是从事此工业者必定拥有物质报酬或精神享受①。从其论述中可发现，FJ 村的手工业也具备以上四个特征。尽管上述村民手工业的报酬低廉，那么存在何种动力使得手工业在 FJ 村予以延续呢?

（1）农闲与增加家庭收入结合的产物

我们做这一个个小玩具，是按件计算的，做工简单的便宜点，复杂的就贵点，便宜的一两分都有，贵的七八角一个。我们也没有把做这个当一份稳定的工作，只是可以消遣打发时间，还可以顺便赚点生活费。（访谈对象 B01）

我就在家做做，一天做 12 个小时的话，一个月可以做到 1000 多元，那也不错了。十二大队算是一个分厂，有几十个人，经常加班到九十点钟，加班费是一夜 3 元。我在家可以合理安排时间，虽然和他们一样一天做 12 个小时，但是我还可以做其他事情，还可以照顾到家里。（访谈对象 B02）

从访谈内容可见，手工业制作是按件计价，工作时间长，劳动力成本极为低廉。但与村民的专职农业横向对比来看，兼职手工业具有更大的时间弹性，能填补农闲的时间。目前，种植农业由三季变为两季，耕种设备日趋现代化，大大增加了村民农闲的时间，机会成本几乎等于零。在被调查的 5 位访谈者中，只有 1 位是将其作为专职从事，由于在工厂中时间弹性差，所以她认为在家中开展小作坊能自行合理安排时间。

由于手工业生产的季节性，多数村民将其作为一种兼职。通过访谈得知，村民的月收入在 200—1000 元不等。而通过土地所获得的收入，1 亩地租让费为一年 400—600 元。可见，虽然手工业的价格低廉，利润微薄，但与纯种植农业而言，仍有优势，收入可观。

笔者认为，这就是为何报酬低廉仍有“市场”的原因。如同上述张世文对于工业存在要件的论述，零星的小作坊的存在必定具有其存在的意

① 张世文:《定县农村工业调查》，成都·四川民族出版社，1991 年版，第 1 页。

义，是因为它提供了农村生产的特有途径，满足农业生产的需求，它符合农村劳动力市场的特征，具有可操作性。

（2）历史传承与现代需求结合的产物

5 位访谈对象及在大型作坊的村民，100% 是女性，80% 的村民年龄处于 50—65 岁，而绝大多数曾在 GY 玩具厂工作过，尤其是那些“资深教练”，她们给其他村民演示新品种的制作。

我们这边做这个（玩具）都是熟练工，都是以前在玩具厂上班的，都做了有二三十年了，像我们这年龄的现在都五六十岁了。做了也不是一天两天，主要是有这个销路，他们厂里让我们做的东西，我们每个都拿几分几角，但是如果他们卖出去都要几十块钱的。一般销往日本多一点，都是出口的。做的东西越来越可爱，有汉堡包什么的，我孙女们也很喜欢。（访谈对象 B04）

在二三十年间，制作的品种也有巨大转变，过去是以实用性产品为主，例如书包、棉衣服；如今则倾向于消费品，例如汉堡包等玩具。可见，在长达二三十年的发展道路上，产品品种的不断更新和转变是需满足“市场”需求。市场对于村民而言，是关键性因素，如同庄稼生长依赖自然气候一样。市场的开发可以给村民带来新的途径，创造新的收益。

（3）感性选择与理性选择结合的产物

在传统的中国，农村交际网络与人际关系的选择方式中往往存在家族性、血缘性、熟悉性等感性特征，这在费孝通先生与梁漱溟先生的农村研究展现得淋漓尽致。因此，笔者认为农民进行的选择方式并不一定是理性选择的结果，还掺杂着感性选择的成分。

我在家没什么其他事情做，我老公也是干部，每月有退休工资，家里吃穿都够用，但是他（指工厂材料的发送者）有材料给我，我就空着做做，也属于娱乐，不指望能赚多少钱。推了觉得对不住他，毕竟他也是好意，而我们家和他们家也有亲戚关系，实在不好意思，除非农忙，那就没办法，真的要推了。（访谈对象 A01）

从访谈对象的陈述中发现，对于低廉的收入并非是村民作出选择的决定性因素。与此同时，还混合着感性因素。在价值评价的态度中，并非理性选择是正确的，感性选择是错误的。而在传统保留完整的 FJ 村，感性选择与理性选择是兼顾的。可能在其他行为选择中，则更凸显出理性选择的特征。

（4）延续力量——中介者的介入

由于这样的小作坊未成体系，村民委员会等政府机构未曾介入。在这个组织模式中，厂商与小作坊之间的经济关系直接以发送者与小作坊的血缘、地缘等关系所代替。这不仅使得这个劳务中村民是低廉的劳动力资本，同时相关权益也无法取得保障。

他们家原来的房子很小，虽然也是楼房，但也就像普通乡下人的房子。现在已经翻建过了，造房子用的还不是什么砖、瓦好像是特别的材料，因为这样造得快，造得多成本就少了。（访谈对象 B01）

手工业是季节性产业，当货源充足时则需要大批劳务工。而临时搭建的厂房具有安全隐患。这对于劳务的村民而言是极为不利的。因此，笔者认为 FJ 村的手工业如能更好地延续则需政府的介入和资金投入，通过政府机构对于此项产业的重视，通过在技术上的革新、设备上的更新、人员上的技术指导，才可能将其作为一种产业进行孕育和培养，才能在制度框架下保障劳动者的权益。

三、集体经济与个体行动——一个内源性发展的解释视角

集体经济是我国公有制经济的重要组成部分，而在 FJ 村手工业的兴起与发展中，个体行动的某些因素能与内源性发展有交叉和契合点。所以，集体经济和个体行动都应该在内源性的框架下进一步探讨。

1. 集体经济中的内源性

集体经济在中国农村的出现和发展必然有其现实功能和存在价值。首先，发展集体经济有利于加强基层组织的凝聚力，村落的凝聚力直接影响到村落自身的本土发展。这与内源性发展理论中的公共参与相一致。集体经济组织是中国农村最庞大最具有影响力的组织体系之一，村民的经济活动在很大程度上都体现在集体经济的活动之内。公共参与是衡量内源性良好发展的重要指标之一，公共参与的力度也在一定程度上可参照集体经济的发展程度，两者呈同向发展。其次，集体经济是集体利益与村民个人利益相融合、分散经营与社会化服务相统一的结果①。换言之，个体行动与集体经济相互扶持和相互促进，有利于本土自身建设。我国实行的家庭联产承包责任制的

① 杨明成：《加快发展农村新型集体经济》，载《经济学研究》2009 年第 1 期。

政策使得村民进行分散经营，无法形成生产、销售等一体的社会化服务，不利于形成规模式经营，也无法有效抵御市场风险。而集体经济的形成就能弥补个体分散经营的不足。反之，村民个体的经济发展也将反哺于集体经济的发展。最后，集体经济的强大可以增强村落公共设施建设，增加个体或者家庭享有的福利。集体经济的壮大，可以开拓市场和销售道路，增加村民收入；可以提供更多更好的公共产品，满足村民日常生活需求；可以增加社会福利，有利于保障村民的经济生活和医疗、养老需求。

内源性发展的初衷是以人为本。要求能实现村民自治、实现民主参与，使得村民成为村落经济发展的主体；在经济上，提高村民收入、增加村民社会福利、改善村落生活环境。因此，无论从本土的发展现状出发，还是从内源性发展理论本身出发，都需要将这部分内容纳入讨论范畴，是无法规避的。

2. 个体行动中的内源性

内源性发展强调农民的自立发展，或者进一步说是自治能力。农民的自立从个体行动的外部表现上凸显出来。从 FJ 村的个案中，手工业的兴起是个体行动中最为典型、突出和较为成功的例子，它的发展没有依靠于政府，也未依赖于其资金拨款和投入，完全由村民自发组织形成。虽然这种发展的形式是粗糙的，甚至在不久的将来会被更科学的科层制管理所淘汰，但在目前情况下，它有存在的意义和探讨的价值。

通过手工业的发展，笔者试图解释内源性发展理论中的关键性问题。首先，内源性与外源性并不是对立的、互相排斥的，它们之间存在某种联系。就 FJ 村的手工业发展，它就是内源性与外源性共同作用的结果。市场资源来源于本土以外，但生产资料却由本土提供。

其次，内源性进程不应被理解为与全球化相背离，而是正好相反，内源性进程应适应全球化发展的需要，应与全球化进程紧密结合。如同 FJ 村的手工业，玩具的制作最终是为出口国外，这是受全球化影响，正是这种需求的存在给内源性进程予以可能性。

最后，内源性发展并不只是单一的模式，更注重于多样化模式的培养。英国莱斯特大学地理学 Lan Bowler 提出农业多样化的模式。这是由于每个村落都有不同的资源和因素制约无法按照同一模式发展，这在费孝通先生的社会学研究中就已证明。而农业多样化的模式没有一定的规则，只有通过实证发现村落的优势才有可能发展。

这与FJ村手工业的发展是有所联系的。Lan Bowler在对较为成功的欧洲西部的实证调查中发现走农业多样化道路的村落，某个支柱产业在空间上呈现分散形式。FJ村手工业的分布也呈分散形式。就目前手工业发展状态而言，该产业的核心是建立在非农业就业机会和农村家庭的社会经济资源上。手工业作坊的兴盛和延续是因为在FJ村的村域内社会秩序是基于礼俗社会上的。

但是这样的个体行动存在危险性。这种危险性的最终根源在于它的核心并非是建立在本土的变化市场上，而受到外部私营企业的支配和全球化下国外市场的主导；同时，村落的劳动力资源在不久的将来会被更价廉的劳动力和更新型的专业技术所替代。从而失去与私营企业谈判的资本，没有本土所支撑的资源，如此就很难发挥个体行动的号召力，农民很难同集体经济进行博弈。

因此，内源性发展的产业发展并不在于是否单一性模式，是否借助于外源性力量，也不在于是否受全球化影响，而是在于农民是否有核心技术和资本，是否能控制产业发展趋势，是否不受外部力量的支配和控制。这才是内源性发展理论中产业发展的核心问题。

集体经济不只是公有制经济中重要的组成部分，同时还是村民参与的集中体现。集体经济与个体行动相互结合和协调运作，是乡村发展的基石，两者缺一不可。上述该村的集体经济，从“人头税”转向政府补贴与外部补助；从共有资产转向私营企业，这是“分田到户”的转型与“私有化”的主导的时代背景。在这种背景的映射下，村民参与集体经济的能力在进一步减弱，从而更倾向于个体行动。

手工业作为一种特殊的形式存在于村民经济生活中，并且它所带来的经济利益是有限的，通过上述论述可见，手工业的维系与发展并非基于村民的理性选择，而是基于乡土社会的血缘、地缘关系之上的。从一家乡镇企业，经过30年变迁，在整个乡镇成立了7家玩具厂，而小作坊更是不计其数。试问这是何种力量的推导？笔者认为，这就是传统的力量。本章中的传统，是时代所遗留下的文化，包括村民的价值观念、村民创造并共同享有的物质实体、行为方式等，它表现村民的一种生活状态。

科技与传统之间存在密不可分的联系。过去人们认为改变生活是科技价值的体现，于是科学就变成对于传统的修正。然而，在一次次的实证研究中发现，人们应对于传统进行保留，而科学是建立在传统之上。因此，对于FJ村的发展而言，传统的力量是发展的坚实基础。

FJ村处于GY镇的辐射范围内，拥有手工业文化的条件和资源，这也就形成目前的手工业形态。多数女性村民都认为手工业活儿是自己的强项，但是她们未曾认识到这也是一种技术能力。虽然手工业的进入门槛不高，但在FJ村另一种力量造成进入手工业作坊的壁垒，那就是血缘、地缘的人际关系网络，这是笔者所认为的本土资源。本土资源并不只是指物质的，而更多的是文化的、历史的。后两者的力量可视为一种“精神”力量。

零零星星的手工业作坊分布在各个行政村，之间的联系似乎是破碎的。但是通过“中介者”（图2－2中发送者A）都可以将其整合起来。这种农村的组织管理模式是独特的，无法用其他科学管理模式所替代。因此，松散的组织模式有机整合在一起，当然它也更需要科学的规范进行修整。同时，农村极易形成“风气”，这也可视为传统的一部分。这种风气也建立在农村血缘、地缘的人际关系网络之上。

因此，当研究农村村民的经济生活时，其背后的历史和文化是一种无形的力量，它主宰着村民经济生活的行动逻辑。村民的经济生活是其表现形式，而其中蕴含着内在结构和社会发展的变迁。这才是本章研究的重要意义。

第五节　本土价值与管理成本——精英·村民与社会关系网络

本土价值（local values）的发展是内源性发展指标中较为重要的一项。本土是指基于所研究的一定区域，可为国家、社会、社区、村落等。价值（value）有多重理解，但笔者认为在Endogenous agricultural development in western Europe一文中的本土价值，指的是基于本土发展的重要性内容，包括历史、人文、自然等综合目标。同时，这种本土价值是通过传统所赋予，同时强调本土价值并非僵化传统概念。通过本土的有效发展最终实现本土价值是内源性发展理论的基本内容之一。管理成本(management costs)在本章中是相对于处理成本（transaction costs）和转换成本（transformation costs）而言。

农村不同于城市的最大区别之一是基于血缘、地缘具有乡土特征的社会关系网络，它能有效地减少村落管理成本，同时，其特殊的形态可在精英与村民关系中、民俗与文化的诠释下表现得淋漓尽致。

一、精英力量的薄弱

村落精英对村庄治理发挥着很大的作用，精英之间的互动在一定程度上塑造着村庄治理的面貌①。同时，对于内源性发展的村庄，精英力量的强弱直接关系到本土资源的利用，村落的整合性。在陆学艺《内发的村庄》中就非常强调精英对于内发发展的重大意义。虽然精英并不是内源性发展的唯一诱因，但是没有精英力量的支撑，村落很难通过自身努力在有效的轨迹上发展。

精英概念较广，帕累托是精英理论的开创者和奠基人，他所定义的精英侧重于政治精英，逻辑起点在于社会总是存在着资源分配的不公平，导致小部分占有一定的权利。而本章的定义与贺雪峰在《乡村治理的社会基础》中的定义相似——“村落精英是指在村庄政治经济文化事务中比较活跃、掌握资源较多，且在村庄内影响能力较强的人”②。本章中的精英从村民视角来进行定义，是指那些能在村民中具有一定影响力、具有一定能力（领导能力、交际能力等）为村落带来某些资源的那部分人。因此，领导者也是精英群体中的一部分。

1. 体制精英③

表 2-1 FJ 村村民委员会组织人员表

姓名	性别	出生年月	职务	职责分工	简介
WZF	男	1973.4	支部书记	党群工作	副县长助理，到村里基层锻炼两年，现居住在县城

① 贺雪峰:《遭遇选举的乡村社会》，陕西·西北大学出版社，2002 年版，第 23 页。

② 贺雪峰:《乡村治理的社会基础》，北京·中国社会科学出版社，2003 年版，第 293 页。

③ 体制精英概念参照于刘洋《村庄发展的社会基础》一书，指的是在体制内的村干部，按照规定由乡镇政府按月发放工资。

续 表

姓名	性别	出生年月	职务	职责分工	简介
YZ	男	1950.11	支部副书记、村主任	党群工作	原FQ村村民委员会主任，两村合并后担任副书记
HZF	男	1957.11	支部委员	民事调解	前担任原FJ村支部副书记
LJH	女	1959.9	支部委员	妇女工作	支部委员、FJ村副书记、村民委员会主任
FYB YCF	男 女	1958.9 1957.4	村民委员会 村民委员会	农副工作 会计	FYB原FJ村副书记，一直分管农业。YCF曾做过棉管员，后担任FQ村妇女干部，两村合并后担任会计职务

6位村民委员会干部多数是居住在村庄内，并且是土生土长的村民。对村民的调查访谈，村民一致表示只认识原村内的干部，对于现FJ村村民委员会主任WZF并不熟悉，甚至不认识。因此，两村合并在形式上已经完全整合，但在内部结构上明显存在“鸿沟”。这也就凸显出上述村民对于地域身份的薄弱意识。

我们FQ村原来有个弹簧厂，村民委员会有一定的资金，现在两村合并后都是FJ村的了。他们只有三四户人家的白色路面都已经开始做了，我们的路（前面一条竖向道路，共有十几户）到现在还没做。YZ是我们以前的村民委员会主任，人还是不错的，但是不知道要帮我们村争（利益），以前他的一个亲戚让他向上反映下情况，他就是没有做。其实反映情况是属于他村民委员会主任工作的范围，但是他觉得这样会连累到他，他就是怕事。（访谈对象A06）

两村合并在一定意义上强化了FJ村的主导地位，同时从村民委员会班子的6位村干部来看，原FJ村村干部占了多数席位，这也就导致在利益分配时FQ村失去了主动权，并且由于YZ为人软弱，更强化了原FJ村的力量。这种权力分配不均的情况，直接影响到体制精英在村民中的领导地位，也主导着村民参与公共事务的积极性。

2. 非体制精英[①]

我们村没有这样的人物，有的话我们村也就没那么穷了。我们种橘

① 非体制精英概念参照于刘洋《村庄发展的社会基础》一书，指的是在体制外的具有领导能力的人物，包括了政治精英、经济精英和其他精英。

树，也就是因为拉不到买的商家，所以橘子只有贱卖了。（访谈对象 A11）

我觉得好的领导就是来关心关心我们，指导下我们的生产。现在的领导我们都不认识几个，他们也不过来看看。（访谈对象 A13）

我们村没有啥凝聚力，都是自家管自家的，只要不闹矛盾村委才不会管我们。关键人物还是村干部，什么都是他们说了算。我们村也没什么好发展的，十几二十年都是这样没什么变化，就是最近修了白色路面。（访谈对象 A07）

对于村民而言，最为贴近家家户户的人就是他们的小组长，虽然现在已经“承包到户”，但村民仍延续着过去的“传统”，有问题找小组长。因此，FJ 村中不存在非体制精英，而出现问题也寻求体制精英的帮助。主要有两个原因：一是 FJ 村年轻村民在不断流入城镇、城市，从而导致村内没有新鲜“血液”，没有创新思想和销售的交际网络。二是村民已被“传统”所规训。对于村民而言，“领导”等同于“村干部”。一切大小事务都是村干部的管辖范围。这存在偏颇，领导应该是具有一定领袖能力、给村民带来福利或者资源的那部分人。非体制精英就是在这种“传统”中被遏制，同时也遏制“公共参与”的自主行为。

意大利学者 Gioacchino Garofoli 认为内源性发展的模型保证地方经济体系转型过程的自主权。村落的自主权应掌握在村民手中。但是村民的“传统”思想只会将民主流于一种形式，只是一种无法发挥实质的“口号”。

因此，作为良好监管机制的“公共参与”在 FJ 村场域中无法发挥作用。从村落精英具有协调外部能力来看，精英力量的薄弱使得村落资源与市场之间存在断裂，缺乏将原始组合的社会关系、市场和将本土特征转换成资源的能力，这使得 FJ 村在长期一段时间内都存在发展瓶颈。

3. 缘何 FJ 村缺失非体制精英

一谈到中国社会，尤其是乡土农村，总离不开由农民组织起来的乡村精英。就精英而言，可划分为政治精英、经济精英、文化精英和知识精英等。这样的知识背景似乎与 FJ 村的村民论述有所背离。但是，又有村民有以下这番陈述。

原 FQ 村的村民委员会主任 YZ，现 FJ 村党支部副书记，曾任原 FQ 村村民委员会主任 10 余年。过去父亲也是村里的干部，亲戚很多也是村里的官儿。后来他爸爸退下来后就提拔他，从小队长做起，一步一步现在就当我们的村党支部书记了。我们对于他很了解，因为他家就住在这边附近（向东指了下），以前他的爸爸我们也都认识，大家关系好，都支持他。（访谈对象 A14）

说到村里都认识的人吧，除了村干部都不怎么认识了，有些新来的干部我们都不认识。CPD 是我们这里的私企老板，我们做手工业的都知道他，因为他在我们村开了厂，有三幢工厂楼。他过去就是这个村办企业的厂长，和村干部关系很好，所以才交了笔钱给村民委员会，村办企业变成私营企业了。（访谈对象 A03）

FJ 村的村民委员会主任 YZ 应可归属于政治精英，在过去十几年的乡村治理中，他起着举足轻重的作用。但是，这种政治精英的背后是权力的支配和制约，是依赖于亲属关系的纽带，是另一种家族主义势力的延续。与家族主义不同的是，YZ 这样的政治精英是建立在政府或者说村民委员会的基础之上，也为村落的公平分配和管理谋求利益。因此，FJ 村的政治精英基本上都源于体制精英范畴内，隐性地可以将其政治精英等同于体制精英。

在米尔斯的权力精英中，认为权力精英的结构线索在于经济秩序。的确，在经济领域作出成绩能带领其他村民共同富裕的经济精英是在村内具有威望、影响力和号召力的。私营企业主 CPD 的工厂最初源于村民的共同努力与付出，但在转制之后，并没有将他所拥有的资源带动其他村民的发展。虽然经济精英是非体制精英中的中坚力量，但是无法给村民带来实际利益和具体行动的非体制精英，却从本质上失去非体制精英所具有的功能和作用。

除此之外，村内人口的频繁流动和“移民”现象的产生导致文化精英和知识精英向外流动，这也是 FJ 村缺失非体制精英的重要原因。因此，就上述分析，不难发现 FJ 村的体制精英是显性的，政治精英是隐性的。实质上，精英们也越难为村民诉求利益，而更多屈从于权力与经济，渐渐退却了精英在村民与村民委员会之间起到的桥梁作用。

二、村民身份的意识“稀释”

1. “农民”与“村民”

对于农民的界定存在着巨大的困难。从户籍上说，分为城镇户籍和农村户籍，但户籍的差异已经无法再对农民与城镇居民进行划分和分层。因为有生活在城市却仍保留农村户籍的居民。而从劳动方式来看，也无法以从事农业活动的那部分人口定义为农民，因为也存在兼业农民。兼顾这些特点，笔者认为农民是以农业生产为主，长期生活在农村的那部分人群。这意味着，部分从事兼业活动的农民也可归为农民的范畴；但那些从不生活在农村的“户籍农民”则不属于本章讨论的范畴。这一界定更多是从农民从事的农业活动着手，可见，农民实质是一种“职业”，而不是“最底层”“贫困”等特殊符号。王斯福曾说：“‘农民’是对农业人口的新定义，它既是一个行政术语也是一个自陈的术语。该术语被定义为是一种落后，但并不总是被理解为一种否定态度。”①

对于农民明确地界定，可进一步界定村民。村民的界定与农民一致，村民更侧重于长期生活在村内这一特征。因此，从外延和内涵而言，村民包含于农民，两者有必不可分的联系，但由于村民身份与农民身份侧重点不同，有必要进一步讨论村民的村民身份的意识。

2. 红白事中的村民意识

在笔者第二次进村观察时，参加该村的两家的葬礼。葬礼分三天，前两天是哀悼，亲戚、邻里都过来吃饭。最后一天晚饭是主人请邻里吃饭，亲戚不在其中，主要是答谢会的意思。据观察，请客吃饭后很少有邻里帮忙，而洗碗、整理场地的多数是亲戚。这看似一件很正常的事情，却反映着巨大的变化。访谈对象 A01 论述（如下），过去一家举办葬礼，家家户户自愿过来帮忙，这产生答谢会的传统。但随着村民间关系的疏离，这种传统虽仍保留，却已非原有状态。可见，葬礼的诸多事项已经流于一种形式，而失去本身的意义。从村民委员会委员（访谈对象 C02）叙述，村民间相处和睦，矛盾很少。这是否与笔者的判断产生矛盾？其实并不矛盾。笔者认为相处和睦只是显性的表现，但不等同于村民间团结；相反，正因为没有矛盾或矛盾较少，才凸显出村民间利益交集减少，村民间接触频率减少，这也进一步影响村民间的合作和团结精神。

以前都是村里人帮忙去做事情，各个都很卖力（肯干活），干完活儿之后坐下聊聊天，或者打会儿麻将。现在拖家带口地去吃饭，很少人吃完了帮忙做事情，吃完就各回各家，等到了晚饭再过来吃。（访谈对象 A01）

---

① 王斯福：《农民抑或公民？——中国社会人类学研究的一个问题》，载王铭铭、王斯福主编：《乡土社会的秩序、公正与权威》，北京·中国政法大学出版社，1997 年版，第 2 页。

村里一般有争吵或者不和，那需要我们村民委员会的同志去进行调解，一般情况下，这边秩序都比较良好，调解的事情并不多。（访谈对象 C02）

此外，从村民对于村内资产的态度和对集体经济的概念，村民的集体意识在逐渐淡化，无法意识到村民拥有的权利和义务。村内自发组织活动或其他集体活动的减少降低了村民之间的联系频率。笔者认为，村民缺乏集体意识的前提下，很难谈村民自治或者村民民主。

我们现在都是自家管自家的，村里有公开栏，我好像之前看到过。但是我们也不懂会计，我们自己看也看不懂。这里面的事情只有村干部他们知道。（访谈对象 A09）

以前集体经济时候，我们吃的都是“大锅饭”，什么事情都是小队长（生产小组组长）和我们村民讨论，然后上报作出决定，现在都是村民委员会说了算。我们自家都有自家的事情，哪还管村里的事情。我们就一个小队（生产小组）的村民都很少聚在一起，更不要说几千号人的大队（FJ 村）了。（访谈对象 A15）

3. “地域身份”的提出

Christopher Ray 所述的“地域身份”与本章的“村民身份”有一定的相似性。因为村民身份也侧重于本土村民身份的建构。他认为地域身份的主要来源是文化、历史或物质。通过上述分析，原本保留完整的葬礼如今也只流于一种形式而无法发挥其历史、文化的特性。而目前的村民以“户”为单位，他们之间并不存在共同享有物质利益的情况，失去了联系在一起的纽带。

Christopher Ray 所提出的地域身份主要目的在于通过提高本土化的意识来作为发展政策和行动的单位和动力机制。换言之，只有村民对地域身份的认同才能组织村落的集体力量帮助村落抵抗外来力量的侵袭[①]。

但是通过上述“村民”与“农民”的概念界定，发现生活在 FJ 村的群众极力试图摆脱“村民”与“农民”的标签与符号。在 FJ 村村民身份认同的程度非常低，而进一步说明该村村民的“地域身份”的认同程度也非常低。红白事是乡土村落寻求村民的社会关系网络及探究村落内在结构

① Christopher Ray, “Endogenous development in the era of reflexive modernity.” Journal of Rural Studies, 15 (1999), pp. 257 - 259.

的重要切入点。过去该村的丧事是由同一小组的邻里自发组织作为操办仪式中的核心力量。目前而言，丧事的这种传统仍有所保留，但失去原有村民间互帮互助的原始意义。因此，不难发现 FJ 村村民的村民身份意识在不断“稀释”，意味着 FJ 村只作为行政村，只存在地理单位的意义。村民身份建构的失败无法进一步与地方建构进行互动，也无法协调更多本土化的有效力量。

三、习惯约束力的打破

Lan Bowler 认为管理成本是针对于内源性与外源性发展的基点上考虑的。它认为内源性发展更多依赖于技能，而外源性发展更依赖于技术，内源性比外源性更具有竞争力的体现在于能降低产生于市场的处理和转换成本（外部成本），但是管理成本（内部成本）较高。内源性发展中的处理和转换成本可以通过农业劳动来降低，这种农业劳动可以是个体也可以是通过生产队或合作社共同协作完成[①]。但笔者认为，村落的管理成本不宜过高，否则就失去村民自治的意义。

1. 乡约制度与自发秩序

在笔者的臆想中，城市社区的管理成本因远远高于村落的管理成本。因为，城市中流动性较高，治安、物业等管理需要大量资金。但是，尽管如此，村落的管理成本也不亚于城市社区。较高的村落管理成本主要体现在公共物品的支出上。据 2008 年统计数据显示，2007 年一年中，万河整治 38 条段总计 33.75 万元；路涵改造 38 道总计 38.4 万元；道路绿化 3.7 公里总计 13 万元；村社区服务中心改造 330 平方米总计 43 万元等。除此之外，最近几年 FJ 村人力管理成本呈不断上升趋势，它成为村落最主要的费用支出。2008 年统计数据显示，2007 年一年管理费用高达 129346.90 元。在农村的管理工作中，调解是人力资本发挥作用的集中体现。调解应该可以说是地方性秩序得以建构的核心特征，社会秩序因为纠纷而被打破，又会经过反复的调解而得到恢复，如此才有社会和谐局面的养成。这

---

① Ian Bowler，“Endogenous agricultural development in western Europe.” Tijdschrift voor Economische en Sociale Geografie 90，(1999)，pp. 260 – 271.

种做法不是今天的发明，而是跟随着乡约制度而发展起来的[①]。

这河边河岸上种的葱、芋艿都不是公家的，都是我们自己家的。你看，每户人家前面对应的那段河岸就是归每家的。我们不会为了这吵架，这都是几十年，老祖宗传下来的规矩。以前这边人家很少打围墙的，那都是一个小沟或者种些灌木将两户人家的院子隔开。大家都住在一个宅上，都是亲戚也不会为了多占一点少占一点闹矛盾，没这必要，要闹矛盾也会被人笑话。（访谈对象 A12）

这里每户有两三亩土地，当时按人头分的。我们家的土地少，20 世纪 90 年代的时候我就出去打工了，剩下我老婆一个人在家还带个孩子，田里的地忙得种不过来，那时候也没有联合收割机什么的，都是靠我们自己的。后来，我就把地送人了，那时候地送都没人要。我们这里不能荒着，荒着就显得那家子人品不好，人家说你是“懒汉”。这样以后哪有脸在这个村里待着呀。（访谈对象 A05）

无论是自家宅基地的规划还是土地“荒芜”现象的控制，农村无法定文本所规定的事件都是依赖于农村特有的道德准则和农民公约，通过在熟人社区这一特殊的地域范围内造成影响力，使得在无法律涉及的情况下，地方秩序依旧能够得到维护和延续。乡约制度能够持久地起作用是跟中国社会的整体社会结构密不可分的。费孝通先生在其早年的著作《乡土重建》中总结的“由下而上”与“由上而下”的两种轨道，乡约制度就是“由下而上”的轨道那里[②]。而内源性发展理论也是基于“由下而上”的轨道，也是从村落内在的自发秩序中生根发芽。所以，村民自治能力的程度是内源性理论另一个考察指标。

2. 乡约制度与法律的碰撞

尽管乡约制度是一整套的道德价值体系，在过去能制约村民的个体行动，能稳固和恢复农村的既有秩序。但是，乡约制度有一定的局限性，它在熟人社区的地域范围内能发挥更强大的作用。乡约制度在某些方面与法律的规定存在出入或者有所偏离。因此，这种流传已久、约定俗成的“传统”在与法律正视的情形下，显得软弱无力。

---

①②赵旭东：《否定的逻辑：反思中国乡村社会研究》，北京・民族出版社，2008 年版，第 128—129 页。

农村的宅基地不同于城市公寓，并不规定具体的地址和地点，只规定在红色线以内造房（红色线指村民委员会规定的区域内）。此外，在一个村或者小队中，村民的土地可以相互调换，多数调换的是口粮地。这种调换没有具体的实物证据，只是双方的口头承诺。所以，在最近几年，关于宅基地、口粮地的纠纷越来越多。一方面，人们生活富裕了，有经济实力回老家盖房；另一方面，现在的土地越来越稀有，能拥有自家的宅基地也只是农民的“特权”。（访谈对象 C02）

农村家庭分家是具有典型意义的示例。对于招女婿或嫁出去的女儿，他们是没有分宅基地或分房子的权利。而与此同时，是由长子承担赡养老人的义务。但是在法律规定中，儿子女儿都是父母的第一继承人。每个子女都有赡养父母的义务。

尽管乡约制度在过去有它强大的约束力，甚至乡约制度已经成为村民隐性的习惯，但是不得不承认在如今法律渐渐普及的过程中，村民们的法律意识不断增强，法律与道德在进行正面交锋，于是乡约制度不得不在某种程度上被迫妥协，渐渐失去它强大的控制力。在这种被削弱的情况下，老一代的村民们也在不断地“调整”过去的乡约制度，并调和乡约制度与法律之间的关系，在尽可能不破坏自己“习惯”的前提下适合新时代的要求。如同赵旭东教授所说的那样，今天，由于法律的权威被过度合法化而成为一种强有力的意识形态，并且在支配着一种新的权威空间的扩张性生长，因而法律的空间在逐渐取代既有的秩序空间而成为一种新的支配性的权威场域①。

事实上，法律还不仅仅“挑战”了流传已久的乡约制度，更在“挑战”规范、习俗、宗教乃至象征符号这些对村民行为产生限制约束作用的内容。

我们这里平常没什么活动，除了党员开会，从来也没把我们聚起来过。只有家里办喜事丧事那么邻里才交往。我们大多数人信佛教，但几年前“法轮功”厉害的时候，我们都不敢烧纸钱、拜菩萨的，怕被别人说成搞迷信的。（访谈对象 C03）

---

① 赵旭东：《否定的逻辑：反思中国乡村社会研究》，北京·民族出版社，2008 年版，第 152 页。

民俗中的“迷信”“膜拜”“信仰”常常是村民们分不清的词语。当被问及佛教的起源和佛教的法典等宗教理论时，村民们答不上来，他们只求菩萨保佑。由于对于宗教不清楚的认识，常将宗教置于尴尬的境地，是“正”是“邪”村民们已经无法回答了。他们常常将“烧纸钱”、相关摆设等仪式和符号作为信仰宗教的标志，所以，当法律在发挥其威慑力时，民间所谓的“宗教信仰”才变得如此脆弱。

Christopher Ray 认为身份在农村发展的地域方法中处于重要地位，使我们将主动性概念化为社会团体，可标志与其他人的不同；使我们提高类似于“在团体中”的意识①。这里所说的地域方法即是内源性方法，将身份认同纳入内源性方法中是有必要的。的确，在实践证明中也不难发现只有发挥主体性才可能使个体很好地融入一个社会群体，才可能造就一个整合度高的整体。

村民的身份认同随着制度化的变迁也在不断地改变。独立的生产活动、分配模式、生活方式都进一步决定了村民的“独立思维”。换言之，独立的经济活动使得村民不再依赖于组织、集体的力量。这一方面，培养了村民独立的自主性；另一方面，也弱化了村民的集体观念。这种集体观念的缺失又直接影响到“公共参与”问题。公共参与也是实现内源性发展的重要基础。笔者认为，内源性发展理论的精髓并不只是在于本土有多少资源，而在于是否有积极的内在力量来运用有限的资源。在本土资源并不发达的 FJ 村，唯一的动力是村落的整合力，是村民间的凝聚力。

而在此之中，另有一个因素又可以发挥重要作用，就是精英。精英的出现可调动村民积极性，笔者在上文论述中将精英分为体制精英和非体制精英。主要因为在中国权力体制下，体制精英是政府的代表，站在政府代表的立场，他们的精英权力来源于所处的政治地位，对于村民而言带有强制性的意图。而非体制精英代表绝大多数村民，在一定程度上对村落体制精英进行监督，防止“象征主义”的出现，杜绝因本土主导阶层所导致的不平等和对外排斥。

但在 FJ 村的调查中发现，该村不存在非体制精英，也不存在像韦伯所

① Ray, C. “Towards a theory of the dialectic of ruraldevelopment.” Sociologia Ruralis 37 (3) (1997), pp. 345 - 362.

述的卡理斯玛型人物的存在。换言之，该村村落权力结构比较单一。一方面是因为人才的缺乏，多数有思想、有能力的青年人早已流入城市；另一方面，则是村民的思想已被“传统”所束缚。认为精英等同于村民委员会干部，模糊精英的概念，大大抹杀了非体制精英存在的可能性。而文化传统与村民行动存在着密切联系，这种可能性的抹杀实质上也就意味着在此地域范围内即使存在有能力的精英，但也不会产生精英的领导作用。因为这样的行动被认为是徒劳的，是无意义的，甚至是不被允许的。正因为这种思想的存在，没有可变革力量的存在，也就没有以个人领导魅力为根基而非奠基于制定秩序或既得权力的卡理斯玛型人物的存在。

此外，乡土中国中最具有典型意义的“习惯的约束力”，如今也受到了外部世界的挑战。习惯的约束力不仅仅体现在乡约制度上，它还涉及村落更深层的信仰、宗教等其他意识形态。熟人社区人口结构的松散与频繁流动，传统仪式与红白事的“变味儿”，宗教知识的缺乏，都使得乡约制度在法律面前失去原有的约束力。习惯约束力这种由内部产生的坚固力量在受到外部世界的影响时渐渐地再进行自我调整。这种原始的约束力被打破之后，随即原始农村的内在结构也将随之发生变化。尽管 FJ 村原始村貌依然完好如初地保留，但是村落的内在社会结构却在潜移默化地变动，这种变动是理性的，是有据可依的，但是，这种变动却不利于村民自治，不利于新旧两代村民们的协调行动。

非体制精英的缺失，体制精英与村民之间几乎无交集的社会关系网络，使得村民与村落主体之间的沟通极为被动。人力的管理成本在这种“被动的沟通”中持续上升。村民自治本是减少管理成本的最佳方案，但是村民自治依赖于强大的乡约制度，村民习惯约束力的减弱使得村民自治也只是一种可能，却无法成为其有效途径。

第六节　结论

通过对崇明县 FJ 村内在结构、社会变迁的深入研究，大体能把握村落发展的主要脉络，解析村落的主体结构，可以解释上文所提出的问题。

首先，FJ 村的村落主体仍依赖于土地这一本土资源，第二、第三产业发展极为有限。但该村并非完全是纯农业的村落。在非体制制度下，手工业的小作坊分散在村落的各个角落中。这种手工业发展依靠过去乡镇企业解体后的本村劳动力资源。

其次，村落发展的变迁主体是村民的个体行动。集体经济渐渐在发展中“淡化”，一方面是经济上的因素，另一方面是村民主体精神上的因素。村民的价值观念在不断转变，集体经济不再是他们关心和关注的对象，归属感和集体荣誉感在渐渐地淡化。作为联系集体与个体之间的桥梁——村落精英，在该村发挥的作用相当有限。村落精英主要表现为体制精英，村民的思想受官僚制度的束缚，抹杀了非体制精英存在的可能性。

再次，通过手工业发展的组织模式，可见，在小型手工业作坊中主要依赖于血缘与地缘关系，通过这种关系网络得到工作机会，从这点而言，FJ 村仍具有乡土中国的鲜明特点，仍是一个礼俗社会。但原村内集体经济组成部分的弹簧厂在转为私有后，原基于本土劳动力的村办企业开始寻求人力成本更为低廉的外来务工者。可见，基于这一点，FJ 村这一礼俗社会逐渐向法理社会所转变。

最后，FJ 村大部分村民仍处于以自我为中心和发展的本土进程中，通过种植农作物、在附近工厂工作来实现个体的经济生活。并且这种经济生活是基于本土可获得的自然资源——土地和基于本土可获得的人为资源——乡镇企业。村民的日常生活仍依赖于生产本土的具体产品和服务。

但是，在 FJ 村两村合并之后的资金来源方面，主要以政府的专项拨款和扶持资金为主，与过去依靠村内企业和“人头税”有显著差异。在手工业变迁的过程中，在产品和市场方面，原生产小孩衣服、书包等的作坊逐渐转为生产玩具，这不仅仅是具体产品种类上的转变，更是体现出市场作用的巨大力量。原生产的产品用于满足本土消费需求，但如今生产的玩具销往日本，是全球化作用的结果，市场主体从本土转向全球，从内在满足式转为外在压迫式；从重点放在区域供求关系转向国内和国外市场，通过外在需求的变动来调整手工业自身的发展。过去的手工业作坊依赖于区域内即 GY 镇乡镇企业的扶持，而现在更依赖于区域外（以 BB 镇为代表）的私营企业。守友裕一认为内源性发展是尽可能在区域内谋求经济增长的空间①。但 FJ

① 守友裕一：《地域農業の再構成と内発的発展論》，载《農業経済研究》2000 年第 72 期。

村未遵循这样的内源性发展模式，而更倾向于外源性的发展，从而导致生产的最终受益者由本土企业转向被外部企业所替代。在劳动力资源方面和社会关系，从原来的 FJ 村内逐步转向其他村落（例如 FX 村）。而原始组合的社会关系，正不断从血缘、地缘转向于业缘关系，从基于本土劳动力转向引进外来劳动力。这些都说明在本土发展中原始组合的社会关系、市场和本土特征在不断的打破当中，并且这些无法协调地转换成本土资源的技术能力。这种社会关系、市场逐渐依赖于外源性的推动作用。

村落由于种植橘树——特色产业的失败，寻求内源性发展的主体力量宣布告终。这种只依靠土地满足日常生活需求的发展模式无法为本土资源提供一个新的动力，也没有任何留于本土的发展优势。部分村民由本土发展转向为外出打工，通过外部资源推动个体发展。农民身份、村民身份的意识淡化，无法提供更多本土价值观念的支持，不利于本土价值的发展。

由此可见，FJ 村是一个具有内源性发展相关特点的传统农业村落，但是由于本土资源的贫乏、本土村民集体意识的淡薄、本土条件的限制，FJ 村开始寻求外源性发展因素的支持。因此，FJ 村并不是一个理想的走内源性发展道路的村落。

农村地域身份、公共参与与村落主体之间存在密不可分的联系。作为宏观层面的村落主体在一定程度上指引着村落发展的方向，制约着村落发展的道路；作为中观的公共参与，更多体现出一种内部的协调性；而农村地域身份一定意义上体现了村民的归属感和地域认同，是村落良好运行的保障。而三者间如何相互协调、相互作用，笔者通过以下内容进一步解释。

一、农村地域身份——村落主体发展的基石

社会变迁的主体是村民的个体行动，通过个体行动的不规则叠加、整合而使得社会得以变迁。农村地域身份如同 Christopher Ray 所述，目的是表明身份建构与地方建构之间的联系。我们必须走出简单的地域框架下的身份认同这一误区，因此，地域身份内涵的分析极为重要。首先，笔者认为农村地域身份包括农民身份、村民身份和地域身份。作为农村发展主体的个人是以农业活动为基础的农民，农民身份是其最广泛的身份；村民身份在一定程度上体现了地域的限制，指在该村区域范围生活的农民；而地

域身份的强调更多的是与内源性发展理论的结合。因为内源性发展理论强调本土发展，强调以本土为基础的创造和再造作用。而从上文的对农民身份和村民身份的剖析，不难发现身份的归属感在不断弱化，换言之，导致农民地域身份的弱化。在上文的论述中，地域身份的弱化直接导致土地种植、集体经济发展的瓶颈。所以，村落主体的发展必须依靠强烈的地域身份认同。

其次，农村地域身份是受时代背景和地区文化的影响。这在本章进行了详细的分析。集体经济的政治制度性变化是影响农村地域身份的根源，但并非是唯一必要条件。在制度改革下，农村集体经济的模式在变化，包括集体经济的收入来源等，影响到村民在集体经济这一媒介下对村落主体的感性投入，也进一步影响到村民对于“集体”概念的界定，从访谈中可发现，这一概念被模糊甚至被扭曲。而本章介绍的土地被赋予的文化属性正体现了农村地域身份的文化因素。文化是一个根深蒂固的“看不见的手”。它规范了村民的世界观、人生观和价值观。通过村民对于土地态度和土地价值观的变化，也直视了农村地域身份这一问题。村民不再只依赖村民的唯一资源性财产——土地，他们可以通过需求外在就业市场谋求更好的生产和生活方式，生活圈从本土扩张或转移到外部区域。

因此，农村地域身份对于村落主体发展的重要性是不容动摇，也是不容忽视的。农村地域身份的强烈与否是内源性发展理论检验的重要指标，也是分析内源性发展的重要维度。

二、公共参与——国家、村落与村民之间的协调机制

公共参与的目的是期望地方政府、村落主体的行动能体现村民的意志。学者在对于村落治理结构的研究中，也将公共参与纳入研究范围之内。公共参与的主体是村民，公共参与的客体则是村落公共事务，包括选举、乡镇企业工作等集体活动，它是国家、村落和村民三个层次的公共利益表达。因此，作为中观层面的公共参与是联系村落与村民个体间的纽带，是村民监督村落主体的重要监管机制，也是内源性发展理论另一个非常重要的考察指标。这解释了为何在20世纪70年代联合国社会经济理事会针对不发达地区的经济发展提出了五点共识，强调了引入当地居民参与

机制；解释了为何在西川润对内生式发展模式归纳中强调居民的广泛参与和相互协作以及自主管理的生产关系①；也解释了环境学者宫本宪一对内生式发展模式的成立条件中强调建立区域内居民参与制度的原因②。

村落精英——公共参与的带动者。村落精英起着领导和整合村民的作用，这或许与村落主体意愿（代表的是村落干部和政府意愿）相符，也有可能与村落主体意愿相悖。但不容否认村落精英是公共参与的有力协调者。FJ 村是体制精英强势、非体制精英弱势的村落。这说明在该村体制精英在村落精英中占主体地位。非体制精英的弱化使得村民的意志无法在公共事务中得到表达；使得村民与村落主体之间的博弈中失去了权力的主导地位。这使得村民意愿与村落主体意愿相悖，从而使得公共参与在公共事务中无法发挥作用，或者说，公共参与的积极性在减弱。

在铺建“白色路面”的争议中，显示两村合并后的权力分配问题。从访谈中，揭示原 FQ 村村民委员会在新建立的 FJ 村村民委员会中权力地位有所下降，原 FQ 村村民的利益诉求无法得到满足。这种权力分配的不均衡，直接导致村落精英在部分村民中的领导地位，从而影响到村落精英的整合能力。村落精英的整合能力还不仅仅局限在村落内部。通过集体经济发展的瓶颈而言，村落精英具有协调村落与外部的能力。例如，村落精英带来销售渠道等资源，就是村落精英协调村落与外部市场的重要表现。

村落精英整合主体的能力是公共参与发挥作用的有力保障，也是国家、村落与村民之间的有力协调者。

三、城市化下的传统村落——FJ 村

在提出通过村落实证检验的前提之下，笔者就反复地思考为何城市化进程如此迅速和发达的上海，却存在这种具有内源性发展特点的传统村落，此外，这样的村落并不是个例外，在上海郊区这样的村落比比皆是。但通过观察和剖析，FJ 村的村民生活水平并不高，业余活动缺乏，笔者认为这些现象的背后是因为 FJ村正处于发展中的夹心层。

---

① 西川润：《内発的発展論の起源と今日的意義》，引用在鶴见和子、川田侃编：《内発的発展論》，东京·东京大学出版会，1989 年版。

② 宫本宪一：《環境経済学》，东京·岩波书店，1989 年版。

在上述的分析中，笔者认为城市化进程还尚未“席卷”FJ村，例如农村地域开发等。这是一件幸事，因为通过这种城市化表层意义下的推动，只会造成农民自主性的消失，对于政府财政的过度依赖。但与此同时，又没有所谓内源性力量的进一步推动村落发展，例如村落精英、村民主体性等，而是在这种外源性的幻想中渐渐消磨。

FJ村村民的生活圈极为有限，由于地理因素的存在，受城市辐射的程度并不如近郊那么强烈。同时，就手工业发展而言，从具体产品种类的变化，发现产业的变动最终受到的是市场的作用。这在张文明副教授的浦江课题中有更为详细的解释。市场并不是孤立的、局限的，在全球化的覆盖面下，市场必定会受其影响和制约，这是无可厚非的。但是，不能脱离本土的资源，否则就沦为市场加工产品的工厂，只会造成环境的破坏，无法实现可持续发展。

因此，树立本土资源，应该是目前最为紧迫和关键的问题。本土资源的协调和充分发挥，就必须依赖于村民地域身份、公共参与机制的良好建立，依赖于村落精英的回归，依赖于民主风气的形成。

第三章　村社共同体与乡土超越

第一节　绪论

一、问题的提出

“共同体”一直是国内外中国农村研究者讨论的热点。围绕着中国传统农村是否存在“共同体”，学术界展开了激烈的争论，并一直持续到现在，肯定者与否定者呈现势均力敌的态势。其中，日本学者戒能－平野论战最为著名。20 世纪 80 年代以来，以工业化为特征的城市化的扩张步伐进一步加快，波及从沿海到内陆的每一个城市与村庄。在这场后工业时代的转型之下，原本传统的村庄转变为“非农非城，亦农亦城”的城中村。“这些地区是最早开始城市化的地方，也是最难彻底城市化的地区。”① 城中村日益成为中国城市化中带有普遍性的社会现象。20 世纪 90 年代以来，上海郊区进入了快速城市化阶段，大片农村迅速演变为城市。本章试图以 J 村为例，运用共同体理论探讨大都市近郊那些在社会变迁及城市化的背景下逐渐融入城市的村庄的共同体属性的存续和变异的问题，考察在传统与现代两种力量的糅合和推动下形成的都市村社共同体的变迁过程和内在运作逻辑，详细分析 J 村这样的都市村社共同体的变迁过程、再造机制、生活逻辑和组织结构。在经验研究的基础上，试图回答都市村社共同体与传统乡土社会存在何种关系，都市村社共同体到底是一个怎样的存在？社

① 周大鸣、高嵩：《城乡结合部社区的研究：广州南景村 50 年的变迁》，载《社会学研究》2001 年第 4 期。

区股份制的实施对都市村社共同体的再造有着怎样的影响?

我们认为，都市村社共同体是对传统乡土社会的一种超越，是村落终结过程中的特殊形态，其共同体属性的延续与变异性表现在村庄传统资源和力量与现代社区文明和组织方式在村庄内独立存在各自运作，同时又共生互融。超越乡土社会是在传承与创新中的超越，是在利用本土资源和吸收现代文明和社区组织方式基础上的超越，是一种再造和创新，体现出传统与现代、城市与村社在冲突与共生中的交融。

二、概念的界定

1. 超越乡土

“农村”“乡村”和“乡土”虽然都是一个地域空间概念，它们所指称的对象具有一致性，即包括了城市以外的一切地域，是相对于城市而言的。但如果进一步探究，这三个概念在内涵上还是具有一定的区别，其指称也有一定的侧重。“农村”主要的是一个经济概念，表明的是一种不同于城市的经济活动方式，是与“农业”相联系但并不相等的概念。“乡村”主要是一个社区概念，强调的是一定社区的社会关系和社会秩序。社区是一种社会组织形式或社会结构单位，是一个特定区域内社会群体和组织建立的一种社会文化体系。“乡土”则具有更多的文化意义，强调的是与传统农耕文明相联系的社会特性[①]。在中国的古汉语中，“乡土”为家乡或故乡之意。乡土中的乡是指乡村，土则是指土地。费孝通先生在《乡土中国》中认为：“从基层看，中国社会是乡土性的。”[②] 乡土性的特征是什么呢？那就是人土气，地土气，文化也是土气的。“乡土社会在地方性的限制下成了生于斯、死于斯的社会。”[③] 它表明了在传统农耕文明中，土地在社会关系中的决定作用。乡土社会是个熟人之间的社会，是个生活成员之间互相了解的社会。在这里，人与人之间重视的是一种约定俗成的“规矩”，得到的也是一种“从心所欲而不逾规矩的自由”，这一切构成了中国

---

① 王莉：《从〈乡土中国〉探析中国乡村社会的几个特征》，载《民族论坛》2008 年第 2 期。

② 费孝通：《乡土中国 · 生育制度》，北京大学出版社，1998 年版，第 6 页。

③ 费孝通：《乡土中国 · 生育制度》，北京大学出版社，1998 年版，第 9 页。

基层社会的“乡土本色”①。

“超越乡土”的概念，并不单纯地意味着社会进化的含义，我们更愿意在生产生活方式上的变化与对土地价值观和相关伦理的调适上来使用这个概念。基于对乡土社会的认同，而后发生的任何变化其实都是在分裂和瓦解“乡土性”的社会特征。当然这种瓦解并不意味着与乡土社会的彻底“决裂”，相反，它更多地反映出了对传统“乡土性”的依恋和对现代都市化进程的艰难调适，甚至可以说是在一定程度上的“文化阵痛”。因此，与其说超越乡土社会意味着社会进化，还不如说超越乡土社会反映了村落边界的突破和对现代性的文化选择。

2. 都市村社共同体

“共同体”（Community）的概念源于西方社会学家滕尼斯，他将共同体和社会看作传统社会和现代社会对应的两种社会类型。在他看来，共同体的特征是亲密无间、与世隔绝、排外的共同生活。其成员由共同的价值观和传统维系在一起，他们有共同的善恶观念，有共同的朋友和敌人，他们存在“我们”或“我们的”意识②。韦伯的共同体理论与之相似，他也认为居住地域的接近与血统的关联仅仅是为“共同体”的形成提供了基础条件，最终决定“共同体”是否得以形成并具有牢固维系纽带的因素是参加者对于这一群体的情感与传统的主观感受③。在古典西方社会学家那里，“共同体”映照了现代社会的特征，而他们过分强调社会转型对原有社会结构的重塑，以至于“共同体”事实上成为传统社会的代名词。

都市村社共同体是本章的一个基本概念工具。它特指这样一种共同体，即村庄在非农化与城市化过程中形成的、以非农产业为基础的、以行政村社为边界的、以利缘关系为主之混合性人际关系联结起来的、在地理上已经“走进”都市的城市社区共同体。维系这种共同体的纽带除了传统社会关系外，还“嵌入”了与市场经济密切相关的利益关系与原则，并

---

① 刘博：《费孝通〈乡土中国〉内蕴及价值的再探讨》，载《辽东学院学报（社会科学版）》2007 年第 6 期。

② 斐迪南・滕尼斯：《共同体与社会》（林荣远译），北京・商务印书馆，1999 年版，第 340—341 页。

③ 马克斯・韦伯：《经济与社会（上）》（林荣远译），北京・商务印书馆，1997 年版，第 404 页。

成为主导性的原则和纽带。显然，都市村社共同体是在历史与现实、城市与乡村的混合中“型构”而成的特定社会空间，它既表现为一种实体性的存在，又表现为一种独特的逻辑性存在①。都市村社共同体既是城市化过程中“新村社共同体”在“工业村”“市场村”承担“桥梁式”作用的延续，同时，更是特定社会条件下，农民这一群体融入城市生活坚实的依托。笔者认为，都市村社共同体是对传统乡土社会的超越，是村落终结过程中的特殊形态，它是村庄在社会变迁及城市化的背景下形成的，以行政村庄为边界，建立在非农产业经济基础上，在非农化过程中依赖自身的传统资源和力量以及现代社区文明和组织方式进一步凝聚起来的共同体组织，它是已经完全进入城市区域，经济结构已经完成“去”工业化的城中村的一种特殊类型。都市村社共同体依然具有传统村落共同体的基本属性，它为共同体成员提供了安全感、确定性和归属感，同时，由于加入了种种现代性的因素，其共同体属性也发生着某种程度的变异。

三、村庄概况

位于上海闵行区 Q 镇外环线以东的 J 村是 2005 年上海市百强村的第一村，全村 1600 亩地，1117 户人家，3757 名村民，外来流动人口 20000 多人。现在的 J 村由原 J 村、D 村和 S 村三村在 1996 年年底合并而成。村原有土地 4700 亩，这十几年来，因上海城市化进程中被征用 3100 亩，现仅存土地 1600 亩。村域面积 1.2 平方公里，其中宅基地约 226 亩，河道道路 150 亩，厂房、仓库 500 亩，市场建筑占地约 600 亩。J 村是上海市文明村，中国经济发展模式特色村，党支部书记 W 成为上海市劳动模范、全国十大优秀村官。在上海 428 个亿元村中，J 村的经济实力排名第一。与许多非农化村庄一样，J 村以征地的补偿资金和其他资源为基础发展了实力雄厚的社区经济，同时，以社区经济为基础，实施了社区股份制，并为村民提供如生活补贴、股份分红、合作医疗、社区助学、社区养老等多种村民福利，逐渐形成了一个以行政村社为边界、成员与其从属的社区有着高度的利益关联与社会心理凝聚力的“拟单位制”的社区生活共同体。

① 蓝宇蕴：《都市里的村庄：一个“新村社共同体”的实地研究》，北京·三联书店，2005 年版，第 10—11 页。

第二节 社区的巨变：从城郊村到都市里的村庄

J村从城郊村蜕变为都市里的村庄，是城市化发展的结果，也是该村“市场化”的结果。本节将着重从J村的“市场兴村之路”方面探析J村的蜕变历程。J村现有土地面积1785.3亩，将近500户村民，其中已审批的区属工业用地为1120.777亩，自建的道路约340.4亩，宅基地为226.77亩，其余97.353亩为市场占用地（非耕地）。

个案A22：J村原本是搞工业的，不行就开始招商，招商大概是1996年、1997年开始的，1998年胶合板市场启动，我们不懂技术，没有经验的，就建厂房出租。

J村对土地的利用经历了“农业—工业—三场一路—市场”的转变。促使J村对土地利用方式不断转变的原因，一方面是J村内部现有产业边际收益的变动（降低），促使了产业形式的调整，即土地利用方式的调整；另一方面则是外部地域、经济、政策等因素变化带来的压力，促使了对土地利用方式的转变。

一、J村模式：市场兴村

1. “三场一路”和“建商行”

1995年，J村定下了“外三产、内三产”的产业形态：外，以第三产业为主，进行市场化改革；内，保留资产清理后的工业。在这样的产业布局下，J村形成了“三场一路”——大型停车场、养鸭场、农贸市场和虹莘路一条街。大型停车场就是1995年上海对货车进城限制政策的产物。由于上海的限制性措施，当时大量货车滞留城外，J村正好在限制区外，所以，J村办的停车场就成了外埠货车暂时的停留场，这给J村带来了收益。在经营停车场的同时，J村开办了养鸭场。养鸭场占地200亩，在建场之前，其所用土地其实已经被征用，但还没开工。J村打了个时间差，利用18个月时间，养了240万只鸭，赚了1800万元。农贸市场是1995年年初J村筹集60万元资金建起来的，市场有320个摊位。因为附近住有大量的村民，市场担负了粮食蔬菜的集散功能，而且因为周边养殖业的发达，市场也要承担相应产品的集散功能。这使得市场比较红火，当年就获利30万元，其中摊位费一项就达20万元以上。伴随着附近古美街道社区的建立，大量人口的迁入，农贸市场规模不断扩大。虹莘路商业街与农贸市场差不多同时建立，因为村民和周边居民对小商品有着一定的需求，商业街是为村民和周边居民提供方便而建。建成后，随着人口的不断迁入，商业街由小而大，渐渐聚合了人气，形成了一定的规模。虹莘路发挥了带活当地商业的作用，解决了当地居民所需。

个案A22：当时是从“三场一路”开始的，第一场是屠宰场，就是鸭棚，在很偏僻的地方，有100多亩地吧。第二场是菜市场，外地人来J村以后，形成了“马路菜市场”，都是外地人贩菜过来卖的。后来政府规划建室内市场，J村也搞了。现在菜市场的摊位费很贵的，有3000块一个月的，一九九几年的时候才500多，现在那里大部分都是外地人。摊位费每年都在涨，甲乙双方的矛盾也很多，后来搞成“拍租”了，谁出的价最高，谁就能拿到摊位，推给市场，完全市场化了。至于你经营得怎么样，J村不管的，我们只管收钱就行。第三场是停车场，因为宜山路停车场动迁，和那边办事处老打架，后来就改成钢材区了。“三场”中就菜市场算是成功的，屠宰场被征地了，搞的外环线。“一路”是虹莘路的拓宽，占了村有土地，赔了钱的。

“三场一路”的成功，为J村带来了可观的经济效益，启发了J村办市场的思路。从这个时候开始，J村开始增加市场比重，并逐步建造一个规模化的J村市场。要建市场首先要取得政策的许可，但是按照当时的规定，市场只能由工商部门来办。一个村想办市场，是不被许可的。在这样的情况下，J村选择“绕开”的方法，以“建商行”的形式办起了市场。

1997年，J村以“商行”的名义办起了该村第一个村属商业市场。虽然取名为商行，但其提供场地、对外出租的性质，却是典型的市场模式。为建这个商行，J村所属的Q镇工商所当时特地向闵行区工商局作了汇报，闵行区工商局专门为此作了研讨，作出“试一试”的定论。在这样的条件下，该村以较低的房租吸引了商户，再用较低的批发价吸引消费者。以压低商务成本的方法达到减少投入、降低风险的目的。J村商行很快汇集了一批中小商行。J村的“商行”模式取得成功，但是对于J村来说，“商行”这个名称对外地客商、大客商缺乏吸引力，难以规模化和产生积聚效应。要发展，就要取得认可，推出正式的J村市场。

2. 村综合市场

20世纪90年代后期，得到政策的扶持，在用地性质合法的前提下，开始走村办市场的路子，1998年7月，经闵行区政府批准，由闵行工商局注册颁证，J村综合市场正式成立。从8月到11月，五金、食品、南北干货、胶合板、农副产品五大批发市场先后在J村市场内成立。随后J村综合市场开始发展。

对于市场内经营的商品，在发展之初由于周边地区房地产业的快速发展，建材类商品最先发展，与其相关配套商品如五金、胶合板、陶瓷、钢材、灯饰等在市场内随之建立成型。其后J村市场一方面进行产品的横向延伸，增加这些商品的附属、关联产品；另一方面进行纵向扩展，办起地板、家具市场、艺术玻璃、茶叶、摩托汽配、水产等市场。J村市场品种越来越多，规模越来越大。

在访谈中，当我们问到“J村市场兴村的道路是如何发展起来的?”村民们提到了市场兴村之路的艰辛和困难，也总是在不自觉地提到W书记，这个带领他们走市场兴村之路的人，对于W书记，村民们对他的评价是很高的。在市场兴村的道路上，社会资本的运用也渗入其中。

个案A06：W书记是1994年年底当J村的党支部书记的。他现在大概五十六岁了，个子不高。W书记呢，搞我们的市场大概从1995年开始，他自己打算把J村建设成一个市场。当时呢，他这个市场的规划，上面卡住了，压力也很大。要办市场确实很难，他的第一规划就是把D村J村合并，把这个地盘扩大。停车场是1993年就有的，那个时候还不是水泥地，都是烂泥地，那个时候没什么盈利的。当时我们村里很穷，老人退休金都发不出来，后来搞贷款修路，当时贷款也不好贷啊，是靠找关系贷款的，我们村民的一个亲戚在银行工作办贷款的，这个亲戚呢，就要求我们村给他的子女安排在J村工作。1996年时，就把债都还了，退休金也能发了。搞市场道路啊，有些村民特别是年纪比较大的，反对的比较多，想不开嘛，你把老祖宗的土地搞成水泥地了，不能种地了，年轻人嘛，不怎么反对，你搞市场不种田那最好。1996年以前，出去打工的多，1996年开始，那些到外面打工的看到J村发展得很好，就回来的比较多，有些是签了合同，比如和虹桥机场还有一些公司签约的，这些人在2001年时都基本上回来了，最晚是在2002年。

个案 A07：我们 J 村市场实际上 1998 年办的，到今年正好是 10 年。1994 年时，村里负债 1700 多万。1994 年 11 月，WEF 任村里的党支部书记，提出市场兴村，一开始，1993 年年底实际上是 1994 年办了个停车场，是以前在宜山路那边，搬了过来的，还办了个农贸市场，很简单的，在道路上很零碎的搞。1998 年时，房子都盖好了，没有老板（商家）过来，这个时候实际上压力蛮大的，开始的时候，我本身是老 J 村人，所以比较了解，当时，施工队老板过来后，房子盖好了，钱呢，不给他，过几年再给，或者说这几个房子给他，就抵这个钱，因为村里没有钱嘛！后来呢，也让老百姓入股，当时呢，村民的眼光比较浅，看得不长远，比如说这个房子卖给你使用 30 年，付个 10 万 20 万的，如果那个时候买，肯定划算的了，可是那时候村民眼光看得比较短，当时只有主要几条道路上，比如说星东路盖了点，也不是全盖了，只有北边盖了点。那时候，好多地方还是农田，一开始虹莘路 J 村路旁边，靠近漕宝路，搞了个农贸市场，边上有几家房子不是很好，办了三四家卡拉 OK。没有合并之前，星东路两边都是 D 村的，合并以后，市场范围就扩大了。虹莘路原来是一条土路，W 书记上来以后才修好的，这个是肯定的。

可见，J 村市场之路的兴起有两个十分重要的原因，一是该村实现了经营性发展。对 J 村来说，办市场既符合整个经济的发展趋势，也可以发挥该村邻近经济中心的区位优势。市场这种经营模式投入少而效益高，可以充分发挥土地的潜在价值和提高土地的有效利用率。同时，与其他产业相比，办市场没有过高的技术、资本、人力资源要求，产业进入门槛较低，经营风险低，具有可持续性，也比较容易解决村民的就业问题，实现农民脱离农田的就地转移。二是村庄精英的作用。J 村的核心人物 W 书记作为村庄精英，对于该村的发展起着至关重要的作用。1994 年他刚上任时，该村面临着极其困难的环境，他充分了解外部市场与自身比较优势，同时还在外部建立多种重要的、有用的网络渠道，通过内外运作使村庄在现有体制和市场环境下参与大社会的事务与竞争，通过对外部环境和自身优势的仔细分析，作出了走市场兴村之路的决定，并最终使 J 村富裕起来。

3. 广告公司和财务公司

在市场经营中，市场内商户做广告有很大的需求。最普遍的是店罩广告（门面上广告标志），每个商户都做，发展潜力很大。J 村抓住机遇，新成立了股份制、独立核算的上海J村广告公司，注册资金100万元，由W、L等出资。该公司为市场内经营者做广告，对市场内各种广告牌如店罩广告、大炮广告（竖立在市场内的支柱广告）、龙门架广告（街当中穹形广告牌）以及对外广告等提供制作和安装服务。广告根据尺寸大小不同收取制作费，每米200—250元/年。由于市场内商户很多，广告公司每年的收益很高，很容易就可以达到几千万元。广告公司是J村市场继级差地租、房产租赁之后的第二种盈利模式，前者是根基，后者是延伸。

J村市场的第三种盈利模式是财务收入。所谓财务收入，指的是代理做账、代办注册、年检、审证、税务等产生的收入。2005年9月，J村成立财务公司，注册资本50万元，其中，J村物流股份有限公司出资35万元，占70%，D个人出资15万元，占30%。至今，财务公司服务业主达到220家，每家每月收费300元（要增值税的500元/月）。在财务方面之外，财务公司还提供市场管理资讯和招商资讯服务。财务公司的成立，使J村获得了更高的收益。

这两家公司都隶属于J村综合市场经营管理有限公司，其性质都是村办集体企业，每年的收益也参与股份分红。在村域外的市场环境中，“公司”已经渐渐取代了“村”的名称，村庄在经济结构上已经基本完成了向公司组织的转型。

二、制度升华：社区股份制

市场经济的本质是一种交换经济，而交换的实质则是产权的交换。现代产权制度要求“归属清晰、权责明确、保护严格、流转顺畅”，在工作和报酬、收益和风险之间建立联系，使所有者的经济活动具有理性，从而提高资产的配置效益。我国农村的集体经济组织，从形成、发展到现在，已经有50多年的历史了。党的十一届三中全会以后，随着家庭联产承包责任制的全面推行和政社分设，在坚持土地集体所有的前提下，把农村经济由原来高度集中的统一管理，改变为以农户家庭为单位的分散经营，从而在所有权与使用权分离的基础上，使农民作为拥有生产资料的劳动主体和获取劳动成果的收益主体的地位得到了恢复，并且意义深远的是，城市改革和建立社会主义市场经济的改革也以此为开端，揭开了改变中国命运的序幕。但是，一个根本性的问题，即集体经济组织的集体资产的产权主体虚置，还是没有得到解决。

“集体”是谁的？“集体所有”是谁所有？“集体财产”是谁的财产？“集体的钱”是谁的钱？毫无疑问，答案应该是全体成员的，但这个“全体成员”事实上又是缺位的。具体到J村的实际情况看，集体的资产在急速增加，土地的产出逐年都有大幅度攀升，但这些财富究竟属于谁，谁又因创造和贡献的不同而能拥有多少，却一直是个悬而不决的问题，这一问题的存在，既无法提高群众参与发展的积极性和主动性，对承担着责任和风险的干部来说，又缺乏必要的激励，他们干工作完全凭良知、热情和事业心，他们的贡献也得不到应有的回报。

随着城市化大推进，加大了对土地的需求，如政府的指令性计划或规划，或是对土地的商业开发，都给J村带来了一个结果：J村土地数量的绝对减少。从20世纪80年代末90年代初，J村土地先后被8次征用。尽管1996年，J村与邻近的D村合并，土地总数量达到4700亩。但是征地使J村最后所剩土地不过1600亩。早在1995年时，J村就进行过一次改制。那次改制的主要目的是把人民公社时期滞留下来的以生产队为基础的“三级所有制”，改为乡、村两级所有制。当时，J村对各生产队的存量资产进行清理计算，然后进行锁定，对农业合作化时期最早的原始入股金按照1∶15的比例全部退还给了原入股人，对原生产队的队级资产（除征地补偿费以外）也已经以农龄为依据量化到人，并且也进行了兑现到户的结算工作。这是一次不彻底的、只完成了一半的改制，它所起到的最大作用就是把原来分属各生产队的土地集中起来，可以做到统一规划、统一立项、统一使用，为J村开发建设大市场创造了条件，而并没有真正把集体的产权分解到每个村民所有，也没有建立村民以自己的财产投入集体经济组织后如何产出、如何收益的制度性保障。J村认为集体经济发展到当下的状况已陷入另一种困境。如果要使集体经济得到良性发展，使资源配置公平、有效，让村民真正享有集体经济发展的成果，那么就必须对集体经济的运营体制进行改革。2005年年底，J村首先对其20%资产进行股份制改革试点实施，以一个管理区作为试点，进行了股份制改革。

个案A22：牛头浜是第一个改制的，是2003年（实际上是2005年）吧，改成J村物流了，花了8000万元。这个股份是按农龄算的，一年是1022块，这是按照全村人口和农龄总数算出来的。然后还有全村平均下来，摊到每人一股 18000 元，就是说你要拿 18000 块入股，老人、孩子算半股 9000 块，如果你不住在我们这里，也不在这里干活，也可以有 1/4 股。每年能分到 15% 的钱，就是自己入股的钱的 15%。

出于对村民长远利益的考虑，J 村把改制的资产限定于在集体资产中约占 60% 的那部分经营性资产范围里，而对主要用于保障村民的福利和服务于经济发展的公益性资产，仍然保留原来的集体所有性质。虽然这部分公益性资产也是由村民的劳动创造和积累起来的，但村里认为，这部分资产的存在不是用于创造经济效益的，对其处置必须服从于公共福利的需要，因此这部分资产的属性不能改变。

在整个改制过程中，最重要也是最困难的地方就是农龄的核算与集体资产评估量化。由于农龄统计需要向上追溯历史，村里人员流动又很频繁，许多人对于农龄已模糊不清，但因为资产量化到个人的数量多少是以农龄为最基本的依据，由于利益关系，农龄也是村民关注的焦点，容易引发矛盾。对于农龄的核算，村里成立了四个农龄核准小组，制定了一系列农龄统计规则，通过自上而下、自下而上、多方核准等方式进行核准统计，对于统计出每个村民的农龄张榜公布，并通过接待反映情况、召开群众座谈会等各种方法提高统计准确率，直至每个村民确认。

在实施资产量化到个人时遵循“户口在村，劳动在册”的原则，以此作为计算农龄的依据。其中，“户口在村”是村民资格的体现，反映了村民在集体经济组织里的身份。而“劳动在册”反映的则是贡献，用来衡量一个村民为集体创造了多少财富。两者结合出来的结果就是村民应得的资产份额。股改方法上，J 村采用了“现进现出”的方式，即村里首先将用于股份制改造的集体资产进行价格评估，然后按照确认的个人配股份额折股给村民，村民按照所配给的股份进行价格评估，村民参股后成为股东。每年村集体再根据经济盈利状况对股东进行分红①。在股份分配上，村里在实现农龄计算全覆盖的基础上，对于退休的村民给予在职村民同等股权的 50%，同时给年龄未满 16 周岁的村民同样的半数股权。

那么，对于 J 村村民来说，股份制的实施带来了什么？村民是如何评

---

① 王金凯、吴恩福：《中国特色村实践探索》，北京・中国社会出版社，2007 年版，第 47—48 页。

价股份制的呢？在访谈中，当问到分红情况时，村民大都知道分红的具体利率是15%，但对J村实业有限公司的实际收益，分配细则并不是很清楚，甚至并不太关心。

个案A01：我们分红包括基本报酬、能力考核。你比方说，你自己的动手创造能力比较好，给你的奖金就多。我们这边实行股份制，按15%来发放，折算出来一年大约能拿1万多。很明显，经济效益好，每个人享受一样高，每年就发点油、肉食品之类的。按人需分配，每人比方说发一桶油；还有老人的退休补贴，每个月拿50，营养费，比如说牛奶费。另外，村里组织旅游，一年出去两次，男的55岁，女的50岁就可以参加村里组织的旅游。

个案A02：分红啊，15%，反正100块钱里能拿到15块，有利息的嘛，几乎每年都是一样的，近几年每家一般每年能拿到2万左右，不是每个人都2万块，是每家人家2万块，一个人入一股，我们是84000元，一共四个人，根据你拥有的股份，再计算你得到多少利息，每年拿到的钱的数量都是一样的。股份既不会上涨，也不会下跌，就是15%。

个案A10：这个股份制没有股份规章。股份委员会也没有，也没有通过股份委员会通过，也没有公证，名目都不清楚的。像钞票派什么用处，用在哪里了，也没有一个名目的。像我们那时候出钱，就像借钱一样的，就是借债的性质。我只有一点点的股份，一年就拿几千。他们拿得多（指村里的干部）。我们这里还有一个广告公司，里面的人都是大队的，房子也是大队的，弄得乱七八糟。现在个人账户转到集体账户是很随便的，是很现代的事情。其他老百姓也都不知道赚了多少，我们永远也弄不准的。像以前供销社有什么就写得很清楚的，应该要有个账目。钱要分开来，不能什么都混在一起。他们都乱弄的，房子重建，然后又在翻工，房子翻工用了多少钱都要弄清楚的，他们都以为我们老百姓不知道，其实我们都懂的。

个案A11：我家股份有36万。第一次分红有8.1万一家，我老人算是半个，就是9000元；第二次28.1万元，我也算半个，就有3.2万元。那时候我也没钱的，是问我大女儿要了20万。那时候做广告牌的人是WEF的亲戚，扔进20万，两年不到就给了20万。股份制刚开始都是他们在弄，小老百姓也不知道的，就算知道他们也不让我们入的。后来，他们尝到了甜头，就让老百姓都入股了。我们拿的就像他们用斗撒出来的沙子，撒出来一点我们就拿一点。

个案A13：入股有钱的，每家每户都入的，因为万一不入的话，分红就没有。2005年开始入股，就是一次每人18000元，没满18周岁的小孩和老人每人9000元，第二次入股2006年，每人64000元，小孩和老人也是各一半。最高额度每个人只能入64000块，分红都一样的。家庭收入来源基本上是工资，一年3万，夫妇两个就6万块，一个小孩每个月光请家教，给他补英语，起码就要花1000元。你说说哪有什么钱剩下呀！分红、私房出租的租金这个不好说的呀（做了个不愿透露的表情，他们对自己的收入情况很保守）。（在跟周围的管理人员闲谈时）去年还炒股，在2007年下半年买进的，在赔了一两千的情况下给抛了。

个案A26：分红其实也不多，每个人能拿到的也不多，不是想买多少股就能买多少股。18000元一次，64000元一次，每年可以分到15%。这个钱一个人也就1万多点。

村民们认为“他们拿的就像他们用斗撒出来的沙子，撒出来一点我们就拿一点”，他们满足于现时的安稳生活和股份收入，并不想去改变什么。当然，他们中也有些人发表了对股份制的不满和埋怨，他们有的是对股份制分配的不公平，有些是埋怨实施过程的不正规。即使自己已经入了股，却并没有从内心真正认同这种股份制分配。

个案A24：股份有什么好的啊，富的只是那些有帽檐的（指当官的），老百姓能有啥啊，能分到啥啊？我们才能入多少股啊，他们一买就是好几十万的，他们能为村民做啥，还不都是为了自己啊，像他们当官的，能吹就吹，现在这个社会就是这样，只要你能吹，就能搞，吹得越大，赚得越多，你看现在这个市场简直是一团糟啊。

也有些村民考虑到了股份制实施的风险，对股份制表示忧虑和担心。

个案A22：村民的分红能收到市场不搞为止吧。村民不懂，也不问风险的事，只知道现在每年都有钱拿。村里干部谁也没考虑子孙的事，五六年能收回来投进去的钱，等于做了个梦，收回了成本而已。没有人考虑下一代的，当然有风险的，谁知道将来市场怎么样，都没地了。要我说这个市场就是“小农经济”的思想，整体规划不敢搞，搞成楼宇经济档次就高了。现在整个路上都乱哄哄的，没地方了，店面都小兮兮的，发展不开。

股份制道路究竟走向何方，没人能给个准确答案，但是在全体村民都参与的无形压力下和从众心理的作用下，以及担心自己得不到别人将得到的分红收入时，村民们并没有考虑太多股份制的风险和弊端。全体村民都成了股份的持有者，表面看来，这种类型的集体经济，通过股份制的方式将资产量化到个人，与原来的集体经济有着重大区别，但就其实质而言，两者具有共同性。因为村民取得股份并不是因为他们购买了股份，而是因为他们是这个村庄集体的成员，他们别无选择地成为股份的持有者，正如当年别无选择地成为公社社员一样。村民手中的股份是不可转让的，股份只不过是集体福利的另一种体现。

第三节　社区股份制经济：都市村社共同体的再造机制

有学者认为，村落的终结与农民的终结是同一个过程，即是非农化、工业化和户籍制度的变更过程，但实际上村落的终结远比农民职业身份的转变，更加艰难和缓慢，J 村的土地从 20 世纪 80 年代末开始，不断被征用，在这个过程中，村庄没有因为征地而消解于城市之中，反而通过走市场兴村之路和股份制的实施，在非农化基础上重新组织起来，形成如今形态的都市村社共同体。在 J 村奇迹般的成为耀眼的名村以及由典型的城郊村变为城中村的进程中，在发生于村庄的无数变化之中，村社股份制之实施，以及由此而形成的社区股份经济至关重大。它在 J 村这一都市村社共同体再造中占有基础性地位。形象地说，它是 J 村这一都市村社共同体得以重新凝聚与维系的“大框”与“筋骨”。

所谓社区股份制，就是以农村社区合作经济为基础，以股份制为形式，以集体资产产权为纽带，以加强集体资产管理和运营为内容，以资产保值增值和效益最大化为目的，把社区性的合作经济组织的集体财产全部或部分折成股份，量化到每个成员头上，社区成员凭借分得的股份参与年终分红，但不能抽资退股、转让、抵押和买卖。在管理方式上，参照股份制的治理结构建立起来的一种新型的农村社区合作经济组织形式[①]。J村的社区型股份经济与现代企业施行的股份制经济存在明显差异，而与社区集体经济关系密切，其本身仍然可以理解为集体经济的一种形式。在这里，笔者暂且把这种社区股份制解读为社区“共有经济”一种按“份”共有的集体经济。

一、股民身份：土地权与共同体的再组织

股民，顾名思义，指拥有村社集体股份的人员。到目前为止，由于J村还没有发行过社会股，股民基本上是村集体组织成员的同义词与另一重身份，这些股民最共同的一点就是属于或者曾经属于J村社农业集体组织的成员。因此，在这一意义上，J村的股份制是相当典型的社区股份制。

土地是农民的劳动对象，既是生产资料，也是生活资料。土地是农民用汗水浇灌出来的，是农民的安身立命之地。无论是按照宪法还是按照半个世纪以来的一个又一个具体规定，农村土地包括非农用地，其所有权、支配权、经营权、使用权和处置权，都归之于农民集体。因此，农民就应当在这几个权上下功夫。J村比较来比较去，决定把村民的三分地集合起来，因地制宜，建了个综合市场。市场不断扩大，日益兴旺，村民收入大幅度提高。外地人夸他们走的是“市场强村”之路，学者们怀着喜悦的心情赞扬J村人发明了既不同于“级差地租Ⅰ”，也不同于“级差地租Ⅱ”的“级差地租Ⅲ”。变农田为商场的“级差地租Ⅲ”是J村村民的生财之道，一亩地收益几十万元[②]。

经过10余年的发展和积累，今天的J村市场占地面积达106万平方米，建筑面积60万平方米，形成了22大类商品经营区域，吸引了来自全国各地的5400多户商家和20000余名经商务工人员，年销售额超过120亿元，已经成为上海及周边地区广大消费者进行装饰装潢和零售商采购大宗生产资料与生活资料最理想的“一站式”购物场所，被誉为申城“市场的航母”。

---

① 王松梅：《农村股份合作制改革与完善研究》，浙江大学硕士学位论文，2004年。

② 级差地租Ⅰ是由于土地肥沃程度和地理位置不同而产生的级差地租，其内因是优劣不等的土地耗费了不相等的社会必要劳动量；级差地租Ⅱ是指由于在同一块土地上连续投资而提高了劳动生产率所产生的级差地租；级差地租Ⅲ是指面积相等而用途不同的土地之间因劳动量的容纳能力不一样而产生的地租率的差别。

J村将非农用地兴建市场，其实质是农民用非农用土地的产权来确保自己不失地不失业；也就是说，他们以非农用土地资本经营“市场村”，为自己长期持续致富提供了土地产权制度性、体制性的保障。这个村在土地资本运作前的1994年，农民劳均年收入不足3000元，全村负债1780万元，负债率高达84%，陷入了部分村民连续23个月拿不到退休金，30个月不能报销医疗费的困境。而以非农用地创办市场后，即以级差地租为农民非农用地所有权的实现形式，使土地经济收益迅速增长，从而连续两年名列上海特色亿元村的第一名。此后，这个村历年净利润分别为：1998年0.17亿元，1999年0.19亿元，2000年0.24亿元，2001年0.45亿元，2002年0.56亿元，2003年0.97亿元，2004年1.56亿元，2005年1.80亿元。又据统计：与2004年相比，2005年全村实现可支配收入3.31亿元，增长35%；净利润1.80亿元，增长20%；上缴税收8500万元，增长3%；劳均年收入3.5万元，增长13%。J村以非农用土地产权进行资本运作，积累了土地产权制度改革的成功经验。

有关政策规定，农村土地属于集体所有，具体而论，应该属于集体组织的每个成员，在股权配置中，村庄还是更多执着于村庄意识中的村籍身份，执着于传统村落意识中的土地权属观念。由于J村此前的城市化征地，导致了村民与村集体之间存在四种关系：既有居住关系，又有劳动关系；虽有居住关系，但无劳动关系；虽无劳动关系，但有居住关系；既无居住关系，也无劳动关系。在实施资产量化到个人时遵循“户口在村，劳动在册”的原则，以此作为计算农龄的依据。其中，“户口在村”是村民资格的体现，反映了村民在集体经济组织里的身份。而“劳动在册”反映的则是贡献，用以衡量一个村民为集体创造了多少财富。两者结合出来的结果就是村民应得的资产份额。股改方法上，J村采用了“现进现出”的方式，即村里首先将用于股份制改造的集体资产进行价格评估，然后按照确认的个人配股份额折股给村民，村民按照所配给的股份进行价格评估，村民参股后成为股东。每年村集体再根据经济盈利状况对股东进行分红①。

以行政村为单位的村庄边界重构是J村村社共同体再组织过程的事实。

① 王金凯、吴恩福：《中国特色村实践探索》，北京·中国社会出版社，2007年版，第47—48页。

1996年11月，Q镇从统筹发展的需要出发，将J村与毗邻的D村合并，D村归于J村。2005年的股份制改革，按照J村的参股方案，原D村的村民也一样享受村民入全股的待遇。1992年后因征地离开本村的村民可以照顾入全股，他们中许多居民已经不再是J村村籍，而且也不再居住在J村，由于股份制改革，使他们成为J村的股民，享受着J村股东的种种待遇，并由于经济上的联系派生出许多其他联系，因此而与J村有着特殊社会心理上的共同体认同，可以看出，村庄在国家力量的作用下，并进而在股份制度的建构中，形成了社区共同体的特殊认同。

土地资源是J村的集体经济生成的最重要的终极来源，也鉴于此，村民的股民权利与村庄的土地权密切联系起来，在对土地资源进行重新利用的同时，村庄也在非农化的基础上不断地再组织，而村民的股民身份也自然成为村庄再组织的一个外在表现。与此同时，值得说明的是，村庄的再组织逻辑实际上包含了与城市化相关的市场化逻辑。村庄的再组织已经把市场化中的社会变迁深深地纳入了其中。

二、非正式制度与本土规则的投入：村庄自主治理的折射

在村庄股份制的建构中，即在共同体的再组织化中，虽然政府是村庄股份制改革的倡导者，而且对于规则与制度也具有正式约束的权力，但是它已经在崭新社会条件下进行了一次本土资源与规则的选择性再利用，而并非完全遵循市场条件下的资源生成规则。那么，农民和村社是如何在这一制度的自主性空间中“自主发挥”的呢？

作为一个历史文化的共同体，在漫长的世代交替与生存适应过程中，土地已经成为村落社区共同体难分彼此的存在，并且在村社区意识的深处，长期以来，土地还是村庄与生俱来的一种祖宗“恩惠”，对它的占有是一种与村庄认定的村籍身份天然联系在一起的权利。从关系网络的角度观察，村籍就凸显出在村落社区中生活的人们所结成的凝固化的乡土关系，即在稳定的聚落形态下，农民基于维护地权而形成了内向的封闭性心态[①]。只是新中国成立之后，随着集体化过程的展开，随着国家主义与集体主义意识形态的渗透土地权属观才有部分改变。但是，改革开放以后，

① 费孝通：《乡土中国·生育制度》，北京大学出版社，1998年版，第7—9页。

一是家庭联产承包责任制的推行，二是大规模征地当中越来越多的讨价还价行为，村庄传统土地权属观又得到一定程度的强化。所有这些都不可避免地体现在村社股份制度的建构中。

非正式制度与本土规则的投入具体体现在以下三个方面：

其一，村社对股份合作制的重新诠释。在J村实施的股份章程中规定，村民股、岗位股和集体股是股东公司投资形成的法人财产。村民股、岗位股和集体股实行同股同权、同股同利同风险。除村民股可内部转让、继承、馈赠和因经营层成员变动而转让岗位股外，村民股、岗位股、集体股一经设定，一律不得退股、抽资、对外买卖、抵押、担保。

其二，虽然政府规定要“一视同仁”，平等公正地对待所有具有村民身份，参加过集体劳动的所有人，但是村庄在自己股份制实施中还是加入了种种本土规则的因素。如在对待出嫁女和曾经在J村插队落户过的知青的问题上，J村也有着自己独特的处理方式和分配原则，那就是依据他们当年在村里参加劳动的年份长短，计算出他们应得的资产份额，在量化后以现金形式一次性清退到人，但不列入参股范围。村庄的再造中，种种“非正式制度”的“投入”，却是内在的必然。但是，如果我们不能据此认为这种“投入”便是违规，谁是谁非的问题本来容易过于主观化。客观上说，J村在一视同仁方面，算是做得比较好的。

其三，改制过程中的规则变通。上海J村实业有限公司的改制由于仍然使用原来的名称，公司注册地址也不变。如果村民全部用现金认购公司股权，则工商局认为是公司的股权转让，应当挂牌出让，进行股权交割，程序较为复杂，而且不能保证公司股权全部由J村村民认购。一旦有外人加入，难以保证村民的入股，为此，村改制工作小组把纳入改制的集体资产量化给村民，由村民按量化资产出资，因此股东虽然用现金出资，但在公司章程中记载部分股东用量化资产出资。这样的操作既可以保证村民对公司股权的绝对占有，也使得改制手续比较简便，操作性强，加快了改制进程。

国家的退出与民间的复活就是一个辩证的过程，从国家强权之下的大政府格局中破土而出的民间力量难免会有它幼小与稚嫩的时代，政府的意志不可能在村庄的再组织中抹杀掉，因此，股份制度实际上是政府制度规范与民间制度规范的综合，所谓的本土规则、民间规则也只是相对而言。J

村在股份制实施过程中，种种非正式制度与本土规则的投入，是村庄在遵循政府制度规范的基础上，自主治理村庄的一种折射。

三、集体资产的重新分配：社区共同体利益的维护

有学者认为，股份制度最基本的主观动机是解决城市化过程中的集体经济的产权归属，从而达到对不再参与集体劳动村民集体收益的公平分配、推动劳动力的合理流动、促进社区经济的进一步发展①。随着J村市场规模的日益扩大，经济得以高速增长。到了2005年，J村的集体资产达到了5.73亿元，J村面临着将如何分配集体积累起来的巨大财富的问题，对集体经济的重新分配，是全体村民的共同愿望和利益诉求。

和一些地方在改制时纷纷撤村不同的是，J村的改制不仅没有撤村，还建立起了利益挂钩、互相促进的新型的村企关系。他们的具体做法是由实业公司向村民委员会租赁土地开展经营活动，每年向村民委员会上交租赁费用，以保证村民委员会工作的正常开展和各项社会福利事业的开支，村民委员会则为公司经营提供良好的环境和优质的服务。同时，由于村一级建制的存在，不仅有了一个可以长期代表村民依法行使相关权利的主体，更可以为政府分担面向广大农民特别是失地农民的就业、收入、社会保障等责任，并为农民创造更多的财富和争取更多的利益。

现实的集体已不再是一种简单的劳动组织形式，而是一个利益共同体。当它与成员的利益无关，仅仅成为一个上传下达，属政府向下延伸的机构时，特别是当集体干部以权谋私时，则成员必然会无视它的存在，弃它而去，这时集体也就名存实亡了。集体所以会成为群体利益的代表，不仅仅因为它能够代表成员的政治利益，维护成员权益，更重要的是它通过创建集体经济，用集体收入再分配和提供更好更直接的社区福利和社区保障，将成员的经济利益与集体联结在一起，形成一定区域内的利益共同体。在J村，社区共同体利益表现为全体村民对集体经济的共同拥有，基本维系村民的生活、生产与消费。毫无疑问，集体资产作为显性的经济利益，必然成为村民急欲分配的对象，J村通过股份制改革，将集体资产重

① 蓝宇蕴：《都市里的村庄：一个“新村社共同体”的实地研究》，北京·三联书店，2005年版，第136页。

新分配给村民，使得社区凝聚力、村民归属感和认同感围绕着这一利益需求而聚合，也正基于此，社区共同体无形中已经完成了它的再组织。

J 村通过走市场兴村和股份制改革，在非农化基础上重新再组织起来，形成如今的都市村社共同体。J 村集体经济的主要来源是土地资源，或是由征地补偿款转化而成，或是由在集体土地上兴办综合市场的收益转化而成。在市场化的逻辑下，村庄通过对土地资源的不断利用，以非农化的形式再组织起来。与土地权密切联系的股民身份成为村民参与集体资产再分配的钥匙。在股份制实施过程中，种种非正式制度与本土规则的投入，实际上也是村庄自主治理的一种折射。集体资产的重新分配，涉及社区全体村民的共同利益，社区股份制的实施不仅维护了社区共同体的利益，同时也重塑了村庄边界重构后的共同体意识。

人们普遍承认社区是建立在“一定的地域”基础上的基于“共同的纽带”及“认同意识”而形成的共同体。J 村已经实现了全民入股，村民已经有 60% 不再居住在 J 村，而是在别的城镇买房子，可以说，股民身份在另一种意义上成为 J 村独特的“心理界限”；J 村在股份实施过程中，种种非正式制度与本土规则的投入，并进而最终形成的股份章程和股份代表大会，成为将村民联系起来的“共同的纽带”；J 村通过股份制改革，将集体资产重新分配，让全体村民共享经济收益和各种村里提供的保障待遇，维护了社区共同体利益，并基于此，村民的社区归属感和认同感进一步增强。可以说，社区股份制的实施在集体经济层面上，进而使村社共同体在各个层面上重新建构与梳理了共同体的组织与生存格局，它在 J 村这一都市村社共同体再造中据有基础性地位，是 J 村这一都市村社共同体得以重新凝聚与维系的“大框”与“筋骨”。同时，J 村社区股份制的改革的实施与完善，奠定了社区经济公司化的基础，并从社区层面上为村民提供了基本生活来源和保障，进而为村民转化为市民，村社区转化为城市社区创造了条件。

第四节　都市村社共同体的生活逻辑

作为都市村社共同体，J 村的生活逻辑已经越来越接近城市，但是 J 村仍然保留了一些传统乡土社会的文化和生活逻辑。

一、公共空间

社区的公共空间是指社区内的人们可以自由进入并在其中进行各种思想交流的场所，以及在这些场所中产生的一些制度化组织和制度化活动形式。例如都市村社共同体作为一个社会有机体，其内部也存在着各种形式的社会关联，也存在着人际交往的结构方式，当这些社会关联和结构方式具有某种公共性，并以特定空间形式相对固定的时候，它就构成了一个社会学意义上的村落公共空间。

李小云在研究中将农村社区的公共空间分为五种：与村民日常生活息息相关的洗衣码头、小商店、集市等生活型公共空间；村民进行休闲娱乐的广场、老年活动室等休闲型公共空间；由红白事或农民运动会等具体事件而产生的事件型公共空间；政府扶贫项目或NGO社区发展项目而形成的项目型公共空间；村民自发组织进行活动的祠堂、观音庙、教堂等组织型公共空间，村民委员会也属于此种公共空间类型①。这里笔者参考这种分类，对J村的公共空间的现状进行归纳。由于项目型公共空间不是普遍地存在于每个村庄，所以这里不作讨论。休闲型公共空间也可以定义为文化型公共空间。

1. 休闲型公共空间

休闲型公共空间是因农民共同的休闲、娱乐需要而产生的。农民在空闲时间聚在一起以聊天、玩牌、健身等形式消磨时间，因此活动的场所在室内室外均有。笔者主要从村民平时参加的活动和村民闲暇时的活动两个方面来分析阐述该村的休闲型公共空间的。

个案A05：村里活动参加的，歌咏比赛，Q镇组织的体育运动会，每年都有的，我们是代表J村去参加的，比如那个拔河比赛，一般在元宵节举行。歌咏比赛一般在5月份举行，这个是村里组织的，每个部门选两首参加，先进行淘汰赛，按名次选前十名，然后再比赛选前三名啊！奖品有的啊，还蛮丰厚的呢！

个案A13：工会组织去旅游，一年一次，还有“三八”妇女节也出去

① 李小云、孙丽：《公共空间对农民社会资本的影响——以江西省黄溪村为例》，载《中国农业大学学报（社会科学版）》2007年第1期。

旅游，一般是工作人员。

个案A14：文艺演出，知识宣传，具体指，它是各方面的，像文明村文明行为，结婚，计划生育方面。一般是由村民委员会、村妇联组织的，文艺演出有的是外面请的，还有本村的阿姨、老人。

个案A23：我现在没事的话，就是上网，逛街啊。因为我是管理区的员工，所以村里有什么事要求我们参加的，我肯定是会参加的，平时我们也就是参加一些具体布置工作的小会，跟W书记他们开会的，也轮不上我们啊。我们这里的活动还是蛮多的，平时工会会组织很多活动，每年组织老年人出去玩，50岁以上的老人都有的，还有他们的牛奶卡就一直都有发的啊，每年集团周年庆还会发票子，组织村民去看戏。这个戏可不是你说的那个戏，其实就是演出，像是“好男儿”他们都会来的，来过好几次了都。一般村民都会去的，像上一点年纪的人也会去的，反正票子是免费的嘛。

可见，在该村，村里组织的活动较多，在村民们对活动的具体描述中，多次提到“工会”，这与其他村不同，是该村特有的现象。那么，村级组织为什么要组织这么多的活动呢？该村已经是名副其实的“市场村”，各种管理机制也在变得越来越科层制和企业化。一方面，村级组织将这些活动作为一种福利待遇分配给村民，让村民共享村集体企业的收益；另一方面，村民们在参与村里组织的活动的同时，能更加珍惜自己的村集体主人翁身份，活动之后能够更加积极主动地做好自己的本职工作，为村集体创造更多的财富和利益。

在访谈中，我们发现村民多次提到J村教育活动中心，由于来这里参加活动的大都是老人，也有人直接称之为老年人活动中心，老年人的生活相对较为悠闲和轻松的。J村文化教育活动中心于2008年3月正式开放。该中心主体建筑两层，建筑总面积2000平方米，设置有青少年之家、“两新组织”阳光驿站、妇女之友、夕阳红为老服务站、东方信息苑、村民学校多功能厅、图书室、书苑、科普书画摄影展、活动室等，为丰富群众文化生活提供了载体，搭建了平台。

个案A10：我一般就到这里来玩（J村教育文化活动中心），我不参加村、镇组织的活动的。像有什么事情，别人都到我家里来商量事情，因为我说的都是事实，大公无私，不说假话的。我们Q镇公社有个老干部也是这样的人，大公无私，不照顾他们自己人，都是讲事实的。

个案 A12：没事时，我就到这里（J 村教育文化活动中心）来，听听书。看着别人打牌，我自己不打的，我要跑来跑去的。我都不参加村、镇的活动的，就有老人支部活动，选举之前过来开开会，讨论讨论，村里有小的会议室可以用来开会。

在 J 村，传统的民间文化在市场经济的冲击下难觅踪迹，但是村民的休闲型公共空间并没有一并式微，调查中发现，虽然村民的私性休闲活动如看电视等成为村民最主要的闲暇活动，但是村民同时也参与许多村里组织的活动和好朋友之间的聚会。值得一提的是，该村的教育文化活动中心为老年人提供了丰富的文化生活和休闲活动，可见，该村的休闲型公共空间得到了一定程度的扩展。

2. 事件型公共空间

事件型公共空间是由某个特定事件或某些事情的发生而临时形成的公共空间，该类公共空间没有固定的活动场所，因事件发生的当事人不同而改变。一般情况下，公共空间随着事件的结束而消失，因此时间上具有明显的短暂性特征。在该村那种在春节等节日期间举办传统的集体活动已不多见，但是红白事仍然是村里最重要的事情。

村民办红白事的场地由村里提供，即善事厅，村里有两个善事厅，办酒席需要提前预订，虽然法定上来说，领取了结婚证书便是合法夫妻了，但是由于传统的婚俗观念，村民们对结婚仪式和办酒席还是十分重视的，结婚举行婚姻仪式是夫妻双方一生中最值得庆祝的大事，都希望挑个“好日子”，认为只有这样以后的婚姻才能幸福美满。村里免费提供场所和基本设施，村民们自己出酒席费用和水电费。

个案 A03：红白事呀，这个多了，一般亲戚、朋友都挺多的，我们村里边有专门办喜事的房子，有哪家谁要办喜事了，就到那里边去的，那里边很全的，什么音乐之类的，都有的。

个案 A05：我们村里有两个善事厅，一大一小，你先报名预订，它给你安排时间，里面什么东西都有的，为村民提供场地。办酒席当然是自己出钱的了，J 村虽然富，可毕竟是钱啊，人民币，不是橘子皮啊！来的人嘛，要看你的社外交际了，你有本事嘛，胡锦涛也能请过来！

个案 A23：我们村现在红白事跟以前差不多了，就是场地变了，以前是在自己家里摆酒，现在房子都拆了，没地方了，所以村里就在外环那边盖了两个礼堂，专门供这种事用的，只要是这儿的村民跟J村说一下，忙的时候预约一下就行，只要自己出个烧饭的钱，场地费村里应该是给出的，自己出点水电费什么的就行。

在访谈中发现，J村的善事厅也吸引了其他村的人，有些外村人利用社会关系也在该村的善事厅办酒席，这样无形中占用了本该属于本村村民的公共资源，但是，村民们并没有表示不满，原因可能是，该村虽然已经是一个都市村社共同体，但是村民们守望相助的观念仍然存在，同时，外村人求助的对象必然是该村的有势力的人物，能够动用善事厅的资源，而村民们对这种零星的资源占用情况选择隐忍。

个案A07：我们J村提供两个善事厅，一大一小，大的能容纳100桌，小的能容纳40桌吧。村里提供场所不收钱的，村民自己出水电费。现在这个地方2009年的已经订不到了，这个好的时间已经订不到了，有些外村的人通过找关系也订了这里的。来的人好多好多，现在要么不办，办的话起码要三四十桌，我的感觉啊，现在亲戚少了，朋友多了，朋友多于亲戚。

个案A13：村里有两个地点，专门有房子办喜事、丧事的。而且要预约的，还很忙。以前只供本村人使用，现在外村人也进来办。在酒店办只吃一顿，显得你家太小气，在我们这边办喜事丧事要吃3天的，这是乡俗。办不起啊，少的20到30桌，多的50到60桌，一桌4500到5000元。这边办喜事丧事都不要人管的，专门包给人家了，不是村里人，是专门烧酒席的人。

有村民表示现在村民之间的关系没有以前好了，红白事不再像以前那么热闹。村民不再主动提供帮助，而是通知到了的村民才会去帮忙和参加红白事。

个案A22：原来的住房都在一起，关系很好的，可以端着饭碗串门，现在都迁的迁，走的走，有些隔得很远，根本就不走动了。现在人情没那么重了，原来办大事都在自己家里办，邻居都过来帮忙，很热闹的。现在人都分散了，办红白事自己请人，自己掏钱，村里有“善事堂”，就是一个空房子，办大事的时候可以借用那里，然后，你愿意通知谁就通知谁，一般没有主动去的了，以前谁家办喜事，会有很多人自己过去帮忙的，你帮我，我以后再帮你，很好的。

在J村，大多数村民表示村民之间的交往没有太大变化，村里的红白事，每家都会去的，当然办红白事的村民家也有义务想尽办法通知村里所有人家，一般被通知到的都会去帮忙和参加。

村落红白事中村庄人之间的交换对象，表面上看是礼金、物品和劳务，而潜藏在这些东西背后的正是村庄人在红白事中所共同认可的重要人际交往标准，即“人情”①。所谓“人情”，相当于“礼尚往来”中的“礼”，意即作为交往规范应在交换双方之间强调对等性、平衡性。这种人际交往的准则必然是发生在特定关系网络之中，执行着不同于市场交换的社会交换功能。在该村，村民在收到事主家的通知和邀请后，会根据自己家与事主家的关系性质及关系亲密程度来决定“人情”的多少，同时，还会跟在村落社会网络中处于相同或相近位置上的家庭所出或欲出的人情相比较。

个案A02：办喜事啊，那要一家一家通知了。我们这里有两个很大的餐厅，很大的，就是请人家来烧饭、请人家来买菜、请人家来帮忙，请他们帮忙办喜事、办丧事。如果吃得好的话，一桌要有2000多吧，菜是2000多，那人工啊，服务呀，要另算。

个案A03：村里有人家办喜事，村里人都要参加的，村里边的每家男的都要去的，只要是结过婚的都是要去的，你比方说我们家，我儿子结过婚，那我儿子和我老公都是要去的，是不出钱的，就是去参加婚礼，每家都是这样的。要是我儿子结婚，也是这样的，只要你家里边有男的，你就去，是不出钱的，也不用帮忙，你就是参加婚礼的，去了他会每个人给你一包香烟，3天都是这个样子的。我们都是要办3天喜事的，不管是J村的还是D村的，都是这个样子的，办喜事要花很多钱的，这3天我们要用到老多老多的钱的，这3天我们花钱花的多了。

个案A23：以前住私房，结婚的时候一个村的都会去，现在基本上也是一个村的都会去的。以前好多认识的人都住在九星苑的，一个小区里的几栋几号都知道，都会上门送喜糖的，自己找不到的人，就问村里，反正村里都知道的，他们发东西的时候都能问得到的啊。一般结婚办多少桌是不会比的，因为亲戚多了就多，亲戚少了办得就少了，包红包是会互相问一下的，你包了多少，他包了多少，会问的，总归要比上次的多。

① 曹海林：《村庄红白喜事中的人际交往准则》，载《天府新论》2003年第4期。

个案 A25：我觉得村民之间的交往没有什么变化吧。村里面的红白事基本上都去参加，村里还专门盖了两个食堂，就是专门为那些摆酒用的，只要自己出个水电费就行了，还是挺方便的。村里面福利待遇好，吃穿都不愁，没事了大家还可以来活动中心玩玩啊，见面的机会还是挺多的，以前住得比较近的，现在也没有搬得多么远，还是会经常走动的。而且现在收入多了，村民之间送红包什么的，也比以前多了，大家也不在乎这点钱了，所以基本上还是会叫上好多人啊，别人也是会去的。

都市村社共同体中红白事中的人际交往仍然伴随着礼物、礼金的交换，但交往双方所重视的并不是礼物、礼金的多少，而十分看重“送礼物”这一行为本身所表达的特定含义。红白事中的“人情往来”作为典型的社会交换形式，其重要性在于这种交换背后的文化意义与社会情景，也就是说村落共同体成员通过这种形式的礼物交换来联络感情，增进情谊，强化共同体成员的社区归属感、认同感，从而进一步维系、拓展村落共同体的社会网络。这是村落共同体成员在红白事中的“人情往来”所寻求的行动方向，即村庄人交往的共同价值取向。

红白事仍然是村庄里最重要的事件。在今天的 J 村，红白事中的一些仪式和俗例，依然是需要遵循的。聚集在一起的村民们，村民们的交流话题并不局限于村庄本身的生活，他们在分享着彼此生活工作中的快乐与烦恼，同时也交流着村庄以外的各种信息。事件型公共空间已经不再是单纯的仪式性参与，而越来越多地掺杂了各种复杂的利益因素和关系因素。

二、村民自我身份认知

市民意识是随着现代市场经济和民主政治的发展而逐渐形成的市民社会及其市民文化在主体思想意识上的反映①。市民是现代市民社会中的成员，而市民社会是一个建立在现代市场经济基础上的相对独立的非政治性的自治领域。市民社会的人际交往关系和社会秩序的契约性质，决定了主体以自己的利益作为衡量理性行为的基准，处理个人与个人、个人与社会的关系。J 村的生活方式已经完全城市化了，村民们也都居住在市区、甚

① 杨素云：《市民意识与和谐社会建设》，载《江苏社会科学》2007 年第 6 期。

至是中心市区，他们已经完全不再从事或基本上不再从事属于农业范围的职业，甚至他们的户籍也已经全部或绝大部分转为城市户口。对于这样一个群体中成员的市民意识进行研究，可以发现村民在城市化过程中，“市民意识”是否形成以及具体状况如何。

1. 农民身份

“身份”是社会学研究社会分层的一个重要概念。最早和最系统阐述“身份”概念的是德国社会学家马克斯·韦伯。他认为所谓“身份”是在社会声望方面可以有效地得到的肯定和否定的特权。它建立在以下一种或数种因素上：①生活方式；②正式的教育过程；③因出身或因职业而获得的声望。身份制就是建立在上述基础上的一套由法律、法规、规范认可的制度体系[①]。

按照韦伯的界定，“农民”在中国社会就是一种身份。这种身份的形成是国家制度安排的结果，是当时国内外客观条件和环境所决定的。

农业人口与非农业人口的划分及其转换限制，是中国户籍制度的核心内容，人为地把公民分成城市居民和农民两种不同身份，采取两种政策，人为地制造了一道身份鸿沟。这一制度安排不仅在空间地域上，而且在社会认同中建构了一道边界，从整体上确立了中国社会结构的基本框架，也确定了中国农民的身份。这种身份制度是将人们区分为不同身份群体的次级社会制度，构成了一种弹性很低的社会结构体系。美国社会学家帕金把这种身份制看作是“社会屏蔽”。他认为，多种社会集团通过一些程序将获得某种资源和社会可能性限定在具备某种资格的小群体内部，为此就会选定某种社会的或自然的属性作为排斥他人的正当理由，这些属性包括民族、语言、社会出身、地域宗教等。在“社会屏蔽”下，各种不同身份之间有明显差异，不同身份的社会成员占有不同的社会资源，拥有不同的社会权利，并且具有不同的机会结构，个人一旦获得某种社会身份，在很大程度上将成为终身，很难依赖个人的力量加以改变。国家严格控制各种身份之间的差别和转换。身份成为人们获得某种职业、地位，享有某种社会

① 李强：《转型时期的中国社会分层结构》，哈尔滨·黑龙江人民出版社，2002 年版，第 8 页。

资源，占有某种社会声望的基本前提条件[①]。

农村经济改革和一些限制农民政策的调整，使农民身份由过去被生产集体高度束缚的“集体农民”变成了相对的“自由农民”，将近1亿农村剩余劳动力涌向城市。农民内部也发生了分化，分为八个阶层[②]。

农民身份的统一地位、统一命运的状况被打破，农民获得了一定程度的解放。但这种变化仅仅体现在对农民职业规定功能的取消，对身份规定的功能仍在发挥作用。农民工仅仅是地理流动，而不是身份的流动。农民社会地位的获得仍然受到以户籍身份制为依据的评价标准的影响，作为身份制度基础之一的城乡分割制度仍在一定范围内起作用。在对村民的访谈中，我们也发现这种以户籍规定的身份制度在村民心中已经根深蒂固。

个案A10：觉得是农村的生活，因为户口还是农民。农村的人和城里的人性格不一样。农村里的人气量大，因为环境不一样，我们住在田野里，他们住在小弄堂里。像我们出去买东西都不讲价的，他们很斤斤计较的。

个案A24：我肯定还是农民啊，农民就是农民，我也没有念过什么书，也不会说，不会写的，也没什么文化的，我们就是农民一个。

传统意义上农民的身份——长期从事农业生产的劳动者，已极不适合于当前的农民。现在，农民身份除源于农业生产外，还和工人、个体工商户、民营企业家等密切地联系在一起，所以说农民身份是一种边缘性身份。又由于农民身份不只是一种，一年、一个月甚至一天之内就要置换多种身份，所以说农民身份又是一种复合式身份。农民身份所包含的责任远远大于所享受的权利，不平等和弱势是农民身份的特点。对农民的绝对剥夺和相对剥夺是社会产生冲突的隐患。农民身份的未来应是职业化、公民化，这同样需要制度性的创新和安排。

2. 城市人与乡下人

在访谈中，当我们问到“您觉得自己是城市人还是乡下人”时，虽然现在很多村民不再是农村户口，居住在漂亮的居民小区内，但村民大都认

① 李路路：《中国非均衡的结构转型》，载《社会学家的眼光》，北京·中国社会出版社，1998年版，第208页。

② 陆学艺编：《当代中国社会阶层研究报告》，北京·社会科学文献出版社，2002年版，第170页。

为自己“当然是乡下人”。

在问到“您觉得城市人和乡下人的生活有什么不同吗?”村民们的观点出现分歧，大部分村民都认为城市人和乡下人的生活“当然不同了”，在对具体不同之处的阐述上，村民们不自觉地流露出身为“J村人”的骄傲和自信来，认为现在J村村民的生活比城市人生活还要好。

个案A03：这肯定是不同的了，市里边的人不像我们，我们以前穷的时候就想着怎么变好，现在市里边的人都想着怎么去享受了，有钱也不会利用，就是我们买套大房子，也想着向非常好的方面发展，市区的人根本不会这样想的，他们老想着怎么享受。我们农村的人，以前一九六几年的时候还不像市区，还是个乡村，没有像现在这个样子，现在我们变好了，还想变好，不像市区的人，不会想以后怎么样。你像我，现在房子有了，和市区的一样，但是不会和市区的人一样，我们有了房子还想买，条件好了还想再好。我们这里每个人都有上进心的，我们这里边的干部上任之前都是要扫大街的，你像我儿子，马路里边，每个人都是要扫的，扫了再过来，回到领导岗位上，不管你职位大小，反正是每个人都要扫，不管你是年轻人，还是老年人，这是在这里工作的第一个条件，你要回到J村来，第一件事情就是要扫地，什么时间结束呢，半年以后再调到岗位上，每个人都要的，你只要进去，你就先扫地，不管你是什么，就算你是大学生，你也要扫地，我们也是，只要在J村工作，每个人都要扫的，不管你什么水平，即使你是大学生回来了，回来了你也要扫。扫好了，你就上岗，再慢慢地调，我们的书记规定必须做到这一点，这个呢也是他的优点。有些人不懂得吃苦，这个呢可以教育一下，就这样子。

个案A08：我现在还是农村户口。我的生活质量要比城市人的生活质量还要好。我也有时候看不惯城市人的各个方面。比如说吃、住都要精打细算，像我们就不存在这样的问题，住也住的比他们更舒服。我觉得自己也不存在什么城市人和乡下人。

个案A26：乡下人，我也喜欢自己做个乡下人。我觉得城里工作压力大，人和人之间不和谐，不像农村淳朴。现在城市化了，这里让我觉得没有过去好。

个案A27：我们和城市人生活观念相差太大。我们比较保守，还有就是我们不是城市的中心，是在郊区，这种距离放在那里的。最明显的就是，上海市区的人，子女结婚以后都不愿意跟父母一起住的，买不起房子也都要租房子分开住的。而我们都喜欢跟父母住在一起，吃在一起。我现在就和我先生、孩子和父母一起住的。比如城里人消费都很舍得花钱，买很贵的衣服，我们有钱也舍不得花的。比如旅游，不是村里掏钱组织，我们也不会去。心疼钱，而且现在上班也没时间。总的来说我们很容易满足，不追求高消费的，也没什么其他休闲方式，一般回到家，看看电视就睡觉了。也不会像城里人有那么多夜生活，什么酒吧呀，迪厅呀。

个案 A28：城市就好在工人可以退休，有退休金，并且退休金高。但是农村空气好呀，邻里关系好，我们都不吵架的，还经常互相帮助，串门的。还一起吃饭。不过现在村子里人少了，都搬出去了。

也有少数村民认为城里人与乡下人生活没什么区别，而在原因的陈述上，实际上和其他村民并无不同，认为 J 村富裕了，生活变好了，变得和城市一样了，甚至比城市更好了。

个案 A01：差不多！现在我们农村的房现在我们 J 村的房比以前城市里边的房更大，为什么呢？我们现在开发了市场。富裕了，各方面的待遇、各方面的条件，上边安排得都比较好。

个案 A17：我们这里现在也算城里了。以前经常去城里，去卖菜，是骑自行车去的。现在乘公共汽车去了，比以前方便了。我们这里现在比城里还要好了，大家都有钱用，城里房子小，我们房子大，一户人家起码两套房子了。

我们容易认为，城市化的主要阻碍是户籍制度问题，农民身份的转变就是从农村户籍转为城市户籍，但都市村社共同体的村民已经由于耕地的征用而几乎全部转为城市户籍，但他们仍然保留着“村籍”，对他们来说，“村籍”比“户籍”重要得多。正是因为具有“村籍”，他们同时也是强大的村集体经济的股东，并因此与外来的村宅租客和一般市民在经济地位上有极大的差别，从这一点上来说，他们宁可为“村民”而不愿为“市民”①。

在生活世界领域的建构上，都市村社共同体体现出独特的过渡性价

① 李培林：《巨变：村落的终结——都市里的村庄研究》，载《中国社会科学》2002 年第 1 期。

值。生活逻辑越来越接近城市，但是传统乡土社会的文化和生活逻辑仍然存在。在都市村社共同体的生活世界中，隐含与依附的、已经存在的与还在“生成”的内在因素，在生活逻辑的构建过程中，随时都可能被发掘出来，并派上实际用场。延续下来的村落结构和社会关系并没有完全被解构，而且在建构新型关系格局中转化为具有现代适应价值的关系与资源。同时，作为现代文明生活核心之一的理性精神和文明生活方式也在这个都市村社共同体中不断被培养。人们在日常生活层面上，传统乡土社会的温情质朴与理性精神和现代物质生活的要素共存并存，村民以种种共同体特质相联系的形式建构着崭新条件下的生活意义与社会适应。

第五节　都市村社共同体的组织模式

在J村，党组织并不是一种独立的权力体系，它与村民委员会（村政组织）和村办公司组织一起共同治理村庄，并在人员配置上高度重合，即所谓的“几块牌子一套人马”。党支部书记、村民委员会主任和董事长是同一个人，村民委员会干部也身兼几任，这种“党政企”高度集中的体制在上海郊区农村是一个普遍现象。

一、村组织的职能

在“党政企”三位一体的基础上演变而来的村组织，担任治理村庄的责任。J村的自治，是伴随着村庄非农化过程中面临的一系列公共问题，如征收土地、村庄规划、治安消防、村民福利、外来人口等问题的合理处理，伴随着J村社区股份制的实施，借助村民委员会和村办公司延伸部门的组织框架，发展出类似企业的职能。

1. 社区公共建设

J村投资兴建了许多村政设施，平等地提供给全体村民，以提高村民的生活水平。在J村和许多发达村庄，村政设施和社区建设的发展，几乎都是村庄集体经济发展的直接结果，也是村政功能最重要的目标。2000年J村公用事业支出共计260万元，其中，筑路修路11万元，维修线路100万元，幼托、卫生室50万元。J村村域内已经建立的村政设施有卫生室、邮局、银行、道路和文化教育活动中心等村政设施。

2. 市场治安防控和综合治理能力

J村投资兴办的上海J村综合市场正式成立，占地面积106万平方米，建筑面积60多万平方米，营业房上万间，进驻商户5800多户。搞好市场的治安和消防工作，也成为村组织的一项必备职能。

个案A06：当时我们这个J村市场就是靠联防队、水电部和招商部三个部门，我们这三个部门都很艰苦的。2004年9月20日，灯饰市场火灾烧掉了二十几间房子，我当时担任联防队副队长，由于市场上安全不够，人也不够，所以我们联防队年纪大的呢就调来管理市场安全，一直到现在。管理哪些事呢，比如说市场上违章搭建办公室，必须向我们申请；货架搭建，也要我们到现场视察；不合格的电线，我们要处理掉。辛苦啊，也还好，比以前当然好多了！现在我们J村市场一个管理区大概配备两三个安全员。

现在的J村有三支共180人的队伍参与和协助主管部门做好社会治安综合治理工作。消防安全环境监察队主要是协助配合消防主管部门对市场内消防安全工作进行督促检查，是市场的消防主管部门。由50名队员组成的J村辅助巡逻中队是在派出所领导和民警管理下，负责J村市场夜间的治安防范力量。由100多人组成的J村社会治安综合治理管理服务队负责做好全村范围内社会治安防范工作，协助公安机关对外来流动人员和“四小”场所的管理，对市场内的车辆停放和通行进行管理。

治安方面，村里成立了由200人组成的社会管理服务队和安全监察队，治安队进行24小时巡逻，消除隐患。

有一天晚上，J村治安队的队员按常例巡视整个市场，在五金区发现有家店的卷帘门没有拉严，一开始大家以为店铺的主人临时外出马上就会回来，所以就留下两名队员在门口守着。不料这一守就从10点多守到了下半夜2点，也没见到主人的身影。于是，他们赶紧和市场的管理员联系，找到了那家商店主人的电话。打电话过去问，对方才想起来原来打烊的时候忘了关门，便急着要赶过来看店里有没有丢了东西。管理员告诉她村里的保安一直都在门口守着，让她尽管放心好了①。

J村市场曾经发生过火灾，对于市场内多数的易燃物品来说，火灾的发生有着毁灭性的危险。因此，J村把消防问题作为管理工作的重中之重，村里早在2001年就先后投资5000多万元，成立了上海市第一支村属正规的消防队，同时在整个市场内建起了消火栓、消防管道等完善的消防体系。2006年根据市场规模扩大后的防患需要，又组建了一支装备更精良的消防队。现已形成的两支消防队24小时待命，每年进行消防演习。

在J村村民自治章程中，也有关于社会综合治理的规定："向村民进行社会主义思想教育，树立和增强村民的爱国主义、爱国家、爱集体的观念；向村民进行普法教育，强化村民的法制意识和遵纪守法的意识；强化村内综合治理网络和四防措施，使村内无刑事案件和重大事故发生；加强对外来人口的管理。"

3. 福利保障

在J村，对集体资源和利益的共享和分配不仅体现在对"人人有股份"上，还体现在"人人有保障，人人有工作"上。

个案A01：很明显，经济效益好，每个人享受一样高，每年就发点油、肉食品之类的。按需分配，比方说每人发一桶油；还有老人的退休补贴，每个月拿50，营养费，比如说牛奶费。另外，村里组织旅游，一年出去两次，男的55岁，女的50岁就可以参加村里组织的旅游。

个案A02：福利是有的，一般就是每年村里边发点油、发点水果，有时候逢年过节还发卡（指购物卡），每个人200块。

个案A08：医疗有镇保还有社保。镇保是一年交200元，像社管队（管治安、消防）会多一份意外保险，这是村里给他们的。考入大学我们这里都是有补贴的。像上初中高中这些要分学校的，学校好的，那么年级组前10名有补贴，如果学校差点的，那么年级组前三名有补贴。像我儿子拿过一次100元，我儿子已经初二了。进去的时候1000多名，后来变成900多名，拿了个进步奖，像这种补贴是今年才开始有的，而大学考上了有补贴这个已经有好几年了。我想让我儿子去英国，因为英国证书美国也是承认的。

① 蒋波、李生杰：《J村之梦——一个村庄的创新之道》，上海人民出版社，2007年版，第108页。

个案 A09：一个月有 300 元补贴，这个是村里拨的钱；600 多块是退休金。有毛病报 80%，这个是养老金上面报的，不是村里给的。如果生病多于几千块的话，还可以报销到社保中心。我还是农村户口，这个户口在 Q 镇社保中心那里。村里一年发几张卡，是食用卡买些东西的，一次 200 块，还有高温费什么之类的。有时候是以一家人为标准，有时候是以个人为标准的。我现在和二儿子、三儿子一起住，也住在老房子里，我一个人住的房间大概有 20 个平方米。

个案 A10：我有劳保的，是 Q 镇社保中心给的。公社退休了，70 岁了有 638 元一个月，村里再补 100 块，今年 200 块一个月，村里每个月 10 号发钱。村里一年刚开头给 900，后来 1500，现在 1800 一个人。除了这个，还有旅游，也是村里组织的。一般群众一年两次，像我们党员就又多一次，一年三次。村里还发油、被单、橘子什么都有的。像上次发的一套茶杯就要 800 元一套。

个案 A21：我的退休金是 608 块的，以前厂子里面给的，村里还有 300 块的。阿姨还在幼稚园做饭，她在村里好像也是 300 多吧，钱够用的，我们也不自己出去，不买什么东西。我现在住的还是原来的老房子，原来的 J 村五队，老房子，有感情，不走了。自己住着几间，还有几间租给外地人用，4000 块一个月的月租。

在 J 村，福利的特征是“补”而不是“包”。福利虽然是村庄收益的再分配方式，但是村庄分配的主导形式是依据个人资产的所有权进行的股份分配。村民收入的主要来源是工资、股份分红和房租，对集体的人均收入和社区福利的依赖性很小，社区的福利在分配中只占很少的部分，并且是以扶助老弱病残，奖励上进和提高村民的整体生活水平为目的。J 村的福利制度包括老人的生活补助、人均人寿保险和扶助性的医疗津贴等。这些大都不是人均配给，而是因需要而用的保障福利，包括优秀学生奖励制度、考入大学奖励制度等。这种以“补”为主要内容的福利制度，也成为实现有差别的“共同富裕”的一种积极的村政政策。

个案 A05：我中专毕业后，2007 年 12 月 18 日开始在 J 村工作的。我们 J 村基本上人人都有工作的，只要你想在 J 村工作，当然，有些人不愿意在这儿工作，在外面工作的也有的。有本地户口的村民先报名，上面会根据实际情况，安排适合你的工作，比如讲你是大学生，就不会安排在和我们一样的岗位！

个案 A07：J 村村民，可以说人人有工作。我们 W 书记考虑得比较周到，比如说你，大学生，毕业后报名来 J 村工作，先叫你去做清洁工，去道路上扫地，先叫你苦，有的两三个月，有的半年，锻炼下以后，再安排到别的岗位上去。实际上这样很好的，像我儿子，他高中毕业，大学没读了，他扫地扫了 6 个月嘛，哈哈。现在在水电部。我们 J 村外面招聘的也有好多呀！

J 村为有需要的村民提供工作岗位也是集体资源和利益共享的一种具体体现，一方面 J 村市场的发展运营确实需要更多的人参与管理，一方面村庄发展起来后，许多外流的村民纷纷选择回到 J 村来工作。村民获得工作的流程是：村民向人事管理部提交申请，由人事管理部门根据申请人的自身条件和岗位需要，分配合适的工作，再通知申请的村民来工作。有些岗位会先安排到基层锻炼一段时间再上岗。总体上说，这种工作分配机制还是比较完善的，大多数村民对安排的工作表示满意。

二、村社的公司体制

1. 村办公司

公司，虽然不是乡土社会的东西，但在村庄成为非农经济聚集区之后却成为村庄最基本的组织模式，甚至是村庄最为炫耀的外部形象①。至 2007 年，J 村通过走市场兴村之路和实施股份制改革，共成立了十几家公司，如上海 J 村物流股份有限公司、上海 J 村实业有限公司、上海 J 村广告公司、上海 J 村财务管理有限公司、上海 J 村综合市场经营管理有限公司等。这些公司主要是由村民委员会和村干部出资开办的。在村域外的市场环境中，“公司”的名称已经渐渐取代了“村”的名称。

上海 J 村实业有限公司和上海 J 村物流股份有限公司是 J 村最大的两个村办公司。上海 J 村实业有限公司成立于 1992 年，是由 J 村村民委员会全额出资的属集体性质的企业。1997 年 J 村和 D 村合并后，为了适应新形势的需要，以 D 村的原 D 实业公司和 J 村村民委员会的名义将上海 J 村实业公司变更为上海 J 村实业有限公司。物流股份有限公司是 2005 年在股份

① 折晓叶：《村庄的再造——一个“超级村庄”的社会变迁》，北京·中国社会科学出版社，1997 年版，第 233 页。

制改革的基础上创立的，注册资金 8000 万元。其中，J 村村民委员会出资 831.95 万元，占 10.4%；W 等 161 位自然人出资 7168.05 万元，占 89.6%。

表 3-1　J 村村民委员会干部担任公司重要职位一览表

姓名	村民委员会职位	上海 J 村实业有限公司职位	上海 J 村物流股份有限公司职位
WEF	村党支部书记、村民委员会主任	总经理	董事长
WZH	村党支部副书记、村民委员会副主任	—	监事会成员
HSB	村民委员会副主任	副总经理	董事会成员
WCZ	村民委员会副主任	副总经理	董事会成员
ZHT	村党支部委员	—	董事会成员
TWX	村党支部委员、村会计	—	监事会成员
ZWJ	村民委员会委员、村财务总监	会计	监事会成员
QFX	村民委员会委员	—	监事会成员

注：村民委员会职位引用的是 2002 年的数据。

如表 3-1 所示，从两大公司的领导体制看，J 村村民委员会干部同时也兼任着村办公司的重要职位。村办公司以集资、土地使用权出让的方式成立股份制企业，但并不是现代意义上的股份制企业，村中的党支部书记、村民委员会主任、会计主任等大都成了村办公司的董事长、总经理、董事、监事等。这种村企高度合一的管理体制是 J 村这样的都市村社共同体的独特之处，更加表明公司不可能脱离村集体而单独存在，同时这种管理体制也使村组织和村社的多种目标直接带进了公司目标中，使社区的社会事业直接由公司承担。

个案 A22：W 书记他们是法人股，董事长占 10% 的，有 4260 万吧，要在 3 年之内交齐的，他的钱从哪里来的，我们都不知道，有可能是借的吧。那些头头脑脑，像副总经理、副书记之类的差不多 180 多万，他们和村民一样的，也是 15% 的收回。另外，他们的工资和奖金什么的，和股份没关系，是另外的收入，他们有多少套房子，我们都不知道的。年收入，正经理有20万吧，W书记有100万的，还不算发的实物。你等等啊，我给你算算，村里百姓一年能有多少钱的进账，工资+分红能有多少钱？工资4万左右+分红（82000×15%）是40000加上12300，也就是52300吧，和那些头头脑脑没的比的，4万的工资还要干活的，在管理区做的。那些经理们唯一能做的就是绝对服从，因为，W书记一支笔，小数点移一位、几位的，无所谓的。W书记说一就一，说黑就黑的，你要说二、说白的话明天就没了。他的接班人可能是他侄子，支部书记好像应该是他外甥。他自己有一个女儿，不在J村干，调回来的话就太明显了。所有的股份，村民加起来占51%，有20%—22%的岗位股，W书记占10%（4260万）。

根据访谈资料，粗略估算，董事长每年的股份分红是639万元，其他干部如副总经理、副书记的股份分红是27万元，而在村里工作的普通村民每年收入只有52300元左右（工资40000元+分红12300元），这巨大的收入差异村民也大多很清楚，这种巨大的收入差异在村民们看来更多的是一种习以为常，甚至认为是理所当然的事情。村办公司使所有村民的生活更加富裕，同时也带来了村内贫富差距的增大。

2. 公司办村

蓝宇蕴曾在《都市里的村庄》一书中，提出撤村改制的一个“非意图后果”就是“公司办社区”的再现，即出现新的“企业办社会”。撤村改制后的城中村由作为基层政府派出机构的“街道委员会”管理，管理的一切费用由政府负担，但实际上，原来由村庄承担的社会行政职能和开支并没有如期地转移。而公司在改制后依然提供村庄生存发展所需的物质和资金支持。相对于蓝宇蕴研究的“珠江村”，J村则并没有完成撤村改制，在村办公司成长壮大后，自然过渡到了“公司办村”。

公司办村并没有改变村与公司之间关系的实质，公司成长壮大成为一个独立的市场主体之后，其强大的经济实力，更加突出了它在本质上作为村社区经济主体，对村庄负有的天赋责任和义务，更加强调了它在纯粹的营利性的经济目标之外，还承担着促进村庄社区发展的任务。公司办村主要承担着这样一些责任和义务：承担着国家和地方给村民的所有税负和其他费用；以拨款方式支付村庄经济建设和社会事业发展所需要的一切费用；为村民提供各种福利和保障，每年给村民分配股份红利，为村民提供独享的各种优惠待遇和福利，还在村域内举办各种公务服务设施，为所有的社区居民提供消费性社会服务；为愿意在村内工作的村民提供工作岗位，让村民自己来管理公司，做公司的主人。

这种村办公司与村民的关系不同于城市里的公司或企业与职工的关系。由于实行了股份合作制，村里的公司是村民委员会（村集体）和村民个人投资创办的，全体村民都是公司真正的所有者，但却不一定是公司的职工，而公司的职工也并非全都是村民，公司也会聘用一些不具有村民身份的外来职工。但是外来职工除了正常的工资收入外，却并不能拥有公司的股份，公司的收益分配覆盖面包括全体村民，那些不是公司职工的村民也同样能投资入股，参与公司的股份分红。

J 村作为一个非农经济聚居区，它的乡土社会的经济基础已经彻底动摇了。但是，J 村是一种在乡土社会中生长出来的非农社区，村庄传统的内生结构也渗入都市村社共同体的组织结构的再造中。本章主要从村政府的自治职能和村社的公司体制两个方面具体阐述村庄的这种新型组织结构。

J 村的管理，是伴随着村庄非农化过程中面临的一系列公共问题，伴随着 J 村社区股份制的实施，借助于村民委员会和村办公司延伸部门的组织框架，发育出类似政府的职能之后，才得以真正实现的。具体说来，村政府的职能主要包括制定社区经济社会发展目标和政策，推动社区公共事业建设；具备完善的市场治安防控和综合治理能力，保障村民的安居乐业和市场的繁荣稳定；提供完备的服务设施和生活设施以及较高水准的社区福利的保障，为村民提供就业岗位。

村庄成为非农经济聚集区之后，公司成为村庄最基本的组织模式，这些公司主要是由村民委员会和村干部出资开办的。在村域外的市场环境中，“公司”的名称已经渐渐取代了“村”的名称，村庄在经济结构上已经基本完成了向公司组织的转型。同时，J 村虽然没有完成撤村改制，但是在村办公司成长壮大后，自然出现了“公司办村”。

第六节　结论

现代对传统的超越、城市对乡村的超越，这是发生于近现代中外社会变迁史上最宏大的事实。都市村社共同体处于传统乡村向城市转变的过渡阶段，是一个具有多重内容糅合在一起的复杂社会网络，由此而形成人们的“生活世界”，诸多的社会特质就附着于这个共同体组织的网络之中。本章的研究主题是以J村为例用共同体理论探讨大都市近郊那些在社会变迁及城市化的背景下逐渐融入城市的村庄在传统与现代两种力量的糅合和推动下形成的都市村社共同体的变迁过程和内在运作逻辑，具体说来，本文着重探讨了都市村社共同体的变迁过程、再造机制、生活逻辑和组织结构。

J村从城郊村向都市村社共同体的变迁过程是伴随着城市化和市场化的逻辑最终完成的。城市化征地使J村在外在形式上成为城中村，而市场兴村之路和社区股份制的实施才真正使J村从本质上蜕变为都市村社共同体。征地之前，该村的土地主要集中在传统的农业生产和工业用地两个方面。从20世纪80年代末开始，随着城市化的进程，加大了对土地的需求，该村的土地不断被征用，征地主体和征地用途多样，带来了该村土地数量的绝对减少。该村的发展是城市化发展的必然结果。同时，还分析了该村市场兴村之路的三个阶段。“三场一路”和“建商行”是初步发展；J村综合市场是战略转型与全面拓展；创办广告公司和财务公司是深度开发。市场兴村之路的成功使村集体积累了大量集体资产，该村面临着如何对这些资产进行分配的问题。从2005年该村开始施行社区股份制，并最终使全体村民成为股民。应该说，社区股份制的实施，是城市化和市场经济的必然结果，通过股份制，村民在一定程度上分享了集体积累的资产和收益，但是股份制实施过程中，存在着许多隐性规则和灰色地带，村民并不是最大受益者，内部分配的不平衡也使村民多有怨言。

村社股份制之实施在J村这一都市村社共同体再造中据有基础性地位。形象地说，它是J村这一都市村社共同体得以重新凝聚与维系的“大框”与“筋骨”。人们普遍承认社区是建立在“一定的地域”基础上的基于

“共同的纽带”及“认同意识”而形成的共同体。J村已经实现了全民入股，村民已经有60%不再居住在J村，而是在别的城镇买房子，可以说，股民身份在另一种意义上成为J村独特的“心理界限”；J村在股份实施过程中，种种非正式制度与本土规则的投入，并进而最终形成的股份章程和股份代表大会，成为将村民联系起来的“共同的纽带”；J村通过股份制改革，将集体资产重新分配，让全体村民共享经济收益和各种村里提供的保障待遇，维护了社区共同体利益，并基于此，村民的社区归属感和认同感进一步增强。可以说，社区股份制的实施在集体经济层面上，进而使村社共同体在各个层面上重新建构与梳理了共同体的组织与生存格局。同时，J村社区股份制的改革的实施与完善，奠定了社区经济公司化的基础，并从社区层面上为村民提供了基本生活来源和保障，进而为村民转化为市民，村社区转化为城市社区创造了条件。

J村的生活逻辑越来越接近城市，但是传统乡土社会的文化和生活逻辑仍然存在于这个都市村社共同体。J村的生活环境在居住、道路、饮食、服饰和出行各方面都发生了很大的变化。J村的生活型、休闲型、事件型和组织型公共空间都出现了不同程度的变化，呈现出与传统乡土社会不同的面貌。其生活型公共空间更多地呈现出与城市公共空间相似的面貌。在J村，传统的民间文化在市场经济的冲击下难觅踪迹，但是村民的休闲型公共空间并没有一并式微。“人情”依然是村庄红白事中不可缺少的调味剂，村庄人通过这种形式的礼物交换来联络感情，增进情谊，强化村庄人的社区归属感、认同感，从而进一步维系、拓展村庄社会网络。事件型公共空间已经不再是单纯的仪式性参与，而越来越多地掺杂了各种复杂的利益因素和关系因素。组织型公共空间中，村民委员会的工作主要围绕着改造村容村貌、改善村民生活、促进村庄经济发展以及维护村庄秩序几个方面展开。村民选举中的非理性因素的存在并不是因为村民缺乏理性，而只是对理性的逃避和理性受到异化阻隔而不能进行。在J村，传统的乡土文化和规范与“公民权利”“法制化”等观念共同作用于村民选举，理性与非理性的结合，成了选举的村落文化基础。该村村民在职业上已经不再是“种田的农民”，然而在户籍制度上的农民身份却已经深入村民内心，根深蒂固。农民身份的未来应是职业化、公民化，这同样需要制度性的创新和安排。年轻的村民更能自觉认同自己作为上海人的身份，随着城市化进程的加快，村民不仅生活方式上越来越接近城市，思想意识方面也同样经历着重大转变，日益“城市化”。城市户口或许会给人更多更好的待遇和社会保障，但是富裕起来的J村每年给村民发放各种福利和股份收入，而这些J村特有的福利待遇和每年的股份分红在分配时自然更多地倾向于有村籍的村民，城市户口并不能给现在的J村村民带来更多的实惠，村民并不愿意变为城市户籍。

J村作为一个非农经济聚居区，它的乡土社会的经济基础已经彻底动摇了。但是，J村是一种在乡土社会中生长出来的非农社区，村庄传统的内生结构也渗入都市村社共同体的组织结构的再造中。在“党政企”三位一体的基础上演变而来的村组织，担当起执行治理村庄的责任。村庄成为非农经济聚集区之后，公司成为村庄最基本的组织模式，在村域外的市场环境中，“公司”的名称已经渐渐取代了“村”的名称，村庄在经济结构上已经基本完成了向公司组织的转型。同时，J村没有撤村改制，但是在村办公司成长壮大后，自然出现了“公司办村”。公司强大的经济实力和良好的市场运营状况，更加突出了它在本质上作为村社区经济主体，对村庄负有的天赋责任和义务，更加强调了它在纯粹的营利性的经济目标之外，还承担着促进村庄社区发展的任务。

研究村庄变迁的学者容易产生两种思维倾向，一种是把村庄与现代工业化和城市化社会加以比较，用二分法将村庄说成是传统的“非理性”的产物，而将现代城市社会说成是“理性”的产物，这从某些学者对乡土社会所作出的一些判断性界定中也可以看出，如将乡土文化称为“民俗文化”，与都市文化相对立，把乡村社会称为“前工业社会”，与现代工业社会相对立。在这样的假设之下，很自然地推导出传统村社区必然为现代社会所消灭的理论。20世纪以来，中国的学术界和政论界也一直受这种现代主义思潮的影响，不同的论著中，往往可以找出相同的论点，这就是“封建残存”的“族权”和“神权”、家族传统及其意识形态、村落结构及文化、乡土传统人际关系和生活秩序等，是中国现代化的障碍[①]。另一种是对村庄在现代工业化和城市化过程中还能否作为一种基本功能单位表示怀

---

① 王铭铭：《社区的历程——溪村汉人家族的个案研究》，天津人民出版社，1997年版，第11页。

疑，认为工业化和城市化将最终从根基上动摇村庄，包括动摇它的组织形式和社区形式，从而借用“转型”的概念来解释村庄变迁的过程。

都市村社共同体是对乡土社会的一种超越，是村落终结过程中的特殊形态，其共同体属性的延续与变异性表现在村庄传统资源和力量与现代社区文明和组织方式在村庄内独立存在各自运作，同时又共生互融。都市村社共同体的形成是对传统乡土社会的一种超越，然而这种超越却不是纯粹地摒弃传统，而是在吸收了传统本土资源和现代文明基础上的一种超越，是一种重建和创新。村庄传统与现代组织和社区并不是绝对独立的东西，它们两者在村庄中可以是两种独立存在，各自运作，同时又共生互融的东西。经历了城市化和市场化的洗礼，都市村社共同体的组织化网络在浸透着理性化精神的同时，其对农民社会生活的“保护”与“束缚”功能也在趋向弱化，但它依然是他们内外适应的最重要的社会工具，依然是村社共同体成员拥有并可以借用的唯一最重要的社会资源。我们对现代化理论特别是现代化的策略与政策需要进行深刻的反思，在完成“村落的终结”过程中，不仅要注重和利用现代文明的因素，还要发掘和发挥传统的乡土资源，使其两者互相融合，促进社区以至整个社会的发展。

J村发达的村庄集体经济和强大的公共财产为村落共同体成员提供了较多的社区福利和发展机会，维持了共同体成员之间的整合，增强了共同体的凝聚力和成员的社区认同感，在一定程度上维护了村庄的共同体属性，J村的村落发展经验和实践值得某些农村借鉴，但是必须指出的是J村的这种都市村社共同体模式无法成为中国农村社会重建共同体的普遍选择。首先，在都市村社共同体中，成员意识得不到有效保证。尽管表面上看，都市村社共同体的成员享有退出的自由，但是由于农村社会发展不平衡和城乡壁垒的存在，共同体成员的退出成本非常高昂，退出共同体的成员既有放弃一系列村庄福利配给的风险，又有丧失共同体成员身份从而不再为共同体所认同的风险，因此，共同体成员的个人意识无法如愿自如的实现。再者，都市村社共同体的发展往往得益于一个或一些土生土长的村落精英或“能人”，随着村落共同体公共财产的增加，村落精英或“能人”的权威不断提高，村民对于村落精英或“能人”的决策相当信任，很少有人能想到政策的漏洞，更没有人去想决策的可行性、正确性。而普通村民在村庄决策过程中的地位和影响日渐减小，由此而带来的必然是共同体成员个人民主意识的削弱，表现在共同体成员对“村落精英”的感恩戴德和盲目顺从，对权力的追逐、崇拜和恐惧。其次，都市村社共同体的集体经济发展得益于许多特定的机会和资源，如J村的集体经济发展更多的是因为它具备的较为特殊的发展条件，如地理区位优势、商品经济空前发展、市场需求旺盛的经济环境以及鼓励第三产业发展的政策环境等。而从全国范围来看，失败的村庄集体经济比比皆是。可见，J村的这种都市村社共同体模式的经验和实践值得某些农村地区借鉴，但不能成为中国农村社会共同体构建的普遍选择。

第四章　家庭农场与农民合作行动

第一节　绪论

一、问题的提出

在当代中国社会转型的背景下，中国城镇化正在平稳有序地推进。而农村经济的发展和社会的变革，也带来了农村社会问题的日益显现：农村传统价值日益缺失，大量的农村劳动力转移，造成了农村社会活力和农用土地利用率均有所下降。农民失去土地，土地关系也日益紧张，传统的小农经营模式、土地细碎化与现代农业背道而驰，土地规模的大小成为解决问题的关键。在城镇化飞速发展的今天，大量农村劳动力涌向城市，为土地流转带来契机，规模化经营成为可能。特别是在当代中国乡村与城市二元对立的格局之下，城市与乡村的发展日益不平衡，基础设施、经济水平等方面的差距与日俱增，进一步造成了农村劳动力流向城市、“农村空心化”等社会问题；受城市价值观的影响，大多数农民选择城市，将农地弃置，进一步造成了土地无人治理的现状，以何种方式让农地再生活力，以规模化进行专业经营是农业发展中亟待解决的问题所在。

上海作为我国最大的工商业城市，其经济的发展及城市水平领先于全国，保持在快速城市化的前沿，工业化和城市化的推进过程较快，农村经济结构也发生了转变，农村劳动力大量流失，逐渐转入城镇，使得农村人口老龄化、“农村空心化”严重的趋向越来越明显，部分农村甚至呈现出了弃耕、休耕等征象。大部分村庄面临的土地种植由哪个主体耕种以及其耕作种植方式该如何进行是进一步亟待解决的难题。而解决这一问题的重要途径，便是农业经营方式的突破转变和新型农业经营主体的培育。农村劳动力的大量外移，也为土地进一步流转创造了条件，使得承包一定规模土地经营权成为可能。2001 年以来，国家也相继在相关农业政策上给予肯定和扶持，在家庭承包经营制度的前提下，给予农村土地使用权进行合理流转；一号文件也指出，农民之间的合作不容忽视应多多鼓励发展，成立多种的社区内或超越社区的组织可以推动新农村建设。党的十七届三中全会中提到，聚集社会各层力量，由上至下建立和谐的新型农村服务循环系统；加快农业土地流转合理化的法理化的步伐，鼓励发展多种经营方式，因地制宜，发展农业。2013 年 1 月，中央一号文件第一次出现“家庭农场”这一名词。此次文件鼓励农用农业土地经营权向专业种植大户即家庭农场以及农业合作社进行流转。国家农业的相关政策战略进一步说明了现阶段我国对于农地利用的方式，即通过土地合理流转后将农地集中到部分懂经营有技能的农户手中，进行规模适度的管理经营；并且对于农民之间的互助协作，农民与自治组织的信任合作以及农民经营架构等问题进行了更加合理深入的探索，也从实践中得出农民合作的自主性以及农民在合作过程中的行动逻辑的重要性是进一步实现城乡平衡共赢的必经之路，因此从政策层面上对农民合作提出了迫切的需求。

上海市松江区成为全国较早进行发展家庭农场经营管理的地区之一，开始探索家庭农场的建设之路。松江家庭农场通过许多有效可行的政策手段推动了小部分家庭农场经营者进行适度规模的种植经营，这样既保留了农田的自身优势又克服了分散经营的弊端，土地在合理流转后，许多废弃的土地重新得到利用，多数农民的田地交由少数家庭农场经营者进行专业耕种。同时，也推行种养结合，将种田与养猪结合起来，这对于保护环境，生态发展发挥着促进作用，不仅节约了生产成本，为农业研究发展提供了支持，也对农民切身利益给予保障，也将家庭农场经营者培养成为现代农民。在这其中，农民与村民委员会的合作以及农民间的合作都体现出农民的理性自主性，其行动逻辑受理性支配，不仅农地得到合理利用，农民实现利益增收，也更加激发了农民的自主性行动，实现村庄和谐的社会效益。

因此，松江家庭农场作为上海市乃至全国家庭农场的样板，具有典型的研究意义。松江家庭农场是如何发展起来的？在松江家庭农场的发展推进过程中，农民是如何具体地参与到这一过程中来的？特别是在此种过程中，农民的自主性何以体现，与自治组织、与农民之间的合作何以展开？在这种合作的过程中，农民是如何思考和如何行动的，其博弈过程如何？

二、核心概念

1. 家庭农场

家庭农场在我国尚处于探索发展时期，目前的研究多呈现于政府报告的形式，通过对家庭农场的简单介绍、含义界定、发生背景、经营的意义以及现阶段发生的问题等进行描述，社会学领域的探究极少，也没有从农民的角度出发探究其合作的行动逻辑。而国外由于家庭农场性质私有化，和我国家庭农场的意识形态和经营方式都有所区别，并且国外家庭农场的发展历程相对我国较长，因此国外学者进行了较多的比对研究，跨国或者跨区的对比而发现私有化的家庭农场中政府应加强宏观调控的影响，并且更加深入地探讨了女性在农业中的角色等问题。本章中采用上海市松江区农业委员会制定的家庭农场手册中对于家庭农场概念的界定。家庭农场是指以同一行政村或同一村级集体经济组织的农民家庭（一般为夫妻俩或同户家庭劳动力两三人）为生产单位，从事粮食、生猪养殖等生产活动的农业生产经营形式；家庭农场经营者是主要依靠家庭劳动力的自耕农。

2. 农民合作

国内学术界分析有关我国现今各地各农村中的农民合作，指出其合作的动机是基于利益，是一种理性化的选择过程，多倾向于内生型组织的发展。探讨了集体与个人的关系，政府与合作组织的联系以及现代化进程中市场的作用等。西方研究主要通过个案的分析调查，讨论了集体合作中如何保证效率，合作中的分层，自主合作中的模式框架，进一步为我国农民合作开拓了思路。本章中农民合作指 A 村家庭农场中家庭农场经营者相互之间形成的交换促成的合作以及家庭农场经营者与自治组织村民委员会之间的互动促成的合作，是整个行动的过程。农民之间通过合作形成互助组，在互助组内进行资源互补，满足其利益最大化的目标，农民与自治组织通过合作满足各自效益最优化的过程。

通过理性选择理论探讨家庭农场中农民合作的行动逻辑。在社会学中，理性选择理论是讨论一种通过理性分析各条件、因素对于目标的影响，采用社会交换和社会交往的方式达到既定目标的社会性行为。理性选择理论讨论的焦点在于人是以理性的行动铸就自身的偏好，使利益和功用得到最大化的配置。一方面农民与自治组织间的合作是双方理性选择的计算共谋过程，农民通过与村民委员会合作得以承包家庭农场，从中获取利益及适当的名誉，村民委员会通过家庭农场主的典型个案的打造为村民委员会获得荣誉及效用，双方均能达到各自的目的；另一方面，农民与农民间形成互助社，并且依据家庭农场收益效率人员等考量，家庭农场自发形成了几组完全不同的互助社，其相互间有着竞争和合作的关系，不再等同于传统乡村社会的熟人社会、差序格局，转而更加注重理性化的考量，经过计算的抱团行动。综上，两种合作都是利益分配为导向的理性化选择过程，充分体现出家庭农场中，农民合作的行动逻辑。

三、村落概况

M镇是松江区浦南叶榭镇、M镇、新浜镇这三镇的中心镇，曾在2002—2003年得到上海市文明镇的殊荣，也在2007年作为上海市“三农”工作综合试点区进行试点。M镇区划为16个行政村以及2个居委会。2014年，派出所户籍总数为11465户，总人口数为38463人，其中农业人口数为19280人，非农业人口数为19183人，外来人口数为15883人。M镇作为家庭农场试点，有着得天独厚的自然条件和历史由来。M镇的北面是黄浦江水的上游区域，东面和叶榭镇相接，西面与新浜镇相邻，南边为上海市金山区。M镇地属长江三角洲，这里四面环水，水资源丰厚，泥土肥沃，地势低平，非常适合各种农作物的种植，这里主要种植的农作物有粮、棉、油以及各种各样的蔬菜水果，主要养殖的有各种家养禽类畜类以及河鲜，历来都有“鱼米之乡”的雅称。

A村在M镇的中部区域。叶新公路在A村北侧以东西向横跨，南面是小泖港河。A村的区域面积为3.38平方公里，属“上海市‘三农’综合示范区”核心区。A村三面环河，内河较多。1984年，A村的村民委员会正式成立，1999年，A村确定下村名并下设15个村民小组。总人口数为2679人，总户数为654户，其中享受城保的人口数为81人，享受镇保的人口数为141人，享受农保的人口数为501人；外来人口数为215人，其他人口数为12人。总耕地面积约为3400亩，粮田占地面积约为2800亩，其中林地348.1亩，常年菜田4.6亩，鱼塘和畜禽场各1亩。为促进A村农业生产整体形象的提升和发展，加快现代化农业的步伐以及稳定粮食生产，A村共组建18户家庭农场。

第二节　A村的家庭农场

在农村承包地管理制度日益完善和健全的大背景下，松江区政府对家庭农场主手中的土地进行确权，即所有权归集体，承包权归村民，经营权归家庭农场主。承包者即村民会自觉有偿地将土地流转委托给村民委员会进行，经营者向村民委员会提出申请，支付土地流转相关费用后进行经营。上海松江区建立家庭农场的初衷，是希望农业可以给农民带来最切实的利益，也让农民的地位有所提升，同时让农村的生态环境更加和谐。秉持着守护好耕地，保护好生态，才得以发展农业，服务农民。

一、A村家庭农场的形成与机制

1. A村家庭农场的形成

A村家庭农场的形成符合以农业现代化的前进方向，因为这是因地制宜，运用多种不同形式合理发展的结果。A村一直以来重视和发展农业，由于每户农田过小且分散，农民种田的愿望得不到满足，土地资源也闲置下来有所浪费。因此在政府的推动下，A村自2007年便开始进行土地合理流转以推进家庭农场，家庭农场的开展带来了一系列良好的连锁效应。首先是农民收入的增长，让农民切实感受到自身价值和利益的攀升；其次是农田的利用率和生产效率明显提升；再次是农民职业队伍不断壮大形成，为农业发展培育出了一批新的高素质家庭农场经营者；最后从全局的角度来看，家庭农场合理生态的发展模式有助于农田的循环发展和环境保护。在这里，建成了生态循环化的家庭农场，通过机农一体、种养结合等多种模式，造就了一方农田、一个猪圈的种养结合的方式，将种植业与养殖业进行了无接缝的生态融合，不仅保证了农业发展的良性循环，也维护了农村的生态环境不受污染。A村家庭农场种粮亩数2230亩，共18户，户均123.9亩。其中，个人农场主11户，集体家庭农场7户。面积在80—100

亩的占 22.2%，100—150 亩的占 55.6%，150—200 亩的占 22.2%，没有超过 200 亩的家庭农场。

2. 家庭农场的基本准则

家庭农场的形成历经了数年的积累和发展，在其中农民的自主合作下，家庭农场的机制日趋完善，农民自觉自愿地进行土地流转，将土地集中后进行较大规模的经营。在政府的帮助下，土地流转过程更加合理合法，农民也依据自身意愿和条件积极申请承包家庭农场进行经营。家庭农场在摸索到建立的过程中，逐步形成了土地经营权流转的相关合同，所列各项条款都是符合农民意愿的，多数农户签署合同将土地进行流转至村集体，由家庭农场经营者也签署相关合同后向原先的农地承包者以及村集体经济组织进行相应款项的缴纳并遵守条款规则。

在承包家庭农场后，家庭农场的理念是由家庭为单位进行日常农业经营活动，需要由家庭农场经营者及其家庭人员共同经营。为公平和安全起见，家庭农场经营者需要遵照规则，不能出现转包、转租家庭农场给第三方进行商业用途，也不能常年聘任外来劳动力等雇工进行家庭农场经营生产活动，但可以在农忙时节，进行季节性、短期性、临时性的雇工行为。也就是家庭农场主要需要由家庭农场主完成，进行自耕及经营，这符合了我国现代农业发展的步伐，应保质保量地发展农业并且尊重和保证农民的意愿与权利。

对于家庭农场规模大小的规划，是农民根据本村环境条件，围绕本村农民年龄和能力范围来进行探索。他们认为家庭农场应该坚持适度原则，土地面积不宜过大或过小，因为先期的农耕经验告诉农民，过小且分散的田地不利于经营也无法调动农民经营的积极性，而过大的家庭农场目前根据我国农村的发展水平和科技发达程度还无法实现。因此通过考察和经验，提出家庭农场的初衷便是应该符合家庭农场的特性来确定范围，其中耕种的土地规模应该适应于村庄实际，要和家庭农村经营者成员的生产生活劳动能力、农业发展程度、科技发展水平等多项因素相匹配。上海市松江区依据每个村庄农户现有的种植生产能力、农田利用率、农机科技水平等，将家庭农场的土地经营规模放在 100—150 亩的大小。政府也通过科学的手段对松江区每个村进行了数据分析，根据调研数据所显示，100—150 亩的规模大小相对来说是基本契合松江区每个村庄的生产水平的，这样家庭农场的利润率也会相对一般行业水平，劳动力人均收入可以达到外出去城镇打工者的3倍之多。当然，在随着农业科技的发展过程中，加之剩余劳动力还可能继续涌入城镇，之后的家庭农场规模可以逐步增大，也可以进一步提升农业劳动效率。

松江区家庭农场的土地将所有权归为集体所有，但是可以授权给村民委员会进行土地流转。土地流转费用的制定也是由农民与政府根据实际需求条件来协调商讨得出的，费用的制定是关系到农村土地流出户、村集体经济组织以及家庭农场经营者这三方的利益需求，也关系到村、镇、区的农业发展路径，因此土地流转费需要适度并且平衡各方需求。农民习惯于用稻谷来进行交易，土地流转的相关费用通常来说就规定根据当年国家稻谷收购价进行支付，也可用谷物折价支付，也可用现金直接支付，镇级及村级可以根据本村的实际耕种和发展情况对土地流转费进行适当的调整。

在家庭农场经营者的选择上，农民有自己的标准，他们认为具有良好的健康状况，要热爱耕地并且踏实肯干，需要掌握基本的农机使用方法，具有一定的农业知识水平等才能称得上全村选出来的耕种本村所有耕地的候选人。村民委员会会在这几个方面的综合考量下择优选取出家庭农场经营者。新的家庭农场经营者需要参加培训，相关考核合格后，签订短期的家庭农场承包协议；而对于之前承包过家庭农场的经营者，每年考核成绩优异、作物产量高于本区平均水平、农田形象整齐洁净、经营管理水平一贯优秀，以及积极探求发展种养结合、机农一体等新形式的上一轮家庭农场经营者，考证合格后可以拥有农民培训资格证书和农机操作驾驶证书的家庭农场主们均可签订长时间的承包经营合同，经营期可延长到5年以上。

3. 家庭农场准入、经营与退出规则

（1）准入机制

家庭农场理念的提出是基于现阶段我国农业发展现状的科学的试验，为确保各村农田的发展，选取尽职尽责的农户为经营者。因此在劳动力需要源自于本村的农户家庭，在其农业生产、经营等能力上进行选择。

在年龄层面上，考虑到农户体力、健康状况等情况，也有一定的年龄要求。报名申请家庭农场户的成员必须为成年人，即18周岁以上，需要两人及两人以上进行申报，目前全日制在校学生不能申报。男性家庭农场经

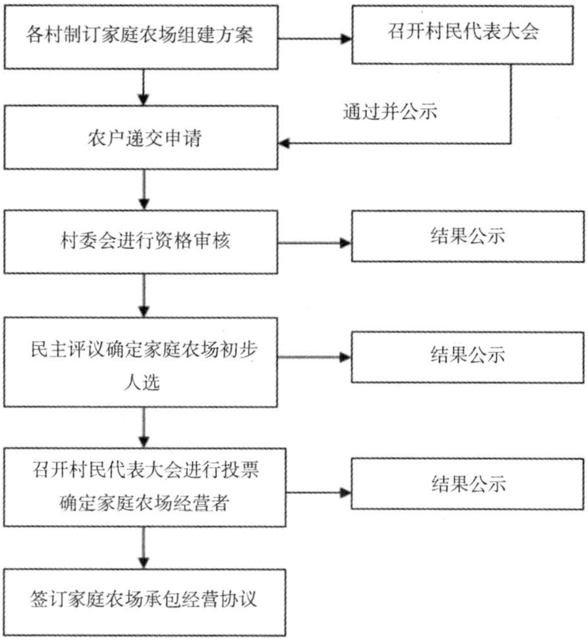

图 4－1　家庭农场组建流程

营者需在 60 周岁以下，女性家庭农场经营者需在 55 周岁以下。已婚家庭，因离异、丧偶的本村农户可申报承包；外来媳妇或外来女婿，户口不在本村或迁入时转为非农户口的人员，也可作为符合申报家庭农场的候选人员。在能力条件上，家庭农场不同于以往的土地经营形式，因此需要懂经营、技术，有经验、能力的农户。日常的农业相关生产活动主要由自身及家庭人员劳动完成，完成农田的耕种、收割、管理等农业活动。

在家庭农场准入程序的规定上，政府、村民委员会与农户合作的情况下，并且结合本村自身前提与发展，不断探索商讨后，制定了家庭农场经营者准入标准。村庄再按照区级和镇级相关家庭农场的条例，细化属于 A 村家庭农场的数量、种植规模、分布面积、农村模式以及准入规则等。并将该标准公示张贴于公告栏或通过发放书面告知书以通知到所有村民，起到宣传和监督的作用。

农户通过对于家庭农场经营机制等的了解，大多积极主动地提出申请家庭农场经营权，之后需由村民委员会进行审核。A 村农户可以直接向该村村民委员会申请家庭农场经营权并且向村民委员会提供相关家庭农场的申请材料。截止日期后，村民委员会会对各位候选人进行筛选考察，依据他们的准入条件、A村指标等，对申请经营家庭农场的本村农户在满足吃苦耐劳、懂得经营技术的基础上进行审核，评定其资格。家庭农场的经营者的选取需要经过民主评定和公示签约，所有报名参加承包家庭农场的农户经由该村的老党员、老干部或村民代表组成的评议小组公开评议，通过社保中心就业核查进行条件核准通过后，可以进入初步承包人员名单评议。由村民委员会按照A村区域进行统一规划，事先划分好田块并标上地块号，按全价计算。在评议通过后，确定家庭农场经营者人员，在村内进行公示，公示无异议的候选人可以签约。合同期限为3年，家庭农场经营的第一年为试用期。试用期考核通过者，正式成为家庭农场经营者。

（2）经营机制

家庭农场经营过程中，农民通过与村民委员会的合作，双方对于地块的划分进行协商协调，为方便家庭农场经营者的耕作及村民委员会管理，经村民委员会认可同意，家庭农场按就近原则，承包农户可相互调整所种地块号，但是为了确保农田的持续经营，确认后的家庭农场经营者在承包期间不能更改。如果在协议期内，遇到上级政府建设征用协议区域内需要的土地，家庭农场经营者应该让出该块地块，并终止承包合同，以期将本村的建设跟上现代化步伐。村民委员会按照种植实际情况给予青苗补贴作为补偿。为了家庭农场能有序合理地开展，村民委员会与农户协定，每户家庭农场经营者提前将8万元作为家庭农场经营承包的预付款存入至村集体的账户中，随后村民委员会会根据实际承包田地数多少进行多退少补，如果没能顺利取得家庭农场经营权的，村民委员会会在一周内将款项全额退还。在农户报名前，需要签署A村家庭农场经营的承诺书，方可取得新一轮家庭农场经营的评议资格。新一轮家庭农场承包经营者需要自行承担常用农机的购买及维修费用。

（3）退出机制

对于家庭农场经营，村民委员会有着监督管理的义务和权利，对违反经营义务与规定的家庭农场经营者，村民委员会有权及时终止其经营合同，责令其退出家庭农场的经营及租赁。

家庭农场的发展理念就是遵循现阶段我国农业发展水平及状况来进行的，以家庭为单位进行资源最优配置，这是科学的适度的规模化经营方式。家庭农场经营者应该按照相关规定进行家庭农场的直接经营、生产、管理，如果是长期雇佣农工或者以家人代管形式进行家庭农场经营的家庭农场经营者便有悖于这一模式原则。家庭农场经营者不能将土地擅自进行承包、租赁或者土地另作他用、搭建非法建筑、虚报和私自拼凑，应该遵照家庭农场经营的相关规定和规划，在科学指导下进行指定作物的耕种，并且认真履行职责管理经营好土地，喷洒合格适量的农药，保障农作物的生长、产量与质量。应该按照家庭农场种子配送的相关规定，不能滥用种子、私换种子从而导致影响 A 村农业生产发展；应该服从镇、村制订的种植计划和“三三制”茬口的统一安排，讲求养田、种田相结合，不随意乱扔农用垃圾，保持土地洁净生态；违反家庭农场经营的相关协议，不及时履行职责，拖欠土地流转等相关费用，未按合同要求完成约定的向国有粮库交售粮食的任务以及连续两次及以上考核为不合格的家庭农场经营者将会被取消经营资格。

4. 家庭农场运作的制度规范

（1）关于土地流转的制度

土地流转为家庭农场的发展提供了可能，通过土地流转，将分散的小块田地集中在一起进行重新划分，因此土地流转的程序需要合理化规范化。在农村土地流转合理完善的基础上，尊重家庭农场经营者的各项权利，以期家庭农场经营者与村民委员会签订更为长期有效的合作合同，以促进家庭农场和 A 村农业的稳定发展。对于土地流转费用的定价，是按照每年 500 斤稻谷的收购价格折现，其中，每个镇可以根据本镇自身实际情况略有调整，价格上下的浮动应控制在 5% 之内，一般情况下每个镇的价格一致。签订合同是保障家庭农场经营者、土地流出农户与村民委员会各方权益的有效途径，因此进行土地流转的本村农户需与村民委员会签订《上海市农村土地承包经营权流转委托书》《上海市农村土地承包经营权流转合同》，家庭农场经营者与村民委员会签订家庭农场承包经营协议。

（2）补贴政策的规则

上海市松江区政府对家庭农场的发展十分重视，兴起的家庭农场也得到政府层面的肯定与激励。松江区采用浮动补贴的方式，根据每年家庭农场的生产效益、国家粮食价格和国家种粮补贴进行浮动。A 村根据实际情况，为了更好地鼓励家庭农场经营者的良性竞争，将区财政划拨的 200 元每亩的补贴费用改换成激励制补贴，通过各项考核竞赛结果进行梯度发放。

（3）家庭农场经营与管理

村民委员会作为自治组织，会积极维护家庭农场经营者的权利。家庭农场经营权不能任意变更，受相关政策规定的保护；经营期满后优先考虑家庭农场经营者继续承包耕种；土地模式逐步退出集体经营，将土地集中至家庭农场经营者手中；不随意缩小家庭农场经营面积，利用好每一寸土地，不浪费每一份劳动力。

家庭农场经营者会接受不同等级不同阶段，具有针对性的职业培训，让家庭农场经营者掌握家庭农场基本经营知识，夯实其解决实际问题的思维与方法，进行素质拓展，多种形式交流互助，使家庭农场平衡发展。之后的经营过程中，针对家庭农场经营者会有一系列的考核，家庭农场经营情况的考核由镇村级农业主管部门定期进行，根据农田外围沟清理情况、作物“三三制”茬口安排、家庭农场运营情况、向区国有粮库交售谷物秸秆还田情况等进行评分，将民意考核与专业考核相结合，满分为 100 分，每年 3 次考核并实行淘汰退出机制。

二、A 村家庭农场经营者的主要类型

1. 工具理性导向的家庭农场经营者

德国社会学家马克斯·韦伯提出合理性一词，并将合理性进行阐释和分类，分为工具理性和价值理性。工具理性是指个人行动以目的和利益为导向，行动者理性地寻求自身需求，并要求效用最大化最优化，这在一定程度上忽视了个人行动中的情绪和心灵感受。而价值理性正好相反，价值理性崇尚价值，可以无条件地选择自认为准确纯正的路径和动机达成自身的目标而不顾及成效。工具理性着重于选择的手段以及功利的追逐从而实现目标的过程。

工具理性是一种注重功效和效率的理性，是指通过精确计算，运用实践等方法检验工具是否有效，并且在其中寻求最大功效，实现人的功利。这是一种看重工具、技术等方法为方向的价值观。在我国，农业发展经历着从散落零星的传统小农户向专业规模的现代大农户转变，农业的经营主体的转变有着至关重要的主导作用。在这种大趋势下，新型的现代农户日趋凸显出来，现代农户与传统农户的区别在于现代农户是具有工具理性

的，从事专业化生产，以家庭农场是其主要经营组织方式，现代农户更加具有先进科学技术的支撑，有更加合理的经营管理能力和领导力。现代农户在通过精密计算后，选择了承载的最主要的农业生产要素是土地、资本和劳动。因为土地、资本和劳力在农业生产过程中，是必不可少也是最为基础的生产因素，是价值的原动力，可以创造价值。

在这里，是指个人有明确的倾向，将价值最大化作为其行动逻辑的行为，来分析经济利益取向的家庭农场经营者。经济利益的大幅提升是工具理性家庭农场经营者的行动逻辑。在访谈中，大多农场主谈到家庭农场给他们带来的利益及收入，是其之前在外打工的 3 倍之多。在以家庭为基本单位的经营下，家庭成员为主要劳动力，承担着 100 多亩地的责任与风险。但是可观的收入也是其选择从非农就业中走出来的根本原因。

YYH 是最早一批家庭农场经营者，下岗失业之后，没有太多职业技能的他，走出之前所在的建筑公司，无所适从之下，他想到了家乡的这片土地，于是盘算着如何得到更多的土地进行经济作物种植，从而赚取生活费。他想自主成立一个农业合作社，专门进行经济作物的种植。恰逢松江区试行家庭农场，在经过计算后，YYH 发现承包家庭农场比之前自己打算的承包土地挣得更多，于是找村民委员会相关人员，申请家庭农场。一开始，由于缺乏经验，一整年虽然没有预想中收入多，但比之前的工作多 1 倍多的收入，后来在其一番苦心经营后和加上政府各类补贴，年收入已经是自己原来建筑公司收入的 3 倍之多。

ZGQ 也向我说起回来当农场主的原因，不错的收入、体面的生活是他选择当家庭农场经营者的最大动力。他不仅在 2011 年开始担当起家庭农场主经营者的角色，更是在农闲时节出去打工，这样一来，不仅在农忙时节得到家庭农场经营的收入，也可以获得额外收入，双份收入让他感到生活更有保障，作为农场主，他拥有土地使用权，每年收入 8 万元左右，还有小半年作为打工者，他可以靠体力挣来辛苦钱，大约也有六七万元，这样双重收入带来了不错的收益，也给了他心理的保障。

CFG 是家庭农场经营者中的一个特例，他具有双重职业、两种身份。每次访谈见面，他总是穿着一身城管制服，他的城管身份和农民身份同时进行着，已经长达 6 年之久。首先作为城管，他分管着 A 村的某一个街道，每天都需要去视察维护道路的正常运营。其次他承包了家庭农场，承包着140多亩的土地进行种植。在2009年，CFG看到了家庭农场的发展势头，觉得有利可图，便通过一系列关系，承包了家庭农场，而城管那边则通过熟人关系为其安排了较为偏远较易治理的街道。每天忙完地里的农活后，便开着城管配发的电瓶车前往街道视察整治。在这样的双重身份下，拿着两份收入，作为行政执法人员拿着城管的工资，作为农民拿着家庭农场承包所得收入。在这个过程中，他的利益可以达到最优最大化。

2. 价值理性导向的家庭农场经营者

价值理性，也可称为实质理性，是指个人行动有意识有目的地完成一个特有的选定的行为，这个行为可以是宗教、美学或者伦理，出发点是声誉、忠厚、责任等，不在乎结果如何，是否赢得成功或效益。价值理性着重于个人的行为本身代表的价值，可以说是是否实现社会的正义、公平、忠诚、荣誉等，甚至不计较手段和后果，而不是看重其选择行为的结果和成效。这是从一种特殊的价值概念洞察行动的合理性。价值理性是个人对于价值这个命题的理性的思考过程，价值在特殊的条件之下作为贯通人与物的联系从而展现出物的价值之所在，也可称其为意义。在价值理性的视线中，世界是主客体相交融的，与人密不可分的。

通过田野研究访谈发现，家庭农场经营者具有浓重的乡土情结，土地带给他们安全感，让他们愿意扎根于此进行务农，不去考虑经济因素也不愿离开土地。对家乡的眷恋和不舍，对家人的思念和牵挂，对土地的热爱和信仰，让一批又一批打工的农民回到家乡，迈向自己的田地，重拾旧业。对他们来说，土地终究是自己最了解的，种田也是自己最拿手的。

农业是人们生活生产中必不可少的环节，农业只会不断向前发展，不会止步。正是这样一种热爱和信念鼓舞着我们农民回到家乡，找到施展自身才能的大舞台。（访谈对象YYH）

自己年龄也大了，想回到这片土地安享晚年，更是因为历代根植于此的父母也已年长，是时候回来陪陪他们，也可谓落叶归根。父母种了一辈子的土地，守着那一亩三分田，积攒了很多经验与感悟，经常与自己的儿孙分享叙述着，这不仅是承包了家庭农场的问题，更是对父母尽一片孝心，守护父母的一份责任。（访谈对象CRS）

对于WXD、YRY等人，从十几岁开始便开始在农机合作社开拖拉机的职业生涯，从未终止，未曾改变，对于他们来说，土地是倾注一生心血的地方，也是最有一技之长可以施展的地方。在农机合作社的经验更是让他们在种地方面得心应手，尤其是现代农业中，科技水平的不断发展，各类大型农机设备的运用，对于农机的驾驶运用也是他们得以进入家庭农场承包队列的制胜法宝。

在访谈中，农民CFG聊起土地、耕种等，都会非常激动热情地展示他的种田本领，在40年的种植生涯中，他积累了不少经验，对于如何甄别谷物品种、了解种植情况、如何耕种晾晒、时节的把握等，说起来头头是道，津津有味，根植在他内心中这份对于农业种植的热爱总在不经意间就能毫无保留地流露出来。

除此以外，务农具有一定的时间空间自主性，YYH总是跟我说，承包家庭农场真的非常好，不仅收入增加，生活水平提高了，这更是一种自由。不再受到企业时间节点的各种约束，在企业打工，不忙的时间也必须按部就班各司其职，缺乏主观能动性，也使得员工没有干劲，做事效率低下。然而现在承包了家庭农场，能使家庭农场经营者的自身具体安排由自己掌握，种地所得也直接影响到个人收入，种起地来干劲十足，效率也非常高。

第三节　家庭农场农民合作的动力机制

一、农民合作发生的内部机制

1. 农民的物质收益需求

在家庭农场经营者看来，如果预期收益十分明显以至足以忽略成本的付出，在此时农民容易形成合作关系。家庭农场经营者根据自身的价值观判断所要达到目的的利益从而采取与之相匹配的方式方法。在家庭农场的经营中，收益作为首要目标，农户通过合作的方式来达到目标。在访谈中不难看出，农民对于物质利益的需求排在第一位。松江区大力推行家庭农场，给予家庭农场主各类补贴及鼓励制度，无疑让每个农场主看到利益，经过成本与收益的计算与考量，农民通过选拔进入家庭农场，平均每户所得收入都比过去打工收入高3倍左右。

（1）家庭农场收益的优势

第一批的家庭农场主都会用区里下发的收入支出日记账簿详细记录下来自己每一次播种、除草、打药、雇工、收割等过程中的成本及收益。对于支出及收入，YYH、YRY他们心里的那本账非常清楚，由于政府补贴、农田收入相似，这里以他们作为典型家庭农场经营者为例。收入来源方面分为各类补贴及粮食收购费，有中央的补贴费用为每年一亩262元、松江区的补贴费用为每年一亩200元、上海市的绿肥补贴费用为每年一亩150元以及松江区的深翻补贴费用为每年一亩150元。农机补贴费用为中央45%，松江区10%；农药补贴每亩每年15元、回收农药瓶每袋10元，其中红花草每亩18元的农机支出，深翻每亩30元的农机支出。从补贴也可以看出，松江区补贴非常多，是典型的工业反哺农业的表现。

松江区这200块的补贴并不是都能拿上的，刚开始家庭农场的时候就是直接发给我们，现在越来越严格，那次农副主任开会，我就听懂了，发下来的纸头我可是逐字逐句研究过的，对于自己每年哪些钱拿得到拿不到，该争取拿的，心里都有个数。你看这个200元，有40元不是每个人都能拿全的。(访谈对象YRY)

家庭农场经营者具有经济理性，他们通过补贴的比对发现了如何在家庭农场经营过程中，通过最省力的方法得到最大的效益，将每一项补贴费用都精确计算，尽可能多地拿到松江区给予家庭农场经营者的这笔补贴费用。

以前没有国家补贴，那时候小麦0.98元一斤没补贴，现在1.18元一斤还有补贴。(访谈对象YYH)

从农户的细致计算发现，对于国家补贴的升降，家庭农场经营者非常关注，可以准确说出谷物价格、补贴费用等。

根据家庭农场有关规定，家庭农场经营户在夏熟作物、秋熟作物收割时，秸秆能全量粉碎还田，并且不发生秸秆焚烧的给予奖励，其中夏熟作物秸秆还田按实际还田面积每亩奖励40元，秋熟作物按实际还田面积每亩奖励40元。也就是说夏熟作物秸秆还田40元奖励基本每亩田地都可以拿到，而秋熟作物按照“三三制”并不是所有田地都能拿到，一般就是田地的 1/3 可以拿到。

我们每年会按照全村的地进行“三三制”茬口安排的划分，并不是每家的土地都能严格执行 1/3 深翻，1/3 绿肥和 1/3 二麦，而是基本保持整个村里家庭农场的田地是三三开。（访谈对象 ZHB）

A 村“三三制”是由村民委员会根据本村实情进行规划执行的，由于土地整合度、土质优劣、土地大小等因素的影响，不可能做到平均分配。村民委员会只能做到尽量公平，或者通过每年度轮换等方法，将土地进行流转并合理分配给每一位家庭农场经营者。农民期望土地增多以期得到更多的收益，这也要求他们与村民委员会以及各家庭农场经营者保持良好的合作关系。

他家连着两年都可以种二麦，这样挣的肯定比我们多，村民委员会每年这个调整不太合理，我有时候会找他们，但是也没什么用。（访谈对象 TQG）

对于家庭农场土地划分及“三三制”的规划也有不满的声音，由于分配不均导致种植二麦者相对其他家庭农场经营者收入会高出许多，这也造成了农民的不满情绪，在家庭农场的经营合作过程中，他们力争公平并取得更多的经济效益，将利益最大化。

以前家庭农场刚开始，都没人愿意去开会，村民委员会就每人发 30 元的开会费，大家才参加。现在都不发了。（访谈对象 YRY）

对于家庭农场日趋严格的补贴发放制度，最初几个家庭农场经营者表达了自己的看法，他们认为最开始有的补贴应该一直延续下去。农民对于补贴的计算一直保持着理性思考，对于每次发放的补贴都记录在心。但是由于家庭农场近期的显著成效已经激励了更多竞争者，因此相关补贴调整了形式进行发放。

2004—2005 年这两年，村民委员会为了清理土地垃圾残留，让我们把农药瓶、废弃袋子等从土里挖出来，装在编织袋里，一袋会奖励 10 元钱。（访谈对象 YYH）

在聊起土地垃圾清理和废物回收，家庭农场经营者记忆最深刻的就是每袋回收可以得到 10 元奖励，在他们看来，这是通过劳动得来的应得利益。通过对土地中农用废物的清理，一方面对于接下来自己承包耕种的土地百利而无一害，另一方面资金的驱使使得他们进行理性选择。

之前我们用的二麦药水都是直接发的，后来开始限制品种，我们为了麦子长得好都是自己买，这可也是一笔大的开销啊。(访谈对象 YRY)

在近几年家庭农场的发展中，政府对于家庭农场的政策有所调整，例如品种、种子、药水等经费不再由政府或者地方财政承担，将这份权利转交给农民，让家庭农场经营者更加自由地行使权利。这也导致了政府补贴在一定程度上的下降趋势，农民一方面希望自己可以行使更多权利，另一方面也希望在补贴上得到帮助，进而降低成本提高收益。

因为每年种多少亩由政府决定如何划分，对此，家庭农场主也有自己的意见，其中的补贴差价也让大家心有不满。粮管所收粮的价格是，水稻收购价每斤 1.55 元，平均产量是每亩每年 1200 斤，因此水稻收购费为每亩每年 1860 元；小麦收购价每斤 1.18 元，平均产量是每亩每年 700—800 斤，因此小麦收购费为每亩每年 826—944 元。但是这其中，水稻是承包所有面积都有所得，而小麦大概是承包田地的 1/3 亩。支出方面，土地流转费每亩每年 850 元，人工费也是笔不小的开销。选种、打药、除草、补苗、施肥大致算下来每亩每年 150—200 元。根据 YRY 的介绍，他的家庭农场为 165 亩，人员安排为，选种集中在 2—3 天内完成，每天需要 2—3 人，每人每天 100 元；打药水在分隔的 7 天来完成，每天需要 7—8 人；除草分为两个连续的 5 天，共 10 天来进行，每天也需要 7—8 人；补苗为连续 7 天，每天为 12 人左右；施肥为隔着的 5—10 天，每天需要 2—3 人；每个雇工一天的时长最多 8 小时，超时需要加钱或者送他们香烟，不到 8 小时也是一天的钱，因此，如何合理雇工，安排时间也是成本计算的一部分。

(2) 经济收益取向的农业技术偏好

为什么选择现在这种种植模式？单纯种植、机农一体、种养结合的道路，为什么选择单纯种植的方式，为什么选择机农一体，为什么选择种养结合？农场主也各自有各自的想法。

机农一体一开始要投资几十万的，我没这个资金；而且我虽然有农机证，可是我不会开拖拉机和收割机，这个理论考试和实际操作还是不一样的。(访谈对象 ZGQ)

谈到为何不选择机农一体这个先进且效率高的模式进行家庭农场的经营管理，家庭农场经营者大多认为，机农一体的前期投入过多，通过计算发现，自己年龄已经快到 60 岁，那时不能再承包家庭农场，而农机的使用寿命还未到。家庭农场后继无人，农机二手卖也卖不出好价钱，不如这几年通过租赁方式进行耕种和经营，更加划算。

租用农机合作社的农机和租用机农一体家庭农场经营者的价格一样，但是农机合作社可以一次租四个，而村里最多借到两台，效率成本也要算的，四台一下弄完省时省力。（访谈对象 ZAM）

家庭农场经营者通过例证进行确切计算，将成本与收益脱口而出，证明其先前的考虑和担忧，现在选择的种植经营模式是通过合理计算，理性选择产生的行动，符合其目标，可以达到预期内的效用最大化。

机农一体的创新方法可以使产量增高，效率加快，大大解决了农忙时节雇工短缺的弊端，与此同时提高了产量可以获得更高的收益。种养结合是把种植和养猪结合起来，不仅可以使用猪的粪便当作肥料节省成本，更可以补充农闲时节的闲散时光，这样在种养结合下，可以最好最快地利用好时间，增加近 1 倍的收入。对于选择只种植的家庭农场主来说，他们会计算好，有的还有 3 年（到达 60 岁）就不能继续承包家庭农场，那么对于农机或者饲养场的投入对他们来说并不划算，走机农一体路线的话，一是即使有了国家区镇的补助补贴，一台农机也需要大概 6 万元，而且农机需要保养，这也是一笔长期开销，农机也有寿命，种 150 亩的田大概能用 5—6 年，算起来不划算；年轻一点的如果没有资金可以投入农机或者饲养场的，也会选择在农闲时节外出打打零工，补贴家用，让日子过得更加充实美满。CLM 不选择机农一体而选择种养结合，对于搞农机一体还是在农机合作社借用农机，YYH 心里也有自己的算盘。

2. 农民的心理依赖

农民选择通过互惠合作的方式，在家庭农场中找回土地资源作为资产，来实现自身保障的持续性，是农民心理依赖下新的发展途径。在城镇化过程中的压力、不认同成为农民回到农地进行家庭农场经营的内驱力；对土地的那份尊重、思念的责任感，对家人的牵挂以及对于自由的追求等多重因素影响下，农民的行动逻辑得以展现。

在城镇务工过程中，农民由于缺乏非农务工的相关技巧，打工一般做的都是苦力活，辛苦之外还有安全隐患，身心都得不到保障。外出务工的农民认为城镇中务工的发展前途渺茫，其身份无法得到认同，非农务工带来的一系列高风险和无安全感与日俱增，使得农民在务工过程中多少有些不公正的感觉。农民生存在城市边缘，地位和权利都受到一定损耗，使得其被剥削感加重，这些心理压力更加促就了农民对于土地的思念与乡村秩序的留恋。

当外出务工农民看到现在城镇化导致的种植业利益降低以及务农的艰辛导致上海本地的中青年人不愿从事农业，而本地务农多为外地文化、技术、素质相对较低的外来人员，也随着本地大多老年种植能手的自然退役，致使农业人员后继无人的现象非常普遍。许多外来务农人员承包农地，不仅难以形成稳定有序的农业规模化经营机制，更是导致土地营养流失因素之一。如此频繁的流动性使农业规模无法恒定增加也无法将农业经营的持续性延长。外来农民在欠缺资金、技术指导、耕种技巧、常住旧居的形势下，采用的粗放型耕作方式使得世世辈辈耕种于此的农民觉得可惜和不值得。在这种形势下，本地农民肩负着一种责任和使命想要回到土地进行重新整合经营。

承包家庭农场的农场主对于家乡的眷恋、家人的思念以及土地的热爱是他们选择家庭农场的另一个因素，这些都是承包家庭农场的心理依赖。在外打工 20 多年，也许已经习惯了城里的喧闹和淡漠，在城里不适应城市的节奏与氛围，认为城市人与人的关系过于疏远不够亲近，不习惯城市的生活，因此多数农民内心中情系家乡，从小的生活环境是那么熟悉而温暖，回村才是最好的归属；在家里父母年迈之际，子女确实无法割舍家乡的亲人，更愿意陪伴在他们身边，给他们照顾和关爱；回到脚下这片土地，这是最熟悉的土地，从小耕种于此的土地，这才是每个农民最擅长最喜爱的事物，在外打工并没有特长文化，只是做一些体力活，有的跑运输，有的做泥瓦工，这次家庭农场模式一出，大家看到了希望。

另外，在谈到现在生活和以前哪里不同时，家庭农场经营者都纷纷表示，现在的时间是自己的，不再任由他人控制。自己可以按照自己的各项事务安排平时的日程安排，而不是务工过程中一味的朝九晚五、简单乏味。这是一种对时间自由的追求，每年种植的规划，每天早中晚的安排，都由自己做主，更发挥了农民自身的主观能动性。而且在空间上更加自由，由于承包家庭农场后，工作方式发生了改变，工作地点环境空间也发生了改变，不再是工作地点到出租房的“两点一线”的生活，农地是现在多元化空间场域的扩大，这使得家庭农场经营者在空间上得以实现自由。

二、农民合作发生的外部条件

1. 农业的特殊属性

农业是人类发展的基础，是人类生活必需品的来源。尤其是农业中的种植业，会受到天气气候等自然条件和作物的变化而对生产产量造成影响，也因此导致农业劳动不能像工业、第三产业那样按照上班时间、流水线程序计算劳工时间与效益，农业劳动不便于计量和监督，更会因为天气变化等因素导致收成的变化。如此看来，发展农业需要农民走出一条新型道路，即以家庭为单位的劳作方式，耕种规模化的农场。

松江区这种以自耕农户为主要特色的家庭农场制度较好地激发了农户的耕种积极性，生产效率和效益都有明显提高。推行适度的规模化土地经营应该将现有的碎片化土地的经营管理格局进行改变。由于赋予每个农户经营权而导致农村中形成户户种地局面，因此土地规模过小且分散。松江区家庭农场需要将土地进行合理化流转，将土地集中到少部分农民手中，土地进行重新划分规划，每户家庭农场经营者得到适度规模并且整块的土地来经营。

2. 政府的农业服务转向

上海市松江区家庭农场探索的初步成果离不开地方政府的政策支持和农业服务，松江区给予家庭农场主购买农机的补贴、贴息贷款等的扶持，以及购买水稻保险的保费补贴等。其他地区尚欠缺针对家庭农场的扶持政策和补贴帮助，松江区现已投入大量资金用于家庭农场的保险、补贴、设备，为家庭农场的经营提供充足的农机设备借用、良种配备、水利设施、技术技能培训等一系列服务，有助于家庭农场生产经营的顺利进行，提高了谷物生产率，拓展了农业市场。

3. 政府领导考核机制的驱动

改革领导干部考核机制，促使各农村形成重视农业的良好氛围。松江区对领导干部的考核有所变动，现在执行差异化考核的方式，即按照不同的地区拟定不同的考核标准。例如在上海市松江区 M 镇，属于在纯农业的浦南地区，这里农业发展的路径和重点在于农田农地的耕种、农产品产量质量的提升，对于耕地的保护情况、生态环境的维持和延续、集镇的开发与建设以及农民服务等方面进行查核，考核成绩优异的领导干部不但可以获得嘉奖与殊荣，也可进一步提高自己的地位。

4. 科学技术的支撑

科学技术在现代社会中的飞速发展为人类带来的便利和财富迅速累积，农业中科技的运用也帮助我国农业解决了急需解决的诸多问题。农机的发明与运用使土地规模化种植收割成为可能，耕地过程中从播种到收割，全都可以通过机械化方式进行，不仅有更高效的运作，节省人力，也增加了经济效应。肥料、农药的研制也将土地更加高效地利用起来，单位生产效率提高，产量增加，种子的品种也有突破，增收出高品质高产量的谷物。此外，通过现代互联网信息等科技手段，村民自发组织的互助会可以通过运用最新咨询手段，有效快速地了解第一手天气、农业种植、市场等资讯，并进行交流探讨。

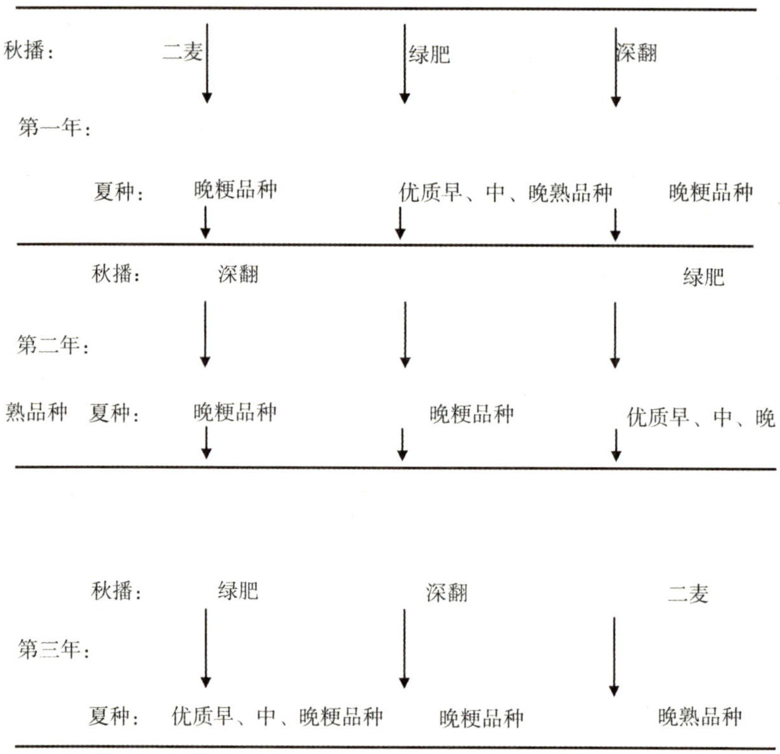

图 4-2 家庭农场“三三制”模式图

第四节　农民之间的合作逻辑

一、农民合作过程的产生

在市场经济模式下，合作在农民生产生活、交际互动中变得越来越重要，这使合作产生了组织，形成了家庭农场。然而其形成的过程并不简单，首先农民对于征地的心情和态度都是复杂的。虽然土地的农业收益显然低于非农业收益，但是农民大多对土地流转等心存疑虑，积极性不高。土地是农民的主要财产性资产，在没有达到其价值预期的情况下，农民不会轻易将其流转；其次农民对土地有着特殊的情感，土地种植后继乏人。2007 年下半年，上海市松江区在全市范围内首先发起摸索家庭农场的经营，进行 100 亩左右规模化经营。那时以集体或者个体进行农机服务，集体服务队伍服务意识不足，管理松懈，服务意识不强，个体散户配备不良、服务能力不足。同时，也正式开始了家庭农场的试点，将土地流转后，招募可靠有能力的本村农民应征家庭农场经营者，对于农民来说，这是机遇与挑战的并存事物，他们是如何权衡是否应该加入家庭农场，又是什么驱动了他们最终的决定呢？

在选择承包家庭农场过程中，每位家庭农场经营者的行动都合乎理性，在他们获得足够的有关于家庭农场经营、政府决策、村民委员会支持、家庭农场效益等有关信息后，根据这些信息进行分析和计算，认为承包家庭农场是当下他们可以获得最大利益的目标方案，因此选择承包家庭农场。

之前我在厂子里管建筑材料，管了 20 多年，9 年工龄，没到 15 年，于是我找关系把自己挂靠在一个医疗设备厂，在那边做的一年让他们那个车间主任非常信任我，我们关系处得比较好。这样我也有地方交金，承包家庭农场以后也不怕没有保障。（访谈对象 YYH）

在家庭农场模式出现之前，YYH 等人便有了承包土地自己耕种的想法，他们认为承包给外乡人不如承包给自己，希望通过注册农业合作社的形式将土地流转，形成规模从而进行雇工种植耕作的方式进行经济作物的种植，谋求经济来源。恰逢松江区倡导家庭农场机制，在经过村民委员会人员的一番介绍后，YYH 等人对家庭农场有了初步认识，并且从中看到利益，便主动要求承包家庭农场。

他们对田地就是无限制地利用，地都不好了。同样收承包费，为什么不是我们本村人自己来种呢？所以我当时就提出来我要种田，我想搞个承包，刚好村里实行家庭农场，就开始了。（访谈对象 YYH）

作为有实力的行动者，YYH 在掌握足够多的信息后，了解了家庭农场的经营理念，村民委员会给予的支持，承包家庭农场预计获得的效益等信息后，进行了有目的的选择，即选择承包家庭农场。

一开始我觉得肯定不行，我不太会种田的，怕种不好。（访谈对象 ZCY）

ZCY 曾在建筑公司做水电工，2006 年下岗，后来自己去找了份厨房设备管道工的工作。在 2009 年某次回家的时候，ZCY 听说了家庭农场，也看到村里张贴的通知，但是他有些犹豫，但最后还是在家人的鼓舞下报名参加。在这过程中，达成了与村民委员会的洽谈与合作。

在合作的行动过程中，行动者还考量了自身的实力情况，以及预计后果如何，ZCY 在这个过程中会有很多担忧，将风险因素考虑进去。认为自己能力技能方面可能有所欠缺从而导致农田收益不好等情况的发生，这也是理性选择下的判断。

XDF 那个时候没我可不行，我们帮他干活也不会收费，而且我懂怎么种，教教他啊。（访谈对象 YYH）

在承包家庭农场的耕种时段，由于 XDF 相对他人较欠缺种田技能，因此多求助于经验相对丰富的 YYH 帮忙，XDF 将自己对资源的控制权转交给了他信任的 YYH，并相信这样能得到最好的结果，得到自身预期的效益。

雇工并不容易，有了他们俩，再加上他们家人，差不多再雇个两三个就够了，这样比较省。（访谈对象 WXD）

在初期家庭农场经营过程中，第一批家庭农场经营者三人自发组成了互助小组，对于农业知识的相互补充学习，农忙时节的相互帮助，从而节约时间及劳力成本，形成互助机制，农忙时节互帮互助，对于他人的帮助，每个家庭农场经营者都很有感触。后来 2009 年那一批的家庭农场经营者多是在外打工，回村后听说了家庭农场的模式和效果，争相报名，经过层层选拔考察评比后，得以承包家庭农场。

跑卡车黑白颠倒，也顾不到家里，危险系数高，后来2011年有次偶然的机会，我在电视上看到咱们村搞家庭农场，当时觉得这个好，农民本来就是我们的身份，我就把卡车卖了加入了家庭农场的承包大军。（访谈对象CLM）

CLM于1971年出生，是A村最年轻的家庭农场主。17岁初中毕业后便出去到工地里打临工，后来参加了乡镇企业考试，通过后进入乡镇企业，每个月拿着100元左右的工资，后来乡镇企业效益不好便又去做了泥工、油漆工。后来又到私营企业做了销售，卖汽车润滑油，2007年自己买了辆卡车开始跑运输，常年不在家，睡不好觉。

我当时听村里人说家庭农场好，我就来看看，一看比鱼塘挣得多，我就申请了。我现在是126亩，我明年就承包150亩了，我用以前攒的钱买了农机，搞机农一体方便不少。（访谈对象ZAM）

在家庭农场经营过程中，相对分散、弱小的农民会自发联合起来，保护自身利益，降低经营风险，实现农业规模化。因此，农民自发形成合作，承包更大规模的土地，并且相互交换资源，在平等互利的家庭农场经营模式下，将自己的利益达到最优，使得家庭农场的经营与发展具有更加广阔的空间。

那时候我们没钱，想挣钱就想承包家庭农场，可是为了承包家庭农场的启动金也是想尽各种办法，我们把自己多年的积蓄拿出来，还向亲戚朋友借，每年850元一亩地的租金，我们好不容易凑齐了。（访谈对象CFG之妻）

ZAM在2006年前一直做泥瓦工，2006年转去承包鱼塘开始养虾，直到2009年，听说了家庭农场这个新模式后，立即加入家庭农场经营队伍；CFG的妻子也表示当时初期虽然很困难也去借钱承包家庭农场。

行动者在目标实现过程中，会遇到各种不确定的因素的干扰，CFG一家作为家庭农场经营者，在承包初期因为资金短缺影响了他们的进度，受到了条件的制约，但是为了达到目标，他们会想各种方法，以最有效的方法解决难题从而实现预期目标，达成效益的实现。

二、农民合作的行动体现

农民合作自古有之，只是表现形式千变万化，即使是分户进行土地耕种，也少不了农民之间的合作。在生活中他们邻里之间相互帮助，在生产中他们互相指导，在信息上的互通有无，都属于合作范畴。这并不是一种组织化或者制度化的产物，而是由农民自发形成、通过他们之间的默契和信任实现的。这是一种少支出、低成本而又有收益的合作方式，是一种理性化的选择。

农业市场化不断发展的背景下，带来了农民进行计算成本收益的结果，各类农民组织自发形成，经营方式也日趋多元化并且丰富起来。家庭农场经营者是利益的直接受益者。在家庭农场的行动中，农民相互之间、农民与村民委员会之间都存在着利益关系，他们拥有着不对等的资源，任何一方并不能控制所有满足自己的资源，因而在家庭农场经营过程中存在着资源的交换，即此种利益驱使的人际互动。农民之间出于利益的考量，自发形成两个鲜明的互助组，在其中，家庭农场经营者交付自己的资源由组内成员共享，以换取更多自身缺乏的资源，形成互换，达到效益最大化。

1. 农民之间的竞合

根据村民委员会相关人员的描述，当地家庭农场经营户之间关系是一种互帮互助的形式，所有家庭农场经营户们积极自发地组建了一个互助组，在组内探讨家庭农场经营经验。然而观察表明，当地的互助组分为两类，其共同点在于都由家庭农场经营者自发形成，一类由第一批家庭农场主协同离他们田地较近的新的家庭农场主；另一类是几个年轻一些，专注于种养结合和机农一体的家庭农场主。这其中的竞合也体现出农民的行动逻辑。通过农民之间的竞争与合作，农民可以在家庭农场经营过程中极大地降低生产及人力资本，从而从中赚取利益并有效降低风险提高抵御风险的能力。

第一批承包家庭农场的 3 位农场主自然形成了第一个互助小组，YYH、YRY 与 XDF 3 人，经常聚在一起讨论讨论谁家的地该播种了，应该种什么，什么时候种，种多少；谁家的地该施肥了，施哪种肥，量是多少；谁家地要收割了，3 人时间排开以便互相能有个帮手搭一搭。在家庭农场主中，农场主自发结合组成互助小组，有同一批承包的，有相互聊得来关系好的，有农场距离近的。互助组相互间也会对彼此有一个评论，一些竞争。

博弈论探讨了竞争过程中合作的特殊性，即家庭农场经营者之间的竞争需要合作的存在。如果在不合作的情形中，一味成全个人行动者效益最大化的话，会造成不良的影响，个人即家庭农场经营者就必须在其中作出选择性的牺牲并且考虑是否需要帮助他人。因此家庭农场经营中，行动者进行自身的理性选择时，也考虑他人的选择，至此合作便是竞争中理性选择的结果。

（1）竞争

在一次家庭农场会议时，大家一致推选 YYH 作为大家的发言人进行发言，这也体现了 YYH 具有家庭农场精英的身份。然而在之后多次分别进行的访谈中，另一互助组的家庭农场经营户多多少少发表了对于 YYH 的看法。在一次两位 B 互助组的成员正在进行访谈时，A 互助组的 YYH 参与进来，B 互助组的两位便不再多说什么。这其中有一位 CFG，不属于任何一个互助组，平时有自己的城管工作，没有和两个互助组有过多来往，他也是在这些农民中种田时间最久，具有长达 40 多年经验的老农民，并且以自己是上海第一届高中毕业生而引以为豪。在家庭农场中，他认为每家每户都了解，可是都事不关己，将自己的 140 亩地管理好种好就行。

当时别人晒谷子，说要去镇里测量谷子水分，我拿起来掐了一下，再嚼一嚼，说 18 点水分。后来他去镇里测量还真是 18 点。（访谈对象 CFG）

他也认为自己是全村家庭农场经营户中最会种田的人，说起自己最得意的事情，CFG 也聊起自己的女儿今年已经 36 岁，在超市做收银员，女儿非常想回家继承父业，CFG 也表示自己一定会手把手教给女儿所有种田秘籍。

有的认为 YYH 的产量其实都是虚报，并没有比大家伙儿高，差不多都是每亩每年 1200 斤的水稻产量。

我们种地就是诚实，不会虚报，他是想去争那奖励的 1 万元钱。（访谈对象 ZAM）

种植紫云英的时候，我们就用机器拉沟，他嘛一定要人工，机器一天才花 15 块一亩地，人工每天只能推两条沟，算下来 150 块一亩，你说他 100 多亩地怎么可能全都人工来做？也就路边 20 亩用人工，就是为了做样子，产量算起来，人工和机器还是一样。（访谈对象 ZCY）

虚报又没关系的咯，也不会有人查。（访谈对象 XDF）

有人认为他总是搞关系，才能得到领导赏识。

他没事就跑去镇里农业服务中心、区里技术推广中心跟别人搞关系，我们只管自己种田能种好就行。（访谈对象 CLM）

他有大概 20 亩田的位置好，在大路边上，领导一来就能看见，就把那 20 亩田整理好管理好就行。（访谈对象 CFG）

以前也有记者采访我，我都说了大实话，他们采访了几次就不来了。（访谈对象 YRY）

他和 YRY 关系好，不就是因为 YRY 家有农机嘛，耕种收割都方便多了。（访谈对象 ZAM）

家庭农场经营都是家庭农场经营者本人和他的妻子，再加上各自的父母形成了劳动力资源，谁家老人多一些，身体健康硬朗也是一个优势；再加上农机的配合，因此，互助组的形成也会考虑到这些因素，而不仅仅是谁与谁的关系更加融洽。

有人还对与 YYH 的相关报道提出质疑。

环保达人？呵呵，那时候村里要求大家清理药瓶，捡满一袋 10 块钱。（访谈对象 CFG）

“出芽能手”这个说法，我觉得他不及我，我从小种田，他之前做建筑材料的哪会种田啊，都是现学的。（访谈对象 CFG）

“YRY 我们都知道的，身体不行，都是靠雇工和家里人。”“跟他们合不来，也不想合得来，不想和他们走得近。”（访谈对象 ZAM）

A 互助组对于 B 互助组也有许多言论。A 互助组由于其经验多时间长而对 B 互助组的做法、想法有些看法。A 互助组认为 B 互助组的人不认真看政府下发文件，搞不清楚每年能拿多少钱，算不清也不去记账。

每年这个 200 元，他们拿不满，就开始抱怨，可是他们就没搞清楚这个本来就不可能全拿，平均每人每亩每年拿 180 元差不多了。（访谈对象 XDF）

A 互助组的成员还认为 B 互助组的人不专心种田。

他们在农闲的时候还出去打工，你说精力分散能种好田吗？（访谈对象 YRY）

我们有经验，种得好，也不需要看他们的怎么样。（访谈对象 YRY）

我们都用那个记账簿的，每一笔很清楚，买了什么花在哪里，都很详细。他们不记得，就知道个大概。(访谈对象 YYH)

关于账簿记录，CLM 对于家庭农场具体收益和支出的费用，表示具体的都没怎么记，心里知道个大概。

支出的话，土地流转费是每亩 750—760 元每年，加上灌溉费下来是每年 850 元每亩，化肥差不多 200 块每亩吧每年，农药费差不多 120 元每亩地。像我们老家庭农场经营者了，我们都会看苗看天气，稍有不对就立即反应，这叫应变能力强。(访谈对象 CLM)

我们也更认真，早上晚上各看一次田里的种植情况，从不疏忽怠慢。(访谈对象 ZCY)

在家庭农场资源相易的过程当中，每位行动者看似为他人着想的举动背后都是希望通过资源互置为自己带来利益。这个交换行为在家庭农场经营者看来不仅是自觉自愿的也是互惠共赢的。

在家庭农场的经营中，通过家庭农场内部的竞争和选择形成了资源的互换。在这个相对封闭的亚系统中我们探寻存在于整个社会系统中的农业活动。在家庭农场经营中存在着竞争关系，双方为了争夺资源和利益因此在这个亚系统中相互依赖并需要交换资源，行为外部的行动者与资源为家庭农场经营者提供了安全信任的交换环境。

(2) 合作

在斯科特的互惠伦理中，双方达成合作。一方对另一方提供了帮助，不论施助者是否要求其偿还，被帮助者都有义务以各种方式进行回报，回归方式、价值和期限都没有特别明确严格的规定①。在此框架下，我们探究到农民中的互惠合作如何得以展开，施助者与被帮助者的关系如何处理，合作中的行动逻辑又是如何得以体现。

我都得教他的，没了我可不行。就说除草吧，时间把控很重要。除草剂要下 20—25 天，每 4—5 天是一个周期，这期间一定不能断水，种田就是要这样，粗中有细。(访谈对象 YYH)

互惠合作的义务适用于同等地位的各个主体之中，在家庭农场经营过

---

① 詹姆斯·斯科特：《农民的道义经济学：东南亚的反叛与生存》(程立显、刘建等译)，南京·译林出版社，2001 年版。

程中，农场主之间以这种互惠方式交换着各自的资源，使自身资源最大化最优化。从而形成合作关系。

关于报道中我是“出芽能手”，这个确实是。我十几岁就在生产队做管理工作，那时候200多亩田，100来人，都是我来记工记账管理的。出芽之前种子要泡水48小时，这方面我从小就优秀。像XDF就没办法出芽，都是我帮他。他肯定得感激我，要不他哪会种田，我帮助他嘛，他心里也清楚，每次呢我们不谈钱，但是会给我两条烟，这个也差不多的。（访谈对象YYH）

在农民合作过程中，内生出的互惠交换，看似不计较得与失，帮助的多与少，对于回报并没有作精确的计算，也没有相互的讨价还价。但是家庭农场经营者心中有把量尺，对于得到的帮助会以金钱为标准进行衡量，通过赠送礼物进行交换和补偿。

种田嘛，不会可以学，主要是态度好，要谦虚，经常去看看别人的田，大家讨论讨论，相互学习才能进步。（访谈对象YYH）

家庭农场中各家庭农场经营者自发形成的互助组通过合作的形式经营发展具有效率高的优点。一是家庭农场由家庭成员自身经营，不需要对雇工进行监管，但是在雇佣关系的大农场中，员工们总是或多或少有道德风险问题的存在，而且因为农业管理运作中分布广泛，所以监管是不可避免的，因此产生代理成本。二是家庭农场经营者通过合作可以更加轻松地应对许多自然界带来的风险，进行风险控制，天气变化多端、生产地点的灵活性，多变化的自然条件都需要合作进行风险规避。三是家庭农场经营者是自己为自己打工，是生产利益的直接获得者，通过合作对于合作双方都会带来更高的收益。相对雇佣工人会更加尽心尽力，产量和质量也会更高。

YYH是最老的一批，不仅会种田，人也活络。他会经常来帮助我，我是最新的一批，多亏了他我才能跟上大家的步伐把田种好。每年出芽的事情特别让人伤脑筋，出芽是最重要的环节，如果出芽不好直接影响产量，在这个问题上我每次都是找YYH帮忙，我们住得也近，他会专门跑我的田地里看看情况，然后教我如何控制如何播种。（访谈对象XDF）

家庭农场经营过程中，农民的理性体现在他们之间的人际互动和社会交换中。为了交换资源而去人际交往并进行合作，以得到自身所缺资源，交换后即可达到目标。在此之前，他们需要考虑一切会影响到目的达到的各类因素。

在这其中，农民互助组的能量不容忽视，三五个家庭农场主定期聚在一起，分享成本与利润的心得，如何最大限度削减成本获取最大利润的同时，可以保质保量地产出，是每位农场主的必修课，也是每位农场主迫切希望的。

> 靠着这些年在村里的好口碑，村里固定雇工大都65岁，在农忙时节，都会帮我们一起喷洒农药、收割谷物。（访谈对象YYH）

春去秋来，家庭农场主们几个老伙计打成一片，情同手足，春节之际，YYH还会请大家伙儿一起聚聚，尝尝新鲜的稻米，共同分享丰收的喜悦。

农忙时节，大家伙儿除了叫上自己互助组里的人，还都需要找雇工帮忙，村里60岁以上还能干农活的就那么几个人，因为争抢雇工也会有一些摩擦。有的家庭农场较大，一次需要七八个雇工，其他家庭农场便找不到人，在缺人手的情况下放缓了收割的进度，对产量也有一定影响。

> 他们跟我好，都会来帮我，其他人家叫他也没用，我老早就预约了，最多我这边忙完去他们那边帮个忙。（访谈对象YRY）

而CFG由于自己城管身份，人脉较广，也没有参加任何互助组。每当农忙时节，叫上自家亲戚，从认识的就业人员中叫上几个可信、关系好的搭把手，也从来不会和两个互助组的雇工有冲突。

因此通过合作，分散的每户家庭农场经营者联合起来，降低了成本支出，把控了风险，提高了生产效率，增加了利益，加强了农民在农业发展过程中的主体地位。合作在家庭农场经营过程中，并不是同质性的合作，而是一种专业的合作，在这其中进行合理分工从而达到多方共赢的局面，合作中不断产生出新的合作关系和生产要素，从而进一步提高生产力的发展和利益的实现。

2. 农民自我能动性的凸显

家庭农场经营者在进行理性选择时，在追求最大效益的过程中，会考虑多方面因素，策划出多种具有可行性的策略，不同的策略选择会导致不同的结果，每个人主观上的偏好选择也略有出入。由于行动者经验、知识、环境的构成不同，他们会有各自不同的选择。因此在承包家庭农场后，每个家庭农场经营者有着自己的看法理解去执行自认为最优的选择。

（1）无经验者的初探

57岁的YYH在2005年从做了多年的建筑行业转行去镇里一家私营企业打工，每年收入不到3万元，而今，YYH夫妇年均收入在10万元左右，是原先打工工资3倍之多。

访谈中YYH谈到，从十几岁起，便细心耕作于这片自己熟悉的土地，不同的是30多年来自家的土地只有两三亩，主要解决自家口粮。曾几何时，YYH也想过，要承包土地，扩大面积，他认为“农业和农产品是永远都不会过时的”。在这条自主选择的道路上，他不断前行，力争上游，从承包12.3亩农田开始创业，一步一步成为当地群众眼中的种地能手家庭农场主。他每天早上5点就早早起床，去田里转转，像爱孩子般呵护自己的田地，看着麦苗稻花的舞动，让YYH更加坚定自己最初的选择。从春播、夏管到秋收，每一个环节都事必躬亲，平时也积极参加松江区农业技术推广中心组织的家庭农场实用技术培训，坚持查阅资料，看哪种肥料含氮量高，哪种农药除虫害好，每天再辛苦都认真记录，不仅使种田更具科学性，同时不断增加丰富的种植经验。他种植水稻小麦适时播种生长平衡，长势又快又好产量高，病害少。绿肥的选择也有四种，紫云英即红花草，油菜、小青菜和蚕豆。每年都是M镇A村高产创建示范方，给其他家庭农场起着模范带头作用。

但是在探索家庭农场经营的路上遇到过艰辛与挫折，YYH说起2010年，承包地里突发病害的过往仍记忆犹新。当时他们最早一批的家庭农场经营户3人都用了123号稻谷种子，没想到这类种子易发病，地里突发病害，稻秧成片倒下，YYH非常紧张，找遍了村里的老行家，他们都说是几十年没见过的情况；找到镇里农技所专家到田里检查检验，也没有查出病因症结所在；情急之下，YYH只好靠自己平时累积的经验，所学的知识去自己制作配方给稻秧进行救治，可惜最终还是无法挽回，这次损失惨重，打药水、劳力花了不少钱。经过这次惨痛的教训后，YYH并没有气馁，反而想出了新方法策略来应对这种危机。他学会了一年同时播种两个品种的策略，这样便有了保险，可以保住本钱。说起这件事时，YYH精神振奋，聊了许多。

就跟人得了癌症一样，他需要化疗啊，那种作物也是一样，我每天去看，自己找技术部门问情况，让他们来看，也没治好；自己又去找有经验的老农民也搞不清原因；只好自己按照经验，再向卖药的人请教，自己不断摸索之后调制药水，给作物进行每天一次的“化疗”。虽然没治好病，可是我这个自主探究的精神还是很值得赞扬的，我也学会了以后选种的时候不止选一种，选两种，我现在就是种的114品种和134品种，这样的话，一种病了倒了还有另一种，不至于亏损太严重。（访谈对象YYH）

CFG两口子回忆起去年的台风天气对于播种的影响，一切还历历在目。水灾导致水稻稻谷种子泡在水中，严重影响了出芽。

种田也要看天气啊，去年我们家刚播种就这样，产量很低，好多种子没能发芽，收入一下就少了。（访谈对象CFG）

理性选择行动中，会受到许多不可预估的因素的影响，正如上文提到的天气等问题，会严重影响到农民的理性选择行动的目的，降低当年的谷物产量，减少收益等。这些难以预料的后果会提醒行动者在家庭农场经营过程中不断调整，以求尽可能达到合理最优状态或者提高下次事态发展的把控能力。

（2）农业新技术的探索

首先是种养结合。

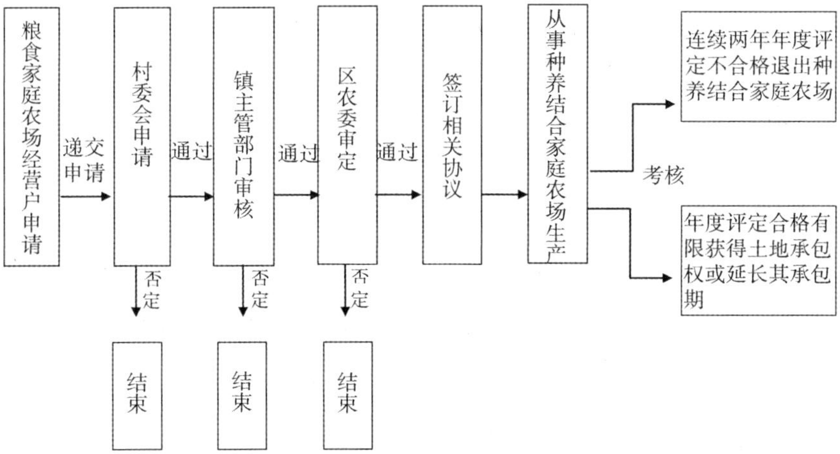

图4－3 种养结合准入流程

CLM在2011年进入家庭农场之前一直用自购卡车跑运输工作。那一年5月，一次偶然的机会，他在电视上看到一条关于松江区家庭农场的新闻，看到已经颇有规模的家庭农场，看到政府一系列惠农支农政策的倾向补贴，突然心动，也想回家里田地大展身手。11月，通过自己的努力和父母在家乡的威信，成功获得了家庭农场主的承包权。第一年是不断摸索的一年，由于是家里的独子，从小从未真正接触过种田，比较陌生，然而通过一年的了解和辛勤的付出，让他既尝过苦头也尝到甜头，对这方土地也爱得深沉。但是一年下来，他认为农忙时节只有半年，既然回到家乡就该大有作为，于是他向村民委员会申请了种养结合模式，这样既环保，又能让其充分利用时间，也帮助自己有更大盈利空间。2013 年 7 月 31 日，CLM 终于如愿以偿申请下来了种养结合。

那时候我看新闻就喜欢这个模式，生活又充实，也多一门技能。我又实地考察，看了我家对面腰泾村那家的种养结合，一年养三批猪，忙得不亦乐乎。我这个人也闲不下来，你看看我这些年做过的事情就知道，我都喜欢尝试尝试。（访谈对象 CLM）

这个都是镇里免费提供的，从这个梯子爬上去，把饲料倒进去，在下面拿着盆子接饲料就可以了。（访谈对象 CLM）

由于其地理位置属于 M 镇农田的核心区域部分，因此各级领导对这片地的要求尤为严格，管理更细，农田整洁度要高。他在这个过程中，坚持种好粮田、抓好内容并且服从指导。访谈那天正巧农技中心前来关心，不仅录入了家庭农场的有关数据情况，更是与农场主攀谈了解家庭农场发展情况，提出相关对策指导。

对于水稻种植，GLM 虚心向其他有经验的家庭农场主请教，并积极参加培训课程，不懂就问，现在也逐渐形成了自己的种养体系。他认为秋播规划是十分重要的，如何合理科学地运用“三三制”所带来的经济及生态效益，为第二年的增产增收打下良好基础。他也提到，对于田间及周边环境的整治也不容小觑，机耕路、外围沟及水沟的清理，使得一条一条的沟渠整洁平整畅通无阻。

随着农业快速发展，机械化水平不断提高，CLM 也不断提醒自己跟上时代步伐，积极响应，通过培训获得了拖拉机、收割机的操作证书，争取早日实现机农一体化。种养结合模式使得猪产出的有机肥可以代替化肥，既省下了农肥的大部分开支，又能确保猪肥不会影响环境，不会污染，这样创立了一条循环生态的产业链即种养结合，从而形成了以家庭为经营主体的种养结合农业循环生产模式。在种植农作物的同时进行生猪饲养，既能解决土地的肥料来源，还能补充利用农闲时间解决了家庭农场经营者没活可干的问题，同时增加了收入。在家庭农场之前的养殖都属于小范围养殖，没有形成规模和专业化流程。生猪养殖不仅欠缺疫病防治等手段，还造成周围脏乱差的现象，农户也相对缺乏管理经验，使得分散的养殖不成系统，也达不到预期的收益，农民进行生猪养殖所得的收益不如去城镇打工的收益高，因此大多数农民宁肯外出打工赚取生活费用。为此，上海市松江区家庭农场探索出一条新的道路，即种养结合，这种模式不仅增加了农民收入，充分利用农闲时间，并且形成了规模化专业化的气候，对生态环境也起到了促进和保护作用。由上海松林畜禽养殖专业合作社进行系统化经营，合作社提供饲养过程中所需的猪棚搭建、苗猪、饲料搅拌器和饲料等，并派专门的技术人员前来解决问题，指导家庭农场经营者如何进行苗猪饲养，如何将猪的粪便变废为宝，运用到农田的施肥上面，节省肥料并且提高肥料效力，做到了安全无污染和环境生态保护。在这其中农民通过了解政府给予的各项电费、饲料费、设备维修费、生猪保险费等各项补贴后，加之合作社给予的苗猪提供和技术指导，家庭农场经营者通过考虑自身农场优势，比对各户后决定是否申请种养结合。

养了猪以后，肥料的支出都变少了，用以前的2/3的量就好，其他都是猪的排泄粪便，又天然又省钱。每亩地可以省到30块左右。（访谈对象CLM）

CLM的家庭农场运营时间紧凑，将种养结合引入自己的家庭农场后，不仅要与松林合作社保持密切联系，引进它所提供的荷兰托佩克种猪，苗猪相比自己买的苗猪的生长速度更快、猪肉质量更优、生猪体质更好、繁殖能力更强。而且平时对于苗猪的管理上也需要注意其健康状况和病疫等问题，也有可能因为一头猪染病而传染其他苗猪，要在日常饲养和管理环节严加把控，以期降低养殖中不必要的风险。

1月2月3月，这三个月专心养猪，100多天可以养成一批肉猪，一年下来养三批左右，每批550头。4—5月便开始整理地块，深翻、种绿肥，为接下来的农忙做准备。5月底开始特别忙，因为不仅种植水稻，进行播种，还会新进一批猪，接下来的这三个月会非常忙碌，每天早上5点半起来，6点半喂猪，之后去田里除草，这段时间特别忙。（访谈对象CLM）

在运营家庭农场过程中，CLM 经常主动帮助其他家庭农场主和农民，在耕作过程中，自发地与其他家庭农场主结对互助，一起畅想未来。CLM 不仅种好自己的地养好自己的猪，还对家庭农场有自己独到的见解，他认为美国等国家可以种植成千上万亩地，得力于其高度机械化的水平及其人少地多的条件。而在中国，也可以不断加大机械化力度，让优秀家庭农场主更加发挥其自主能动性。"想学习美国那样，承包更大的家庭农场，我想要承包大概 800—1000 亩的地，对这里进行商业模式的管理。"承包更大更多的地，真正走上现代化农业道路。

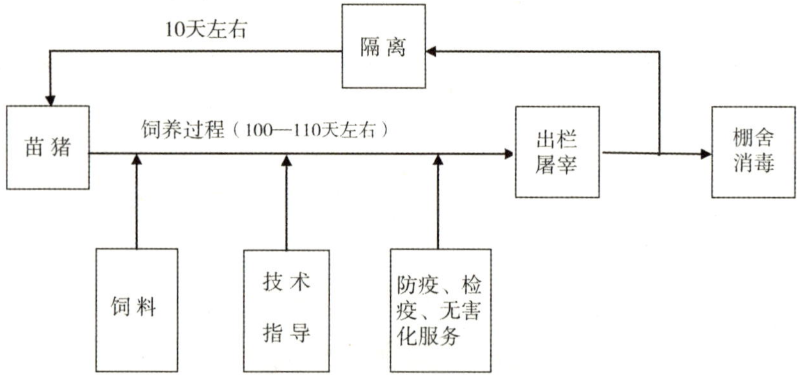

图 4－4　种养结合生产流程

其次是机农一体。YRY 也是最早一批的家庭农场主，主要种植水稻和小麦，前两年吃过不少苦头，由于当时机械化程度不高，谷物晾晒需要人工完成。如果天公不作美，晾晒的谷物必定遭殃，产量就会大幅度下滑，效益可想而知。在他看来，看天气决定的风险极大。"如果产量在 1000 斤以下，那就是负收入了。"还记得第一年就遭遇这个情况，下雨后虽然及时找到村民委员会，借了烘干机还是无法弥补造成的损失。现在提高机械化水平后，谷物可以及时烘干，大大提高了效率，降低了风险。在聊起自己的想法时，他谈到首先他的近期目标是在 3 年内可以承包 300 亩田地，并且自己想开一家农业合作社，注册属于自己的产品商标，希望可以有朝一日自己选择想种植的品种，并将其包装推广，在市面上卖个好价钱。

在农业逐步发展，农业经营体制不断创新的今天，农机专业合作社也逐渐产生出一些弊病。农业属于季节性耕种方式，需要农机的时间短也较为分散，农机的利用率得不到最大限度的利用反而浪费了成本。农机专业合作社将机农进行分离降低了耕种效率，浪费了人力资源，农机手的报酬不高。目前的农机手的年龄也呈老龄化趋势，而年轻人都热衷于在城镇谋生，不愿接手既辛苦又不挣钱的农机工作。松江区根据以往经验开拓创新，利用转型的契机，采用家庭农场机农一体的模式，不仅让现今趋于年轻化的家庭农场经营者充分利用农机资源，扎实地学好农机技能，为自己的家庭农场服务，提高产量增加收益。同时推出了小机家庭化，即小型农机通过家庭农场经营者自己购买运用，政府提供相应补贴使每户都具有基础的农机设备；大机互助化，即大型农用机械由家庭农场中少部分人承担，他们多选择了机农一体模式，因此在自己出一小部分钱购买的情况下拥有大型农用设备，在农忙时节，通过互助组之间的调用，也可以增收一笔不菲的租赁费用。机农一体模式将农机手这个职业成功转变为家庭农场经营者人人应该具备的一种技能，每个人都可以开农机，学会农机的使用方便了田地的耕种与收割，大大提高了效率，节省了人力，也增加了收入。

（3）家庭农场运作制度的内部突破

应该专门搞个试点，对种子粮食进行试验，这样才能有所改进，以后就种最好吃容易种植的那一种，这个方面需要改进。（访谈对象 YRY）

A 村家庭农场以粮食作物为种植品种，YRY 在访谈中谈道，自己会专门辟出一块 20 亩左右大小的地种植自己想要的品牌，好吃的稻谷，不仅自己全家享用还可以经过包装卖个好价格补贴收入。在品种方面，YRY 很有自己的想法，他希望有朝一日可以拥有属于自己的品牌，从选种种植到后期宣传包装买卖都可以形成流水线，系统的供应链。种养结合的家庭农场经营者 CLM 也表示，自己想要给自己的猪搞个品牌，自行推销，自发广告。

我要是自己来肯定供不应求，因为我这个猪都是优质选种，现在松江这边这些猪都属于松林公司，品牌是“松林猪”。我也想自己做个品牌。（访谈对象 CLM）

说到兴奋时，CLM 还跟笔者讲解如何辨认优质肉质，哪种猪才出好肉。

那种市面上的猪好多都是病的，你要是去买一定要买品牌的，品牌的肥瘦相间，质量有保障。像摊贩那种，还有小饭店，你吃到的全是瘦肉，有可能是病死的小猪。所以我们都知道的，要买品牌的，或者直接吃自己养的，我要是卖的话，大家肯定找我来买，都知道我这养的有保障。（访谈对象 CLM）

还有家庭农场经营者认为，种植粮食是稳妥之选，可是经济作物才是经济发展的必要因素。

我们就按照村里给我们的要求种植粮食，还要实行“三三制”，这个土地休息了，没有利用起来。种植经济作物挣得多些，比如我就想种西瓜，而且想自己卖，自己卖个好价钱。走市场化的路线。（访谈对象 CRS）

在关于经济作物走市场化路线会不会存在风险的问题上，农民表示有风险才有收获，会采取一定措施控制风险。

随着机械化水平的不断提高，农业科技的重大突破，越来越多的农民意识到科技带来的进步，他们了解到国外发达国家的家庭农场大至成千上万亩。因此，扩大家庭农场承包地的想法也不断出现。“要是可以承包更大的地就好了，这个农机也能好好利用，只要多些雇工就好。这样可以挣更多的钱。”当然也有比较理性的农民认为这个不可能在短期内实现。

中国现在人多地少，你想种那么多也不可能有，现在能有 100 多亩都是因为城市化后，土地流转出来的，这么点大的地大家都争先恐后去抢，还争不到呢。我反正觉得模仿国外那种大型农场不现实。（访谈对象 XDF）

我觉得雇工也是一份职业，我们每年雇工，他们很辛苦，也应该给他们在劳动期内买保险，让他们的劳力、收入、人身安全有个保障。你说大家都是本村人，你雇佣他们来帮忙，结果弄伤了，这个怎么办，谁来赔。（访谈对象 ZGQ）

（4）农闲时间的支配

其实就下半年种田忙一点，播种、打药水、除草、施肥、收割这些。1 月到 5 月没什么事，那我们就出去打打工挣挣钱，打的都是临工。（访谈对象 ZCY）

我以前不会种地的，前两年刚承包家庭农场，不会种地，还属于学习阶段，现在熟悉了会种了，就不会那么手忙脚乱。反而觉得上半年过下来不够充实，刚好我家对面腰泾村那家做的是种养结合，我就去跟他讨教，看看，发现不错。我一看这个忙啊，春天就有事可做了，也不用离开村子到城里打临工。这个挣的也多，村里还给补贴，镇里给安装设备，挺好，我就去申请了。（访谈对象 CLM）

上半年确实不忙，但是自己的田还是要操心啊。每天还是会花两个多小时去田里转转看看，也当锻炼身体，走走路。白天醒来吃过饭呢就去看看，晚上睡觉前也去转转，除除草啊之类的。种地还是要一心一意才能种好。（访谈对象 YYH）

有的认为农闲 1—5 月时间很长需要多做些事挣钱，有搞种养结合的，趁农闲养猪挣钱；有出去打零工的，靠体力活挣些外快；也有年纪大了在家养生的，每天锻炼锻炼身体，看看新闻电视剧；也有打麻将闲度时光的。

（5）代际传承

CLM 的儿子在上海海事大学上学，他表示自己儿子很讨厌农民这个职业，也坚决不会接替父亲的事业。

高考填志愿的时候，只要看到“农”字就坚决不选，最后选择了财务方面的专业，我也不记得叫什么专业了，反正就是财务这块。他不喜欢种田的，不像我们这一代和土地还是会有感情，他们从小生下来都去城里读书了，哪还愿意回来啊。（访谈对象 CLM）

而与 CLM 的儿子想法完全不同的是 CFG 的女儿，CFG 说自己女儿已经多次表示，只要他退休了不能继续承包了，女儿就会回来接替他。

她在镇里大型超市给人家当收银员，这个工作很累没自由，超市又不是自己的，每天站在那边，一站一天；还容易点错钱，挣的也不多，一年下来才三四万，还不如回家种田。我们都说好了，等我到了 60 岁，她就回来承包，村民委员会还放心，因为有我给她指导啊，绝对种得好。（访谈对象 CFG）

家庭农场经营过程中，家庭农场经营者作为行动者，他们的理性选择不是无限的，是有一定限量的选择中的择优，是经营家庭农场还是在外打工，是选择机农一体还是种养结合，农闲时节出去打临工还是养猪，关于品牌问题是否要创新，儿女是不是应该继承自己耕种多年的家庭农场。不同的家庭农场经营者有着不同的选择，他们根据自身计算得到最利于自己的目标去实现，他们对于目标非常清晰并且具有实质意义。家庭农场经营中的选择都是对个人颇具重要性的，理性地选择最优的目标。在这个过程中，这些选择，都有前人的铺垫，家庭农场经营者根据前人进行的类似情况进行比对，发现效益后进行选择。

第五节　农民与自治组织的合作逻辑

在农民与自治组织村民委员会的合作中，村民委员会不断推动着农民互助组及家庭农场经营者的经营方式创新。家庭农场经营者通过对于家庭农场等信息的掌握，通过自己严密的计算，对于制度的分析理解，理性地选择与村民委员会进行合作，这体现着农民的理性的行动逻辑，农民与村民委员会之间形成互惠式交换。在他们看来，通过与村民委员会的合作可以获得最大的利益以及相应的名誉等；而村民委员会则通过树立榜样得到上级政府的嘉奖并且提高自己的收入水平或者官职的提拔等。在家庭农场经营中，村民委员会人员研究如何能让农民在不搭便车的情况下得到应得的利益，家庭农场经营者在追逐自身利益的行动中不仅不影响他人或者村民委员会，还为村民委员会等组织带来利益和效用，达到双赢。在这其中，双方的合作也形成了村庄完好的秩序，维护了本村的稳定，也保护了家庭农场经营者的利益，使农民得到更大的安定感及归属感。

我有时候特别忙，一天要接待三批领导。松江区委书记还特别来看过我的田，跟我了解家庭农场呢。你也可以去看看财经报报道中写的我，写得挺好。这都是领导对我的信任，我个人也觉得为国家、为集体作出了贡献。（访谈对象 YYH）

说起承包家庭农场种田，YYH 说得头头是道。表示自己已经是远近闻名的“红人”，大家只要了解家庭农场的人都知道他。说起各级政府领导来视察，他都记得一清二楚，也能记得政府官员的具体头衔和名字。

这种田啊，就是三分种，七分管。要管理得整整齐齐心里也舒服，领导来看也知道你种得好。我就第一年没经验，还有种子出问题闹病害那年没得奖，其余每年我都可以拿到奖。（访谈对象 YYH）

在这过程中，他们也讲究双方交换过程中的互惠，这种交换不仅利己而且利他，这种行动逻辑给农民与村民委员会都带来了利益，促成公正公平的理性交换。

咱们村民委员会每年推选我是因为我确实种得好，产量高，而且你去看，我田里最整洁，看着就好看。我不买杂交稻，都是种植常规品种，这样就不会高高矮矮难看。在领导看不见的角落那块地头，我会划出20亩种自己觉得好吃的品种。前年国务委员还来这边看了我的田，觉得我种得不错。（访谈对象YYH）

合作中的互惠义务不仅存在于同等地位的行动者之中，也发生在不同地位的行动者之中，农民用自身的资源与政府、村民委员会形成了互惠互利的合作关系。这其中的合作，并不是简单地计算其中各得利益的价钱，而是通过价值得以体现，价格模糊化后的价值就是在家庭农场经营过程中所暗藏的要求，即双方给予对方的义务。

坚持走农业这条路，是为了国家，为了百姓，为了自己。我们要将这三者相结合，处理好其中的关系，好好种地。（访谈对象YYH）

理性选择过程中，农民首要目标为解决生存问题，在将其解决之后，农民的理性选择将之引导到他接下来的目标中，即发展。在合作中，YYH在满足了利益的基础目标之后，行动偏好开始呈现不稳定状态，由之前的利益偏好向成就感、荣誉等需求转变，提出更高层次的目标并期望达成。

我还剩3年时间可以承包家庭农场，我希望在这3年里，可以给年轻人做好榜样，吸引更多有能力有想法的年轻人回到家乡打造更好更与时俱进的家庭农场。（访谈对象YYH）

YYH在与村民委员会的合作互动中，表现出极大的积极性与配合性，并且讲起话来有一定的格调和官腔，这也是村民委员会人员喜欢将他树立为典型的原因之一。

YYH是个实干家，自身表现非常优秀突出，他的地也相对集中便于视察打分。（访谈对象HBF）

YYH作为村民委员会特别树立的家庭农场标兵榜样，在问到其原因时，相关村民委员会人员如是说。

YYH和妻子SGZ共同经营着家庭农场，女儿在松江打工。在他之前的两份工作中，他担任财务管理角色，得到领导的赏识。然而，建筑公司在他缴纳“五险一金”9年后面临破产，这时的YYH不知该何去何从，深知自己文化水平不高并且上了年纪，和妻子再三讨论后，决定找到村民委员会要回土地，做自己最得心应手的老本行——种地。

2007 年下半年，YYH 决定回到自己最初的起点，想要承包一些地耕种，在他看来，同样的价格承包，与其承包给外地人，不如他这个 A 村本村人来得熟悉。刚巧松江区创立了家庭农场并进行推广，也正是由于这个契机，YYH 成为第一个，也是家庭农场经营第一年试行的唯一一个家庭农场经营者，现在他经营着 136 亩田地的家庭农场。他是中央电视台、国家级报纸的采访对象，是松江区农业技术推广中心科技示范户，更是远近闻名的家庭农场主。这几年先后获得 2009 年松江区粮食家庭农场经营评比三等奖、2011—2013 年松江区优秀家庭农场、2012 年家庭农场水稻高产竞赛优胜奖、2013 年松江区优秀家庭农场二等奖等殊荣。

通过树立典型来做宣传，A 村的 YYH 便是其中之一，A 村推选 YYH 的原因不仅在于 YYH 本人出色的表现及其辛勤的耕种，也为 A 村争光，他的家庭农场田地最为整齐，产量也高，作为第一批家庭农场主也最有心得、最有经验，每年的考核中分数最高。YYH 在家庭农场主圈子中可谓一把手，不仅生产技术强，与人沟通协作交流也不在话下，访谈那天三五个农场主坐在一起聊起各自的经验成果，YYH 在新技术、新机械和化肥农药的使用上与大家分享心得，认为应该积极响应严格按照农业服务中心的技术要求，号召大家不使用高残留的农药，农业垃圾对农田的危害一定得禁止，不能让包装袋、农药瓶直接散落在农田中甚至埋进土地，这样日月累积，对农田的伤害之大可想而知。

我们要管好手中每一寸土地，为子孙后代着想，千万不能成为土地的罪人。（访谈对象 YYH）

大家纷纷表示赞同，这对于深爱这片土地的农民来说是多么重要，这份责任、这份担当是每个农场主应该遵守的合约。YYH 不仅说，还将环保理念付诸行动，他坚持回收农业垃圾，确保残留包不落在田间，成为名副其实的环保达人。

之前我们的地头都是外地来的农民承包的，他们总是乱扔垃圾，乱用肥料药水，把土地都整坏了。那些用过的药瓶、袋子就扔在田里，也没有收集起来。一点也不环保。（访谈对象 YYH）

YYH 觉得本村的地最好由本村人来种，本村人出于对土地的热爱更加注重生态环境、土壤质量的保护，而外地承包者比较追求短期既得利益，不注重土地的好坏，滥用肥料破坏生态。此外，大家还一起探讨课堂理论知识，并根据自身经验实践相结合，实践出真知，根据不同的气候条件、不同土地状况、不同耕作方式、不同的水质情况来进行相应的调整，在浸种、出秧、除草、灌水这几个步骤上得心应手，以便能使农作物生长得更好。

农民现在是个体面的职业，大家都想回来种田，承包家庭农场，每次都有几十人报名。我们要经过三层筛选，其中有村民代表大会。实行“四议两公开”，确保咱们这个选拔的公平性。而且满 60 岁的就不给继续承包家庭农场了。(访谈对象 HBF)

我们响应区委、镇里的号召，政策、农资、农机配套，每年进行一些小调整，并且每季度镇里区里都有对家庭农场经营者的专业培训，比如这次，就是讲如何在水稻季节注意苗情，如何种植水稻，还有种养结合的怎么养猪。(访谈对象 ZHB)

在家庭农场承包经营的过程中，通过合作发现，农民的自然属性，即其依赖于土地的程度日趋减退，而与村民委员会、村级以外的联系越来越多，其社会属性明显增强。对于利益的追逐也变得更加明显，成为他们进行理性选择的标准，以此获得更多得以发展的机会。

每次换届都有几十人报名参加，要经过三层严格筛选。执行“四议两公开”。(访谈对象 HBF)

家庭农场的换届是农民与自治组织村民委员会的合作产物，一方面农民为自己争取到承包家庭农场成为家庭农场经营者的机会，为自己理性选择的目标作铺垫；另一方面村民委员会严格执行换届流程确保农民利益与村庄农村发展和农业经营。

我们 A 村家庭农场工作都是有条不紊地进行的，最近呢，咱们就是除草，过半个月以后，就可以开始防治了。像咱们村，2007 年第一批有三个家庭农场经营者，YYH 就是其中最早一批的，他连续两年得了优秀，还有几个机农一体和种养结合的也表现很好。像种养结合，先秸秆粉碎作为猪饲料，然后猪粪尿还田可以变废为宝，再进行田地施肥，形成了一个生态循环圈，既环保又节省成本。(访谈对象 ZHB)

上海市松江区将乡镇两级的领导考核制度进行了一定修改，将松江区划分为浦北和浦南两大块，其间对领导运用差异化考核，浦南的指标多倾向于农业的发展，考核内容也根据家庭农场的实施做了进一步细化和调整。由此而来，浦南的领导受到了激励，把农业发展好，建设生态环境等就成为其首要目标，相应的工资和职位都会因考核结果而具备上升空间。2007 年以来，松江区对在农业地区工作的干部考核机制有所调整，不仅可以得到高分，得到荣誉，收入也会相应增加。政府通过家庭农场的试点，松江区大力推行家庭农场取得了非常大的反响，各镇各村也认真履行“红头文件”。

当然家庭农场现在还有一些问题需要咱们解决，家庭农场主也会经常反映，退休后，就是60 岁，就没有保障了，因为经营家庭农场这期间没有交金，自然拿不到这些福利，这对以后生活就没有了保障。（访谈对象HBF）

家庭农场仍然存在着一系列问题需要农民与自治组织、政府来共同解决。例如他们的保障问题，农民关注自身利益的保障，与村民委员会、政府等提出交涉以维护自身合法权益，期望达到效益最大化。在这个过程中，农民所提出的意见建议引起相关部门的重视，也是农民运用理性手段进行保护的一种方式。

年轻人能种地、肯种地、会种地的太少了，平时你看看，打药水、施肥、除草、播种、收割一样都不能少，他们不会的话只能雇工，这不符合咱们家庭农场的规则，家庭农场的经营就是以家庭为单位的，只有农忙时节才能雇工。（访谈对象 HBF）

家庭农场的继承、传承问题也是值得探究的，年轻人是否会根据利益来选择家庭农场经营者的角色，是否可以胜任此角色也是农民自身和自治组织共同的问题。家庭农场经营者作为利益受益者，希望在退休之际可以将这份事业传承给自己的下一代，自治组织也期望农田得到持续的合理化现代化的耕种。双方利益自此可以达到最优，家庭农场得以延续，农业发展更加快速稳步。

虽然家庭农场有机农一体，可是种植耕作的机械化还是有些跟不上，就更不用跟发达国家相比了，那时候刚开始，他们稻谷烘干都没办法，只能天然晾晒，这就得看，天公不作美今年产量就得低了。现在虽然有农机，但是还是得再发展发展。（访谈对象 ZHB）

不仅农民在家庭农场经营过程中不断发现问题，自治组织也为家庭农场的发展、村庄现代化农业的进步作出计划和部署。在农机、农业技术、农业人员的筹备上，向国外的家庭农场学习，结合自身优势发展出适合每个时代属于每个村庄自己的发展经营模式。将现代化农业设备与专业的务农人员相结合，实现农业循环生态的发展。

他们在外作为企业打工者，无法照顾家庭，一般父母都在村里，年龄也大身体也不好；再说他们在外面打工拿的也就是基本工资并不是很高，家庭农场挣得比打工多，政府还确保配套农资农技服务，配备良种，手机定期发布病虫害防治措施给各个家庭农场经营者，让他们第一时间了解耕种防治的信息；镇里也有农机中心，为播种、插秧、收割等工作提供机械化服务，并且还有飞机喷雾打药水，每次都是农副主任带领，形成打药水跟踪机制。(访谈对象 HBF)

农民在选择过程中，根据已知条件进行挑选和计算，将成本利益发挥最大功效的方法加以实现，从而选择经营家庭农场。选择与政府的互惠合作，各自取得所需的利益，从而优化配置资源。在农民看来，家庭农场不仅是自己自发行动的源泉，也是自治组织及政府为农业发展迈出的重要一步。家庭农场在这种理性选择下更加完善发展。

选择家庭农场的目的，先是养家糊口，选择这个体面的职业；还有他们有的不愿意外出，觉得种地完全可以自给自足。(访谈对象 HBF)

村民委员会根据农民的意愿进行调查后发现，农民依旧依赖土地，更愿意从土地耕种方面得到合理的收入回报，不仅在经济上有更多的补助和支持，更是在角色地位上的一种重塑，农民变得更加体面，这是一种光荣而具有责任感的职业。农业发展少不了农民的付出与汗水，农民也期望从农业种植中得到应有的回报。

政府层面希望家庭农场经营者们可以不断提高个人素质，这个个人素质分为思想上和能力上，不仅要在思想上和政府、人民、村民委员会保持一致，积极先进，也要在能力上懂技术、懂生产经营；在平时生活中也应该团结每个 A 村的家庭农场经营者，也让家庭农场得以代际延续。(访谈对象 ZHB)

在农民与政府、与村民委员会的合作中，农民有自己的意见和建议，与村民委员会互相交涉，政府层面也期望农民可以更加提高自身素质，将农民专业化职业化，只有将经营主体培养出来，才能更好地发展农业现代化。在农民自主的行动下，以外力更加推动农业的发展，农民的培养。对家庭农场经营者进行强有力的培训，也让农民在实践中不断摸索前进，将家庭农场模式发挥出最大效用。

关于品牌问题，我们是由国家粮管所统一收购的，种植品种区里也有相应规划，所以暂时没有这个计划。（访谈对象 HBF）

目前家庭农场的耕种计划由国家统一部署，各个地方根据本村实情进行微调。农民的品牌计划是农民一直自发主动提出的想法，但是由于理念机会的不成熟，农民还无法靠个人将品牌进行很好的种植、配送和销售。在这方面，村民委员会会根据本村农业的发展水平，来与农民进行进一步的探讨与合作。

家庭农场经营者他们自发形成了互助组，以3—5人为一个互助点，这个现象也符合镇里推广的家庭农场的理念，给每个人都提供了交流沟通的平台。（访谈对象 HBF）

在家庭农场形成初期，农民根据自己资源欠缺及资源所需，自发与其他家庭农场经营者结合起来，互换资源，将资源合理化配置以期达到最优。不论从农忙时节人力资源的互换，还是农耕秋收时节农机资源的互借，这些都体现了农民在互助合作的过程中理性的智慧。而在这过程中，村民委员会发现了这一优良的模式，并加以鼓励和支持，为家庭农场经营者提供了更大更好的交流平台。

以前承包费每年都是650元每亩地，现在都涨到850元每亩了。（访谈对象 ZAM）

当然，在合作中也有许多亟待解决的问题，农民精确地计算出家庭农场的补贴等优惠政策与之前相比有所缩减，土地流转费用也逐年提高。当然这与市场化经济价格的变动不无关系。但是农民会将数字进行比较和计算，对村民委员会和政府提出了更高的要求和期待。

之前刚开始没人承包，我们有区里的每年每亩地的200元补贴都是直接发放的，现在不是每个人都能拿全的，大概拿个180元就差不多了。现在要经过考核评比，把这200块分成好几部分了。（访谈对象 YRY）

在家庭农场经营过程中，各项政策也在不断完善，例如200元补贴从直接发放到梯度发放，变为选择性激励措施，对家庭农场经营者也提出了更难的考核制度，在有些农民看来这损害了他们的利益和收入，而另一部分农民认为正是这样才能公平竞争，都是农民为了自身利益最大化的理性选择的结果。

在理性选择过程中，行动者会受到两方面因素的影响，社会制度和资源稀缺。在家庭农场经营过程中，农民期望得到村民委员会的支持，在相关农业政策制度上的鼓励，并且由于农民个人能力有限从而所持有的资源并没有自治组织广阔。这时候合作产生，他们互相交换资源，给予对方保障。村民委员会方面提供土地、政策、收益、技术、荣誉等多角度多方位的支持，农民交换其劳动力，为农业发展作出贡献，为家庭农场的经营创造可能。

第六节　结论与探讨

一、理性选择：家庭农场中农民的行动逻辑

舒尔茨认为，农民并非是无理性的特殊群体，在他看来，农民属于类似企业资本家的经济人，只是由于目前资本和技术的限制下少有发挥出他们进取的积极性，所以导致目前农业发展规模较小收入较低，虽然这已经是他们在最大限度能力上取得的最优结果。一旦提供足够的经济措施，农民具有将传统农业进行改造成为现代农业的能力[①]。正如家庭农场的发展，农民耕种土地的技能在外出打工中并无明显优势，在A村的访谈中，农民认为在利益等同的情况下，选择耕种是其首选目标。然而由于前期土地零散、资金不足等原因打击了农民继续耕种的积极性，更加导致了土地的浪费。在农民的自主合作下，政府介入提供足够资金、技术等措施后，农民根据计算得出家庭农场的收益高于打工收入，并且符合他们耕地的愿望，因此家庭农场得以不断发展。农民的行动逻辑首先是理性的，农民选择家庭农场选择合作便体现出其中的理性自主逻辑，这是经济利益取向的，与现代的社会化理性趋势和农村城镇化进程对农民心理的嬗变具有一致性。科尔曼的理性选择理论从微观中的个人行动为出发点进行探究，讨论其行

① Schultz, T. W. , Transforming Traditional Agriculture (Yale University Press1964) .

动中的理性思维与逻辑，他认为人是理性的，在选择行动的过程中，个人会通过计算等手段进行具有目的性的判断，最终选择最大利益的行动。从个人行动中总结出社会系统中的行为，进而将理性选择理论上升至宏观层面，因此理性选择理论是将微观至宏观有机结合的经典模型。在A村家庭农场中，农民通过农民相互之间以及农民与村民委员会之间展开的合作过程体现了具有目的性的理性选择，其中农民的行动逻辑是理性化的。农民通过互助组来实现每个人的利益最大化，通过农机的互借，劳力资本的互相置换等，将每个家庭农场经营者有机结合在一起，互帮互助从而更好地经营家庭农场。农民不仅利用互助组中的家庭农场经营者，还善于与自治组织即村民委员会进行合作，一方面家庭农场经营者得到补贴、技术支持、荣誉等多方面的好处，另一方面也为村民委员会争得荣誉，提高A村知名度以及更好更快地发展农业等。在这个合作的过程中，农民的行动是理性的，其选择的每一步都经过其认真计算与考量，最终选择目标及手段进行实现。

科尔曼指出，新的社会架构需要新的理论来支撑，而他的理性选择理论就是期望达到可以通过个人目的性的选择来阐释社会生活中的现象和本质[①]。在家庭农场中，通过农民经营过程中的目的性来解释农民为了达到目的而进行的合作，合作带来了一系列的利益与好处，不论是直接的经济利益还是人际互动中的名誉，都满足了家庭农场经营者，从而其转变目的为更高层次的目的进行进一步的选择，解释了家庭农场经营者在选择经营的本质，即理性选择，阐释了农民在经营过程中的合作等现象。

一方面，农民与农民相互之间自主形成互助组，并且依据家庭农场收益效率人员等考量，家庭农场的分野形成了两组完全不同的互助社，其相互间有着竞争和合作的关系，利用互助组相互置换资源，进行优缺点的互补。不再等同于传统乡村社会的熟人社会、差序格局，转而更加注重理性化的考量，经过计算的抱团行动。另一方面农民与自治组织村民委员会的合作是双方理性选择的计算共谋过程，农民通过与村民委员会合作得以承包家庭农场，从中获取利益及适当的名誉，村民委员会通过家庭农场主的

① 詹姆斯·科尔曼：《社会理论的基础》（邓方译），北京·社会科学文献出版社，1999年版，第79页。

典型个案的打造为村民委员会获得荣誉及效用，双方均能达到各自的目的。

二、影响农民合作行动的因素

家庭农场经营中，单一的农户会由于缺乏信息资源、人力资源、投入资本和技术支持等原因，选择农民之间形成互助组的方式，也实现了与自治组织、政府等的合作。在这其中，农民的理性选择受到多重因素的影响，从而影响其合作行为。农民希望通过合作可以得到降低生产成本、置换资源信息、人力资本相互借用、科学技术的引领等好处。这些行为会因为结构规则等问题受到一定规制，不是只要有明确最优的目标就能实现，行动受到多方面的约束和限制，并且难以预期。在这种情况下，农民会依据影响因素进行计算从而调整方案和目标，以期更好地达到最优效益。

在农村社会保障系统中，由于家庭农场是新生事物，也是一种新的概念，因此还没能有法律政策等相关保障措施的跟进实施，家庭农场经营者没有纳入社保，这也体现了我国现有社会保障制度的不完善。在没有任何社会保障的前提下，农民自身希望通过家庭农场的经营尽量多地赚取生活费用以保证全家生存生活生产。由于社会保障制度不完善，农民争先想要承包土地，不仅给他们利益上的回报，更是对于得到土地使用权的一种心理慰藉。在田野中不难发现，农民自发形成的互助组对于家庭农场的生产经营大有帮助，农民之间通过这种紧密的互助协作增加产量，提高收益。然而这也形成了互助组之间、农民之间的攀比心理，这也影响了农民合作。他们不仅种自己的100多亩田地，还会经常打探询问他人的种植情况，了解别人的优缺点和自己的田地进行对比，从数据上，在关系上都希望自己是优胜方，平日的和气下隐藏着暗斗，谁都不服谁，争抢着可得的利益。

农民的个体差异：每个农民的年龄、性格特征、受教育程度、自主性、生产经验等方面多有差别。从田野事实中得知，农民的文化程度、家庭背景、年龄都不尽相同。这都会影响到家庭农场经营中合作的积极性、意愿、能力水平、精力、接受新事物的速度、认知水平等。一部分农民心思完全扑在种田上，全身心投入家庭农场的经营，因此在耕种方面就会有极强的自主性，耕种收割心里都非常有数，将自己的家庭农场严格监管；也有一部分家庭农场经营者一心二用，除了播种、打药和收割外，通常去城镇打临时工，更有身兼两职者，在家庭农场经营方面疏于监管，家庭农场经营情况也相对较差，因此很多时候靠着村民委员会或者农技人员催促与帮助，自主性相对较差。

农民所在地区的经济发展水平：经济发展水平较高的地区，为了兼顾城乡共同发展，多会在农业现代化方面下足功夫。在松江区，农业经营体制较为完善，农副产品的采购销售等环节比较畅通顺利，政府也会相对给予更多的政策优惠大力发展农业，以工业反哺农业，松江区就是其中的典型代表。农民的经济头脑、市场化概念也会更加明确，多有提出自己想法和理念的农民，将土地进行承包耕种的模式也层出不穷。因此家庭农场一经兴起，就引起了多数农民的热烈反响，农民积极参与到家庭农场的试验中来，农民多会考虑进行合作，从事农业家庭农场的经营。

以上几种要素也都对于农民合作行动有着一定影响，农民合作是一个联系宏观与微观，有着多重影响因素共同作用的结果。新的家庭农场经营模式下，农民合作的要素更加繁复多变。

第五章　内生秩序与乡村政治

第一节　绪论

一、问题的提出

20 世纪 70 年代以来中国农村村庄社区从封闭走向开放，村民从被户籍制度束缚在土地上到自由流动，以血缘和地缘为主的社会关系发展为血缘、地缘、业缘等多元并存的社会关系，传统的互助伦理让位于理性的利益计算[①]。这一系列变化说明中国的乡村社会正在经历一场挣脱传统的变革，在这个过程中，“乡村社会不是实现它自身的迈向现代社会的蜕变，而是类似于动外科手术似的裂变，在裂变的过程中一些文化资源尤其是传统文化资源大规模流失”[②]。作为正在经历这一切的农民，他们从物质到精神都体会着这些变化带来的冲击，他们的生产和生活也随之发生了很大的变化。作为村庄生活的主体，农民凭借个人所拥有的社会资源和关系网络建构村庄的秩序，在这个过程中国家和社会作为两种不同的力量来源，彼此之间不断进行着博弈较量和相互渗透，其中国家力量通过村民自治的方式不断向农村社会下沉权力，试图影响村民生活的方方面面，通过隐性的方式对农民的生活进行干预和影响，与此同时，社会力量作用的强度和广度也相应地发生了变化，这两种社会力量的变化导致农村社会的权力结构发生了很大的变化，国家和社会力量的影响作用表现出了不平衡性。

---

① 王玲：《村庄公共空间：秩序建构和社区整合》，华中师范大学硕士研究生学位论文。

② 吴新叶：《农村基层非政府公共组织研究》，北京大学出版社，2006 年版，第 216 页。

中国现代化的进程中，农村社会秩序处于解构－重组之中，促使这种变化的主要力量，一是以实现家庭联产承包责任制和建立市场经济体制为核心的经济改革，二是以推进村民自治为核心的政治改革。在这个过程中，农村社会能否保持相对有序，将成为现代化能否顺利实现的关键①。

本章以上海市浦东新区 TB 村为个案，以在村庄生活的主体——村民的策略行动为研究对象，试图展示村庄秩序形成的机制和村庄权力变迁的真实面貌，分析村民对于国家和社会两种力量不同的应对机制，这种应对机制使村庄内部的社会关系网络发生了何种变化，以及这种变化对村庄秩序的影响。在微观层面探讨影响乡村权力格局的关键性因素。村庄作为村民生活的载体、国家和社会力量较量的场域，有着重要的存在意义。国家在这个场域内干预人们的日常生活，社会传统文化正在抵御现代化所造成的村庄裂变。而生活在这一场域内的村民之间关系的变化正是国家和社会力量较量结果的外在表现，因此考察村民之间社会关联的发展和变化，对于我们理解村庄既有的面貌有非常重要的意义。具体而言，村民基于自身利益的追求，运用个体行动策略改变了村庄内原有的人际交往模式和人际关系网络格局，乃至于改变村庄秩序。在村民个体化行动的过程中，来自国家和社会的力量相互渗透并互相影响，使得村民之间的强制性社会关联（即社会关联变化的主导力量来自国家）和诱致性社会关联（即社会关联变化的主导力量来自传统社会）发生改变，从而改变了村庄原有的关系格局。村庄内的村民之间的社会关联正是本文中村庄秩序形成的基础，这个基础改变了，村庄社会原有的秩序也必然会发生相应的变化。

二、研究视角与方法

1. 分析视角

本章拟采用“国家－社会”为分析框架，分析在国家力量和社会力量博弈的过程中，国家和社会力量的变化和对比，分析作为主体行动者的村民是如何在这两种力量的影响之下选择行动策略，以及这种行动策略对村民之间原有的社会关联的建构和重塑作用，从而改变村庄社会的关系网络

---

① 贺雪峰：《乡村治理的社会基础——转型期乡村社会性质研究》，北京·中国社会科学出版社，2003 年版，第 3 页。

格局以及村庄社会的秩序。在研究乡村社会权力结构的变化时，“国家－社会”关系的二分框架是西方学者经常采用的经典分析框架。这一研究框架的运用始于20世纪50年代，关于国家和社会关系的理论是马克思主义国家学说的重要内容。马克思认为：社会是生产力发展和变化的产物，而“从社会中产生但又居于社会之上并且日益同社会脱离的力量，就是国家”。根据马克思对国家和社会本质的分析，可以概括出国家和社会的三个主要区别：其一，国家是普遍性领域，社会是特殊性领域。其二，国家是自为性领域，社会是自在性领域。其三，国家是政治领域，社会是经济领域[①]。在我们运用“国家和社会关系”这一分析框架的时候，一般而言，国家指“在一定的领土范围内通过合法垄断暴力的使用权而对其居民进行强制性管理的各种组织机构及其体现的强制性等级制关系的总体”；“社会则相应地指在该国家领土范围内的居民及其群体的非国家组织与关系的总和”。两者关系的调整，也就是对国家的机构设置、职能界定，以及某一社会共同体中强制性等级制关系与其他关系（经济的、文化的、宗教的、血缘的等）在社会生活中所占比重的调整[②]。由于政府是国家的具体化[③]，或者说它是“国家意志的合法代理者”[④]，所以在很多分析中，“国家”与“政府”往往互相替用。本研究中，我们也将“国家”和“政府”同等化，用政府指代国家力量。

关于国家和社会关系的研究框架，就其理论预设而言存在以下几种基本的取向。

第一种就是“国家一元主义论”价值取向，最初研究中国问题的学者大多都持有这种价值取向，这种理论强调国家具有无所不在的能力，国家对社会和个人的影响是方方面面、无所不包的，而社会和个人在国家面前几乎是无能为力的，整个社会和其他群体组织全部都是国家的附庸；在研究中国农村问题的学者那里，这种理论取向是将农民描绘成原子化的、完全被动的、在政治上毫无作为的个体，根本就无从谈及共同行动的能力，

---

① 荣剑：《马克思的国家和社会理论》，载《中国社会科学》2001年第3期。

② 唐士其：《西方政治思想史》，北京大学出版社，2002年版。

③ 向明、宗超：《关于国家与社会的关系问题研究综述》，载《天津社会科学》2000年第4期。

④ 苏长和：《市民社会与国家》，上海世纪集团出版社，2002年版。

更没有权力可言。这一特点在中国历史上的人民公社时期表现得淋漓尽致，国家从生产领域到生活领域，甚至是思想领域全面控制人民，农村社会中实行军事化的管理，将全部农村家庭分散成男、女两部分统一进行活动，实现了国家的全面干预和控制。事实上，即使是在人民公社时期，在国家的强干预和治理下，虽然各个群体和组织并没有太多的政治空间，也没有权力可言，但是每个群体和个人都是有利益需求的，各种不同的利益需求汇集也在不同程度上影响着国家政策的制定和执行；尽管国家在社会和个人面前是强大和不可侵犯的，但是即使是在人民公社这种国家高度集权的情况之下，还是有个人和群体在对国家的力量进行“无声的反抗”，在这个过程中运用了斯科特所谓“弱者的武器”，所以才会出现很多个人尽其所能保存家谱的事件。由此可见，这种一元主义理论严重忽略了农民或者说是个体对国家的影响，并从根本上忽略了农民的利益诉求，忽视了个人和社会的作用，这基本上是一种“强国家－弱社会”的一元单一结构。

第二种就是“国家－社会相互渗透主义论”价值取向，该理论认为国家是各种不同群体角力的竞技场，各个不同的群体根据自己各自的利益来影响国家政策的执行。伯恩斯认为，中国农民有着自己独特的利益表达渠道，正是这些利益诉求影响了不同时期中国共产党政策的调整①，国家试图通过权力的不断下沉，将权力的触角伸向广大的农村地区，通过对农民的整合从而达到治理国家的目的，但是当国家对农村的控制程度减弱的时候，农民的遵从意愿就呈现下降的趋势。渗透主义理论强调国家和社会的相互渗透，以及农民会利用一些机会为自己谋得利益，群体和个人的政治权力空间随着国家控制力的改变而改变，这基本上是一种“社会中的国家”的思路，这种思路的持有者认为“国家社会的二元分化”面临的难题在于其将国家假定为完整的概念，而这只可能是一个理想中的“国家”概念，但并不是历史现实中的国家本身。在现实中国家很难摆脱社会而独立存在，国家之所以能发挥效力是与它相对的“社会”效力的发挥为前提和假设的，这一取向主张把国家看成非统一的组织体系，国家的各个部分

① Burns, John. “Peasant Interest Articulation and Work Team in Rural China, 1962 - 1974.” In China’ sNew Social Fabric, Chu and Hsu, eds. (Boston: Kegan Paul International, 1983), pp. 95 - 144.

"嵌入"社会的情况存在差异性，它的中心部分和边缘部分同社会的各个群体互动①。这个理论的研究思路是受到市民社会理论的启示，它的优点在于看到了社会中各个不同力量的出现，看到了社会中的群体和个人对国家的影响作用，这可能会导致一种"强社会 - 弱国家"的理论模式的出现，但是却忽视了社会中的各个群体和个人在追求自己利益的同时，必须是在现有的制度框架之内进行的，脱离了这一制度框架来谈个体行动是没有意义的。

第三种是"国家转型主义理论"价值取向。该理论的典型观点是，社会主义国家为了保持政权的延续，就必须致力于经济增长，经济增长要求引入工业化和现代化技术，而工业化和现代化技术要求确立与革命热情、自上而下动员能力以及总体控制完全不同的一组现代的价值和制度②。这种理论的洞见在于：认为中国的现代化是在党的主导下进行的，党和政府起着很大的作用；意识形态的改造是为现代化服务的，新的价值体系的创立使得现代化的动员得以形成。它的弊端在于：对社会的力量视而不见，忽视了社会变迁的主体，认为中国的社会转型是在走向资本主义③。

事实上，这三种价值理论倾向都有各自不足之处，目前国内对于乡村社会秩序中国家和社会两种力量关系的研究，多是处于国家和社会两元对立关系的研究，并且基本上都是采用"制度 - 结构"的静态描述研究，对国家、社会关系的动态描述较少；在国家和社会关系的理论研究中，尤其是市民社会的理论基本上是基于西方的社会问题进行研究的，但是很多的学者也会不加分析地用于中国问题研究，将不同的社会问题和知识运用到对中国秩序的分析上。此外还存在种种的其他问题。总体而言，这一框架更适合于处理相对宏观的现象，但并不擅长处理那些细微的、复杂多变的事实④，因此这一研究框架较为适合研究乡村秩序这种相对宏观的社会事实形成问题。

本章选取上海市 TB 村为研究地点，遵循"国家与社会"的研究框架

① 张静：《国家与社会》，杭州・浙江人民出版社，1998 年版。

② Nee, Victor, Stark, David, "Remaking the Economic Institution of Socialism." in Towardan Institu - tional Analysis of State Socialism, Nee and Stark, eds (Stanford: Stanford University Press, 1989).

③ 贺飞、郭于华：《国家和社会关系视野中的中国农民——20 世纪下半期西方关于国家和农民关系的研究综述》，载《浙江学刊》2007 年第 6 期。

④ 汪俊昌：《我们今天应当怎样谈论市民社会》，载《浙江学刊》1999 年第 3 期。

分析乡村社会中的主体——农民是怎样在有意或无意间建构乡村社会的秩序。事实上无论是国家还是社会力量都必将作用“人”的身上，在研究乡村问题的时候，这一受力主体必然是村民，因此分析国家和社会力量的强弱对比之时，必然要观察国家、社会这两种力量作用于村民身上，并被吸纳和内化之后表现出来的合力，这种合力的总和就表现为村民之间的社会关联，从而为我们理解国家和社会力量如何建构村庄秩序提供有益思考，因此如果将行动者的“策略行动”引入对国家和社会关系的研究中，就可以帮助我们克服将国家和社会作为二元对立的主体和实体进行处理和研究。尽管这些行动策略选择是受他们所处的社会结构中的位置的影响和已经确立的相关制度的限制，但正是乡村社会行动者的策略选择促使村民之间的社会关联发生变化，使得村庄秩序形成的社会基础发生动摇，同时也促使了乡村社会的权力结构发生了变化。

综上所述，本章试图从理论和现实层面对乡村社会中权力格局的建构进行以下分析：

第一，在理论层面上提供一种有价值的解释视角。运用“国家－社会”关系的理论框架解释村庄秩序的生成机制，考察在建构村庄秩序时村民是如何运用个体的策略性行动介入村庄权力格局的解构和建构的，分析策略性行动过程中国家和社会力量在权力变迁中的作用，这两种力量下村民之间社会关联改变的内容和形式，并最终形成村庄的权力格局。通过这种理论框架的分析，本章试图解决一个理论性问题：在乡村社会的场域中，个体村民的策略性行动是如何解构或重组乡村社会秩序？个体村民的策略性行动对村庄内部的强制性社会关联和诱致性社会关联产生了怎样的影响？这两种关联之间存在怎样的关系？这两种社会关联是如何通过村民的个体行为以及个体行为之间的相互作用建构村庄现有秩序？

第二，在实证层面上，本章采取“事件－过程”的方法，对村民生活的场域内的强制性社会关联和诱致性社会关联事件的过程进行考察，不再局限于对国家和社会关系的二元对立分析上，而是将个体村民的策略性行动引入分析之中，形成了“国家－个体行动者－社会”这样一种由个体行动者作为中介手段，引发的国家和社会力量动态的观察描述和分析。本章试图要回答的问题是：现有的村庄秩序在强制性社会关联和诱致性社会关联之下表现为何？现有的权力格局是怎样的？在这种强制性社会关联之下的村民个体行动是怎样的？诱致性社会关联之下的村民的个体行动状况是怎样的？这两种社会关联之下村庄的社会秩序有何变化？个体行动者的个人行动在构建村庄秩序的时候发挥了怎样的作用，以及这种作用是如何发挥的？

2. 样本村情况

TB 村地处浦东新区南端，全村耕地面积为 3429 亩，辖有 25 个村民自然小组，总户数为 1664 户，总人口为 4098 人。新中国成立初，TB 村由前进村和 TB 村两个小村组成，东半部分叫作前进村，西半部分叫作 TB 村。1953 年，TB 村 8 组以蔡竹林为代表的村民自愿办起塘石乡第一个互助组，取名“蔡竹林互助组”，参加的有 17 户，人口 81 人，劳动力 51 人；后来转为初级农业生产合作社，入社土地 15.03 公顷。1959 年 6 月，南汇县调整公社建制后，TB 村取名友谊大队。1984 年，撤社建乡，改友谊大队为 TB 村。

TB 村共有大小村级中小河道 150 段，村庄耗资 500 多万元，对全部河道进行清淤疏浚，并于 2008 年实现河道整治全覆盖。全村现有硬化水泥路近 50 公里，种植路旁绿化 2 万平方米，形成了“七横四纵”硬化道路体系，尤其一号路改造，更名为“新农村大道”，全长 2000 米，宽 5 米，在一边的河道上还修筑了石驳岸和观赏护栏，并安装节能路灯 77 只以及花坛 12 个。全村农业设施健全，水、电网改造全部完成。村党支部、村民委员会十分重视产业结构的调整，村主导产业以种植西甜瓜为主，另外还引进优质葡萄品种等，优质杂交稻、西甜瓜、反季节蔬菜的种植已遍及全村。

第二节　强制性社会关联下的村庄秩序

村庄的社会关联是村庄秩序获得的重要途径，村庄内部的基层政治组织、农村的基层经济组织、宗教组织、村庄外部组织与村内人员都有交往，以及村民与村庄之外的其他组织和村民都发生着错综复杂的关系，这些社会行动也在不同程度上改变了村民的交往网络。其中，村庄的内部关联是村庄社会关联中最基础的也是联系最紧密的一种关联形式[①]，无论是政治、经济方面的社会关联还是文化、日常生活的社会关联，都在不同程度上建构村庄秩序，而村民个体的策略性行动又是村庄社会关联的重要组成，因此考察村民的个体化行动对于研究村庄秩序是非常必要的。本章将村庄内部的社会关联分为强制性社会关联和诱致性社会关联。其中强制性社会关联指的是使村民间产生社会关联的主导力量来自国家，在本章中主要以政府来指代国家在乡村社会中的力量，它推动力大，是激进式的，社会震荡大、风险高。强制性社会关联具体是指国家通过强制性的行政力的执行影响村民生活的各个方面，通过扶植国家在乡村社会的代理人来执行和贯彻国家的行政法规和政策措施，以期达到国家对乡村社会间接控制的目的，这种由国家力量主导使村民之间发生的各种关系的总和，就是强制性的社会关联。这种社会关联是由国家主导的强制性力量支配下达到的村民间相互联系的一种状态。而诱致性社会关联的发生作用的主导力是社会，在本章中主要以日常生活来指代社会的力量，它是一种自下而上、温和的力量，所引起的社会震荡小、风险不大，引起村民社会联系的改变是渐进式的。诱致性社会关联具体指的是社会通过自身的力量来影响和改变村民之间的联系方式和关系网络，来自社会的力量主导了村民在经济和文化等方面发生的联系，正是村民间相互联系状态的变化打破了乡村社会现有秩序状态，村庄社会发生了渐进式的改变。而村民之间相互联系的状态就产生了社会关联，只是这种社会关联产生的主导力是社会，因此村民之间的社会关联就被称为诱致性社会关联。因为这种社会关联是在本土文化的基础上成长的，通过村民生产和生活方式渐进式的改变达到“不经意间”改变村民原有社会关系网络的目的。强制性社会关联和诱致性社会关联都是村民之间社会关系的一种状态，它们之间的区别只是对村庄社会的政治、经济和文化等不同方面产生的不同作用力，只是改变村庄社会中村民关系的发挥的主导作用不同，简言之就是国家强制力和社会诱致力在改变村民关系方面都发挥着重要作用，这也是两者之间的联系方面，但是无论是在政治、经济和文化等方面，这两者的作用力是有大有

① 薛霞：《社会关联与村庄秩序——山东曹县张村的观察与思考》，安徽大学硕士研究生学位论文，2007 年 6 月。

小的，因此从村民之间的政治关联、经济关联、文化关联等方面考察村庄现有的关系网络以及国家的强制力和社会诱致力之间的力量对比就成为可能。通过考察村民对村庄中现存的政治组织的参与，就能从某些方面反映村民卷入权力的深度、国家强制力和社会诱致力的对比态势以及这两种关联下的村庄秩序。

一、村民委员会选举：利益与权力的让渡

20 世纪 50 年代至改革开放以前，我国农村社会组织单位是“政社合一”的人民公社，国家权力向农村地区下沉的方式就表现为从方方面面对农民的生活进行干预。改革开放之后，广西农村发生的一场“静悄悄的革命”，使国家的领导者认识到了这种全面干预方式的弊病，国家遂逐渐改变了其在农村的权力存在方式，先后在 1987 年颁布了《中华人民共和国村民委员会组织法（试行）》，1998 年正式颁布了《中华人民共和国村民委员会组织法》，从此之后村民委员会就成了国家在基层社会的代表，尽管在组织法中规定：村民委员会是村民实现自我管理、自我监督、自我教育、自我服务的自治机构，但是村民委员会这一原本应该是代表村民利益的自治机构，显然在行政的过程中实际上是充当国家在乡村社会权力代表的角色。而对于村民来说，这一以民主选举为核心的自治制度显然难以发挥应有的作用，村民对乡村民主的重要手段——选举的参与更能深刻地说明国家在乡村权力格局改变的艰难性。

马克思认为，所谓政治就是社会各阶级为了维持或改变某一种生产关系而试图对社会公共权威加以控制和影响的活动。政治参与就是通过控制和影响公共权威，村民委员会或改变一定的生产关系，并使自己和自己所属的阶级在这种生产关系中获益①。也就是说政治是经济的集中表现，政治权力是用来实现经济利益的手段②。既是这样，村民对政治的参与很大程度上就表现为对经济利益的追求，尽管这种追求可能只是为了仅仅 5 元的“误工费”，就将自己手中的权利让渡给了经济利益。

一个生产队一个投票箱，放在队长家中，有空儿的就去投，没空儿的

---

① 陶东明、陈明明：《当代中国政治参与》，杭州·浙江人民出版社，1998 年版，第119 页。

② 张厚义、刘平青：《私企参政》，载《经济》2003 年第 11 期。载王晓燕：《私营企业主的政治参与》，北京·社会科学文献出版社，2007 年版，第 35 页。

人家生产队长趁早上村民还没离开家时去他们家里，让他们写选票。投票有误工补贴，所以我都会参加的。村干部选举竞争是激烈的。候选人是老百姓推荐，村里综合衡量最终决定。（被访者 A02）

村干部拿投票箱到村民家，给我们 10 元钱，指点我们写谁，我们就写谁了。我们选不选一个样的，但选就有 10 元钱，我就是冲着 10 元钱选的。（被访者 E01）

小组长发放选票到村民手中并口头推荐村民选谁。其实，选举很有花头的，请客、送礼（比如投我一票送一袋洗衣粉或肥皂）都有的。（被访者 C02）

选谁都一样，选票还给钱的，一个人有 10 块，我们一家 4 口人，就 40 块钱。管他的，拿了钱算数。（被访者 F03）

据调查，这样的情况不少村中都存在，很多村民就是为了那点“误工费”，或者是候选人给予的那点蝇头小利就“出卖”了自己手中的权利，这显然与国家设立村民委员会选举的初衷是背道而驰的。选举本来是选民自己的事情，是民主制度的延伸，缺少选举主体参加的选举根本就不是选举；但是有选举主体参与的选举也不一定是一次民主意义上的选举。选举是一个能透视选民行为理念与行动逻辑的焦点性事件①。在 TB 村 2006 年的选举工作中，南汇区人民政府（后并入浦东新区）为了规范和指导村民委员会选举工作，专门印发了《南汇区 2006 年村民委员会换届选举工作宣传手册》，发布了一系列的相关文件，比如《严格掌握操作程序，依法做好选举工作》《选民登记阶段培训资料》等相关资料，目的就是规范选举的实施过程，以使选举做到真正意义上的公平、公正、公开。国家原意是想通过基层权力下沉，来达到民主下乡，做到还部分权力于民的目的，但是生活在村庄内的村民却有着自己的理性思考，这其中就包括传统社会力量与国家力量的对峙，村民理性化的个体行动改变了原本国家强干预下的民主建设，从而改变了村庄的权力格局，进而影响了村庄的社会秩序。传统社会力量对国家力量的反抗，表现在传统力量通过影响村民的个体行动来对抗国家力量，具体体现在村民对于村民委员会干部人员的选择上。

---

① 肖唐镖、邱新有：《农村选民在选举参与中的心态与行为》，载《乡土民主的成长——村民自治 20 年研究集萃》（徐勇、徐曾阳主编），武汉 · 华中师范大学出版社，2007 年版，第 338 页。

随着国家行政管理对农村的全面渗透，农村日益纳入国家行政管理的体系，从而出现了行政村的概念①。这就使得国家在农村社会中的强制力不断深入，传统意义上的“熟人社会”在这里发生了变化。很多村民相互之间并不熟识，根本就不知道哪些人属于有才干的人，哪些人的品质德行如何。但是通过行政村的政治舞台，村庄精英成为行政村的公众人物。在一个行政村范围内，不仅村民之间互相“脸熟”，而且共享一些公众人物，便构造出了一个“半熟人社会”的框架②。TB 村就是这样一个行政村，它由原 TB 村和 1998 年合并进来的石南村两个自然村组成的，地缘关系再次发挥强大作用，村庄内的精英人物在这个场域之内通过自己的“表演”很快被大家所认识。在 TB 村中村民委员会主任的选举，近年来都是毫无悬念可言的事情，LQD 已经是连续几年当选为村民委员会主任一职了，对于国家赋予村民的选举权，很多村民在选举过程中就白白地浪费掉了，但是这种行为却是经过村民算计的结果，而在整个选举过程中，传统的社会力量发挥重要作用。

那些人跟小组长一起来家里，我们就当着他们的面选，怎么好意思不选他们呢？（被访者 C01）

有的时候是小组长叫你选谁，你不好意思不给他面子，只好选上那些他叫你选的人。（被访者 D03）

由此可见，传统社会中的面子观在选举中的所发挥的强大作用，它作为农村社会中重要的社会力量发挥了潜在的影响作用。农村社会是一个相对于城市社区要封闭得多的社会，在这里生活的村民往往“低头不见抬头见”，社会舆论对村民们的监督作用能够很好地发挥，所以村民在选择村民委员会干部的时候往往会考虑面子的因素，轻易将手中的权利让渡出去。国家试图通过民主选举这种方式影响选举的公正性和公平性，但是在乡村社会中仍然是存在这种为了所谓“面子”，就轻易将手中的权利让渡出去的现象，传统社会力量在无形中对抗着国家的力量。除此之外，家族力量在选举过程中也发挥了很重要的作用，对村民的选举行为有重要影响，同时也会作用于村庄秩序的构建和维持。

---

① 徐勇：《中国农村村级治理》导论，武汉·华中师范大学出版社，2000 年版。

② 贺雪峰：《乡村治理的社会基础》，北京·中国社会科学出版社，2003 年版，第 49 页。

“具体在乡村秩序方面，国家借重两种力量，一是以家庭为基础的私的力量，一是以宗族为基础的带有半公性质的力量。”[①] 所谓家族，是一种以血缘关系为基础，由家庭纽带结成的亲缘集团或社会群体单位[②]。而在村庄中，村民是以地缘和血缘为基础聚居在一起的，其内部的权力等级是由血缘关系来决定的，因此长期以来，家族势力成为农村社会中一种自在的民间势力，影响着农村的稳定和发展。家族力量在维护乡村秩序方面同样发挥重要作用，这一点很明显地表现在村民对于村干部的选择上。

选举还是会选自己的人啊，这样有什么事情的话还能照顾到自己啊。(被访者 A01)

TB 村是一个宗族意识不太强烈的村庄，村里的大的姓氏主要是刘姓，也就是现在的村主任所在的家族。尽管问及“选举时会投票给谁”的问题时，很多村民会告诉笔者诸如“有能力的人”“有威信的人”“有公益心的人”等答案，但是在实际的投票过程中这样的答案就被否定了。

前几年，L（村支书兼村民委员会主任）的奶奶一直想让他把自己的小堂弟拉上去做村干部，但是没有选上，他奶奶一直不愿意理他。今年终于让他（L的堂弟）选上了。选举的时候，L的姐姐，还有其他一些亲戚，都是挨家挨户跑的，让你投票给 L。(被访者 A04)

可见在选举的过程中，除了同家族的人会为自己家族的人拉选票外，作为参与主体的选民也会倾向于将票投给自己家族的人，这样就可以在自己家族的人当选之后，获得一些好处，尽管这些好处可能就是“不被村民委员会为难”、可以“在交钱的时候晚交一点”等微小的利益，但是这对于村民来说，是一种心理上的保障，毕竟在村庄社会这个相对封闭的场域内，每一个人的行为举止都会被别人监督和言论，每一个人的举止都受到别人的牵制，传统的家族力量还有其存在的基础，仍在一定程度上能对抗来自国家的强制性力量，国家试图在乡村社会建立的以“民主选举、民主决策、民主管理、民主监督”为主要内容的民主建设在乡村社会中受到了强有力的挑战。村民委员会选举制度是在国家与社会分离过程中产生的，是为了解决国家与社会分离过程中出现的紧迫性公共问题而对治理体系的

① 贺雪峰：《中国传统社会的内生村庄秩序》，载《文史哲》2006 年第 4 期。
② 吕红平：《农村家族问题与现代化》，保定·河北大学出版社，2001 年版，第 15 页。

变革；治理体系变革的重要特点是向基层社会和公民让渡和下放部分治权，重新构造社会整合的体系[①]。事实上，村民自治制度只是提供了抑制国家政权内卷化的希望，只是提供了保持秩序的可能性，真正作用有效的村民自治还必须有特定的社会基础。这个特定的社会基础就是村民之间的社会关联状况，即村民为了保持村庄秩序具有的行动能力[②]。国家制度在农村的实现和村庄政治的运作在相当程度上都有赖于村庄基础[③]，而在被调查村庄中，村民已经将关注的重心转移到与之密切关联的“俗事”，即他们已经成为典型的理性的经济人[④]。基于一种基本的无政治生存状态，很多村民可能对村庄的选举不甚关心，不去参加村里的大会，也可能是为了仅有的那一点“误工费”让渡自己手中的权利，至此这一民主制度作用的发挥受到了来自社会中传统力量的制约，很难在短时间内发挥明显的作用，国家权力下沉试图影响农村社会生活的初衷难以完全实现。

二、村级党组织：全面干预与收效甚微

根据《中国共产党农村基层组织工作条例》第九条规定，村党支部是村各种组织（包括村民委员会）和各项工作（包括村民自治）的领导核心。它领导村民委员会并支持和保障其依照国家法律法规及有关章程充分行使职权。村党支部与村民委员会之间是一种领导与被领导的关系。但村民委员会与一般的接受领导的政治组织不同，它是由村民委员会组织法确认的基层群众自治组织，是村民依法进行自我管理的自治机构，但是目前在全国的多数农村，村党支部显然是处于核心的领导地位，很多时候村民委员会的工作难以开展就是因为党支部揽着权力不放手的原因造成的，同时在我国广大农村地区，村民委员会主任同时又是党支部书记的例子也为数不少，这就是所谓的“一肩挑”行政方式。在TB村这样的方式也存在，村庄的权力也只是把握在少数人的手中。

TB村现在的村“两委”在人员构成上有明显的交叉现象，其中村支

---

① 徐勇：《乡村治理与中国政治》，北京·中国社会科学出版社，2003年版，第101页。

② 贺雪峰：《乡村治理的社会基础——转型期乡村社会性质研究》，北京·中国社会科学出版社，2003年版，第26页。

③ 韩玲梅：《冲突与协调：转型期农村组织及其关系研究》，杭州·浙江大学出版社，2007年版，第106页。

④ 吴毅：《村治变迁中的权威与秩序》，北京·中国社会科学出版社，2002年版，第355页。

书和村委主任由LQD一人担任，村庄的政务和村务一肩挑。这就使得LQD既充当了乡镇政府在村庄里的代表，行使着国家赋予的强制权力，与乡镇的利益集团形成千丝万缕的联系；同时，他又是村民在村庄的利益代表，行使着村民赋予他的行政权力，维护村庄的共同利益。这在事实上很容易造成矛盾，村党支部和村民委员会这两个授权来源不同的组织按照国家制度的安排本应该是指导与被指导的关系，村民委员会作为村民自治的机构理论上应该是对全体村民负责，从全体村民的利益出发来行事的组织，但是事实上在TB村内村务和政务“一肩挑”的行政格局，很难发挥国家设置村民委员会这一自治机构的初衷。

虽然这种局面有利于党支部和村民委员会之间的关系协调，但是“一肩挑”行政并不能解决村支委和村民委员会本身的性质或授权问题所引出来的深层次问题。具体来说，依据政治学“谁授予权力，就对谁负责”的基本原则，村民委员会是由村民选举产生的，理应对村民负责。换句话说，从理论上讲，村支部与村民委员会之间的矛盾，是由于在村民委员会由选举产生之后，中国强制型现代化本身所带来的国家在农村一级寻找代理人的后果[①]。

但是，无论村支书还是村民委员会主任，他们都不是原则和理论的产物，而是有着私人利益和受制于既定关系的现实中的个人。现实的情况比理论上要复杂得多：第一，虽然村民委员会由村民选举产生，但作为村民委员会上级的乡镇政府总是有足够的办法让村民委员会的干部服从自己；第二，虽然村支书理应服从上级指挥，但因为村支书大都是本村人，他们现在和将来都要在本村生活下去，他们不愿在工作中充当不受村民欢迎的上级政府代理人，所以在很多事情的处理上他们又不得不考虑村民的利益以及自己在其中的处境和位置。这就造成了事实上的矛盾，村党支部既要充当上级组织在农村权力的代理人，又不能过多地侵犯村民的利益以使自己在村庄场域中的生活不至于太“尴尬”，由此就影响了国家民主化在农村场域中的进程。这种矛盾在村庄场域的生活中时有表现，比如村干部为了完成上级交给的任务会和村民“拍桌子”“瞪眼睛”，但是在事情之后又会说自己“不记仇，有时候因为一些非私人的事情骂了甚至打了某某，晚

① 贺雪峰：《乡村治理的社会基础——转型期乡村社会性质研究》，北京·中国社会科学出版社，2003年版，第165—166页。

上我就会带包好烟去某某家老人那里赔个不是，和他家老人把事情的经过说一遍。我不与村民记仇的，吵过之后见面我会先打招呼”。（被访者 D01）

国家试图通过村党支部这一组织下沉自己的权力，选择自己在农村社会的代理人，有时还会在这个政治场域中对代理人授予某种政治头衔或者荣誉奖励，例如在被调查村庄中书记被授予“上海市优秀支部书记”，还被评为市级劳动模范，这是被官方承认的“全民的榜样”，是一种社会观念的法定规则，是作为权力保证的、被感知的存在，目的是保证其权力来源的合法性以及建立在权力关系网络中的优势地位，从而保证了权力的正当性。国家扶植自己在农村社会中的代理人，是为了便于国家政策法规的落实，有利于国家计划和发展规划的顺利实施，但是事实上村庄场域中始终存在的面子观和传统的人际关系等因素都会影响村党支部干部在农村社会中的利益关系和利益网络发展，所以通常来说国家的这种权力影响方式在某些时候是打了折扣的。现代的村民作为理性的经济人，通常把周围的环境，包括其他人在内，当作是一种资源和手段用以达到其个人的目的①。这其中不只包括普通村民，也包括村党支部干部，所以对于村民之间的这种社会关联，学者指出因为以权力为中心的社会政治活动只不过是各种利益关系的集中体现，乡村权力结构的分化是这种利益分化的政治载体和组织保障，正是在这个意义上，提出了“权力的利益网络”② 的概念，也就是说在当前农村社会构成权力结构基础的，不再是传统的文化网络或组织网络，而是利益网络③。

另外据村干部介绍，村支部每隔一段时间也会举办一些活动，例如党员代表大会或者是党员发展计划会，但是对于村党支部组织的活动很少有人参加，甚至很少有人知道，有时甚至是村民党员也很少参加。由此可见，村民之间的社会关联以及国家和社会之间的关联也因为利益格局的变化而不断发生变化，国家单方面的强制性力量因为缺乏资源和能力很难通过直接控制农村社会来实现村庄秩序。

---

① 阮新邦：《批判诠释与知识重建》，北京・社会科学文献出版社，1999 年版，第 12 页。

② 金太军：《村庄治理与权力结构》，广州・广东人民出版社，2008 年版，第 256 页，

③ 贺雪峰：《论权力的利益网络——村级权力合法性的一个初步分析框架》，载《中国社会科学》2002 年第 1 期。

第三节　诱致性社会关联下的村庄秩序

村庄的社会关联是指在某一具体事件中，受一定社会结构条件限制的农民行动者利用村庄内外部的各种资源来调动社会关系而实现共同行动的能力和过程。换言之，村民在应对日常生产、生活中遇到的问题、困难时并不是受制于社会结构而束手无策，而是能够利用社会结构中资源来调动村庄内外部社会关系达到一致行动而实现目标的，这个过程就是村庄社会关联[①]。除了上述笔者在文中提到的来自国家强制性力量对村庄主体——村民的施力，村民之间发生的各种各样的关系造成的个人关系网络的交织，同时建构了村庄的秩序。除此之外，在村庄中还存在另一个力量来源——社会，它同样作用于村民身上。传统农村社会中的力量是如何对生活在村庄场域中的村民发生作用的，可以借助对村民日常行为的观察和调查来获取有益的资料。

日常生活是日复一日、年复一年地进行着的[②]。村庄日常生活中的社会关联就是村民在年长日久的生活相互交往的状态及其背后隐藏的意义，发现日常生活中的社会关联有助于理解村庄的行动逻辑，有助于理解村民建立自己社会关系的理性思考，以及村庄秩序建构的逻辑。

一、经济方面的社会关联

改革开放以来，随着家庭联产承包责任制的落实，我国广大农村的土地制度和土地经营方式发生了很大的变化，特别是在沿海地区的农村，随着城市化进程的不断加快以及户籍制度的放开，沿海地区的农村劳动力出现大量剩余，农村人口不断向城市流动，农村的经济结构发生了前所未有的变化。农村第二、第三产业不断崛起，耕地面积随着城市对农村的入侵不断减少，土地已不再是农民收入的唯一来源。所有这些变化不断冲击着农民的生产和生活，农民的日常生活发生了各种微妙的变化，人们凭借血

---

① 邱梦华：《社会变迁中的农民合作与村庄秩序——以浙东南两个村为例》，上海大学博士学位论文，2007 年。

② 衣俊卿：《现代化与日常生活批判》，北京·人民出版社，2005 年版，第 138 页。

缘关系、地缘关系以及新产生的业缘关系进行着各种互动，其中包括生产互助、风险帮助、村中的红白事、生活娱乐等活动，这些活动突破了传统的社会的范畴而被打上了国家力量的烙印，同时这些活动也突破了传统社会中的单纯的帮扶和互助而被村民之间的理性计算利益互换所取代。

1. 生产互助：人际关系的功利化

农业生产上的互助一直是中国农村社会中传统的帮扶形式之一，是一种自然且具有悠久历史的社会事实。在传统社会中由于存在自然风险以及生产条件的限制，人们很自然地形成了各种民间互助的帮扶形式。日常生活的互助更是村庄生活的最基本的人际关系，村民之中谁家有事情，基本上邻居和亲戚都会过来帮忙，比如修建房子、照看小孩、帮助不在家的邻居收被子、修理农具、提供临时用水等。由于农村社会的居住方式是聚村而居，农民的交往对象主要局限在村庄内的村民，村民的交往方式和交往对象表现出了很强的传统性和地域性的特点，“远亲不如近邻”这句话的含义在农村社会中表现得尤为重要。民间互助网络在调动和重新整合社区资源，提供救济援助，表达情感支持、承担社会风险和抗御外来压力等方面都发挥着重要作用。民间互助的这种社会功能对于国家体制性权力退出村庄场域之后的功能性权力的暂时缺位，无疑是一种有益的填补[①]。

农忙时，邻居有做不动的，偶尔也会帮的。因为我们这里毕竟是农村，联系最多的还是这些左邻右舍，有什么忙的话大家互相帮一下，大家就都能过去了。在农村里跟邻居关系处好了，在村子里面的人际关系也错不了，如果你连这点关系都处不好的话，人家就会说你闲话，说你这个人是不是很难相处，人家也没有人会愿意跟你处了。所以邻居有什么事的话，能帮的话是一定会帮的，面子上也得过得去啊，都是邻里邻居的。平时帮人，有事情的时候人家才会帮你呢。其实也没有什么，就是一些小事，大事想帮也帮不上啊，所以我们邻里关系还是很好的。（访谈对象A02）

通过上面的谈话，我们可以清楚地看出：第一，邻里交往是农村社会

① 吴毅：《村治变迁中的权威与秩序》，北京·中国社会科学出版社，2002 年版，第 196 页。

中最主要的交往活动，比如简单的串门聊天，就可以便于村民之间沟通感情。第二，农村社会中的邻里互助也只是简单事情上的互相帮助，比如借用劳动工具、帮助收获农作物等这样的事情，并且这种互助并不是常有发生，只是在特定的条件下。第三，邻里之间在生产上的互助，表面上是在帮助需要帮助的人，其实在自己生活的场域中为个人赢得声誉和口碑，为了个人能在农村社会中与更多的人进行互动，只有建立了自己良好的声誉，才能保证自己有事情的时候，别人也能尽力帮助自己。这种建立在人情和面子基础上的互助网络并非完全是“道德的”而非“理性的”，恰恰相反，它充满着实实在在的村落理性精神，并且也是依靠于熟人社会中所生成的村落理性去维持和延续的。其中，“人情”往来就是符合村落理性的维系民间社会关联网络的重要形式。通过这些掩盖在道德面纱之下的人情互动，人们可以清楚地看到理性小农的精明与算计①。社会中人与人之间的互动的本质是交换行为，人们在付出的同时即有对回报的计算和期待，不管这种互助行为看上去有多么的“善良”和“纯洁”。尽管有时这种互助行为，对于施助人来说，得到对方回报可能不会是马上就能收到的，但是由于村落的信息共享和流动性较小，村民之间很容易建立起对未来的预期，使他能忍受当下的不合算的投资或行为。这种以回报预期为基础的互助观念，不仅具有伦理道德的逻辑，而且具有交换的理念，是汉人“道德经济”和“理性主义”的产物②。尽管如此，通过与其他村民的生产互助，尤其是邻里之间的生产互助，精明的农民很容易在村庄场域中建立自己的人际交往关系和社会网络，一般来说通过这样的生产互助，人们很容易发现自己在农村社会中的信任对象和求助对象，借此不同农民之间可以建立自己的社会网络，一个农民在与一个农民建立关系网络的同时，可能也跟另一个农民建立了交叉的社会网络，农民之间的社会交往不断增多，社会关系网络就得以不断强化。这样农民之间由于具有共同的利益和多方面和多角度的社会关联而更具有一致的社会行动能力。人与人之间的这种关系网络越是复杂和多样，人们之间的相互制约能力越强，这样村庄的社会网络关系越不容易动摇，村庄秩序也就不容易紊乱，村庄整体呈现

① 吴毅：《村治变迁中的权威与秩序》，北京·中国社会科学出版社，2002年版，第186页。

② 王铭铭：《村落视野中的文化与权力》，北京·三联书店，1997年版，第174页。

稳定的生产和生活局面。

但是随着城市化进程的加快，城市对农村社会的辐射不断加强，农村社会的生活方式正在逐渐变得城市化。在市场化的今天，经济利益成为人与人交往的首要考虑，TB 村村民之间的生产互助也出现了功利化的色彩，人与人之间的交往正在变得日益理性化。有学者认为，传统社会中，农民对土地的渴望构成了乡村社会与国家之间互相重组和建构的基础，土地在农村社会中秩序的建构中发挥着重要作用。但是近年来由于土地投入和产出的比例变得越来越低，土地的边际收益正在逐年递减，而农资产品的价格却是逐年上涨，农民依靠土地产出获得收益的愿望变得不再迫切。加上户籍制度的放开，农民进城打工的人数越来越多，尤其是上海这样一个经济发达的城市，为农民打工提供了许多机会。在调查过程中，很多农民都希望自己的土地被国家征用，这样就可以获得城镇居民的户口，能够获得生活补助，以后的生活就有保障。在这里，农民对于土地的感情远不如内地农民对土地的热情，利益成为人们之间生产互助的基础，村民之间原始的生产互助变得相对较少，更注重的是自己实际利益的获得，没有利益存在的互助变得很“奢侈”。

如果有什么事情，主要还是靠自己解决难题。像雨天收稻子，都是自家收自家的，也腾不出人手帮别人。有个别人家会请帮工，但是这种帮工也不是白帮的啊，谁还白帮你干活的，是要给人家一点好处，要不然根本找不到人帮忙。再说了，种田现在也有一条龙服务，都是本地人组织的，哪家需要插秧、收谷，就可以专门去找他们，70 块钱一亩，也就没有人再好意思光叫别人白帮忙了。这边社会风气不好，因为以前都是互帮互助的，现在都各管各的了，谁还管谁啊？自己的事情还忙不过来呢。（被访者 D02）

村民间交往少多了，之间的关系一般化。像我这么困难，也没有人帮我的，打农药做什么都要花钱找人。以前是自己插秧、打药，现在村里有机器做这些事了，只要交点钱，基本上自己就不用管什么了，省下来的时间我们可以出去打打工，赚点钞票啊。（被访者 E03）

正如前文所述，农民的生产互助变得不如从前那样频繁，一是由于农民不再像以前那样向土地索要收益，土地边际收入的减少，使农民对于土地的重视程度相对减弱；二是由于很多农民常年外出打工，所以根本没有时间和能力再像以前那样帮助别人或者接受别人的帮助；三是农业机械化的发展的普及，农民可以利用节省出来的时间寻找其他的工作。基于上述的种种原因，农业互助在当今农村变成了一种“奢侈”的互动，而由互助结成的人际关系也转变成了一种功利化的人际交往。在TB村中，可以清楚地看到村民之间社会关系的变化轨迹，人与人之间的交往和互助更多地表现的是一种理性的算计行为，尤其是对经济利益的重视。生产互助在这个农村场域中变得更加功利化了，不仅是很少再有生产互助，反而是出现了生产服务“一条龙”这样的组织，而且这些组织的成员本就是当地村民。以往在农村这样一个熟人社会中，很难想象会出现这样以营利为目的的村民自组织，显然农村社会中这类组织的出现是社会变化导致的。市场化了的不只是城市的生活方式，就连农村的生产方式也受到了影响。在这样的一种环境中，农村之间的生产活动更多地表现为农业生产需求者和农业生产需求提供者之间的这样一种商业关系。农民间的接触方式正在逐渐减少，以往由于需要某些村民来提供生产服务才会和这些村民发生互动，也正是因为这样一种形式的互动存在使得农村场域中农民之间建立的社会关系网络开始变得松散和功利化，村民之间的社会关联度正在逐渐减低。农村社会中的生产互助作为传统的农村互动方式正在发生改变，传统的社会力量无法对抗现代化带来的巨大冲击，国家和社会力量的对比也在发生着变化，农民之间社会关联度降低有可能带来农村社会关系网络发生变化，进而影响农村社会的权力格局，农村社会的社会秩序有可能会被动摇。

2. 风险帮助：求助对象的多样化

在农村社会的场域中，某个人在乡村社会中的地位和位置，生动地表现在这个人所拥有的所有的个人关系上，无论这种关系是紧密的还是松散的，一个人的社会关系网络就决定了他在遭遇到风险的时候，掌握在手中可供利用的资源的多少。

界定某一关系网络中不同私人关系之特点的地方范畴有三个：①“实在亲戚”；②“靠得住的”；③“一般亲友”。根据阎云翔在《礼物的流动》一书中将这些关系网界定为不同的区域：核心区域、可靠区域和有效区域，我们也将这些区域的划分应用在TB村这一范围内。其中“实在亲戚”指的是一个人的家庭成员，包括亲近的族亲和姻亲，主要是指和自己有着直接或者较为直接的血缘关系的亲属，兄弟姐妹、姑舅表亲都属于这个范畴，而这些成员基本上就属于上面提到的核心区域。这一圈子里的人既通过血缘同时也通过相互的责任和权利联系在一起。“靠得住的”由一个人的好友们组成，属于可靠区域范畴，但是核心区域和可靠区域并没有严格的界限，很多人在发展自己的关系网络的时候，最好的朋友可能比某些实在亲戚更亲近，从而可能进入一个人私人关系的核心。“一般亲友”包括了最多的人，所有的亲戚、同事、朋友和乡里乡亲都属于这个范畴，一般亲友在理论上可以扩展到整个村庄社区的范围，因为乡邻关系以及成员意识也提供了相互扶助和其他交往的必然渠道。然而实际上很少有人能把整个村庄纳入他的私人网络之中，因此村民们经常把乡村社区视为私人关系的外围①。所以在个人遇到困难寻求帮助的时候，最主要的求助对象就是自己私人关系网络中的核心区域内的人员。

有困难的时候首先是找哥哥姐姐吧，我娘家有四个兄弟姐妹，婆家有三个，相互之间都是彼此帮助的。因为我们关系是比较近的，我们有事的时候会找他们，他们有事的时候也会找我们，只有这样的关系才会全心全意地帮你的，所以别人我们基本上也不考虑。反正他们帮了我们，说不定什么时候我们就能帮上他们，农村里过日子，谁家还没有个事情的，这样经常来往着，反而关系更近了。(被访者 B01)

我有一个哥哥，两个弟弟，平时和他们还有老伴的兄弟姐妹来往得多，建房子时找他们借钱的。在农村里盖房子是大事，一般也要花很多钱，但是自己一下子拿不出那么多钱，只能找亲戚借了。为什么找他们借？还不是因为以前我们家好过的时候曾经帮助过他们，再说，他们都是很近的亲戚，一般我们开口借钱他们也不好意思说什么，多多少少都会借给我们一点的。但是要是跟普通关系的人借，就不一定能借出来，到时人家借给你还是好的，要是人家不借给你，那你的脸面往哪里放啊？（被访者 F02）

我们现在住的这个房子是找亲戚家借钱盖的，因为自己家里一直不是特别富裕，所以一下子拿出这么多钱盖房子还是有困难的，所以就跟亲戚

① 阎云翔：《礼物的流动——一个中国村庄中的互惠原则和社会网络》，上海人民出版社，2000 年版，第 96 页。

借了点钱。后来老公生病，又向哥哥姐姐家借了5万。亲戚还会借点钱，邻居不借的。一般有困难的时候还是先找哥哥姐姐借钱吧，一是他们两家还是比较好过的，二是借了他们的钱可以在自己手头宽裕的时候再还，说得不好听的，他们是我的哥哥姐姐，他们有这个责任帮助我的，没钱的时候他们也不会非逼着你还钱的。邻居什么的就不一样了，一般的话是不跟邻居借钱的，两家关系好是好，但是很多事情都是一跟钱有关系就变得复杂了，不借钱大家都和和气气的，反正就是尽量不跟人家借钱，那毕竟是外人。（被访者E02）

村庄内的人际关系网络的分布情况很清楚地展现在村民的谈话中，同时我们也能从中得出一个人的社会关系网络分布情况。就风险求助这一问题来看，费孝通先生所谓的传统社会中的“差序格局”在当今的农村社会中可以反映出来。个人在村庄社会中所处的位置和其所能动员的社会资源受制于私人的社会关系网络的多寡，以及这种社会关系网络的复杂程度。个人的私人社会关系网络越是广泛，他可资利用的社会关系就越多，可利用的社会资本也就越多，但是这些可资利用的社会资本只是给他提供了一种被利用或者是被选择的可能性。当遇到重大的事情或者是紧迫的事情的时候，核心区域内的成员就成了他首要的求助对象，传统社会中的亲戚成员是其最首要的、也是最直接的求助对象，在这一点上，显然传统社会中的道德、责任、道义对于私人网络的建构发挥了重要的作用。但是随着现代化对于乡村社会影响的不断深入，以及国家基层权力的柔性运作，农业生产和经营出现了企业化，农民之间的联系变得更加紧密和现实，因此TB村的个别村民发展出了较为新颖的风险求助方式，求助对象变得多样化，不再仅仅局限在自己的核心区域范围内。

一般我有困难的时候，还是先找村里吧，村里总会知道你的困难的，总会帮你解决的吧。这么大一个村子，我们有困难的时候总不能不管吧。再说了，村里面有我们家亲戚，他总会卖个面子给我吧。（被访者A03）

所谓“村里”实际上指的是村民委员会或者是村级党组织，在农民的一般意义上来讲，指的就是村民委员会。正如上述提到的村民委员会本是村民自我管理、自我监督、自我服务的自治机构，但是同时它又是国家权力下沉至乡村社会，在乡村社会中的代理人。受传统社会集权式的统治的影响，专制政治文化的影响在农村社会中至今仍然显现。原本是村民利益

“代言人”角色的村干部，实际上被村民称为“当官的”。显然在村民眼中，他们是属于不同类型的人，他们拥有比普通村民更广泛的社会关系网络和社会资本。之所以村民会求助于村民委员会，实际上也不是村民和村民委员会这一组织直接发生关联，而是求助于其中的某些成员。发生这样的变化，一方面是因为村民委员会的某些成员跟该村民有着很微妙的社会关系，甚至从单纯的亲缘关系来看，很有可能是属于该村民核心区域范畴内的成员；另一方面，在村民手中也掌握着投票权，国家基层权威通过柔性的运作方式，以一种隐秘的或者是一种表面正当化的理由，将自己手中的资源与村民手中的权利进行交换。无论如何，村干部总是要分配他们掌握的资源，不同之处只是分配对象以及因何利益而分①。风险求助对象的变化恰恰说明了在农村社会中，传统的社会力量在继续发挥它的重要作用的同时，国家政权的力量却以一种隐性的方式正在改变农村的权力关系网络，改变村民在权力关系网络中的相对位置和关系。伴随着农村产业化进程的加快，以及农村产业结构的调整，村民在遇到困难时除了向村民委员会成员求助外，现在又多了另外一个选择，就是向国家的金融机构求助，当然这种求助是有条件的。

我们家有困难需要帮助的时候，一般向亲戚借钱，数额不大的就跟亲戚借了。但是像做生意的，大规模承包土地的，需要借钱的时候，会和银行商谈，那不是小数目，一般人哪有那么多闲置的钱啊。（被访者 B02）

尽管核心区域成员间的互助和临时帮助仍然是农村社会中首要的和最主要的风险救助方式，但是随着市场经济对农村社会影响的日益深入，以及农村产业结构的变化和升级，越来越多的村民选择向国家金融机构借贷，村民之间的社会关联也会随着这种借贷的普遍化而相对减少。

但是我们并不能就此断言，在农村社会这样一个场域中必然是国家的强制性力量会最终取代社会力量，成为村民之间社会关联的决定因素，因为在农村社会中一旦某个村民在日常生活中需要帮助，他会首先求助于其私人关系网络中的那些人。然而，这个人也可能会从既有网络之外的人们那里求得帮助，从而在得到帮助以后欠下帮助者的人情。而人情是一种传

① 阎云翔：《礼物的流动——一个中国村庄中的互惠原则和社会网络》，上海人民出版社，2000 年版，第 160 页。

统社会规范，但是这种社会规范不仅具有伦理道德的逻辑，还具有交换的概念，是斯科特的“道义经济”和波普金的“理性主义”的融合①。继而回报人情就成了生活在这个农村场域中重要的事情，所以农民会在适当的场合以馈赠礼物或者是提供帮助这样的形式进行回报，这样的回报往返几次，一种新的人际关系可能就会因此发展起来，这可能会改变村民在社会关系网络中的位置和影响力，使村庄场域内的社会关系网络发生变化，从而改变整个村庄内的秩序。

3. 工厂作坊：人际关系的多元化

随着市场经济对农村社会的影响日益扩大，农业生产投入成本的加大，农业生产的边际收益慢慢减少，村庄内部的产业结构出现了调整的趋势，农民住户的结构已经发生变化。其中一个非常突出的表现就是：村庄内从事专职农业的村民越来越少，非农业户在农村社会中的比重呈现上升的趋势；纯粹以农业收入为生活资金来源的村民越来越少，兼业户所占的比重正在不断加大。因此村庄内出现了新型的人际交往关系，即雇主和被雇佣的劳动者，并且随着村庄内产业规模的不断扩大，这种人际交往方式逐渐演变为村民之间重要的关系网络，在村庄社会秩序的形成过程中发挥不可忽视的作用。

在TB村主要有五家小五金厂和一家比较大的服装厂，这些雇主一般都是本村人，利用以前积累的人际关系和经验开办了这些小型的厂房。这些雇主雇佣的多是本村人或者是本地人，这样村中的剩余劳动力就地转化，为雇佣者与受雇者都提供了便利。雇佣双方一般是以单纯的经济利益为纽带进行社会交往的。这样一来，乡村社会中村民的个体身份又多了一层含义，村民的社会关系网络由此得到扩展和延伸。

我们自己家就种了一亩半的口粮田，就种水稻，其他作物不种，够我们家一年吃的就行。种地比较浪费时间，投入太多收入还少，所以我们自己家开了这个（院子左侧简易房）小五金厂，业务上比较忙，我们一般就会雇三四个人，都是本地人，基本上都是临时工，大多需要有技术的。反正雇本地人一是彼此都比较熟悉，再就是他们都离家近，不用管他们吃的

① 何艳玲：《都市街区中的国家与社会：乐街调查》，北京·社会科学文献出版社，2007年版，第160页。

住的，基本上就是早上来晚上走这样的。我们家一年大概十几万吧。像这样的厂子村里应该还有三四家。基本上大家都是会雇自己村的人或者就是附近的人，大家都是乡亲，这个机会给谁不是给啊，加上太远的人彼此都不了解，他们干活儿，我们也不放心。（被访者 B03）

我有时在服装厂做临时工，大概每天 40 元，平时就在家里做做家务。我老公和女婿就帮人家小五金厂做螺丝，每人每月 1200 元。钱虽然不多，但是在村里面做总比在外面做要好得多，这样家里有什么要紧的事还能有个照应，而且自己村的人总归是比较熟的，干了活了他总不至于坑你吧。”（被访者 A04）

老伴有时候在小农场帮人家搞搞绿化、拔拔草，每天能给 40 块钞票。就在东面的那个小农场，里面种植粮食、西瓜，是属于集体性质的，那里面会找一些人临时去帮忙干活，所以我们就去那儿干活。那里的活也不是谁都能干的，我们跟主任是亲戚，跟他好说话，我们才能去里面干活，像我们这个岁数的，去外边干活没有人愿意用，在村里又方便还有钱拿，这不是好事？（被访者 F01）

基于经济因素考虑，雇主一般会雇佣本地人做工，因为雇佣本地人的成本显然要比雇佣外地人的成本要低得多。由于雇主对于外地人的不信任，以及对于村庄“半熟人社会”内运行规则和道德准则的娴熟，使得雇主更倾向于雇佣本地人做工，以便甄别被雇佣者谁的人品更出色，谁的技术更过硬。有时候这些雇主为了这些受雇者能更好地为自己劳动，常常会请这些受雇者在家吃饭或者是在受雇者家庭遇到困难的时候提供帮助，最主要的形式就是在红白事上的“给礼钱”。通过这些手段雇主获得了受雇者的赞誉，与受雇者建立了良好的私人感情，有利于业务的开展。除此之外，这些村庄内部算得上是经济精英的雇主，也会借助自己的私人关系和在村庄外部获取的资源为其他村民提供就业指导和招工的信息，一方面村内的经济精英树立了自己的形象，另一方面受惠者出于感激的心理就会以另外的方式向这些精英进行回馈，由此村民和村庄经济精英的社会交往可能就由此建立，每一个人的社会关系网络都会因此变得更加复杂，村庄内部的社会关联加强，人与人之间的交往因此变得频繁。

二、文化方面的社会关联

村庄秩序是通过事件来建构的，重复发生的日常性和突发性事件，使应对事件的人与人的关系具有重复博弈的性质。重复博弈形成了人与人之间的一种隐形的、模糊的"约定"，约定各方可以对对方的行为有较为明确的预期，各方共享一种"承诺"或认同一种"游戏规则"，这种"承诺"或"游戏规则"构成了吉尔兹所说的"地方性知识"①。它一经形成便能将村民纳入村庄文化的场景中，村民在其中体验并遵从文化的张力，同时其在村庄文化场域中的活动就越来越能体现村庄文化网络的要求，相伴随的是村庄内的村民不断发生着各种社会关系的变化，人与人之间的关系不断进行博弈，尽管这种变化是细微的和缓慢的，但是一旦关系改变就有可能形成新的"地方性知识"，建构出新的村庄秩序。所以通过考察村民在村庄中结成的各种社会关系，其中包括人与人具体关系的性质、程度和广泛性，以及这种关系应对事件的能力，就能具体反映出村庄秩序的建构逻辑。通过对农村场域中生活的主体——村民的日常生活的考察就能得出村庄文化的形成、变化和发展趋势，从中能考察出村民行动背后的逻辑以及行动背后各种力量的对峙和博弈，从而得出村庄社会中的秩序何以可能，以及为何如此的背后逻辑。

1. 红白事：经济利益下的理性化交往

红白事是农村社会中常见的生活场景，它经历了不同形式的中断、延续和重新兴盛，这些以家庭、家族为主体参与的活动与其生活世界和生活逻辑之间是融合和匹配的关系，它们构成村落社会一套完整的生活与意义体系。一般通过村庄内多数村民的共同参与，个人能达到获取地方性知识和巩固关系网络的目的。生活在村庄场域内的村民对于这一传统的仪式性的活动有着深刻的见解和强烈的参与性，这也是村庄场域内的村民获取社会关系资本的手段之一。

村民对于农村社会红白事的参与十分普遍，这种参与一般是基于家庭的姻亲关系或者是家族关系下，再有就是基于邻里关系。一般来讲这种社会交往是带有目的性和必要性的。首先，作为"半熟人社会"内的村民来讲，这种参与是必需的，因为这关系到一个人在村内生活是否是一个懂礼数、知礼节的人，关系到这个人在村中的"面子"问题，如果一个人能够处理好这些关系，这个人在村落社会中的人际关系必然也不

① 梁治平：《法律的文化解释》，上海·三联书店，1998 年版，第 82—83 页。

差；相反如果他连着这些最基本的关系都没有办法处理好的话，他必然会被看成是一个没有能力的人，而这必然会影响他的人际关系和交往情况。这就是村庄内传统的道德评判标准在起作用，传统社会村庄内部的舆论监督在现代社会中仍然发挥重要的作用。其次，参加亲戚家的红白事，有助于拉近与亲戚之间的关系，使得原有的关系基础进一步巩固，同时这样做也是为了自己以后在寻求亲戚帮助的时候，能够获得必要的帮助。但是红白事作为村庄内常见的仪式性事件参与人群和数量正在发生变化，这种变化不仅是由村民所处的社会关系网络中的位置所决定，同时也是村民理性算计的结果。

比如说今天吧，儿媳妇她娘家有喜事，我们这边怎么着也是得去的。平时村里的喜事，也就是亲戚这样的才去呢，一个生产队的会去，其他的就都不去了，人家也不请咱，去了没个百八十的拿不出手啊；丧事会有份子钱的，大家就是一个互相帮助的吧。(被访者 B04)

在 TB 村结婚之类的喜庆事情一般都会请自己家的亲戚，也就是我们上面提到的核心区域内的成员。农村社会中的居住形式决定了，属于一个生产队的人，基本上都是自己的左邻右舍，这些人除了会有生产上的互助之外，在生活上也通常会互相照顾，这种地缘关系上的社会关联常常因为社会交往的增加而变得日益紧密，从而邻里关系变成了村民社会关系网络中重要的组成部分。交往双方都是为巩固关系，获取自己所需的社会资本和利益。村庄内村民之间的交往呈现出明显的理性化趋势，如上文中村民对于姻亲关系的重视使得村民必须去参加这些人家的红白事，这既是一个人社会化的表现，也是村民在村庄道德舆论和历史传统下的选择。尽管这种选择是不得已，但是这个事是自己不得不参与的。这样做的动力其实出于自身的利益考虑。首先，这是一种礼节上的表示，是人际交往中的形式主义，是一个人识大体的表现，这样做的好处就是在村庄内为自己树立一个良好的形象，赢得广泛的好评，为巩固自己的人际关系网络奠定基础；其次，通过参与这类事达到自己家庭成员之间增进感情的目的，尤其是儿媳妇对于家庭的归属感增强；最后，利用这次机会表达自己对亲家的重视，也为以后能够获取对方的帮助提供了依据。同时也应该注意到，在农村社会中，红白事作为传统的社会交往方式，是村民之间极为重要的交流机会，其范围正在变得越来越窄，与传统社会中村民之间的广泛参与相比，现在的村庄中，红事仅限于自家的亲戚或者是关系好的朋友，一个生产队的人；而白事参与的范围相对较多。之所以发生这样的变化，除了由于忙碌而联系减少之外，最重要的一点就是经济利益使然。因为在红事的参与中，每个参加者都要准备个“百八十的”，否则的话就拿不出手，但是白事的参与显然不用花费这么多，所以基于经济利益的算计，村民之间选择参与对象的时候会很慎重。通常是主家不会主动请自己核心区域以外的村民，而这些村民本身也不希望被邀请，这样一种双方互相妥协的关系造就了TB村人际社会交往在红白事上的范围逐渐变小，村民在红白事之间的社会关联正在逐渐减少，村民之间增加交流的机会减少。但是随着当地经济的发展以及国家权力的介入，村庄社会中也出现了村干部参与党员家庭的红白事的现象，这样的改变使得村庄内部的社会关联以及与之相关的社会关系网络也发生了相应的变化。

一般的红白事都在家里办，村里看你家是不是党员？是党员的话，支书会来的。其他的一般人都没有人管了。自己出钱请厨师，自己办。原来的石南村，村里如果哪一家有老人病、死的，支委会去看的，村里还给150元的慰问金。现在邻居也会去的，吃白饭，吊唁一下，给点钱什么的。就是平时关系不热切的、不好的，人老（去世）了也会去的。人死为大，年轻人的恩怨和老人没关的。（被访者E03）

村干部的这种参与，尤其是出席党员家庭的红白事的场合，代表的不仅是他自己，更是象征了一种干部的身份，代表的是国家权力对于乡村日常生活的介入。这种参与是一种不对等的资源交换，在交换关系中一方并不希望对方给予自己同等的价值，甚至是并不希望对方给予自己任何方式的回馈，也不希望和对方建立长期的交往关系。这样的行为是基于一种干部身份的象征，将自身塑造成一个关心民众的形象，同时给予某种角色以特殊的待遇，如上文提到的“党员”这样一种角色，以期待将更多的民众吸引到这一组织中来。组织成员的特权不仅是有干部出席自家的红白事，而且每年还会组织党员外出旅游，这就将普通村民的身份淡化，而专门突出国家赋予的某一特殊的身份，借助这些形式的宣传，将国家的影响进一步扩大，将国家本身的权力正当化和合法化了。尽管村干部会参与村庄内部党员家庭的红白事活动，但是我们并不能由此说明村庄内部人与人之间的社会关联正在变得多样和多极，因为在村干部的参与过程中，这种交流机会和方式并不对等，只是村干部单方面参与党员家庭的这种聚会，借此能有机会和更多的村民进行沟通和交流，但是村民对于干部家庭却没有这种权利，他们不被希望参与干部家庭的这种聚会，因为这本身就是一种身份的象征，这样建立起来的社会关联只是在村干部这一极发生了变化，而村民这一极并没有实质性的变化，何况普通村民并不能享受这种待遇。所以这样的一种社会关联的发生只是暂时的，并不能持续，也不能改变村民和干部之间的私人关系网络，村庄内部的社会关联并没有因此增多。

除此之外，随着农民生活水平的提高和社会生活方式的城市化，村庄内红白事的举办方式也发生了变化。很多年轻人的婚礼都在酒店举行，这就大大降低了村民之间发生社会关联的机会，因为以前在家举行婚礼，街坊四邻和亲朋好友都会来帮忙，甚至是一些不相关的人也会出现在这种场合，曰为“凑热闹”，而且这种“凑热闹”的人越多，主家的喜庆气氛就会越浓。在这种情况下，平时可能很难见面的村民就会因为这种事情聚在一起，从事各种各样的事情，但是现在这种机会随着城市化的扩张和市场经济的侵蚀，正在变得越来越少，所以村民之间的社会交往也就随之减少。

现在很多酒席都在酒店办，就是不在酒店基本上也都是“一条龙”服务了，挺方便的，不需要亲戚帮忙的，他们都是过来等着吃饭就行。一般厨师先开菜单，把价钱讲好分中档、高档，我们按单子上的菜去配，乡政府都有水产一条街的，桌上的烟酒自己买，厨师都带着小工，给做饭、洗碗。亲戚邻里最多帮忙做点汤团，没有那么多的讲究，都挺随便的。别人基本上也都用不上，就是这些亲戚会来帮忙。（被访者 A02）

由此可见，村庄内的酒席有专业化的队伍承办，专业化的厨师帮着村民承办酒席，省去了村庄内其他成员的参与，而且就连平时需要亲戚帮忙的活动都被省去了，“他们就过来等着吃饭就行”，这样村民之间的交流机会就大大减少，这就限制了村民之间的社会交往，缩小了村民的社会交往范围，村民在村庄社会结构中的位置很难发生变化。

根据吉登斯的结构化理论，社会结构不仅制约着村民的行动，同时也建构着村民的行动。村民在社会结构中的位置决定了村民的社会交往以及可利用的社会资本，而在仪式性事件中全体村民通过互动联结为一体，形成了有限事件的社会关系网络，这一社会关系网络其实是村庄整体事件社会关系网络的再生产。同时仪式性事件的过程也是村庄传统文化和价值观的再生产过程。正是在这些仪式性事件中的再生产，村庄共同体的整合才得以延续和发展。但是显然这种仪式性的活动随着城市化和市场化对农村地区的侵蚀正在逐渐减少，村民参与其中的可能性减小，这样村民之间的社会联系减少，村庄集体行动过程中缺少了舆论的监督，村民很容易在集体行动中出现“搭便车”的现象，村民之间缺乏一致的行动力，村庄集体行动陷入困境。

2. 生活娱乐：内容形式单一化

在过去，TB 村的生活娱乐方式主要就是串门聊天或者是打牌，但随着社会的进步，村民的生活方式正在变得多样化，电视成为村民获得信息的主要渠道，个别村民家还购置了电脑，村民现在的主要娱乐方式就是看电视。新鲜事物的出现极大地冲击了农村社会中原有的生活方式，以前那种串门聊天、增进感情的交流方式只在一些年纪比较大的人当中，农村中生活的年轻人并不接受这种生活方式，而是通过手机、网络等交流方式。现代生活的繁忙节奏也冲击了农村生活，很多村民忙于外出打工、赚钱养家，村民彼此之间的交流大大减少。

我平时没事的时候主要看电视。串门聊天也是有的，但是现在不像以前那么经常了，你想啊，像我们这个岁数的人还好一点，基本上都是在家待着，但是你没有事干，不能说明人家也没有事干啊，所以你想去串门聊天，不见得有人在家啊，你跟谁聊啊？（被访者 F01）

由此可见，村庄内部固有的传统的社会交往方式由于以上原因正逐渐减少，村民之间的生活娱乐方式变得比较单一，基本上只限于在家看电视，生活娱乐空间正在被现代性的生活方式挤压，村民之间的社会交流受到限制，在社会关联方面除了原有的关联对象之外，很难再有新的突破。而农村社会中另一个传统的生活娱乐方式，“打麻将”活动的境遇也大不如以前。

我现在基本上也不打麻将，主要是没时间打，我晚上还要加班干农活的。这样才能给家里赚点钱啊，我们这里基本上只有老年人打牌，他们主要是在家待着没有其他的事情干，年轻人都在忙着打工，哪有时间打麻将啊？就连我们这里的一些老人，有的家庭还是外出打工的，起码是在附近找地方干活的，或者是自己在家里养养虾什么的，要不就是帮人家做点什么手工活，自己挣点买菜的钱。我们这里的人还是很辛苦的。（被访者C03）

我不忙的时候就是在家里歇着啊，要不就是在家看看电视。有时候也去打打牌，打打麻将，反正歇着也是歇着啊，打牌的这些人也都是邻里邻居的，远了我也不去啊。我们这里人晚上都是不出门的，也就白天打打麻将。别的活动也没有。（被访者B04）

在TB村的村民生活中，村民大多都想着打工、做生意赚钱以及如何赚更多的钱，很多村民将挣钱作为自己生活的主要目标，因此他们很少有时间和精力再去想如何玩得高兴，也不会想着什么事情都去“凑热闹”了，村民的生活娱乐空间一再被挤压，村民的生活娱乐方式也更加的单一，他们的文化活动都尽量在农闲的时候以及就近的地点进行，村民之间发生社会关联的机会大大减少，传统社会中人际关系网络只是维持在原有的水平上，很难再有变化，村庄内的社会关联正在逐渐减弱。很难说村民这种生活方式是好是坏，不论怎样这毕竟是经过村民的理性算计和衡量的结果，是村民与现实妥协的结果。

实际上在TB村也存在着国家力量组织下的娱乐活动。村民委员会为了丰富村民的日常生活，定在每周的周三下午在村民委员会的老年人活动中心播放一些爱国主义教育影片，试图将一种新的娱乐方式带进农民的生活中。尽管村委的这种初衷是好的，但是村民对此却反应平平，很少有村民会在这个时间去村民委员会观看影片。

村里没有什么活动，镇上都没有什么活动的啊，也没有什么村民自己组织的活动，就是每周三下午两点在老年人活动中心放个电影什么的，放什么我也不知道，我们都不去的，一是我家离那边比较远，我也没有时间去看那个，再有就是别人都不去，我去干吗啊，现在什么都能在电视上看，干吗还跑那么远去看那个啊？还不如在家看电视呢。（被访者E02）

现代化进程下，城市生活方式逐渐进入农村社会，农村社会中传统的生活娱乐方式正在减少，无论是互动的形式还是内容都变得单一，传统的生活娱乐方式的生存空间受到了挤压。另外，国家试图在农村社会中建立一种新的娱乐方式，以及将国家的强制性力量带入农村的社会生活中，在农村社会中建立新的社会关联。显然无论是国家和社会的力量都无法抵挡市场化对农村社会的冲击，市场经济有其自身的发展逻辑，社会生活也相应地发生了变化。以市场为动力，以农村社会状态为基础的农村社会生活正发生着变化。而变化的主体就是生活在村庄场域内的村民，尽管他们仍然保留有传统的生活娱乐方式，但是显然这些方式的生存空间已经受到了市场的挤压，村民为了自己的各种利益，包括经济利益，不断调整自己的行动策略，同时村民之间的社会交往却因为这种选择正在逐渐减少，村民之间的社会关联程度降低，社会关系网络变得松散，缺乏一致行动的能力。

3. 社会交往：交往活动理性化

农村的社会交往是农村社会生活的重要内容之一，农村的社会交往如何在一定程度上反映着农村社会的进步以及农民自由度的增强与减弱，而且作为农村生活主体的村民的社会交往也反映出了村庄社会的人际关系网络以及村民各自在社会网络中的地位，同时这种社会关系网络在一定程度上反映着村庄社会秩序的现状以及村庄秩序维持的机制和逻辑。

马克思、恩格斯认为，交往不仅影响着生产力的创造和继承，而且和生产一起决定着社会结构。他们指出，人类社会的历史既是生产的历史，又是交往的历史，“一个民族本身的整个内部结构都取决于它的生产以及内部和外部的交往的发展程度”①。村庄社会中的人际交往也不例外。随着村民社会生活结构和方式的变化，TB村村民之间的社会交往范围也有某种程度的扩大，交往手段在不断更新，社会交往呈现新的交往特点，同时也正在变得理性化。

我们家跟隔壁西边这几家有来往，东边这几家认识，但是跟他们的来往少。东边的人家和我们不是一个生产队的，以前没有什么联系，所以现在就也不怎么联系了。西边那几家有的是一个生产队的，彼此之间都熟悉，有的还是自家亲戚，所以联系就比较多。后面路上的人基本上不来往，我不认识他们，我老公认识。我在村里联系的人比较多的也就是自己家的亲戚，有什么事情也都是这些亲的热的才会帮你，别人哪儿管你那么多啊？（被访者B01）

---

① 马克思、恩格斯：《马克思恩格斯选集》，第1卷，北京·人民出版社，1972年版。

我平时就跟邻里同岁的聊聊天，晚上看一会儿电视。不参加村里的活动，村里也很少有什么活动，村里没钱。老百姓之间也没有组织什么活动。村民间关系还行吧，有人家有大事了，邻居都会去帮忙的。跟年轻人接触明显少了。以前大人在田里做工，小孩在田间帮忙，彼此都熟悉，小孩还会按辈分称呼大人，现在可能稍远点的年轻人都不认识，他们从小到大被大人带出去读书。（被访者 B04）

村民之间的社会交往对象主要就是自己家的亲戚和周围的邻居，多数村民的日常生活半径局限在自己的村庄场域之内，他们与村庄内关系好的村民进行互动，建构自己的社会网络，因为这些关系网络中的村民是在困难时候可以给自己提供帮助或是值得信任的人。虽然村民还是和自己的亲戚或者邻居交往，但是在 TB 村还是能明显地看出村民之间社会交往与以前大不相同。一方面是村民之间社会交往机会的减少，随着村民生活的日益繁忙，村民之间的社会交往明显减少，很多村民常年外出打工，即使是在农闲的时候这些村民也不会闲着，村民之间的社会交往机会减少了，有村民在村庄场域社会交往中缺席，而这种缺席会改变村民之间的互动。另一方面，原本村民在村庄网络中的地位和位置可以通过村民在社会交往中的谈话和行动中得到巩固，因为他们可以通过田间地头的劳作增加相互交流的机会，尤其是对于一些年轻人，可以通过这种方式认识自己父辈社会关系网络中人员构成，以便在以后的生活中通过互动巩固这种关系。但是由于兼业农民的出现，以及村民对于教育投入的增加，村民之间通过田间作业这种方式交流的机会大大减少，因为村庄中的小孩子会“被大人带出去读书”，即使是不上学的年轻人也多数选择了在城里打工而非留在农村耕种土地。这正如马克思所认为的那样，任何社会交往都统一于一定的生活方式，而生活方式的首要因素是生产方式，任何社会交往都是由生活在其中的人们的生产方式所直接决定的。在 TB 村所发生的村民之间的社会交往的变化，首先是由于村民的生产方式发生了变化，一方面机械化生产工具的大量运用解放出了大量劳动力，为村民进城打工提供了重要保证，另一方面村民从单一的农业经营者向兼业农业者身份的转变，为村民社会交往的改变提供了可能。这些方面的改变都大大降低了村民之间社会交往的机会，使得村庄原有的社会关系网络只停留在原有的水平和结构上，很难再有新的突破。

尽管多数村民的社会交往范围只局限在自己生活的村庄场域中，但是随着城市化进程的不断加快以及农村地区日益增长的消费需求，在TB村出现了村民之间社会交往方式的多样化趋势以及社会交往手段的现代化，同时村民之间的社会交往呈现理性化的趋势。

我平时就和邻居说说话，同龄人找同龄人，同年纪的有话说，姐妹家、亲戚家现在都很少去的，除非有什么事。去的话自己总归要买点东西，不能空着手去吧，买啥都要花钱的；你去了，人家也不好不买菜招呼你，买菜不也要花钱啊，这样几天生活费就没有了，我们就很少没事的时候还往人家家里跑。这样名声也不好，好像你是为了吃人家那个饭去的。（被访者 D03）

我平时主要就是和邻居说说话，亲戚家很少去的。没有钱，去哪儿都要花费的。你出门要交通费的吧，就算是你自己骑车去亲戚家，东西你总是要买点的吧，总不至于空着手去吧？这样一趟下来就花不少钱，我们一般也就不怎么总去亲戚家了，去不起啊！（被访者 A04）

TB 村村民之间的社会交往尽管依然存在，但是明显呈现出减少的趋势；村民之间的社会交往尽管依然延续，但是已经明显呈现出理性算计的痕迹。很难讲这种理性算计是村民自身思想狭隘的表现，因为在村民考虑自身利益的同时，也算计到了对方的利益，尤其是经济利益，比如他们会说，人家也要买菜来招呼自己，而买菜就意味着对方必定是要为自己的到来花费不少的钱物。经济利益已经成为村民首要考虑的现实因素，人与人之间的社会交往已经被市场经济的发展趋势所侵蚀。在这一点上，村民之间很难再建立新的关系网络，已有的社会关联也只能勉强维持而很难再有更加深入的发展。村民个人在村庄社会关系网络中的位置被固定，年青一代与老一代村民之间的社会关联很难建立。

无独有偶，随着时间的推移以及村民之间交往范围的扩大，TB 村村民之间的社会交往关系非但没有得到加强，反而从某种意义上来说呈现一种减弱的趋势。这不仅表现在 TB 村村民之间，尤其是年轻的村民和年老的村民之间的新的社会交往关系并未随着时间的推移而得以建立，而且村民之间原有的社会交往关系也随着村民交往范围的扩大而逐渐减弱，这一点在村庄中一些年轻人和做生意的村民身上体现得最为明显。

我没事的时候就是在家上上网，跟朋友聊聊天。或者是参加朋友的小

店开张，因为我本身在南汇开了一家小服装店，所以没事的时候都是我们这些开店的朋友在一起玩。（被访者 D04）

我平时空闲的时候就是在家看看电视、上上网以及和邻居聊聊天，现在自己做生意也很少有空闲的时候了，就是有空闲的时候也多数是跟自己做生意的朋友一起聊天，主要就是聊一些自己生意上的事情，及时地沟通、交流信息，这样才跟得上外面的变化啊。（被访者 C04）

如前所述，村民之间的社会交往发生了很大的变化。不仅交往对象发生了变化，逐渐从核心区域内的亲戚、邻居向生意伙伴变化，而且村民之间的交往频率正逐渐减少，因为在 TB 村内多数村民从事兼职农业，即不只是从事农业生产，而且还经常外出打工或者是自己开办各种小厂房。这种兼职农业方式使得村民的生产和生活不再受农忙时节的限制，村民依然可以在农闲的时节忙碌，村民之间的社会交往常常因为村民对于经济利益的追求而中断。而随着村民经济增长方式的变化，社会交往的范围不断向外延伸，有的村民的社会关系网延伸至外村，而有些村民的社会关系网往往是在南汇，甚至一些村民的关系网络在上海市区。村民之间的社会交往方式也随着时代的变化而不断变化，手机、互联网的出现改变了村民之间以及村民与村庄外界的联系。所有这些交往方式、交往范围和交往对象的变化都给村庄原有的社会关系网络带来冲击，使得原有的社会关系网络中村民的位置发生了改变，村庄原有的社会关系只能维持或者随着外出人口的增加而很难再维持，村庄中新的人际关系在这种交往频率减少的情况下很难建立，这些变化都会使得村庄内传统的秩序格局发生相应的变化。

尽管在村庄社会中村民的关系网络既包括亲属关系，也有和同小组、同村庄和村干部的社会交往，还有与村庄外部人们之间的社会交往，但是对于村民来说，更为重要的交往仍然是与亲属之间的交往和互动。首先，这主要表现为村民与包括亲戚、家族成员的社会交往明显多于同村的其他村民以及村干部。其次，尽管不同的村民在社会交往方面出现很大的差异性，但在亲属交往方面却在每个村民之间保持了趋同性，亲戚之间的社会交往仍然是各种社会交往中比较重要的交往。一方面那些地位较高者往往更能体面与亲属交往，因而与亲属之间保持更密切的关系。一方面，对广大村民来说，不管他们的交往圈子有多大，但是在生活中能够获得情感或者经济方面支持的只有那些亲戚和本家族的成员。这个选择的过程既是“差序格局”基础上的理性选择，也是体现理性选择下的“差序格局”分布状况。农民社会交往过程中，不同交往对象在农民社会交往关系网中的等级差异，交往关系中业缘关系的扩张，以及交往中信任关系的强弱差异，在某种程度上讲，是农民理性选择的结果。在农民的社会交往过程中，除了考虑自身需要、交往对象的社会地位、交往对象所能提供的资源等理性因素，都将必不可少地考虑到与交往对象的亲疏关系，因为只有在亲缘关系的保护下才能建立信任关系，才能获得自己所需的资源，而这种亲疏关系在本质上属于乡村社会中的“差序格局”，因此村民的社会交往行为选择实质上是一种乡村社会传统“差序格局”基础上理性选择的结果。另一方面，血缘关系已经不再是判定村民之间亲疏远近关系的唯一标准，关系的亲疏远近正在逐渐与利益挂钩。对农民而言，最理想的交往对象是既与自己有血缘关系又能在适当的时候给予自己帮助的人，同时，他们也希望在交往过程中建立的以血缘关系为基础的“强信任关系”能成为一种无形而有效的资本。理性的农民总希望在血缘关系和经济利益之间寻找到一种最佳的平衡。因此，理性选择下的“差序格局”实际上是农民在均衡“血缘关系”和“经济利益”基础上形成的“关系亲疏远近”的格局体系①。

村庄内部的社会关联是基于农村社会的地缘关系、血缘关系而形成的，社会关联的主体是共同生活在一起相互熟悉的村民，同质性是其最大的特征，个体的行动受到社会道德和民间舆论的压力，而且彼此之间都是比较分散的个体经营者，没有有机地结合在一起。根据迪尔凯姆的社会团结（关联）理论，基本上是一种机械的社会关联。而村民与外界的社会关联更多是依赖于业缘、友缘关系建立的，这种社会关联属于一种有机的社会关联。总体上看，村民在建立社会关系网时显示出其行动的主动性和多元性，他们开始有意识地追求自身利益的最大化，获得相对较多的社会收益。无论是村庄的内部关联还是村庄的外部关联，本章探讨的是村落社会在传统力量控制下村民之间的社会关联发生的变化，而所有这些变化必将导致村庄人际关系网络格局发生变化，而村落关系格局的变化将带来村庄

① 许晓芸：《农民交往行为选择的逻辑》，载《湖北教育学院学报》2006 年第 7 期。

社会秩序的变化和发展。我们在探讨村庄诱致性社会关联导致变化的因素时能明显地看到，村民之间发生社会关联的基础是村民之间的利益关系，村民之间社会关联的变化实际上是随着村民之间相互利益的变化而变化的。国家和社会的力量对于塑造农村社会中的权力秩序起着相当重要的作用，两者相互较量才带来了村庄秩序的变化，很难确定村落社会中这两种力量哪一种占据优势，因为两者不是绝对对立的，也不是此消彼长的关系，尤其是在现阶段农村社会逐渐城市化的情况下，两者的关系是你中有我、我中有你的关系，来自国家上层的力量和来自传统社会的力量共同作用于村庄内的村民，使得村民之间的社会关联发生了不知不觉的变化，但是我们不能忽视的是村落社会中来自市场的力量对村庄社会关联的形塑作用。在市场经济的推动下，农民在选择互动对象和互动形式上都开始算计自己的利益，为了追求利益最大化，开始有意识地在村庄内部和外部不断扩大自己的社会关系，构建起属于自己的社会关系网络，与此同时，扩充自己的社会资本。他们建立社会网络的过程以及建立起来的社会网络的状况对村庄秩序都产生了不可忽视的影响①。

第四节　两种社会关联下的村庄秩序

村庄是村民主要的生活栖息地，农村的现代化进程深刻地影响着整个中国现代化的进程，而生活在村庄中的村民是中国现代化进程中不可或缺的重要力量，或者说是一股特殊的社会力量影响着国家的现代化进程，而在中国的整个现代化进程中国家难以为村民提供所有实现现代化的手段和条件，诸如现代化的公共设施和完善的公共服务，因此村民必须发挥自身的优势，自发组织起来进行现代化的生产和生活，由此引发了村庄秩序获得两条重要途径：一条是国家强制作用力下的外生型的村庄秩序获得途径，另一条便是村庄社会中原有传统道德和习俗基础上的内生型的村庄秩序的获得途径。而前一条途径的获得正是在国家依靠其行政手段和权力对

① 薛霞：《社会关联与村庄秩序——山东曹县张村的观察与思考》，安徽大学硕士学位论文，2007年。

农村社会的发展施加强制力的基础上，使村民之间产生了强制性的、非自发的社会关联，从而对村庄秩序维持和发展施加重要影响；尽管国家力量不断向农村社会下沉，并使村庄社会中人与人之间的社会关联打上了国家政权和国家法律的烙印，但是无处不在的国家政权和国家法律却无法完全为农村社会提供完全的农村秩序，农村社会事务的解决很大程度上要依赖农村社会中传统的舆论和道德力量，这就使得国家强制性的力量和社会内生的力量相互渗透、相互作用，形成了你中有我、我中有你的相互依赖局面，同时这两种来自不同方向的力量共同作用在村民身上，使得村民之间的社会关联发生了微妙的变化，形成了两个范畴却又相互渗透的社会关联，从而改变了农村社会中国家和社会力量在村庄秩序形成过程中力量对比状况，使村庄秩序发生这样或那样的改变。来自村庄外部即国家方面的强制性力量在村民身上所引发的村民之间的强制性的社会关联与来自村庄内部社会方面的诱致性、自发的社会力量作用在村民身上引发的村民之间的诱致性的社会关联只是范畴或者是逻辑上的一种区分，实际上这两种社会关联之间是一种相互渗透的关系，就中国农村社会的现状来看，缺少这两种社会关联中的任何一方，中国农村社会的发展必然受到制约，农村现代化的进程必然会受到影响。尽管村庄内这两种社会关联的关系复杂多变，但是这种复杂的关系在村内合作社的组织结构、路径选择、运作模式上体现得淋漓尽致，使得我们能够更加清晰地看到，国家和社会关系在合作社这样一个载体上是如何互动的。

一、农业合作社的路径选择

中国社会中的农业合作社的变化和发展，既反映了时代的变化和发展，同时也反映了国家和乡村社会关系的变化和发展。改革开放以前的合作社，反映的是一种“强国家、弱社会”的模式，而村民之间的社会关联更多的是被国家强制性力量控制下的一种被动关联，这时候的社会很难发挥其联系村民的作用，经过国家对乡村社会的层层重组和权力的下沉，村民的自主地位在很长时间内丧失殆尽。而改革开放以后的合作社正在逐渐反映为“强社会、弱国家”的发展模式。这不仅是因为现阶段合作社的成立基础是村民之间自愿、平等的基础上，基于个人利益考虑而成立的，村民在其中的自主性大大增强，表现在能自由地入社，也能有权利离开合作社，同时国家有意识地将自身的权力止于乡镇，将农民能办好的事情交由农民自己处理，尤其是在合作社的问题上，国家更是将权力全方位地收缩，只是对合作社的政策扶持，以及在合作社遇到困难的时候给予积极的帮助，在一定程度上使国家和乡村社会的矛盾得到一定的缓解。

从合作社组建方式的角度来看，合作社的组建大体分为三种形式：①政府主导下自上而下地组建起来的合作社，如日本农协以及我国的供销合作社。②人们完全自发地自下而上组建起来的合作社，各国早期的合作社基本上都属于这一类。③在政府或其他相关机构支持和帮助下人们自下而上地组建起来的合作社。在 TB 村存在两个农民经济合作社，一个是上海塘北水稻种植合作社有限公司，另一个是上海田博瓜果合作社。这两个合作社的组建基本上是在第三种方式下组建起来的，这两个合作社对于村民来讲是村庄中重要的经济合作组织，考察村民对于这两个组织的参与状况可以清楚看到村民社会关联的现状。

《上海 TB 水稻合作社有限公司带动农户的情况说明》中提到，上海市 TB 水稻种植合作社有限公司在 2005 年 4 月成立，整合了书院镇 TB 村原有的 300 亩土地资源。合作社股东 10 人，参与社员 1300 多户，带动周边地区 2200 户农户，向周边辐射生产面积 4000 亩，并为农户提供产前、产中、产后环节配套服务的同时，也提供技术支持和销售网络。主要的经营范围是水稻、瓜果的种植及销售，花卉、苗木的种植及销售。事实上，调查过程中问及村民是否参与这个合作社的时候，很多村民对这个合作社具体运作状况并不知情，甚至根本不知道这个合作组织的存在，而村中的另一个合作组织的情况同样也是如此。

据调查资料显示，上海田博瓜果合作社有限公司于 2004 年成立，整合了书院镇原有的 150 亩土地，参加股东有 31 人，参与社员 900 多户，带动周边地区农户 2000 户，向周边辐射生产面积 3500 亩。据一份带动农户的情况说明中提到的，“合作社成立以来，农户增收每亩 2000 元，农民种植技术也得到提高”。就知名度来说，田博瓜果合作社在上海是小有名气的，“田博”作为一个水果品牌被广大群众所熟知，但是这个本应有广泛吸引力的合作社，根据访谈对象的访谈内容可以了解到很少有人参加这个合作社。

二、农业合作社的组织结构

1. 合作社人员构成

TB村的合作社是权力和利益、人情交织的产物，诱致性的社会关联和强制性的社会关联相互渗透作用在参与合作社的村民身上得到了印证。

表5－1　TB村水稻种植合作社人员名单

姓名	职务及关系
上海田博瓜果合作社（LQD）	最大股东，村民委员会主任兼党支部书记
ZWJ	
LLM	村委（民兵、民防）
LQF	村委（LQD的弟弟）
CSM	原村委（妇女主任）
ZJS	
ZJP	党支委兼会计
MYF	
MGS	其儿媳为村民委员会委员
XGP	村民委员会委员
CYF	党支部副书记

从表5－1合作社人员的组成中，我们能清楚地看到，在传统农村社区，宗族往往是村民最为重要的社会关系网络，宗族势力渗透到乡村社区的发展中。尽管现阶段村民的宗族意识已经淡化，宗族势力在农村社会中的作用也日渐式微，但其仍或多或少地影响着村庄的发展，在村庄经济合作社中也有重要影响。虽然是按照村民自愿原则参与合作社，但仍能明显地看到合作社的成员组成大多是村民委员会成员或者是党支部成员，尽管有个别村民能够加入合作社，但是这些村民的身份也是特殊的，有村委成员的家人甚至是亲戚，很少有普通村民的参与。首先，国家为农民提供了社会交往的平台，但是村民参与其中的程度却不深，究其原因一是村民现今从事专职农业的人并不多，所以对于参与农业合作社的积极性不高；其次，虽然国家和市场的力量在农村社会中发挥重要作用，但是传统农村社会中的

“差序格局”仍然起着相当大的作用，它使得村干部可以利用手中的权力将个人家庭或者是自己的亲属纳入合作社组织，帮助他们承担和规避水稻种植中的风险，提高收益，但是普通村民显然没有享受到这样的待遇。

我们根本就不知道有这样一个水稻合作社，还说什么加入不加入啊？就算是有合作社，也没有见到他们办了什么事，水稻我们是自己种自己收，顶多是村里面组织统一打药，我们会交点钱就一块打了，反正自己也没有时间弄那些。（被访者 C01）

据此可知，国家支持或鼓励下的合作社组织竟然成为村干部利用手中权力为自己谋取利益的工具，而普通村民加入其中的机会并不多，这就使得村民之间发生社会关联的机会减少，村民关系网络的建立受到阻碍。一方面，村庄社会中传统的“差序格局”以及伦理道德在构建村民之间的社会关联时发挥了重要作用，以合作社发起者为中心向外扩散，将核心亲属“拉”进了合作社的队伍之中，然后逐渐向外扩散，这样就表现为村民之间诱致性社会关联；另一方面，以村庄的权力为中心向外扩散，将权力中心周围的村民“拽”进了合作社，然后再以各自为中心，逐渐向其他亲缘关系的村民扩散，这样就与村庄的强制性关联有关，同时在其中渗透着村庄社会的诱致性关联。

村中另一个合作社的情况也是如此，根据瓜果合作社的合作章程，该合作社性质是“在家庭承包经营的基础上，从事瓜果业经营者，依据加入自愿、退出自由、民主管理、盈余返还的原则，进行共同生产、经营、服务活动的互助性经济组织”。合作社的任务是为社员提供产前、产中、产后服务，组织社员开展瓜果生产经营，扩大产业规模，提升产品品质，提高社会生产经营的组织化程度，降低风险，依法维护社员的合法权益，提高社员收入。目前田博瓜果合作社主要从事的是瓜果的收购、加工和销售工作。但合作社向社员、农户收取的瓜果是有一定的质量要求的，用村民的话说就是：“专挑又大又好的，还要形状好的才行，长得好看的。”当然这跟果品的品牌有关系，在这样的品质保证下瓜果自然也能卖个好价钱。

合作社的人员构成与村民委员会成员组成有很大的交叉性，尽管村民委员会在法律意义上是村民的自治组织，和国家的强制性权力之间并没有关联，但是实际上合作社成员的“官员化”，很难再将 TB 村的合作社定义为一个纯粹意义上的自治、合作组织，而是与国家的强制性力量之间建立了某种联系。田博瓜果合作社的发起者和推动者是该村的村民委员会主任，拥有潜在的官方背景，有一定的见识。一方面他利用自己所拥有的社会资源，为合作社的创建提供各种便利条件，如将 TB 村原农场的土地以合作社的名义租用，利用自己在市里的关系为合作社的发展筹集更多的资金，铺平了道路。另一方面，将自己的亲属、朋友纳入了利益圈之内，而很多真正想依靠合作社的力量改善自身处境的村民却被排除在外。这在很大程度上改变了村民之间的社会关系，将本来密切的关系变得更加密切，也将平时的同事关系变成了相互依存的利益相关方。村庄社会中的诱致性力量依然发挥着重要作用，但是在这种力量作用的背后，我们不能忽视的力量还有来自村庄政治层面的强制性力量，它们之间相互关联，互相渗透，在这个利益共同体内表现为缺一不可。村民之间的社会关联也因为这种复杂的关系而不断发生变化，这就使得村庄秩序的社会基础可能发生动摇，从而改变村庄的现状。

2. 合作社资金构成

合作社在实际的组成和运行中已经很难保持其自身的“纯洁性”，而被打上了权力的印记。下面是 TB 村水稻种植合作社的资本投入情况：

表 5－2　水稻种植合作社有限公司投入资本明细表

货币单位：万元

股东名称	金额	出资比例	实物	无形资产	合计
上海田博瓜果合作社	40	80%			40
ZWJ	1	2%			1
LLM	1	2%			1
LQF	1	2%			1
CSM	1	2%			1
ZJS	1	2%			1
ZJP	1	2%			1
MYF	1	2%			1
MGS	1	2%			1
XGP	1	2%			1
CYF	1	2%			1
合　计	50	100%			50

表5－2反映的是TB村水稻种植合作社的资金构成情况，从合作社的名称来看就不是传统意义上的合作、自治组织，而是带有浓重的私有制色彩的股份制有限公司，公司的法人代表是MGS，而该公司最大的股东是“上海田博瓜果合作社”，而田博瓜果合作社最大的股东是TB村的村民委员会主任兼党支部书记，“是书记一个人的公司”（被访者D01），这使得这个水稻合作社很难与国家权力划清界限，在很大程度上合作社的发展是依靠国家的相关政策和措施的扶持，但是合作社需要更多的是自身发展的空间。

尽管该合作社有10%的资金是来自合作社社员的自筹，但是这样一种融资模式被蒙上了浓重的政治色彩，村民之间的关联被来自国家和社会的力量强行分割成两个不同的利益群体，其中村民委员会的干部或者亲属只要是自愿都可以加入这个合作社，但是普通的村民却对这个合作社的存在、构成和运行情况都了解很少。

3. 合作社运行的影响因素

村庄合作社对于村庄中的产业化以及农民增收有重要作用，农民本应认可合作社，并愿意加入这样的合作社，在这个关系网络中建立自己的社会关系网络。但是村民们的反映并非如此。

田博设立有七八年了吧，开始在TB村，后来搬到镇上去了，那边地理上更有优势吧。田博公司是书记一个人的，他一人管理，按照公司的方式经营，人员构成、人员招聘什么的我们村里都不清楚。（被访者E01）

都是书记私人的。这边的合作社都是私人的，名义上是集体的，不知道具体是谁的。他们都挑好瓜收购，和谁关系好就多收点谁的瓜。（被访者E03）

实际上就是公司，是书记他一个人开的。他只顾着收农民的瓜，别的什么都不管的，而且还专挑又好又大的，什么技术指导根本就没有，他只管自己收，然后大价钱卖出去。（被访者A04）

合作社的制度文本与现实运行、理想与现实的差距再次暴露无遗。从某种意义上讲，该合作社并不是真正的合作社，而是私人的股份合作企业。但合作社的领导者有意将自己的经济实体定名为当前国家大力鼓励和扶植的合作社，有可能是为了获得政府的重视和贷款，但更多的可能是自己的利益驱动造成的。合作社的运营和发展都是靠村庄干部运用自己手中的权力，也就是政治资本衍生出了自己的经济资本，构建自身的社会资本。这一现象无疑会对村庄的村民发生作用，因为场域中的相互关系是靠权力的关系来维持，并实际地展现出来。在这个意义上说，场域是靠权力关系来维持和运作的。凡是有社会关系和社会力量存在的地方，就有权力存在。权力并不局限于政治领域，可以是政治性的、社会性的、经济性的或文化性的等①。

村庄政治场域仅仅是村庄干部各种资本斗争的一个较小的社会空间，利用这一较小的政治空间构建自己的社会空间和经济空间，权力在其中起到了非常关键的作用。而正是国家赋予村庄干部的权力被村干部用来谋取自身的利益，村民之间的关系必然会发生变化，村干部的核心亲属极易融入村干部的利益圈子，而普通的村民则很难进入其中，村民利益圈分化为不同的两个群体，这必然会破坏了村庄内部原有的村民联系，改变了村庄内部原有的关系格局。这个过程是伴随着国家强制力和社会诱致力的共同作用，国家赋予村干部权力使得村干部能够利用自己手中的权力改变村庄的人际关系，这便是国家强制力作用于村民社会关联的中介；而村干部利用农村社会中传统的差序格局关系分散自己手中的权力，同样也改变了村庄内部原有的人际关系，而这又成为社会诱致性力量渗透在国家强制力中的突出表现。事实上在国家的强制力和社会的诱致力共同作用下，村庄内部原有的社会关联才发生了变化，两种力量是相互渗透的关系，缺少任何一方的参与都不会有现有的村庄秩序。

TB 村这两个合作社的成立、运作以及村民在合作社中产生的各种社会关联过程本身就是国家强制性力量和社会诱致性力量共同作用的结果。首先合作社的成立是在村民自愿基础上进行的合作，是建立在私人产权上的经营合作，自愿互利是村民成立合作社之时的想法，这是村庄社会整合内部资源，人力、资金、土地等资源，依赖本土劳动力创新劳动机制，在不改变本土文化的基础上，利用农村社会中传统的人情关系将合作社建立起来，并有效调动民众自主性发挥地方特色，从而使村民之间的社会关联被经济利益联系在一起。诱致性的社会关联的作用主体是传统社会的人情世故，这也是村民建立合作社的基础。但是合作社的运作和发展，却无时无

① 高宣扬：《布迪厄的社会理论》，上海·同济大学出版社，2004 年版，第 154 页。

刻不与国家强制力有关系，合作社中的村民或多或少地被卷入了村庄强制性的关联之中，这既是因为这两个合作组织的建立是在政府的鼓励和支持下创办的，同时这两个合作社实际的人员组成和运作过程，充分体现了国家权力介入农村社会关系网络的过程，体现了国家强制力对村庄社会秩序的干预和影响。

村民对合作社的不积极参与以及轻易地在权力面前表现得毫无作为，事实上是我国传统社会中集权式的统治压制了农民的主观能动性，专制政治文化的影响延续至今，使广大农民的民主观念淡薄，缺少民主管理的意识和经验。即使有农民组织的出现，其集体行动的原动力也只是被动的“压迫性反抗”，而非奥尔森所说的“选择性激励”①。

国家权力在影响村民生活的过程中并不是万能的，社会性的力量仍然在无形中对抗或者是渗透着国家的力量。在观察和访谈的过程中，笔者发现：行动者通过他们有目的的行动，织造了关系和意义的网络，这网络又进一步帮助或限制他们做出某些行动；这是一个永无止境的过程②。正是这种有目的的行动编织的关系网络将村民纳入一定的社会位置中，而正是村民位置顺序和相互之间交织的关系网络即村民之间的社会关联才是构成村庄秩序的最基本要素，村庄秩序的维持和改变从某种程度上取决于村民之间的社会关联，而村民之间的社会关联又必然取决于村落社会中来自国家的强制性力量和社会自生的诱致性力量的对比，至此方能得到现阶段村庄秩序的维持或改变取决于村民之间强制性社会关联和诱致性社会关联相互渗透、相互抗衡情况，二者密不可分，从而使得村庄秩序得以维持而不紊乱。

第五节　结论与讨论

中国乡村权力结构随历史发展而不断变迁，在不同的历史阶段表现出不同的历史形态，而各个历史形态之间必定是相互联系着的。转型时

① 韩梅玲：《冲突与协调：转型期农村组织及其关系研究》，杭州·浙江大学出版社，2007年版，第49页。

② 萧凤霞：《二十载华南研究之旅》，载于《清华社会学评论特辑》，厦门·鹭江出版社，2001年版。

期的乡村社会，经历着从“传统”社会向“现代”社会的转变。作为乡村社会权力格局重要表现形态，村庄秩序的力量来源、影响因素、构建机制和逻辑等诸多特点和影响因素也会随着社会转型而发生变化。本章在考察村庄内部生活的主体——村民发生社会关联的行为和逻辑，分析村庄社会秩序构成的影响因素和形塑力量来源和对比变化，试图通过经验分析来了解现阶段村庄秩序的具体形态和影响因素，并将此纳入历史长时段的研究视角之内，通过在传统的“国家－社会”关系框架下，分析国家和社会力量在塑造村庄秩序时的作用机制、两者力量对比及关系变化，试图对现阶段的村庄秩序格局的影响因素有更为全面的解读。更为重要的是，本章试图在理论层面上解决村民社会关联与乡村社会秩序的构建之间的关系问题：在上海市这一市场经济高度发达地区，村庄内部村民之间基于“个人利益”的追求行动是如何对传统的乡村社会秩序的构建产生新的影响？在乡村社会的场域中，个体村民之间如何发生社会互动，建立村庄社会关系网络？

一、村庄秩序的基础——村落社会关联

无论是自上而下的国家行政力量还是自下而上的社会传统力量的变化发展，其最终的决定权都在于生活在村庄内部的村民，他们社会关系的变化改变了国家和社会力量的对比，衍生了村落社会的秩序格局。传统的中国农村是一个比较重视面子、人情和关系的社会，传统的社会约束机制和力量在中国大多数的农村仍然发挥重要的作用，传统社会中的约束力量仍然是村庄权力格局的重要组成部分。同时国家通过权力下放，找到了自己在乡村社会中的代理人，为国家意志和权力的实施奠定了良好的基础，与此同时，我们可以看到村庄社会中不再是仅仅存在国家和社会这两种重要力量之间的较量，事实上，市场力量也不断冲击农民的生产和生活，村民的个体行动以及个人行动策略的选择越来越趋于理性算计，特别是在市场经济影响比较大的上海市周边农村地区，村民往往为了追求自己利益的最大化，开始有意识地建立自己在村庄社会中的人际关系网络，同时也在村外构建起属于自己的社会网络，这些变化带来的是村民之间原有的社会关系网络的变动，改变着村庄社会的秩序。从某种意义上，村庄中的社会关联就成为村庄秩序获得的重要途径之一。

村庄内部的社会关联，无论是自上而下的国家力量强制作用下，还是自下而上的社会力量诱致性作用下的村庄社会关联的改变，都是村庄秩序获得的基础性因素。在村庄政治生活和村民的日常生活方面的社会联系，都是村庄生活主体——村民之间具体的社会联系，这种关系的改变都会动摇村庄社会原有的秩序，使村庄社会秩序发生改变。在村庄的政治关系中，由于村庄社会存在村主任和党支部书记“一肩挑”的政治格局，村庄中的政治治理方式与国家倡导的政治治理方式交织在一起的同时，又将国家赋予村庄权力执行者的行政力量与村干部的私人交往方式交织在一起。一方面，村干部的私人交往方式影响着村民委员会的选举工作和村干部的日常工作，同时，政治权力的稀缺和权力的交织又导致村庄中原有的社会关系发生变化，由于两者之间的互动，无论是村民和村干部私人交往方式的变化还是村中政务的开展都改变和影响着整个村庄的秩序。村民妨碍或者是不参与村庄正常的选举，村庄社会的政治秩序就难以稳定和发展，村民常常是为了拿到微薄的“误工费”而参与村民委员会选举，这种参与方式不会利于村庄社会民主进程的发展。在这一过程中，国家行政权力虽然不断下沉试图影响村民生活的方方面面，但是国家对乡村社会的这种主导作用是有限的，国家政权力量的发挥是要靠国家和村庄之间的互动实现的，但是现阶段国家主导作用的发挥很大程度上受到社会力量对村民的影响，比如说村民在选择国家代理人的时候很多时候会倾向于选择自己本家人，这就是传统社会的家族思想在作用于村民身上，还有情况是村民为了顾及小组长或候选人的面子，不得不选择他们指定的人选。当然在国家权力下沉时，市场经济中的理性算计原则也在村民委员会选举中有不容忽视的作用。在 TB 村由于多数村民们相信前任村主任能利用自己在书院镇、南汇区甚至上海市的关系为村庄中带来效益，所以在村民委员会换届选举中多数村民把自己手中的票投给了前任村主任，使他能得以连任，利用他的社会资本为村庄带来商机。

随着农村市场化进程的加快，农民不再是靠天吃饭，很多村民纷纷从事兼职农业，从专职农民变身为兼职农民，不再把村庄内部的权力斗争当作生活的重心，而开始把眼光投向市场，为自己的经济利益而计算。村民之间的社会关联也因为这种繁忙的生活节奏而改变，村民的社会关系网络有因为社会交往拓展而在业缘和趣缘关系上建立起新的社会关联，也有因为繁忙的生活和对经济利益的追求而趋于解体的社会关联。以前村民们在一起经常会说别人家的闲话，现在村民讨论的是怎样找到发财致富的门路，以及彼此之间交流信息等。基于对经济利益的追求，TB村村民与村中掌握有丰富经济信息的人加强交往，建立良好的人际关系，为的是自己也能获取重要的信息。尽管村民之间的互动越来越多地出现理性算计的现象，但是我们仍然能看出村落社会中传统的影子，也就是所谓的地方性知识。在理性算计的背后，村民常常能明确地区分出核心区域内成员和核心区域外成员，在村民个人和家庭遇到困难的时候，村民们的求助对象也多是自己的亲戚；与此同时，尽管村民之间的无偿互助减少，但是有些忙是村民不得不帮的，因为都是面子上的事情，可见这种理性算计是建立在“差序格局”基础上，是建立在传统社会文化上的。村民之间由于利益的存在而联系越来越紧密或者是变得松散，这在一定程度上改变了村庄社会中内部的社会关系，使村庄内的社会关系网络出现变动。

文化之于社会，犹如性格之于个人。村庄文化对于村庄秩序的塑造发挥着举足轻重的作用，而处在村庄文化熏陶下的村民之间的社会交往也对村庄秩序产生着很大的影响。从TB村传统的红白事操办方式的变化以及发生这类事情村民之间互动方式表现来看，村民越来越成为理性的经济人，各自为自己的利益考虑，力图实现自身利益最大化。村民个人这种微观社会行动改变了人与人之间的交往方式，影响整个村庄的社会关系网络。

村庄是村民生活的重要场域，村庄内部的社会关联是村民之间最频繁也是最基础的关联形式，深刻影响着村庄秩序的建立和生成。传统的农村社会，村民之间的关系是建立在同质的基础上的，集体意识和伦理道德是他们交往的精神基础；现代的农村社会，社会分工越来越细，村民之间的社会交往出现理性化的特点，经济利益是他们彼此联系的物质基础。村庄社会中不再是仅有国家和社会力量的对比和博弈，市场的力量在村庄社会中的作用越来越明显，也应更加引起关注。

二、村落社会关联的影响因素——国家、社会、市场

在村庄的秩序中，村庄的社会关联往往是通过村民之间具体发生的各种各样的联系为依据的，通过社会事件来表现的，如村民委员会的选举、节日送礼、红白事的参与等。国家自上而下强制性的社会关联是通过分析村民参与各种国家倡导或者作用下的各种组织来实现的，之所以以这些组

织为村民政治性社会关联的边界是因为村民的政治参与通常是以村民参与政治生活的程度来判断，而国家对于村庄的干预和治理往往是通过在农村社会中组成各种组织而将其权力合法化。在村庄权力格局中，国家权力虽然处于优势地位，但是村民对于国家强制性力量建构下的各种组织的参与并不积极。随着村民委员会制度在乡村社会实施，国家试图通过下沉自身的权力来调动村民的政治参与性，同时将其自身利益在村庄社会合理化，但是TB村村民却常常是因为对于自身经济利益的追求缺席村民委员会选举，或者是为了得到有限的“误工费”而参与选举。所有这些都在不同程度上破坏了民主的进程和发展，妨碍了村庄法治现代化的发展。尽管国家力量在村民委员会、村党支部、合作社中都有不同程度的发挥，但是村民对于这些组织的参与却是大打折扣，村民因此发生的社会关联也较以前不那么频繁。尽管在政治性的社会关联方面，国家发挥了重要的作用，甚至是占据了主导地位，但是我们仍然可以看到在村民委员会选举中，村庄内传统的社会力量发挥的强大作用。

乡村里生长出来的一整套秩序不会因为国家自上而下的命令式的统治而流于瓦解，但是衰落或者费孝通先生所说的“损蚀”却是已经或者正在发生的社会现实[①]。传统的治理有效率并不是因为国家权力在其中起了多大的作用，而是因为这些不论是大家选出来的还是自然而然的权威都是绝对的权威，很自然地具有一种服众的领导力。但是现阶段国家通过村民自治这样一种形式民主，并不能达到真正的村庄自治的目的。这是因为选举出来的这些地方精英出于自身利益的考虑，扮演的是国家代理人的角色，变成了国家自上而下的治理轨道上的一个联通环节，很少能够自觉地站在村民的立场上和外界进行沟通甚至是讨价还价的村民利益的代理人。这样，原来自上而下的治理轨道就和自下而上的轨道交叉在一起，同时原有的自下而上的轨道很难再发挥作用，结果这条道路的运输能力大大减弱，民情淤积，国家无法应对，又没有村民代理人作为中间人在其中进行沟通，因而上下轨道撞了车，社会问题层出不穷，社会经济发展的动力缺失。随着农村市场化进程的加快，农民不只从事农业生产活动，更多的人

① 赵旭东：《否定的逻辑：反思中国乡村社会研究》，北京·民族出版社，2008年版，第190页。

选择了兼职农业，因此村民对于土地的重视程度远没有以前重视，村民在农业生产上发生社会关联的机会减少。在农业生产方面，随着机械化生产以及农民空闲时间的减少，农民之间的生产互助空间明显受到挤压。尽管在农忙的时候也有亲戚帮忙，传统社会存在的面子、人情等观念在村庄社会中部分起作用，但是现阶段村落社会中存在更多的是以经济补偿换取帮助的形式，国家市场化进程推进下的机器现代化改变了村庄中原有的生产形式和帮扶形式，邻里互助形式出现的农民合作越来越少。究其原因是市场交换越来越替代大部分的社会交换，经济利益关系对现有的农村社会关系产生了巨大的冲击。

不仅是生产领域的社会关联减少，生活领域内的村庄社会关联也没有能够抵挡经济交换的渗透和侵蚀，甚至最具传统特色的仪式场合的社会关联也被经济交换所取代。除此之外，村民在关系建立上显示出自主性和关系发展的多元性表明，村庄社会共同体意识逐渐减弱，国家在村庄社会中的权威弱化，经济联系成为连接村民之间最牢固的纽带，村庄内的社会关联正在减少或改变，村庄秩序的基础处于不断变化之中。

在村庄的社会关联中，村民的交往是以社会事件来表现的，如村民委员会的选举、节日送礼、红白事等，在这些社会事件中，我们可以窥见村民交往的意义和目标。社会事件有其自身的逻辑，为了自身利益的考虑，村民在参与事件的过程中，常常赋予它以利益的意义和目标，既有人情的考虑，也有理性的算计，从而在传统社会事件过程中融入了现代市场经济的内容。

在当今的农村社会中，村民之间的社会关联受到来自国家自上而下的行政力量的制约，如参与村民委员会选举、参与国家组织下的合作社等，也受到农民社会传统的道德和习俗的约束，在这些社会性事件的背后体现的都是国家、社会和市场力量的对比和博弈。传统的国家和社会之间的二元互动关系不是等值互补的，即社会自主性和独立性的发展程度不单纯是由国家权力从社会中推出的程度来决定，它很大程度上还取决于社会结构的变化、社会发展的水平、社会个体的素质以及社会动员的程度[①]。在传统的国家和社会力量建构村庄秩序的同时，我们应该看到市场经济的力量

① 王邦佐：《居委会与社区治理》，上海·上海人民出版社，2003 年版。

在推动村庄事件发展过程中发挥的重要作用，因为转型时期的乡村社会中村民之间的社会关联越来越多地受到市场经济的影响，村民行动的逻辑越来越倾向于对自身利益的考虑，村民之间的社会交往也越来越受到市场经济的影响，因此在传统地认为村庄秩序的格局是由国家强制性力量和社会内生性力量建构的同时，市场也成为建构村庄秩序的重要一极，在其中发挥越来越重要的作用。

三、村庄秩序内生的可能性——内发发展的可能性

总体而言，由于在经验观察上对一些关键问题的把握以及在理论分析上显示的巨大潜力，国家－社会这一研究范式在当代中国研究中具有不可动摇的地位与极高的学术价值。不过，在某些方面，它也存在着局限性。国家－社会范式过于强调了实体性的国家以及可见的社会的存在，并且把两者看作是相互对立的。而村庄秩序的生成一般来说，也就具有了二元性，一是行政嵌入，二是村庄内生。

事实上，“国家”并不是一个整体性的、同质的实体，随着改革的深化以及利益的多元化，“国家”进一步被各种行动者分解。同样，社会也很难被看作是一个可感知的、明确的实体；相反，它是由具体事件中的各个社会行动者所反映出来的①。而在转型时期，行政嵌入和村庄内生这两种途径都无法单独构建村庄秩序。一方面，行政力量没有资源也没有能力通过直接控制农村实现村庄秩序。从历史上看，人民公社时期完全凭借行政力量从村庄外部建构村庄秩序的尝试也归于失败。从理论上看，行政机构向基层农村社会的延伸，需要以雄厚的财政作为基础，这种高成本的管理体制是我们当前经济发展状况下所不能支撑的，而且国家很难有效监督这些延伸到农村的行政机构，后者很可能出现越轨行为，造成行政效率损失。另一方面，村庄秩序的完全内生也是不可能的。尽管如杨美惠认为的“虽然关系艺术的当下目的是获得一些物质实利，但同时它对行政权力的微观层面发挥了一种颠覆性作用”。并因而构成了一种“敌对力量”。这些私人网络在特定的情况下可以充当中国式的某种市民社会或者某种次生社

① 桂勇：《邻里空间：城市基层的行动、组织与互动》，上海书店出版社，2008 年版，第 10 页。

会的基础[①]。但是在实行市场经济的今天，村庄不再是一个封闭的单元，而是作为一个有机组成部分融入整个社会中；而且作为传统时期村庄秩序来源的内生因素，比如宗族组织、家族文化等都已在现代化的浪潮里所剩无几。所以，当代中国社会村庄秩序的建构必须是内外并举，必须要以国家与社会的良性互动为前提。

① 阎云翔：《礼物的流动——一个中国村庄中的互惠原则和社会网络》，上海人民出版社，2000年版，第18页。

第六章　大学生村官与工作嵌入机制

第一节　绪论

一、研究缘起

“大学生村官”计划，是2008年起，由中组部等四部委共同牵头落实的一项重大战略举措。在此之前的10多年里，海南省、江苏省等地已经率先开始尝试在全省范围内，选聘高校毕业生担任基层村干部，并取得了显著成效。2008年，中央正式颁布《关于选聘高校毕业生到村任职的意见（试行）》，该意见提出计划用5年时间，选派10万名优秀毕业生入村任职，从制度层面，将“大学生村官”计划正式纳入了国家政权建设，“大学生村官”开始进入全面发展时期。

我国推行“大学生村官”计划，是经过多重考量，具有多重意义的。一方面，“三农”问题一直是全社会关注的热点，农村的发展需要新的技术，新的思路，新的举措。选派大学生担任村官，无疑为农村基层注入了年轻又有活力的新力量，优化了基层干部结构。这对社会主义新农村建设，有着极大的积极意义。另一方面，近20年来，高校扩招所造成的人才资源沉积问题日益严重，越来越多的大学毕业生涌入市场来竞争有限的就业需求。而广袤的农村基层，可以为年轻人提供大量的就业机会，也为整个社会缓解了压力。除了以上两点，从党政建设来说，大学生村官深入基层，有着一线工作经验，是我国社会主义事业建设的新生力量，是党的主要后备人才。

“大学生村官”计划全面实施近10年，为我国新农村建设发挥了积极影响，但不可否认的是，该政策也存在着很多问题。其实践逻辑、效果评估、改进对策，长效机制等，成为各个学科学者讨论的焦点所在。在社会科学领域，心理学多围绕村官群体的心理健康展开测评，关注重点在于其适应状况与压力排解方式等；政治学从制度分析的角度入手对该计划进行研究，并通过对全国各个地区个案的对比与总结，试图建立该政策长效机制模型；社会学学者则主要关注大学生村官的自我认同、资源动员、与乡村社会的融入等问题，试图从微观的层面上解答大学生村官群体与乡村社会的关系。我们发现，这些学科领域的研究，看似十分全面，但是对大学生村官群体工作中的许多问题并不能给出合理的解释。比如说，大学毕业生为何会选择村官这份职业？在基层工作的苦与乐，是否会影响村官的履职行为与职业选择？在面对工作中的不顺时，大学生村官为什么没有选择离职？大学生村官的适应问题、融入问题、压力问题，它们背后的深层原因是什么？这些深层原因有没有什么共性，能否用一个共同的解释框架来解释？这些问题，本质上是大学生村官的个体与其所从事的村官工作之间的关系问题，这种关系不能简单地用社会融合、资源动员、群体互动、乡村治理等现有理论进行解答。

在组织行为学，社会心理学和管理学领域，不少学者曾用人力资源、工作嵌入性等角度阐释了个体与工作的关系，主张个体与工作的关系，包含了个体与其所在工作组织，生活社区等所有关系的总和。笔者受到启发，试图用一种新的研究框架（即工作嵌入性视角），对大学生村官进行整合的研究，不再单独考虑其个体，而是将其放置在组织与社区中。在对既有研究的回顾中，我们没有发现类似的文献，可以说，这是“工作嵌入”性理论在解释中国大学生村官问题上的首次应用，这无疑是本章的创新之处；而且，通过这种“工作嵌入”的视角，我们可以回答上文提出的其他理论视角所不能回答的几个问题。因此，本研究具有一定的理论和现实意义。

我们选取了上海大学生村官作为研究对象，采用质性研究、文本分析等方法，对大学生村官“如何融入组织群体、如何走进乡村社区、如何由不匹配到积极地自我调整、离开工作组织和乡村社区需要付出哪些代价”进行了考察与描述。我们借助于美国学者 Mitchell 在 2001 年提出的工作嵌入理论，尝试用工作嵌入性理论的“匹配、联系、牺牲”三个维度对发现的上述问题进行了分类，并对该研究框架进行了本土化的理论修正。试图解答“大学生村官是如何嵌入他们的工作中的”“哪些因素影响到他们的嵌入程度”“大学生村官的工作嵌入存在哪些问题？这些问题如何影响大学生村官的职业选择”“如何使他们更紧密地嵌入自己的工作中”等一系列问题。

二、相关概念与理论视角

1. “大学生村官”

根据官方定义，大学生村官，是指具有大专及以上学历的，在基层农村（包含社区）担任党支部书记、村民委员会主任助理或者其他村“两委”职务的应届或往届高校毕业生。大学毕业生需通过相关人事部门组织的统一选聘程序，获得身份，到村任职。该群体有着明确的边界，与历史上的下乡知青、公务员、“三支一扶”等人群有着显著差异。因此在进行研究前，必须对该群体的内涵与外延进行界定。

大学生村官与“文化大革命”时期“上山下乡”的知识青年在人才流动方向上基本一致，在本质上存在较大区别，不能简单地进行类比①：大学生村官是自愿选择，主动要求的；而知青明显有非自愿的成分；身份上大学生村官是带领农民进行新农村建设的领路者，而知识青年却是接受贫下中农再教育的对象②。由于历史时代背景、经济社会发展阶段的不同，两个群体在选拔机制、薪资待遇、服务时间上也有着显著差异。

与机关公务员相比较，虽然两者都是由组织人事部门经过公开招考选拔出来，并且财政支出进行工资发放的，但是两者的人事性质并不相同③：大学生村官的档案归属于当地人才交流中心，而公务员是国家公职人员，属于行政编制；大学生村官和服务单位须签订劳动合同，约定服务期限，而公务员不需如此；工资待遇方面，大学生村官是参考社会平均工资水平进行支付的，而公务员是根据职务级别确定工资④。两个群体的种种区别，决定了他们的社会认可度，自我认同，工

①③ 张琳：《西部大学生村官绩效考核与激励机制研究——以四川省安岳县为例》，中国海洋大学硕士学位论文，2012 年。

②④佘宇：《“村官”小政策，人才大战略——大学生村官政策评估研究》，北京·中国发展出版社，2013 年版，第 4 页。

作条件等并不相同。

21世纪伊始，国家为了鼓励高校毕业生前往基层就业，相继开展了“三支一扶”“志愿服务西部”和“农村教师特岗”等计划。这几类人群的主要目的，是为基层尤其是西部欠发达地区，以志愿服务的形式来提供医疗、教育等服务，为当地的经济社会发展作贡献。他们工作的地点，多为县市和乡镇[①]。而大学生村官是党和国家作为新农村的骨干人才进行培养，入村进行管理工作的后备人才。

2. 工作嵌入理论

（1）工作嵌入理论的三个核心概念

①联系（Link）。是指个体与工作组织间，个体与社区中的其他成员之间形成的各种关系[②]。这些关系可以存在于正式和非正式的场合。在工作组织中，个体与领导、同事，甚至是整个工作的客观环境之间的进行联系，并构成关系网；在社区中，个体与父母、爱人、亲朋、邻居、生活环境之间也互相关联。个体留在组织或社区中的时间越长，其与其他社会成员或者是客观环境发生联系的可能性就越大，网状关系的联结数就会越多，他们之间的联系也越紧密[③]。此时，我们就认为个体成员被束缚在一张关系的网里，并牢牢地嵌入工作组织或生活社区中。这种情况下，个体倾向于保持稳定，即留在原工作环境中[④]。Abelson，M. A. 通过研究提出，已婚、有子女、年长的员工嵌入程度较深，面对新的工作机会时倾向于留在原岗位[⑤]。Cohen 进一步指出，个体成员的某些爱好，或者是经常参加教堂活动这些生活习惯，都能增加其与组织、社区的联系[⑥]。因此，我们认

① 佘宇：《“村官”小政策，人才大战略——大学生村官政策评估研究》，北京·中国发展出版社，2013年版，第5页。

② 徐尚昆：《工作嵌入性与员工自动离职研究进展探析》，载《外国经济与管理》2007年第11期，第61页。

③ 梁琴斯：《知识型员工工作嵌入、组织承诺、工作绩效的作用机制研究》，西南财经大学硕士学位论文，2013年。

④ Reitz，Anderson. “An overview of job embeddedness.” Journal of Professional Nursing，27（2011），pp. 320 - 327.

⑤ Abelson，M. A. “Examination of avoidable and unavoidable turnover”. Journal of Applied Psychology，72（1987），pp. 382 –386.

⑥ Cohen，A. “An Examination of the elationships between work and nonwork commitment and nonwork domains.”. HumanRelations，48（1996），pp. 239 –263.

为，来自同事、领导、朋友、家庭等各种正式和非正式的联系，会增强个体对原工作环境的依赖感，促使个体留在组织或社区中[①]。

②匹配（Fit）。这个关键词描述的是个体所感知到的与组织社区环境中主客观条件的相容性和舒适度[②]。根据已有研究，员工的价值观，职业目标必须与公司或组织的主流文化所契合，并且员工所拥有的职业技能与其岗位要求也必须相一致。因此，个体在与组织建立联系的过程中，会考虑自身条件与个人需求和其所在的组织环境和工作要求的相适应程度。而员工愿意为公司付出的多少，或者说是个体愿为组织奉献的多少，都会受到这种相适应程度的影响[③]。因而，在个体与组织的关系上，我们得出的结论是：两者相互匹配的程度越高，个体与组织就会联系得更紧密。同样的，个体与社区的匹配程度，取决于所在社区的自然环境、文化氛围、教育资源、休闲便利设施甚至政治和宗教氛围等。高匹配度会间接提高个体对所在岗位、所处组织的依附程度。因为工作变动很有可能打破原有的作息时间与生活习惯，与所在社区匹配度高的员工，则倾向于保持稳定，规避新工作带来的生活状态改变的风险[④]。例如，一个有小孩的员工，其所居住的社区是某重点小学的学区房，则他很有可能为了孩子的上学方便放弃新的工作机会。

③牺牲（Sacrifice）：是指个体打破其与组织的关系联结所要付出的代价，具体表现为个体离开目前所在组织或社区时不得不丧失的物质利益和精神损失[⑤]。例如，离开组织的损失可能有：优厚的工作报酬、稳定的工作环境、融洽的同事关系、具有成就感的工作内容、愉快的工作氛围、潜在的晋升机会和无法带走的福利和股权等。类似的，离开社区的损失有：良好的自然环境、安全的生活环境、方便的交通、和睦的邻里关系、便利

① 梁琴斯：《知识型员工工作嵌入、组织承诺、工作绩效的作用机制研究》，西南财经大学硕士学位论文，2013 年。

② 徐尚昆：《工作嵌入性与员工自动离职研究进展探析》，载《外国经济与管理》2007 年第 11 期，第 61 页。

③ 梁琴斯：《知识型员工工作嵌入、组织承诺、工作绩效的作用机制研究》，西南财经大学硕士学位论文，2013 年。

④ Reitz, Anderson. "An overview of job embeddedness." Journal of Professional Nursing, 27 (2011), pp. 320 - 327.

⑤ Mitchell, Terence R, Holtom, Brooks C, Lee, Thomas W, et al. "Why people stay: Using job embeddedness to predict voluntary turnover.", Academy of Management Journal, 44 (2001), p. 6.

的生活设施和受人尊重的地位等。除了离开原组织或者社区所带来的确定性损失之外，新工作的不确定性也会影响个体的决策。比如新的工作时间可能会影响已有的家庭聚会的惯例。工作嵌入性理论的结论是，个体离开当前组织或居住社区时，所作出的牺牲越多，其联结程度就越高，个体离开的可能性就越小①。

（2）工作嵌入性理论的研究框架

Lee 等人对 Mitchell 提出的工作嵌入性理论进行了具体的操作化，将三个核心概念扩充为了多个维度。Lee 认为工作嵌入性应该分为职内嵌入性（on – the – job embeddedness）与职外嵌入性（off – the – job embeddedness），职内嵌入对应的是个体与其所在组织的联系程度，个体与组织的匹配性和个体离开组织所要作出的牺牲；而职外嵌入包括个体与其所生活的社区联系，个体与社区的匹配和其离开社区所作的牺牲。将 Lee 的二分概念与 Mitchell 的三个核心概念相交叉，可以将工作嵌入性理论被解构为一个六维框架②。如图 6 – 1 所示。

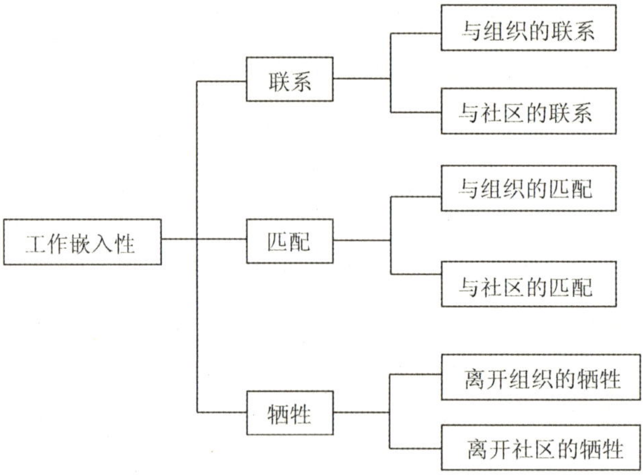

图 6 – 1　工作嵌入性理论

① Reitz，Anderson. "An overview of job embeddedness." Journal of Professional Nursing，27（2011），pp. 320 – 327.

② Lee，T W，Mitchell，T R，Sablynski，C J，Burton，J P，and Holtom，B C. "The effects of job embeddedness on organizational citizenship，job performance，volitional absences，and voluntary turnover."，Academy of Management Journal，47（2004），p. 5.

表 6-1　工作嵌入性理论维度解释

维度	组织	社区
联系	具体表现为个体与工作伙伴，或者组织中其他团体的正式与非正式联系	具体表现为个体与家庭，亲朋好友，社区中的其他成员的联系
匹配	个体与组织的兼容度（包括价值观、个人能力、目标规划）	具体表现为个体与生活的社区的融洽程度
牺牲	个体离开组织时所付出的经济与精神损失	个体离开所生活的社区时的物质与精神损失

（3）工作嵌入理论的已知结论与本次研究的待解决问题

Mitchell 在提出本理论后，提出了四个理论假设，分别为：假设一，工作嵌入性与员工离职意愿呈负相关，嵌入程度越高，员工越倾向于留在原岗位。假设二，工作嵌入理论完善了员工自愿离职预测模型的解释框架，解释力超过了工作满意度与组织的认同度。假设三，工作嵌入性对自愿离职的解释力超过了求职市场的影响。假设四，工作嵌入性理论对自愿离职的预测超过了假设二、假设三所涉及的变量的共同作用。Mitchell 共随机选取了 700 名零售业的从业人员，500 名医护工作者来进行实证研究，采用相关分析的定量方法，分别验证了四个假设。后续研究者通过大量的数据分析，将工作嵌入性六维框架中的六项指标分离出来，分别求出其与离职行为的相关系数，来具体地说明其对自愿离职行为的解释力。“与组织的联系”的相关系数为 0.65，“与社区的联系”相关系数为 0.77，“与组织的匹配”的相关系数为 0.75，“与社区的匹配”相关系数 0.78，“离开组织的牺牲”的相关系数为 0.82，“离开社区的牺牲”的相关系数为 0.61。由此可得，这六个指标作为预测自愿离职行为是有效的[①]。

本章研究，借用了 Mitchell 等人提出的三个核心概念与六维框架，但是研究问题并不是大学生村官的自动离职问题，而是从三个维度来考察大学生村官的工作嵌入问题。即已知“工作嵌入性”可以从“联系、匹配与

---

① Mitchell，Terence R，Holtom，Brooks C，Lee，Thomas W，et al. “Why people stay：Using job embeddedneess to predict voluntary turnover.”，Academy of Management Journal，44（2001），p. 6.

牺牲”的维度来描述，那么我们想知道，大学生村官个体在每个维度下，是如何嵌入这份工作的，是如何与其工作内外环境产生关系的，他们嵌入中存在哪些问题，如何进行改进。同时，由于大学生村官政策是根植于中国政治经济土壤的、符合中国国情的一项国策，大学生群体的工作嵌入性，必然与工作嵌入性理论最初研究的美国企业员工的情况大相径庭。因此，本章也将尝试与 Mitchell 的研究框架进行理论对话，进行中国化的修正。

具体的研究问题有：第一，大学生村官如何与其工作组织（同事等）建立联系？存在哪些困难？第二，大学生村官如何与其生活的农村社区建立联系？存在哪些困难？第三，大学生村官的自我期待，个人能力与国家大学生村官政策制定者的期待是否匹配？第四，大学生村官的行为模式与乡村社会的运行逻辑是否匹配？第五，大学生村官在聘期中解除劳动关系，需要付出哪些牺牲？这些牺牲，是否会影响他们的自我定位与职业选择？第六，大学生村官的工作嵌入性有什么特殊之处？

三、研究方法

1. 研究对象

在研究对象上，本章选择了在上海近郊任职的大学生村官作为研究对象，参与观察的田野选择了上海市奉贤区金海社区与崇明县港西镇。笔者先选取了奉贤区村官 F1 与崇明县村官 C1 作为入场的关键线人，以滚雪球抽样[①]的方法，共选取了 18 名大学生村官进行深度访谈（其中，奉贤区村官 9 名，崇明县村官 9 名）。参与访谈的村官均为在岗的、入职年份为 2013 年至 2015 年的大学生村官。

2. 工作嵌入性理论在大学生村官研究中的操作化

在既有的实证研究中，不少学者对工作嵌入性理论进行了操作化，并提出具体指标来测量员工在三个维度下的嵌入情况。如 Reitz 提出，可以通过统计“员工参与工作组织内的培训活动的次数/频率”“员工参与社区

① 滚雪球抽样是指先访问随机选择的一些被调查者，然后再请他们推荐符合要求的调查对象。这种抽样方法在实际操作上等同于广度优先搜索。初始时刻随机选择一个节点（或者一组节点）构成初始样本集，然后遍历样本集里每一个节点所有的邻居节点，并将这些邻居节点也放入样本集中。过程一直继续直到集中样本数量达到要求的值为止。

活动的次数/频率”等问题，来作为工作嵌入“联系”维度下的指标。本次研究，研究者采取的是质性研究方法，并不设置问卷，因此，并不能采取国外学者在量性研究中采用的指标设定方式。但是，笔者借鉴了既有研究设置问题的角度，并根据自己参与观察中所获得的一手资料，将工作嵌入性理论的六维框架进行了操作。

大学生村官工作嵌入性的“联系”维度：对“组织联系”的探讨，主要研究的是大学生村官群体内部的互动与联系，大学生村官与公务员等其他群体的互动与联系两方面。在访谈中设计具体问题，询问受访村官这两种互动与联系的频率、方式、结果。大学生村官的工作性质，要求其扎根农村社区。经实地考察发现，上海大学生村官在原籍工作的、离家较近者，自行解决住宿（一般都在家里住）；外省籍的村官，由乡镇政府提供住处。因此，大学生村官生活的社区，就是传统的乡村社区。对“社区联系”的探讨，主要是了解村官与村民的互动情况。

大学生村官工作嵌入的“匹配”维度：与工作组织的匹配方面，询问受访村官个体的技能、价值观等与工作组织要求的技能、职责等的匹配情况；与社区匹配方面，访谈问题集中在村官个体对乡村社区的融入情况。

大学生村官工作嵌入性的“牺牲”维度：通过访谈与文本研究来探讨个体离开工作组织的牺牲，试图了解到大学生村官离职时的物质与非物质损失；而离开社区的牺牲，主要是指大学生村官离开所生活的乡村社区所面临的挑战。

第二节　上海市大学生村官发展概况及运行机制

2006年的“三支一扶”（支教、支农、支医和扶贫）计划起，上海市开始尝试选聘大学生到村任职。2008年中组部等部门颁布《关于选聘高校毕业生到村任职工作的意见（试行）》后，上海开始正式实施“大学生村官”计划，向浦东、闵行、宝山、嘉定、金山、松江、青浦、奉贤、崇明九个郊区（县）输送优秀的大学毕业生。在8年的实践中，上海市大学生村官政策形成了具有地方特色的“选聘—培养—保障—流动”机制。

一、选聘机制

上海大学生村官采用三种选聘方式相结合的方式，分别为公开选拔、乡镇定向推荐和高校定向推荐三种。这三种选聘方式对报名者年龄、学历以及政治面貌有着基本相同的硬性指标。但是在户籍方面，非应届生的报名者明确要求必须具有上海户籍或人才类上海居住证。以2015年数据为例，通过笔试与面试相结合的公开选拔，选聘了177名村官；接受乡镇定向推荐村官约60名，录用高校推荐的应届毕业生49名。后两种推荐方式并不需要进行笔试，只需要经过审查与面试。三种选聘方式的对比具体见表6-2。①

表6-2　上海大学生村官选聘方式对比表

	公开选拔	乡镇定向推荐	高校定向推荐
选聘人数	177名（2015年数据）	数据缺失，约60名	49名（2015年数据）
选聘条件	30周岁以下全日制普通高校本科及以上学历的毕业生。应届毕业生须是本市高校毕业生或外省市高校上海生源毕业生，一般为中共党员（含预备党员），非中共党员的须是院系以上优秀团干部、优秀学生干部。往届毕业生须是中共党员（含预备党员），且为2013年以后毕业，具备上海户籍或人才类上海居住证	30周岁以下的全日制普通高校的一本院校毕业生，包括2015年应届毕业生或2013年以后毕业的本地大学生。一般应为中共党员（含预备党员），非中共党员的原则上应是院系及以上优秀团干部、优秀学生干部	上海市10所部属或一本的指定高校应届毕业生（本科生、硕士生或博士生）一般应为中共党员（含预备党员），非中共党员的原则上应是院系及以上优秀团干部、优秀学生干部

① 中共上海市委组织部. 2015年上海市选聘高校毕业生到村任职工作公告. 国家公务员考试网，2015-10-20，http://www.chinagwy.org/html/gdzk/shanghai/201504/68_96132.html

续　表

	公开选拔	乡镇定向推荐	高校定向推荐
选聘流程	①笔试报名；②笔试(考试科目：《综合知识和能力》)；③岗位报名；④面试；⑤确定人选、体检、政审	①报名申请；②组织考察；③资格复审；④网上公布；⑤面试录用	①报名申请；②组织考察；③审核推荐；④报送名单；⑤岗位调剂；⑥网上公布；⑦面试录用

二、培养机制

上海市大学生村官的培养机制主要分为三个环节。第一个环节，针对于新进大学生村官，组织部会对其进行入职培训，如在2015年8月，大学生村官在市委党校接受了为期两天的新农村政策教育；第二个环节，对每一名大学生村官展开立足于岗位的培养，实行帮带制度，“两委”班子成员对村官进行一对一的指导与帮助，并对在岗大学生村官进行农业技术培训；第三个环节，实行年度考核和聘期考核制度，注重工作实绩和群众满意度的双重考核，对在年度考核中被确定为不称职或者聘期内发生违法违纪等情况的大学生村官，终止聘用关系。三个环节如图6－2所示。

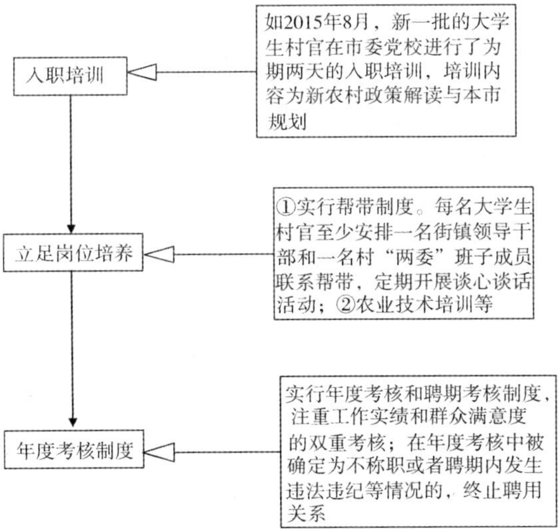

图6－2　上海市大学生村官培养机制环节图

三、保障机制

2008 年上海“大学生村官”计划刚开启时，工资待遇的确定按照新录用公务员试用期满后的工资标准确定。如 2008 年，上海市乡镇从高校毕业生中新录用公务员试用期满后工资收入，以本科毕业生任科员职务、级别工资二十五级 2 档为例，月工资 3750 元，年工资收入为 45760 元；扣除三金（4950 元/年）和个税（1200 元/年）后，每年为 39610 元，按月发放。大学生村官的生活补贴由市、区两级财政共同承担，分为一次性安置费（2000 元）、日常生活补贴（每人每月 200 元）、政府奖励三部分。社会福利方面，医疗、养老、工伤、生育、失业“五险”，单位按个人基数的 37%缴纳（基数为每月 3750 元），每人每年 16650 元；个人按本人基数的 11%由单位代扣代缴，每人每年 4950 元（每月从补贴中扣 412.5 元）。[①]

随着社会经济的发展，上海市大学生村官待遇几经调整。上海市委组织部、上海市财政局在 2015 年 4 月 7 日联合下达了《关于调整本市大学生村官生活待遇有关问题的通知》，进一步提高了本市大学生的待遇，见表 6－3。

表 6－3　2015 年上海市大学生村官待遇一览表

生活补贴	日常生活补贴	按月发放，每人每月 3600 元（税前）
	政府奖励	按照服务期限长短，第一年为 18200 元，第二年为 22200 元，第三年为 26200 元。政府奖励经考核合格后，每半年发放一次
	一次性安置费	第一年发放一次性安置费 2000 元
社保福利	五险（养老保险、医疗保险、工伤保险、失业保险、生育保险）	由区（县）人才服务中心代缴社会保险费，缴费基数统一按照本人按月取得的生活补贴 3600 元确定。个人和单位缴费比例按照本市规定执行。个人缴费部分由个人承担，在日常生活补贴中代扣
	住房公积金	由区（县）人才服务中心代缴住房公积金。缴费基数为本人社会保险缴费基数。个人和单位缴费比例按照本市规定执行。个人缴费部分由个人承担，在日常生活补贴中代扣

① 摘自《关于印发〈上海市选聘高校毕业生到村任职有关待遇保障政策的实施细则（试行）〉的通知》（2008）。

四、流动机制

大学生村官群体聘期结束后，主要的去向为留村任职工作、被招录为乡镇和其他党政机关公务员、自主创业发展、另行择业、学习深造等。上海市根据本市发展状况，为服务期满的大学生村官制定了优待政策。

1. 招录为公务员的优待政策

在村任职两年后，报考党政机关公务员的，享受放宽增加分数、报名条件等优惠政策，并且，同等条件下优先录用。县乡机关公务员应重点从选聘到村任职的高校毕业生中招录。同时，在村任职两年以上，具备“选调生”条件和资格的，经组织推荐，可参加选调生统一招考。

2. 考取研究生的优待政策

任职期间考核合格、表现良好的大学生村官，服务期满后报考研究生将享受增加分数等优惠政策（全国研究生考试总分加 10 分），并在同等条件下优先录取。

3. 户籍管理的优待政策

选聘到村任职的高校毕业生符合进沪户籍人员条件的，可以办理进沪户籍手续；暂不符合进沪户籍人员条件的，在其到村任职期间可办理上海市人才居住证。

第三节　联系：融入组织群体与走进乡村社区

一、同辈群体间：认同与圈子

2008 年，国家有关部委下达了《关于选聘高校毕业生到村任职的工作意见（试行）》，该文件中对选聘对象提出了较为严格的要求。硬性指标包括：30 岁以下的应届和往届毕业生，具备全日制普通高校专科以上学历，面向重点是应届毕业生和刚毕业 1—2 年的本科生、研究生，原则上须为中共党员（含预备党员），非中共党员的优秀学生干部也可以选聘[①]。除此之

① 李义良：《大学生村官发展研究》，北京・中国农业出版社，2013 年版，第 68 页。

外，该意见对选聘者的思想政治素质、工作作风、学习成绩等也有着较高的要求。在之后的几年实践中，各地根据当地实际情况，对选聘要求进行了弹性调整，但是总体方向依然未变。通过对选聘政策文本的研读，我们发现，这项政策的针对性，决定了大学生村官群体具有极强的同质性。所有选聘上来的村官，必须具备年轻、高学历、扎根基层意愿强等特点。部分地区对“985”和“211”等重点院校选聘条件优厚，取消笔试环节，通过院校推荐，组织面试或驻村实习决定去留。本次研究中笔者发现，上海市主要采取公开选聘、高校定向推荐和乡镇定向推荐这三种方式进行选聘工作。其中，高校定向推荐范围为复旦大学、交通大学、同济大学、华东师范大学、上海财经大学、华东政法大学、上海外国语大学、华东理工大学、东华大学、上海大学10所部属或一本高校。高校定向推荐比例较高，如在2013年的选聘计划中，公开选聘名额为149名，高校定向推荐名额为58名，乡镇定向推荐名额为63名①。这种选聘机制也增加了上海市大学生村官的同质性，经常出现校友在同一区任职的情况。除了同质性，大学生村官本身的人事关系、工作性质，也与机关公务员、事业单位的工作人员有着本质的区别。在这两种因素的共同作用下，使得大学生村官出现产生了一定群体认同。

社会心理学的学者对认同的产生机制进行了阐述，Tajfel将社会认同定义为：“个体认识到了自己属于一个特定的社会群体，同时，作为一个群体成员，个体也认识到该群体带给自身的情感和价值。”② 他进一步提出了社会认同理论，认为群体中的成员通过社会分类，将他者进行内群体和外群体的二分，对自己的群体产生认同，对自己群体之外的成员产生偏见。产生社会认同的积极意义在于，个体会将自己所属的群体与外群体进行比较，选取有利于己方的结果，以此来提高自尊③。学者方文认为，社会群体之间，都存在符号边界。群体符号边界的构建，以社会范畴化作为认知基础。在此基础上，我群体与他群体的区分，通过社会比较得以强化，产生外群分化性

① 中国村社发展促进会：《2014中国大学生村官发展报告》．北京·中国农村出版社，2014年版，第14页。

② Tajfel H. Differentiation Between Social Groups：Studies in the Social Psychology of intergroup Relations. （London：Academic Press，1978）

③ Tajfel H. “Social psychology of intergroup relations”．AnnualReview of Psychology （1982） pp. 33－39.

和内群同质性①。大学生村官对自己的群体产生了偏好，群体内活动频繁，并产生了群体符号。笔者发现，上海的大学生村官以区（县）为区隔，同一区（县）中的成员彼此之间认同极强。本次访谈对象中，F1 至 F9 几位受访者均是来自上海市奉贤区的，这几人都彼此认识，在区里培训，开会时会经常碰面，平时也经常通过 QQ，微信联系进行信息交流，在访谈时，他们经常提到“我们奉贤的”“那个谁也是奉贤的”“我是奉贤本地人”“奉贤村官如何如何”这些说法。而来自崇明县的 C1、C3、C5 等几名村官，彼此关系相当熟稔，对崇明的自然风光、风土人情甚至工作环境都极为推崇。这两个区（县）的村官们，彼此之间并不认识。

按照工作嵌入性理论的研究框架，个体与工作组织的联系，主要包括个体与工作伙伴与其他群体组织的各种正式与非正式的联系。大学生村官之间，也是一种工作伙伴的关系，所以，他们的联系与互动模式，可以用来反映其工作嵌入中组织联系维度的嵌入情况。在访谈中，研究者发现了一个很有趣的圈子现象，同一区（县）的大学生村官们，由不同的契机形成了各种小圈子，他们通过这些小圈子，彼此形成了非正式的联系。

1. 新媒体平台上的小圈子

同一区（县）的大学生村官，在微信、QQ 这些新媒体平台上，都建立了自己的交流群。这些群的名称、签名、个性口号都突出了“温馨、互助、共同进步”的理念。如“崇明村官之家”“上海市奉贤区大学生村官群，这里是我们的聚集地”等。本区（县）内所有的村官都以“真实姓名加任职地名称”作为名称加入了交流群，以此来扩展人脉，交流信息。群里讨论的话题多与工作有关，因此，可以说这种涉及范围较广的新媒体平台建立的是较为正式的工作联系。笔者发现，在微信和 QQ 上，还有一种小范围的联系方式，建立的联系较为私密，研究者将这种联系形成的关系称为“彼此关照的代购小圈子”。

崇明县 G 镇的大学生村官 C1 在学生时代，就开始利用业余时间在微信上为熟人代购保健品，经过一段时期的积累，有了固定的顾客群体，收入也比较稳定。担任村官后，她依然在继续从事这份兼职工作。C3 村官也

① 方文：《群体资格：社会认同事件的新路径》，载《中国农业大学学报》2008 年第 1 期，第 89—108 页。

有着类似经历，只不过她代购的产品是韩国化妆品。她们的兼职行为，是在私人领域进行的，并设置了专门进行代购的微信号与QQ号，与工作中使用的号码进行区分。在工作环境中，她们很少提及自己的代购行为。笔者在两人的新媒体平台上，经常看到两人以网名发布推广广告，而在真实世界中，当笔者在访谈中询问她们时，她们并不愿多讲，C3用“只是帮朋友的忙，小打小闹，跟工作没有什么关系”来形容她们的微信代购。但是笔者发现，C1和C3之间，因为私人领域相似的兼职行为，在私下里建立了非正式的亲密关系。

最初，C1在微信朋友圈经常发送保健品的推广广告，如“吃了×××，一身毒素都排出来了，身体好轻松”，C3便会主动地点赞并转发，并在评论里加上：“真的很健康”之类的正面评价。同样的，C3发布免费领取化妆品的消息时，C1也会帮忙宣传。按照C3的话说：“本来是不知道彼此在做微商的，看到了就帮忙转发一下，还能一起交流经验什么的。”无疑两名村官之间相较于他人多了一些共同语言，这种互相转发、互相宣传的互惠方式，也使她们的关系更为友好。两人并不是同期的大学生村官，C3比C1早一年任职，两人的任职地也相隔一段距离。但是，在C1刚来崇明的两个月后，两个人关系就已经非常熟稔。据笔者了解，她们在私下里经常交流做微商代购的心得，也互相宣传自己产品的功效与前景。现在，两个人开始代购共同的品牌，成为同一个微商组织的伙伴。可以说，她们工作领域中的正式的同事关系，延伸到了私人领域的兼职中。

现在，随着新媒体平台的发展，越来越多的年轻人选择将代购、微商和网络推广作为自己的兼职方式，其中也不乏大学生村官群体的参与。相似的个体，在私人领域，又通过微信、QQ等联系起来。例如，初为人母年轻女性关注奶粉等婴幼儿产品的讯息，常常有代购的需求，同一个代购商让在现实世界中不相识的她们产生了关联，甚至年轻母亲自己也做起了代购，因为在推广的过程中现身说法更加有说服力。笔者认为，大学生村官在这种兼职形式中，表现出的有默契的互惠，可以使工作伙伴之间在私下里产生共同利益，进而联系更多。与一区全体村官都加入的交流群相比，这种小圈子范围小、成员同质性强、关系更加私密。当这种非正式的关系再延伸到正式领域中时，同事之间的关系变得更加亲密，日常工作也开展的更加顺利。因此，笔者认为，这种在新媒体领域蓬勃发展的小圈子，有利于加强个体与工作组织的联系，进而提高个体的工作嵌入程度。

2. 车子与圈子

大学生村官 F1 刚刚工作，在奉贤区 JH 社区担任村官，他是奉贤本地人，与父母住在村里。上班十分方便，步行 15 分钟，乘车 5 分钟。但是据了解，F1 村官每天都开车来上班，当笔者询问原因时，他说了很有意思的一段话。

（指着一辆白色的福特 SUV）这是我的车子，上班后父母给我买的。做村官一定要有车，我们这些年轻村官都会开车，都是自己买车上班的。村子都那么偏远，附近又没有公交车，不开车怎么上班啊，不可能骑自行车去吧。你看今天就下雨吧，下雨天去送文件，不开车的话文件就湿掉了，怎么办？还有帮领导去开会什么的，没车也很不方便，这个不可能派个公车给你吧。……我这车不算高调，蛮普通的，那个 × ×（笔者注：村官 F2）很厉害的，开了一辆黑色的帕萨特。嗯对，也是父母买的。还是那个车好，上次我开过。……我们男生嘛，还是很喜欢聊车的。

奉贤区一直以来奉行招商引资、科技兴农的政策，经济发展好，居民生活水平高，父母为刚刚参加工作的子女买车，也不是什么新鲜事。但 F1 也提到了两点，一是车子对村官的必要性，二是车子也是他们大学生村官，尤其是年轻男村官常聊的话题。笔者在实地参与观察时发现，上海市郊区的公交线路虽然较完备，各个区间都设置了地方线路，但是也有不合理之处：村与村之间没有直达车次，站点设计也存在问题，站与站间隔距离较大。所以 F1 村官所描述的情况的确很合理，据笔者观察，在村官 F1、村官 F4 任职的上海市奉贤区金海社区办事处办公楼前的空地，停满了私家车，很少有空余的车位。但是，不同区之间、不同原籍的大学生村官之间的经济条件不能一概而论，因此，所有的村官其实分为了两个圈子：有车的和没车的。崇明县的村官 C1 原籍四川省，毕业后留在上海工作，现在没有买车，她在访谈中表示："有车比较方便，没车也没什么的，领导也没有要求，可能我现在是在镇政府上班的原因吧，没觉得多远。他们奉贤嘛不一样，我们这儿比较穷。"奉贤区的受访村官都买了私家车，他们把有车作为村官工作的必备条件；崇明县受访村官则把车子视为可有可无的工具。"车"也为大学生村官们提供了共同语言，村官 F1 与村官 F5、村官 F2 都对车颇有研究，他们经常会一起分享新车上市，车的维护与保养方面的资讯，还曾相约一起去看赛车比赛。

工作嵌入性理论提出，个体与工作组织及其同事的联系结点越多，他们的嵌入就越深，越不容易离开原工作。我们认为，无论是新媒体平台上的因兼职产生的社交小团体，还是出于爱好而经常互动的小圈子，都为大学生村官之间建立非正式的联系提供了契机，村官之间在正式领域的同事关系因此得到了加强，大学生村官个体被嵌入工作关系所形成的网络中。

二、不同身份群体间：疏离与亲密

大学生村官在官方话语中被定位为“村级组织特设岗位”人员，系非公务员身份，他们与公务员的区别与互动，是本研究兴趣点之一。在本次研究中，研究者发现绝大多数受访大学生村官在进行职业规划时，均将考取公务员和事业单位编制视为离职后的首选。但他们却没有主动提起“公务员”与“事业单位”群体的同事的互动。在访谈的实施中经过询问与诱导，有几名大学生村官分享了他们与公务员和事业单位编制同事的互动经历。

F1 村官：最初在村里工作，后来被借调到社区管理中心。社区中所有的工作人员都在一个办公楼上，但是各个区域并不可以随意出入，需要刷符合权限的工作证。F1 告诉笔者：“很多区域我是去不了的，我的办公室在楼梯口附近，再向里走有一道玻璃门，那里面都是公务员，是 BOSS 级别的，没机会接触。”

F6 村官：工作上，跟公务员事业单位编制的同事的关系还可以，比较好融入。因为大家是一条线，负责一个事务，肯定要互相配合把事情做好。但是除了有工作接触的，其他同事之间互动得少。我来了一年了，现在社区的工作人员也就认识了一半吧，很多都接触不到，私下里年轻人一起玩，领导也一起。我们村官和公务员玩得不多，但是搞活动的时候也有接触。五一的时候，我们村官和公务员一起排了个节目，舞蹈小苹果。端午节也有活动。

F4 村官：我们金海社区中心，主要由公务员、事业单位编制的同事、大学生村官、社工组成。大家关系都不错，但是肯定有区别嘛，你看我们的工作证上不都写着嘛（说着给笔者展示了自己挂在脖子上的牌子，上面的职务栏写着大学生村官）。

C1 村官：我在镇上上班，直接管理我的领导就是一个公务员，一个年轻的姐姐，人很好。我们跟公务员的关系，怎么说呢，肯定不是完全融入，感觉对我们都很客气，因为我们毕竟就待两三年嘛，也没有必要深交。但他们也不会对我们村官不好，因为不知道我们将来做什么啊，说不定我们又考上公务员了，还是同事，所以还是要搞好关系。

C4 村官：因为我一直在村里，没有机会接触到什么公务员。我给你说说我和两个事业单位编制的同事打交道的事吧。我们村前一段时间来了两个年轻人，事业单位的，他们是来锻炼的，和我们一起参加了歌唱比赛，在整个活动的中，感觉他们不错（访问员插话：不错是什么意思?）。就是对我们很客气，活动也很卖力，没有嫌我们村里条件不好之类的。

大学生村官与其他身份的同事进行互动过程，呈现出了“疏离”与“亲密”两种特点。在体制内的工作环境中，身份是进行区隔的一个重要因素，几个不同身份的群体，会产生不同的认同。社会认同理论认为，社会认同是通过社会分类、社会比较和积极区分这几步形成的。关于社会分类，Turner 提出了自我归类理论。他认为人们会自动地将事物分门别类；因此在将他人分类时会自动地区分内群体和外群体。当人们进行分类时会将自我也纳入这一类别中，将符合内群体的特征将会赋予自我，这就是一个自我定性的过程。个体通过分类，往往将有利的资源分配给我方群体成员。社会比较使社会分类过程的意义更明显，这样使积极区分的原则起作用，而积极区分满足了个体获得积极自尊的需要。群体间比较通过积极区分原则使个体寻求积极的自我评价的需要得到满足。在进行群体间比较时，我们倾向于在特定的维度上夸大群体间的差异，而对群体内成员给予更积极的评价。这样就产生了不对称的群体评价和行为，偏向于自己所属的群体，即从认知、情感和行为上认同所属的群体。关于积极区分，社会认同理论认为，个体为了满足自尊的需要而突出某方面的特长。因此，在群体中个体自我激励的动机会使个体在群体比较的相关维度上表现得比其他成员更出色，这就是积极区分原则。社会认同理论认为，个体过分热衷自己的群体，认为它比其他群体好，并且从寻求积极的社会认同和自尊中体会群体间的差异，这样就容易引起群体间偏见、群体间冲突和敌意[1]。

然而，虽然大学生村官普遍反映与公务员等接触不多，没有深交，但是他们都承认同事之间关系不错，比较友好，这点可以总结为不同身份群体之间也存在着“亲密”的关系。笔者认为这种亲密主要来自两个方面：首先，体制具有流动机制，大学生村官可以通过考试等方式转变自己的身份，因此“有没有公务员身份”和“有没有事业编制”的界限变得模糊；其次，群体间的交往频繁，既包括工作中的协同合作，也包括工作之余在单位文体活动中共同参与。笔者认为，这种与工作中其他同事的联系，属于工作嵌入性理论中的组织联系维度。根据研究可得，大学生村官与公务员等相处和谐，这无疑加深了其工作嵌入程度。

三、打入乡村社区：熟人社会中的“尴尬外来者”

费孝通先生最早提出用“熟人社会”来形容中国的乡村社区，他认为，传统村落较为封闭，“生于斯死于斯”的现象非常常见，村子里很少出现陌生人；村子里的成员都很熟悉，这种熟悉衍生出了信任[2]。随着生产模式的改变、村落规模的扩大与城市化的发展，传统乡村社会被瓦解重构，“熟人社会”的模式发生了改变，贺雪峰等学者提出了“半熟人社会”的概念，认为乡村社会成员间的信息并不对称，缺乏对于村庄内人事认识一致的默契[3]。但是，无论是在“熟人社会”还是“半熟人社会”，中国大多数地区的农村还是奉行着传统的行事逻辑。更相信熟悉的本村人，更服从有威望的长者，在这种情况下，“外来的”“年轻的”大学生村官，往往成为一个尴尬的角色。

以上海市为例，上海市大学生村官招考简章中，对报名者的户籍有着一定的限制：“应届毕业生须是本市高校毕业生或外省市高校上海生源毕业生……往届毕业生须具备上海户籍或人才类上海居住证……对于符合报名条件，自愿回原籍工作的高校毕业生，在同等条件下优先录取。”虽然政策对上海籍的考生有所倾斜，但也有不少非上海原籍的优秀毕业生，通

① 张莹瑞：《社会认同理论及其发展》，载《心理科学发展》2006 年第 14 期，第 26 页。
② 费孝通：《乡土中国》，北京·三联书店出版社，1985 年版，第 5 页。
③ 贺雪峰：《新乡土中国》，北京大学出版社，2013 年版，第 4 页。

过公开选拔或学校推荐的方式成为村官。而且在实际操作中，由于很多人并不生活在村庄，所以即使对于上海籍的大学生村官本着就近原籍分配的原则，能回本村担任村官的情况也是少之又少，有些来自上海近郊的大学生村官也只是被分配到与原籍相同的区（县）。笔者对崇明县 2015 级的 30 名大学生村官的原籍进行了统计，发现外省籍的有 11 人，其中不乏来自新疆、内蒙古等偏远省份的，而在剩余的 19 名上海籍村官中，有 5 名来自上海的其他区（县）。由于上海村民日常生活中常用沪语，因此，外籍的大学生村官常常存在着语言障碍。语言障碍与文化差异，导致部分外来的大学生村官在与乡村社区建立联系的过程中出现了重重困难。

受访者 C1 是四川江油人，4 年前来到上海读研究生，毕业后考取了崇明县港西镇的大学生村官，由于镇政府人手紧缺，工作的第一年，她被借调到镇政府的档案室工作，每天的工作主要是处理文件。“我在上海读了三年书，上海话听不太懂，崇明这边的话也挺难懂的。现在工作还好，我的上级是镇政府的嘛，公务员，讲普通话。以后下了村子，可能就比较麻烦了。……我来了半年了，还没怎么跟村民打过交道，平时上班接触不到。我是住在村子附近（笔者注：港西镇为外来大学生村官统一安排了住宿），但跟村民也不熟嘛，语言不通，我又不是崇明人。”

受访者 F1 是上海奉贤区 Q 村人，毕业于上海某“985”高校，大学毕业前夕，通过学校推荐，经过面试后成为一名村官，在其原籍所在村的邻村任职。当访谈员询问到其能否融入乡村社区时，他的回答一开始很轻松：“我嘛，是本地的嘛，所以语言方面没有什么问题。我本来就是隔壁村的嘛，齐贤村的隔壁，家里离上班的地方走路就 15 分钟。文化方面也没有什么。很多村民都认识。”但是，熟悉方言、相似的文化背景，并不能保证一定能融入乡村社区，F1 在这方面有自己的困扰：“但是以前一直上学嘛，村里的事不太懂，大学也在市区住校，村民接触的不太多，因为他们过来都不是找我的，都是找两位委员的。他们只是认为我是一个大学生而已，待的时间也不是很长。肯定不久以后就会走的。”F7 也是一位原籍上海奉贤大学生村官，她从小生活在上海农村，对她来说，跟村民打交道最难的地方不在于语言和文化背景，而是：“觉得自己太年轻，和他们有代沟，处理起关系很麻烦。”

大学生村官在与村民建立联系的过程中，多少都会遇到语言不通，文化背景差异大的障碍。他们不能很好地嵌入乡村社区，这无疑会影响建立权威、展开工作。然而，笔者发现，在日常工作中，大学生村官群体产生了自己的一套嵌入社区的行为逻辑，如下文所介绍的创业富民就是一种典型的、有效的建立联系的新方式。

四、建立联系的新方式：创业富民

学者对大学生村官机制进行研究时，曾多次强调大学生村官自主创业的重要性。在每年评选的“十佳大学生村官”里，有很多优秀村官都将自主创业作为服务村民的着力点。大学生村官利用村庄资源进行自主创业，也是在组织中、在社区里建立联系的有效途径。

崇明县旅游资源丰富，风光优美，特色十足，既有未经雕琢的自然景观，也有精心设计的人工园林，是上海市民近郊游的首选。2006 年，崇明县政府成功举办了“崇明桑果节”“崇明荷花节”“森林百花展”“长兴岛柑橘节”“横沙岛秋之韵”“渔家欢乐节”“环岛驾车自助游”等主题活动，使崇明旅游市场亮点不断，打响了崇明旅游品牌，岛内外游客前来观光旅游逐年增加。该县 G 镇的几名村官充分利用该地的资源，成立了“村村游工作室”，开展了极具特色的“村官带你游崇明”的创业项目。该项目最初是由崇明县 2014 届村官 C5 发起倡议，以推荐崇明特色旅游为宗旨，为来崇明的旅客提供衣、食、住、行娱乐等方面的特色信息，提高游客的旅游体验。该工作室有 4 名骨干成员，皆为当地大学生村官，2 名为上海崇明籍，2 名为外省籍。在 4 名主要成员的带领下，进一步成立了由 20 名大学生村官组成的导游团队。该项目的特色在于，利用大学生村官年轻、有活力、对当地熟悉、具有创造性的优势，提供个性化的导游服务。项目负责人在微信等平台上建立公共号，进行推广宣传，并对该团队的村官导游进行介绍，提供每个村官导游的特长，带团时间，熟悉线路等信息，旅行者可以根据自己的需求进行灵活选择。如可以选择擅长摄影的导游来帮自己记录旅行全程，也可以选择当地人为自己提供翻译服务。在这项项目发起半年的时间里，主要进行的熟人推广和口碑式营销，已经为不少来崇明旅游的游客提供了方便。在 2015 年国庆期间，成功策划并带团开展“露宿崇明岛，行走秋日间，崇明两日游”的短途旅游项目。“村官带你村村游”项目进行得有声有色。

通过对该工作室日常工作进行参与观察，并对骨干成员进行访谈后发现，这项创业活动，增加了个体与组织和社区的联系，对参与的大学生村官的工作嵌入起到了极大的促进作用。首先，为该县大学生村官的内部群体的互动提供了契机。项目负责人在微信等平台上发布招募本地大学生村官作为兼职导游的信息，有不少有空余时间的村官积极响应，截至2015年10月，已有20名村官成为这个项目的参与者。这20名村官的任职地来自不同的行政村，在日常工作中，只有县里举行交流学习活动时才能见到。但是参与了“村村游”导游团队后，在周末与假期中，这些年轻人便会聚在一起，共同在带团游中为外地游客展示崇明的魅力，也结下了深厚的友情。

在旅行线路的设计中，负责人既突出了当地的特色景观，也加入了不少农家乐环节。在该工作室近期推出的“崇明两日游”的观光路线中，为与当地居民进行的互动而设计的项目有：参观创意大棚—西来农庄用餐—橘园采摘等。笔者认为，这种旅游形式不仅为当地居民提供了旅游收入，带动了崇明县的经济发展，更加强了大学生村官尤其是外省户籍村官与农村社区的联系。他们与村民之间互动增多了，对该县的风土人情更加熟悉了，甚至产生了类似本地人的认同感。原籍四川省的村官C2这样说：“我现在很喜欢崇明了，安逸，环境好，民风淳朴，不像市区节奏那么快，有时候想想，一直待在这里也很好。”

创业富民是大学生村官更快融入农村社区的一个有效方式，除了村务事务处理过程中的接触外，村官与村民形成了非正式领域的互惠关系。按照工作嵌入性理论，个体与所在社区成员互动的增加、联系的建立，会使工作开展更加顺利，个体也更倾向于留在原岗位。

第四节　匹配：从不匹配到积极地自我调整

一、村官个体与工作组织的匹配

在研究访谈中，有大量问题是围绕大学生村官的自我认知进行考察的，大学生村官对自身角色有着一定的期待，对自己的既有技能也有客观的认识。然而，笔者发现，大学生村官群体的主体条件与工作组织的客观要求并不能完全契合，存在着明显的不匹配现象。

1. 自我定位与国家期待的磨合

2008年，中组部等四部委联合印发的《关于选聘高校毕业生到村任职工作的意见（试行）》文件在开篇部分便提出了我国党和政府对大学生村官的期待：培养大学生村官成为农村基层建设中“有知识、有文化的新农村建设带头人”；成为“我党与人民群众联系紧密、感情深厚的后备人才”，是“全面建设小康社会宏伟目标得以实现的人才保证”①。组织部公开出版的大学生村官培训读物中，明确指出了大学生村官的六大职责：①宣传党的路线方针政策；②促进当地经济发展；③维护当地的社会稳定和谐；④倡导农村先进文化；⑤推动农村民主政治建设；⑥加强农村基层组织建设②。通过对这些官方文件的文本解读，我们发现国家对大学生村官所扮演的角色有着较高的期待，将其定位为带头人与接班人。

相对于国家期待的明确性，很多大学毕业生在开始大学生村官这个职业时，自我定位十分模糊。F2村官是奉贤本地人，高考后被吉林省的一所工业大学录取，学习了机械工程专业。F2说：“我不喜欢大学的专业，因此也不想进公司从事这个专业的相关工作。我当大学生村官是我叔叔向我建议的，当时他上网时碰巧看到这个介绍（选聘公告），说大学生村官这个工作不错，然后我就报名了。”F3村官是一个年轻的妈妈，她曾经在外企工作过一年，后来辞职报考了村官，她为笔者介绍了她求职时的“苹果香蕉理论”：“外企的工作就像是苹果，村官的工作就像是香蕉。你能说苹果比香蕉好吗？不能吧。这个就是个人口味的问题。对我来说呢，就是香蕉更适合我。我不太喜欢外企的工作环境，就选择村官啦。”村官C6和F8是同一所“985”高校的毕业生，他们选择大学生村官的原因是“了解到学校里有推荐的名额，不需要参加笔试，资格审核后直接通过面试就可以任职”。在毕业前夕求职的压力下，他们便抱着试一试的心态选择参加村官项目。村官C3从小就想成为一名人民教师，她说：“我大学毕业后本来是想当小学老师的，学校都找好了，可是没有办法，教师资格证没考下

① 摘自《关于选聘高校毕业生到村任职工作的意见（试行）》（2008）。

② 中共中央组织部组织二局：《大学生村官职业生涯发展指南》，北京·党建读物出版社，2012年版，第27页。

来。所以就先当村官，同时还要考教师资格证。”村官C2说：“其实很多大学生，在学校里的时候没有想清楚以后要干什么，我也没有想明白到底什么适合自己，就想着当村官的这两三年再好好考虑一下。”村官 C4 本科学的是应用物理专业，他说：“说实话，我是师范院校毕业的，但是教师资格证没有考出来。我这个专业要是进工厂，父母说对身体不好，还不如来做村官。”

以上是我们在访谈记录中摘取的村官们比较有代表性的“择业观”。在接受访谈的 18 名大学生村官中，绝大多数村官都没有谈到与官方文件中相似的职业追求。他们选择村官这个工作，很多是出于无奈：没有考虑好以后要干什么，不喜欢原来的工作，求职压力大，暂时没有找到喜欢的工作。因为大学生村官工作具有阶段性（按照上海市现行规定聘期为 3 年，3 年后最多可续聘 3 次，每次 1 年），所以受访的大学生村官只是将这份工作视为一个暂时的自我锻炼的机会，便于以后寻找更好工作的跳板。

另外，在选聘任职的岗位说明中，官方文件又对大学生村官在村具体职务给出了限定：根据被选聘大学毕业生的政治面貌安排不同职务，已是中共正式党员的大学生村官，一般可担任村党组织书记助理；尚为预备党员或普通群众的大学生村官，一般可作为村民委员会主任助理进村入职；作为共青团员的大学生村官，可兼任村团组织书记和副书记等职务。被大多数群众和党员认可的大学生村官，可以在一段时间的实际考察后，被推荐为候选人，参加村党组织书记、副书记等选举①。因此，大学生村官在村政管理中主要充当辅助者的角色。即大学生村官其实不是“官”，而是基层建设中的普通工作者。因此，在本研究的 18 名访谈对象中，只有 1 名大学生村官经过村民选举，进入了“两委”的队伍。其余的 17 名村官，均在村担任“两委”助理，或被借调至乡镇担任助理性的文员工作。他们主要的工作内容有：整理文件、公文写作、协调村民关系、帮忙组织活动等，涉及范围较广，很少涉及村务核心工作。有些村官告诉笔者，感觉自己在日常工作中并没有实际权力，很多问题作不了决定。村官 S 举了一个例子：“有一次，一个村民过来问我一件事情的处理结果，但是我发现我做不了主，解释了半天，最后还是去请书记作的决定。我只能跟村民解

① 摘自《关于选聘高校毕业生到村任职工作的意见（试行）》（2008）。

释，我们村官不是‘官’，就是一个普通的工作人员。”村官F3告诉笔者：“这些工作和在外企的工作内容很不一样，我以前是做财务的嘛，每天的工作比较具体，当村官后处理的工作就比较广了。”村官C3则表示：“在我进入“两委”班子之前，意见很少被采纳，开会也很少发言。”村官F4说：“每天做的事情都差不多。”

因此，国家政策要求的明确性与大学生村官自我职业定位的模糊性之间存在着冲突，国家的“辅助者”角色期待与青年工作者的自我期待也存在差异。但是所有的受访者在访谈中并没有表示出对村官工作职责的不满，也没有向研究者抱怨日常工作的琐碎。相反的，他们在一段时间的工作后，都从这份工作中获得了快乐。

村官F1：我就是奉贤人，觉得能为家乡发展作贡献很好。这种体验也很新奇，我参加了这次换届选举的组织工作，虽然就是端茶倒水开开会，但觉得也很开心。

村官F3：因为我是一名退伍军人嘛，以前在部队里学到了要做一个螺丝钉，哪里需要就去哪里。所以我一直就想着为组织作些贡献的。做村官比较合适。

村官C3：我一直想做老师的，也有点母爱泛滥，喜欢孩子。我们村有个“小鹰计划”，就是寒暑假帮留守儿童讲课，我觉得非常有意义，也很有成就感。

村官C5：我在崇明做了一年半的村官了，很开心。觉得村官工作能给我们很多发展的机会。所以我就提议办了个“村村游工作室”，有点类似旅行社的性质吧。和小伙伴创业很开心。

村官C4：我觉得我们大学生村官是很有闯劲的，3年的青春，是想做出一些成绩来的。做成一件事，策划一个活动，非常有满足感。

受访的大学生村官由最初的“出于无奈选择”到后来的“在工作中取得成就感”，这种自我认知与国家期待磨合的过程，这种由“不匹配”到“匹配”的过程，可以用社会心理学的相关理论进行解释。按照认知失调理论，当个体认识到自己对同一事物存在着相互矛盾的不同态度时，或者内心态度与外在行为之间存在不一致时，就会感受到心理压力和不适。这种心理压力和不适感的存在会促使个体采取一定的措施来消除存在的失调①。解除认知失调的方法有三：通过改变自己的行为，通过改变自己的认知，或者形成一个合理的认知来解释自己的矛盾②。受访的村官是通过努力改变自己的行为，努力去履行村官职责这种积极方式来应对这种“不匹配”，而不是消极逃避。在努力的过程中，当大学生村官发挥自己的智力资本为基层群众服务时，当他们受到村干部或村民重视与褒扬时，他们的自我认同便会得到强化，这无疑对他们履职行为起到了正向激励的作用。

2. 个人技能与岗位要求的落差

虽然受访大学生村官都表示从工作中获得了乐趣，但是他们提出的一个很集中的问题便是在学校里所学技能与日常工作没有关系，缺少处理村务的实际技能。18 名村官当中，3 人专业为社会学，2 人专业为建筑工程，1 人专业为视觉传达设计，2 人专业为广告学，2 人专业为机械工程，1 人专业为英语，2 人专业为工程管理，1 人专业为工商管理，1 人是应用物理专业，1 人专业是美术，2 人为文史哲文科专业。除了3 个社会学专业毕业的村官认为：“以前学的社会心理学、社会政策等几门课的知识能用到一点，然后就是以前做课题的经验能用在跟人打交道上。”其他的村官都直接承认大学里所学的课程对自己村官的工作没有太大帮助。

在奉贤区 J 村进行田野调查时，该村正要举行农业技术培训大会。大学生村官 F2 正在忙碌地为每个村民分发“果树虫害防治”的宣传资料。“我们村村民主要是种桃子，每年都要给村民进行农业技术培训。但是我一点都不懂，我本科学的是机械工程，跟这个一点关系都没有。这个培训是村干部找人来做的，我也帮不上什么忙。我负责印材料，装订起来，然后发给村民。……你问我英语和计算机的知识有没有用到啊？英语是一点也用不上，计算机你也看见了，我们就是用用 OFFICE，发发邮件，有难度的工作没有。”

其余 17 位村官均面临着相同的困境：首先，所学的专业与农村建设没

① 许晓青：《人际关系管理实务》，上海·复旦大学出版社，2013 年版，第 110 页。

② 阿伦森、威尔逊、埃克特：《社会心理学插图（第 7 版）》（侯玉波等译），北京·世界图书出版公司北京公司，2012 年版，第 179 页。

有关系，在面对真正的农业技术等问题时，束手无策。其次，在学校里学习的知识即使与农村建设相关，也以理论为主，缺乏真枪实练，在调解村民关系时完全用不上。加之大学生村官人生阅历尚浅，因此处理工作中的实际问题时往往缺少解决力。

政策制定者对大学生村官个人技能与工作需要不匹配的问题作出了反应。中央四部委在2012年发布的《关于进一步加强大学生村官工作的意见》中，提出要对大学生村官实施分类、分层的培训计划，并落实专项经费。由省级负责部门重点开展示范性培训，市级部门重点开展创业指导培训，县级部门重点负责日常工作技能的培训，三个级别有针对性的培训体系，共同确保每名大学生村官每年培训累计时间不少于一个星期。在培训内容上，充分考虑到大学生村官特点并适应岗位需求，广泛开展严格党风党纪、秉行公正廉洁的思想教育；法规政策解读、社会管理方法和农村创业技术等应用型培训，通过全面培训的方式切实增强培训效果①。据了解，上海各个区（县）、乡镇结合当地特点，积极开展多种创新形式的培训，受访的18名大学生村官，均参加过多次岗前培训，农业技术培训等。如2015年8月4日，上海市390名新选聘到村任职的大学生村官和“三扶一支”② 大学生，在上海市委党校接受了为期两天的岗前培训。该培训旨在帮助大学生村官了解农村发展现状、培养基层工作能力。

这些培训有助于大学生村官迅速掌握实践工作中所需要的知识，提高个人技能与岗位需求的匹配程度。但是大学生村官要想由涉世未深的年轻学生转型为处理农村事务的业务能手，需要在一线工作中积累大量工作经验，充实自己的知识储备，不可能一蹴而就。

二、乡村社会的不适：刻板印象与污名化的困境

1. 村民眼中的“大学生村官”：有知识的人，没经验的人

乡村社区的村民喜欢用“大学生”三个字来指代在该村任职的大学生村官。这个称谓其实很微妙，一方面，认同了其教育背景与智力资本，另

① 摘自：《关于进一步加强大学生村官工作的意见》（2012）。

② 三扶一支：支教、支医、支农、扶贫的简称。“三扶一支”计划，以公开招募、自愿报名、组织选拔、统一派遣的方式，从2006年开始连续5年，每年招募2万名高校毕业生，主要安排到乡镇从事支教、支农、支医和扶贫工作。

一方面，当村民认为“××是新来的大学生，这方面不懂”时，这个称呼也意味着村民并不认可大学生村官的话语权。受访的大学生村官中，有一半的村官都表达了这种困扰，F6 村官的一段话让笔者印象深刻：“我刚到村里上班的时候，谁也不认识，村干部也没有向大家介绍我，就说我是大学生村官。有一次，两个村民来办公室反映问题，看到书记不在，就走了，也没跟我说。他们可能觉得我是大学生什么都不懂吧。”大学生村官在乡村社会中被视为“没经验的年轻人，做不了主的干部”，在处理乡村事务尤其是村民纠纷的时候，他们的调解并不能使村民信服。费孝通先生提出，我国的乡土社会中有一种很重要的教化权力，这种权力产生于“长幼有序”，费老称它为长老统治[①]。长老统治依然是当代农村的一个很重要的行为逻辑，富有人生阅历和生活经验的长者所作出的判断，自然更让人信服。

村民对大学生村官的认知，并非只有“没经验”的一面。村民们都很认可“大学生”三个字所代表的现代教育的权威和知识分子的身份。在调查中，笔者发现，村民们求助于大学生村官的事情，集中于特定领域。村官 C4 本科是学应用物理专业的，计算机知识不错，因此，他的日常工作主要是村里设备的维护与修理，村民们虽然不会请教 C4 关于农业生产、村务关系等问题，但却经常向 C4 请教关于电脑方面的问题。虽然 C4 谦虚地说他所做的只是一些很简单的工作，使用的软件也是很基础的办公软件，但是在村民和村委其他工作人员的心中，他是“很厉害的专家级别的”了。村官 C3 在本村策划并组织了“小鹰计划”，利用寒暑假为留守儿童或者家庭条件差的孩子们补课、带他们看课外书、教他们学英语，旨在提高他们的学习成绩，并丰富他们的业余生活。C3 村官告诉笔者：“这个活动很受欢迎，孩子们很喜欢，家长也很感谢我们。他们觉得我们教得很好啊，尤其是英语。因为他们自己不懂嘛。”因此，笔者认为，村民非常认可大学生村官们的英语和计算机等技能，并评价其为有知识甚至是有远见的。

其实无论是“无经验的生手”还是“有知识的专家”，乡村社会对大学生村官的这两种评价，很大程度上源自于刻板印象，即针对特定群体及

① 费孝通：《乡土中国》，北京出版社，2011 年版，第 96 页。

成员的泛化的信念和期望[1]。刻板印象可以是积极的也可以是消极的，它会导致偏见，即对于特定群体及其成员产生消极（也可能是积极的）评价。社会心理学中，提出了一种很重要的改变刻板印象的方式，即“接触假设”理论，即增加主流群体的成员和少数群体之间的社会性接触可以减少偏见[2]。研究者发现，新入职的大学生村官在一段时间的日常工作后，能将村民对自己的看法向积极的方向改变。如村官 F3 是一个年轻的母亲，主要负责 J 村的民政方面的工作。她刚来村里的时候，觉得在调解村民关系上很难展开工作，但这种情况在半年之后就好转了。村官 F3 采取了很多策略性的努力，如利用自己“年轻母亲”的身份与村里的妇女拉近距离，与村里卸任的妇女主任经常联系，获得经验等。

2. 污名化：G 镇大学生村官“越轨”后的故事

G 镇的大学生村官 C1 在访谈中分享了这么一个故事：

我觉得我们港西镇对大学生村官有些偏见，原因是这样的，是我同事给我讲的。前两年，镇里安排外省籍的大学生村官住在镇政府的办公楼里，就是集体宿舍。大学生村官嘛，年轻人，周末喜欢出去玩，晚上回到宿舍就很晚了。我们镇政府的院子周末会锁门的，所以这些村官晚上就会在门外把门卫叫起来，让门卫给他们开门，可能门卫被吵到，有些不高兴吧。门卫大叔平时接触到很多村民，聊天的时候呢，门卫就经常到处说“这些村官不好好工作，整天出去玩，还回来那么晚”之类的话，村民对这些还是蛮在乎的嘛，久而久之，大家对那两届的村官印象都不好，觉得他们，呃，就是作风不好。后来镇里面待遇好了，呃，也有可能是有人有意见给镇里面反映吧，就在镇上提供了新的住处，我们这届大学生村官就是住在镇上的，条件还可以。……现在呢，没有听到门卫大叔说我们这届村官哪哪不好，但是我现在也听到过同事讲，说我们年轻人爱玩之类的话。

对于作为农村建设的带头人，党和国家重点培养的后备干部，“作风不好”“不好好工作，贪玩”可以说是非常消极的评价。在农村社区较为

① 麦格劳·希尔：《妙趣横生的心理学（第 2 版）》（王芳等译），北京·人民邮电出版社，2013 年版，第 318 页。

② 齐瓦·孔达：《社会认知：洞悉人心的科学》（周治金、朱新秤等译），北京·人民邮电出版社，2013 年版，第 277 页。

封闭的熟人社会中，此类评价更会迅速传播，固化成一种“污名”。这种污名的产生，其实是因为个别大学生村官打破了乡村社会的规范。社会学家认为，所有社会都有依照其主流价值观念制定的社会规范，并期望社会成员能按照这些规范行动。当个体成员做出违背社会规范的行为时，便称之为“越轨”①。在中国农村，一直存在着“以勤劳节俭为荣，以好吃懒做、挥霍浪费为耻”的朴素的道德观念②，乡村道德是乡村社会规范的重要组成部分，因此，大学生村官周末在市区游玩导致晚归的行为，实际上冲击了村民的日常规范，某种程度上是一种“越轨”行为。

一旦被赋予“越轨”的评价，这些成员便不容易树立正面形象，甚至整个群体的人都会因此被标签化。互动学派学者欧文・戈夫曼创造“污名”这个名词，代表社会用来贬低特定族群价值的标签③。林克和费兰指出了“污名”的过程是一个群体依靠社会力量、经济力量和政治力量的运用，给另一个群体带来了歧视性的后果④。在这个故事中，C1 村官等在 G 镇任职不久的村官，虽然并没有做出越轨的行为，但依然受到了这些负面评价的影响，“作风不好”的污名，可能使村民对大学生村官产生偏见。

研究者认为，那些晚归的大学生村官的行为并不存在本质上的偏差，如果是生活在上海市区的年轻人在周末晚归，很少会被视为越轨。因此，G 镇的这个现象，反映的其实是大学生村官的所具有的青年群体的交际的亚文化与乡村传统社区主流文化的不匹配。按照工作嵌入性理论，个体与其所在社区的社区产生不匹配时，会使个体倾向于离开现有的工作，但是笔者发现，受访的大学生村官并没有因为刻板印象或者污名产生辞职的想法。他们会合理化自己的行为，如“刚开始工作就是这样子，过一段时间就好了”。“其实不只是大学生村官啊，你在任何一个工作岗位，一开始都会不适应，都要重新学东西，所以没有什么的。”

---

① 王正中、田萍：《社会学概论》，南京大学出版社，2013 年版，第 243 页。

② 袁亚愚：《新修乡村社会学》，成都・四川大学出版社，1999 年版，第 270 页。

③ 理查德・谢弗：《社会学与生活插图修订版（第 9 版）》（刘鹤、房智慧译），北京・世界图书出版公司，2013 年版，第 216 页。

④ 唐魁玉：《网络化的后果：日常生活与生产实践的变迁》，北京・社会科学文献出版社，2011 年版，第 299 页。

第五节　牺牲：离开
工作组织的损失与离开乡村社区的挑战

一、离开组织：薪酬与潜在晋升机会的丧失

个人离开工作组织，往往意味着现有薪酬和晋升机会的丧失。本次研究中，笔者通过对官方文件的梳理与对村官个体的访谈，考察了该群体的待遇水平与满意度等。

1. 大学生村官的薪酬：高于市场平均，满意度较高

对于大学生村官来说，其被选聘后，要与有关部门签订劳动合同，约定服务期限。上海市的实践方式是，第一次签约约定的任职时长为 3 年，约定期满后，大学生村官可以自主择业，也可以续签村官的劳动合同，续约合同每年一签，最多续签 3 年。据笔者了解到，合同约定的服务期限内，大学生村官可以违约，重新择业。这种离职行为的违约成本很低，对村官个体的档案记录、个人信用没有任何影响，乡镇政府与村干部们也不会挽留或阻拦，离职的大学生村官只需要返还 2000 元的安置费。有几名受访的村官给出了这样的解释。

村官 F4：我听说过村官考出去的违约了的，也有因为个人原因的，比如说生孩子，离职的。区里不会管，也没有什么代价。某种意义上说，他们也会鼓励你考出去，因为他们知道村官本来就是暂时的，而且留在这里，将来也没有编制，这个事情很麻烦。

村官 C3：没有什么影响。因为在签订合同的时候，合同内容上没有规定大学生村官不让离职啊，更没有规定不让考出去。合同上既然没写，那怎么能拦着人家。

村官 F3：大学生村官毕竟也是一份工作，签订的也是劳动合同，双方都要自愿，换工作的自由还是有的。

然而，在本次研究中，18 名大学生村官中，只有村官 F 有在任职第二年参加警察入职考试的计划，其余 17 名村官都打算在任职期满后再进行新的职业选择，这样看来，上海市大学生村官任期内离职的比例并不算高。

这一现象，可以用工作嵌入性理论的“牺牲”维度进行解释。

按照工作嵌入性理论，个体的物质福利越高，离开组织时的物质牺牲越大，个体就越倾向于留在原工作，其嵌入性就越好。据上海市人力资源和社会保障局在2015年春季发布的最新统计数据，2014年上海市职工年平均工资为65431元，即每月平均工资收入为5451元①。上海市应届毕业生早在2013年，月工资便达到了4859元（截至笔者撰文时，尚未发布关于2014年、2015年的上海应届生的薪资数据）②。据笔者调查，大学毕业生在进行职业选择时，会将大学生村官的薪酬与社会平均薪酬作对比，其对比结果也是他们选择职业的依据。

在大学生村官政策实施伊始，中央部委就从顶层设计层面，确立了对大学生村官经济权利的保障。意见规定：一是中央财政和地方财政的补助资金必须要按时到位，把大学生村官实际工作生活补贴的发放工作落到实处，保障大学生的生活质量。其生活补贴数额标准按照本地乡镇新录公务员试用期满后工资水平进行制定。二是在大学生村官任职期间，按照当地事业单位的标准，落实村官群体的社会保险③。上海市委组织部、上海市财政局在2015年4月7日联合下达了《关于调整本市大学生村官生活待遇有关问题的通知》，对上海市大学生村官的福利待遇进行了提高。文件规定，大学生村官待遇主要分为生活补贴与社保福利两部分，笔者对最新标准进行了梳理，见表6－3。

表6－3是上海市有关部门下达的全市统一执行标准，实际操作中，各个区（县）根据当地经济社会的发展水平，制定了具体的实施标准。据研究者了解到，奉贤区大学生村官每月有200元的饭贴，200元房租补贴和40元交通补贴，村里每年有6000元的奖励，工作满一年后，镇政府（社区）每月再发放500元的补贴。经过计算，一名工作满一年、考核合格的大学生村官，一年的税前总收入大约为78680

① 上海市人力资源和社会保障局．上海市人力资源和社会保障局关于本市2014年职工平均工资有关事宜的通知（沪人社综发〔2015〕15号）．中国就业网，2015－10－20，http：//www. chinajob. gov. cn/LabourRelations/content/2015－04/30/content_ 1060350. htm

② 陈玺撼．上海应届生平均月薪4859元．解放日报网，2015－10－20，http：//newspaper. jfdaily. com/jfrb/html/2013－06/14/content_ 1041537. htm

③ 王兆萍：《大学生村官工作长效机制研究》，北京·经济科学出版社，2012年版，第46页。

元，平均每月收入为6556元。这一数字超过了应届毕业生和上海市职工的平均收入水平。

在接受访谈的18名大学生村官中，15名受访者表示对目前的工资比较满意，同时认为自己付出的劳动与自己的收入成正比。有3名受访者认为："做村官很辛苦，感觉自己付出的多，收入的少，村子里的事情太多。"但是这3名对自己的实际收入并没有怨言，觉得是可以接受的，只不过工作存在压力。因此，笔者认为，大学生村官的薪酬水平对于应届大学生具有一定的吸引力，该收入可以视为对大学生工作的正向激励，降低了大学生村官的离职意愿，帮助大学生村官更好地嵌入工作组织中。

2. 潜在的就业机会：聘期约满后的优惠政策

在调查中，笔者了解到，大学生村官在聘期结束后，具有多种渠道，继续在体制内任职。如有关部门规定，在市县级和乡镇事业编制公开招考中，同等条件优先聘用大学生村官，增加公务员与事业编制招聘中大学生村官的名额与所占比例。公务员招考方面，计划在3—5年之后，当年公务员录用计划中的15%左右的岗位应面向大学生村官进行定向招录；乡镇级别的机关单位，定向招录大学生村官的比例应达到30%。事业单位招录方面，除限制专业与执行职业资格准入的特殊岗位之外，市县与乡镇级事业单位当年公开招工作人员的岗位数量中应有30%为大学生村官岗。选调生选拔方面，要对两者进行统筹选拔。具有基层工作经历的高校毕业生，尤其是有两年以上基层工作的大学生村官，应该作为选调生的主要选拔对象。计划在1—2年后，当年选调生录用计划中的70%以上岗位面向大学生村官进行招录，并逐渐实现大学生村官工作与选调生选拔的并轨①。

在受访的18名村官中，有3名"村村游"项目的主要负责人提到将创业作为聘期满后的首要就业方向，其余的15人都提到了要参加公务员考试或事业单位编制考试，由此可见，继续留在体制内工作，是大学生村官重要的出路选择。大学生村官作为党政后备干部，基层建设的带头人，有着丰富的工作经验，对人民也有着深厚的感情，因此，国家对聘期满后的大学生村官在政策上有所倾斜，这为他们提供了更多正式流入体制内的

① 摘自：《关于进一步加强大学生村官工作的意见》（2012）。

机会。笔者认为，大学生村官如果选择在任期内离职，其实是丧失了一定的优先录取为公务员或事业单位编制的机会，因此大学生村官倾向于留在原岗位，以避免这种牺牲。

二、离开乡村社区：重新适应都市的新挑战

村官 F9：我女朋友家在闵行，她在市区的一家市场调查公司上班。我以后还是打算在奉贤，考事业单位或警察什么的。……因为奉贤离市区太远了，她们闵行交通还方便一些。我要是去市区上班话，还要租房子，太麻烦了，现在住在家里，和父母一起，上班还近。

村官 F9 的这段话，反映了很多原籍为上海郊区，且其任职地与其家庭住址相距不远的大学生村官的看法。对他们来说，离开乡村社区意味着远离父母、远离熟悉的生活环境，并需要承受如交通费用、租房费用的经济压力。对于外省籍的大学生村官来说，在村任职时，由基层政府提供住处，他们的生活必要支出较低，而离开任职地去市区工作，意味着他们必须面临寻找住处的问题。如村官 C6 和村官 C7 是崇明县港西镇的两名外地村官，她们对自己的居住环境很满意："就住在镇政府附近，镇里面提供的宿舍，三个女生住在一起。房租没什么花销，要在市区上班的话，每个月至少要花一千多租房子呢。"除此之外，所有的受访村官，都提到了"乡村空气更好""生活节奏更慢""压力更小"这几个关键短语。

笔者认为，根据工作嵌入性理论，个体离开所生活的社区所付出的代价，也会影响他们的去留。他们需要作出的牺牲越大，便更倾向留在原社区，此时，我们认为他们嵌入的越好。

第六节　结论

大学生村官所在的工作组织是乡镇政府或村委，所生活的社区是农村社区。在组织与社区中，都可以操作化出符合"联系""匹配"与"牺牲"的指标，因此，在本章中我们借用了 Mitchell 提出的工作嵌入性理论，定性地从三个维度、六个方面分析大学生村官个体工作嵌入的机制与存在

问题。但是，大学生村官群体有其特殊性，中国的社会历史与现实情况与美国也大相径庭，因此，本章有必要将大学生村官工作嵌入性的机制与Mitchell的工作嵌入理论进行对话。

首先，大学生村官政策作为一项国策，由政府主导、国家行政机关保障实施，受市场影响较小。因此，村官个体与组织的互动关系，与企业与员工之间的雇佣关系存在很大的差异性。一个很大的不同表现在，大学生村官在被选聘时，与代表国家权威的基层政府签订劳动合同其流动机制与企业员工不同，按照自由意愿更换工作的难度较大。另外，大学生村官作为国家干部的后备力量，其自身发展受到政府政策的引领与支持。如中共中央组织部办公厅于2010年5月下达了《关于做好大学生村官有序流动工作的若干意见》，文件中对聘用期满的大学生村官的有序流动作出了指导：鼓励优秀大学生村官留村任职，通过公务员录取为基层或其他党政机关公务员，择优选拔担任乡镇领导干部，鼓励继续求学深造，支持其进行自主创业，引导大学生村官重新择业等[①]。因此，大学生村官的离职行为与择业行为，不能完全按照美国的工作嵌入理论进行解释。其次，大学生村官作为同质性强的有志青年群体，他们对自我价值的实现有着更高的追求，因此能积极响应国家政策，投身基层建设。因此，他们嵌入工作的过程中，反映出了更高的能动性。

大学生村官群体在嵌入工作时所表现出的主观能动性，与美国雇员的被动离职行为有极大的不同。大学生村官在“联系”“匹配”的维度下都会面临一些影响嵌入的问题。这些问题是显性的，会对个体的日常生活与基层工作产生严重阻碍的，于是在日常实践中，大学生村官又形成了自己的一套行动逻辑来克服它们。在产生问题与克服问题的过程中，大学生村官的工作嵌入性提高了。具体体现在以下三个方面。

第一，大学生村官会从缺乏联系向建立联系的方向作出努力。按照工作嵌入性理论，联系的建立会加深个体与工作的嵌入程度，会使个体更难离开组织与社区。而缺乏联系，个体则更容易选择离职。在大学生村官任

① 李义良：《大学生村官发展研究》，北京·中国农业出版社，2013年版，第122页。

职的过程，其实是一个从缺乏联系到建立联系的过程，只有在建立联系后，他们的工作才能顺利展开。

由于大学生村官的同质性和非公务员的身份，该群体产生了自我认同和群体边界。在村官群体中，他们的联系最初是正式的、公开的、较疏离的。这种感情介入较少的正式关系不利于他们的工作嵌入，因此，他们通过新媒体平台和发展共同兴趣等方式，建立非正式的圈子，将正式的工作关系延伸到私人领域，加深了彼此的联系。在与公务员和事业单位编制的同事进行互动时，由于彼此间的异质性大，他们很难建立非正式的关系，因此他们的关系呈现出疏离的特点。然而基层工作中常采取“条线模式”处理事务，同一条线的工作人员并不区分身份合作进行工作，所以两个群体的关系随着工作的进展会变得更加亲密。

在与乡村社区建立联系的过程中，大学生面临的主要问题是被视为“尴尬的外来者”。尴尬产生的原因一是由于乡土社会的封闭性导致村民对外来者产生疑虑。二是因为大学生自身对乡村文化、当地语言掌握不够，产生了互动的障碍。农村社区是村官的阵地，如果不能很好地与村民们建立联系，大学生村官必然无法建立威信，开展工作更是难上加难。为了应对这种困境，大学生村官采取了自主创业、争当经济带头人并带领村民致富的方式，来与村民们建立联系。这种方式既可以使大学生村官在农村社区树立“领导者”与“能力者”的威信，也可以加深村官与村民的相互了解，产生私人情感。

第二，面对工作岗位上的各种不匹配的问题，大学生村官们也会积极地进行自我调整。大学生村官个体与所在组织的不匹配，主要体现在个人定位与国家期待的落差和个人技能与岗位要求的不匹配这两个方面。同时，大学生村官的自身特点与乡村社会的评价标准存在差异，他们的行为模式与乡村社会的传统价值观也有不符之处，因此，他们与乡村社会也存在匹配问题。

工作嵌入性理论中，当个体与社区及组织条件产生不匹配的问题时，个体会倾向于离开原岗位。然而笔者在访谈中没有发现任何村官体现出因为不适应而离职的想法，这说明大学生村官会通过主动地自我调整来克服匹配问题。笔者认为，村官采取了四种路径来改变不匹配的状况：一是努力改变自己的行为，发挥自己的智力资本去履行村官职责，当受到村干部或村民重视时，就会强化他们的自我认同，对他们履职行为起到了正向激励的作用；二是参加各级政府组织的职业培训，迅速掌握实践工作中所需要的专业知识，以提高个人技能与岗位需求的匹配程度；三是增加与村民间的社会性接触，改变村民对其的刻板印象，减少偏见；四是合理化自己的行为，将不匹配的现状归因为一切新手在职场中都不可避免的现象，避免了认知失调。

第三，工作嵌入性理论认为，当组织与社区能为个体提供更优渥的待遇与更舒适的生活环境时，个体便会倾向于留在原组织。反之，如果个体离开原组织所需要付出的牺牲非常小，那么个体便会另谋他处。在本研究中，由于担任大学生村官所获得的薪资待遇是具有标准的，他们所生活的乡村社区是客观的，因此个体无法通过调整自身行为来改变离职时所需作出牺牲的大小。而且大学生村官的薪酬福利标准较高，也有着明确的晋升机会，如果大学生村官选择离开工作岗位，他们将作出物质上的和抽象意义上的牺牲（如稳定薪资、潜在晋升机会和安稳的生活环境的丧失）。因此，在本次研究中，笔者发现大学生村官群体并没有表现出强烈的离职意愿。

在图6－3中，左边是美国学者提出的工作嵌入性理论框架，右边是在本研究归纳出的大学生村官工作嵌入机制，两者存在一定的对应关系，但不同之处在于，大学生村官的工作嵌入表现出了明显的主观能动性，这是美国的理论所不具备的。

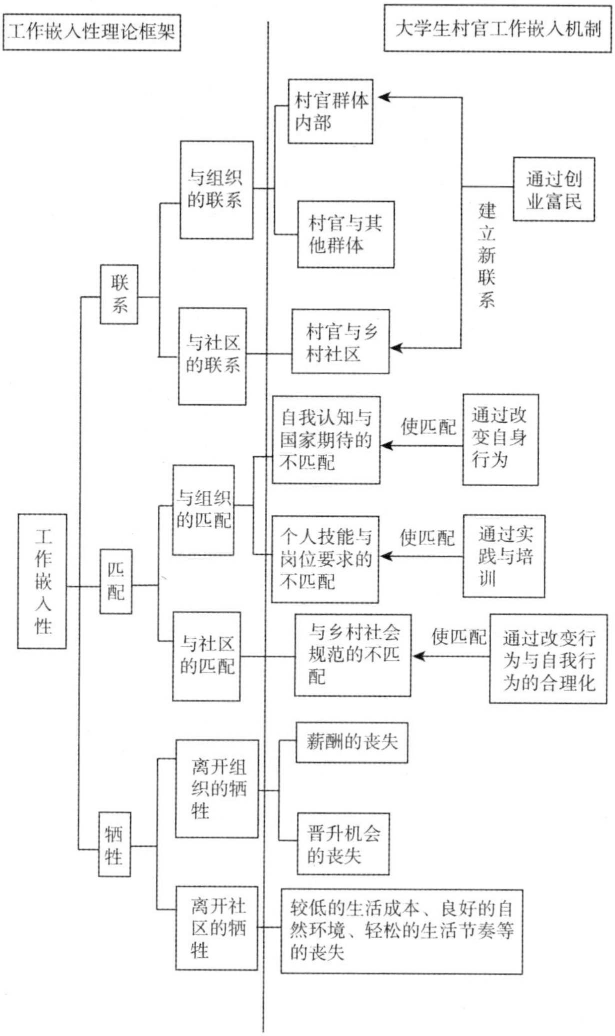

图6－3　中美工作嵌入性理论框架对比

第七章　国家权力与网格化治理

第一节　绪论

一、问题提出

西方理论界认为国家与社会是一种对立二元的关系，国家与社会之间具有明显界限，是一种此消彼长的零和博弈关系。然而，中国乡村社会的国家与社会关系却呈现了另一种模样。在传统中国乡村社会，“皇权不下县”①，统治者依靠士绅阶层以及宗族组织的治理实现了对基层社会的控制。新中国成立后，在广大农村建立起人民公社制度，“全能主义”国家实现了对基层社会的各个方面的干预和控制。改革开放以后，人民公社制度被废除，建立乡镇政府，实施村民自治制度，形成“乡政村治”的格局。这实际上是国家权力从乡村社会的收缩。总体来说，“乡政村治”的基层社会治理格局，重新界定了国家与社会的权力边界，国家与社会的关系不断进行调适。新时期为了解决转型期乡村社会日益凸显的社会问题和矛盾，社区治理模式不断创新，作为当下中国日趋流行的基层管理模式——网格化管理应运而生。自产生以来，网格化管理在社会治安管理、外来人口控制、信息化建设、社区服务等方面都发挥了一定的作用。因此在一些大批外来人口进入以及治理难题凸显的大城市的城郊农村，也开始纷纷效仿这种网格化管理模式。但是在具体实践

① 温铁军：《半个世纪的农村制度变迁》，载《战略与管理》1999 年第 6 期，第 76—82 页。

中发现，网格化作为目前社会治理的解决问题的一个手段，究其实质，是一种国家权力的下沉，这与以往的乡村治理有异曲同工之妙。而且网格化治理还表现出了更加突出的特点——治理手段上更加信息化、技术化，使得国家权力在乡村社会形成了一个由无数权力小网结成的大网，对基层社会实现了严格的控制。

一方面国家推行社区自治，鼓励和培育社会自治，社会力量不断强大；另一方面，又不断进行社会治理创新，运用各种制度手段和技术手段对基层社会进行管理。可见，国家权力并未停止对乡村基层社会的控制，国家与社会关系并不是一种此消彼长的关系。

本章以网格化管理为切入点，探讨国家权力如何深入基层社会，并通过何种手段强化这种控制。作为国家权力的另一端，基层社会的行动主体又形成了怎样的治理逻辑，乡村社会秩序又受到了怎样的影响。这是本研究的实践意义和创新。目前学界对于网格化管理的研究大多止步于描述性研究，缺少理论层面的深入研究，本章试图从国家-社会视角入手，来探讨网格化治理下国家权力与基层社会力量之间的互动关系。

二、核心概念与理论视角

1. 核心概念

网格：本章中的网格指的是地理意义上的网格，是在社区治理过程中按照一定的标准对地域的划分而产生的单元网格。

网格化管理："网格化"最早运用在水、电、煤领域，依托互联网技术，管理者可以在最短时间内对用户作出及时精准的回应，实现了高效便捷的互动[①]。2005 年，郑士源等学者首先提出将这种网格化思维运用到社会管理中。自此之后，网格化管理逐渐受到学界和政府的重视，纷纷对其进行探索与推广。

在建设数字化社区中，网格化管理备受推崇，它主要利用计算机技术、GPS 技术、遥感技术、电子网格地图技术等，本章认为网格化管理

① 池中仁、王浣尘、陈云：《上海城市网格化管理模式探讨》，载《科技进步与对策》2008 年第 1 期。

就是在原有的社会行政划分之下又将社区按照一定的标准划分为若干个网格，依托数字信息技术为核心，加强对网格内部件及事件的监控和巡查，实现资源的高效整合和共享，建立的一种处置与监督相分离的精细化、动态化的管理。具有三大要素：一是以信息技术为支撑，要有一个科学设置的管理网格，把网格内的公共部件以及公共事件统一编码，建成数据库；二是要建立一个指挥中心，负责收集和传递信息，处置和反馈问题等；三是要建立一个监督与协调机制，把相关的职能部门有效地组织起来。

2. 理论视角

国家与社会关系的理论视角是社会科学研究中重要的分析范式。国家与社会关系是自国家产生以来最基本、最重要的一对社会关系，也是现代基层社会治理必须面对的一对关系。下面将对西方国家与社会关系理论简要回顾，并且梳理基于西方理论与中国本土实践而衍生出来的具有中国特色的国家与社会关系理论。

随着现代化和民主化进程的迅猛发展，西方国家与社会的关系理论日趋成熟，如果能够对其进行深入的探讨和反思，将对中国当前国家与社会尤其是国家权力与社会自治的研究具有重要意义。国家与社会关系的二分框架一直是西方学者经常采用的分析框架，他们认为：国家与社会的关系是二元分离与对立的，但是这种二元对立是建立在统一基础上，是一种对立而统一的关系。

有学者认为，在国家与社会二分之前，国家与社会处于一体化的模式：在西方中世纪封建时期，王权成为最高权威，国家通过将整个社会置于全面的管理监督下，从而对社会实现了全面的渗透，国家对社会和个人的渗透无处不在，无所不包，整个社会全部都是政治的附庸，把一切政治生活和社会生活笼罩其中。正如马克思所说："人民的生活同国家的生活是同一的。"[①] 从而形成了国家吞并社会或社会国家化的合一模式[②]。这一模式在中国的人民公社化时期被演绎得淋漓尽致。

---

① 马克思、恩格斯：《马克思恩格斯全集》第3卷，北京·人民出版社，2002年版，第43页。

② 张海东：《社会国家化与国家社会化——从人的本性看国家与社会的关系》，载《社会科学战线》2003年第1期。

西方国家与社会的关系经历了一体到二元、二元对立到统一的理论流变，最终这种关系可以描述为：国家产生于社会，首先与社会分离，获得一部分公共权力以管理社会，社会也离不开国家而存在，社会领域和国家领域有着自己不同的运行规律，国家与社会之间是二元分离和对立的，但这种二元对立不是绝对的，两者的统一是最终的归宿。不同于黑格尔的统一于国家，马克思认为国家与社会的统一是国家将属于社会的权力重新还给社会，让人民重新掌握自己的社会生活和政治生活。另外，进一步提出只有民主制才是统一国家与社会的途径，国家需要将各项本属于社会的权力还给社会，扩大社会权力，让社会民众普遍参与到国家治理中，这就是马克思所提出的“国家权力回归社会”，即所谓的“社会中心”理论。

西方国家多数学者认为国家与社会之间是冲突的，现代国家所面临的最大威胁并不是由追求个人利益所导致的冲突和无序，而是来自于体现着民众意志的、由选举产生的国家专制主义。如何限制国家的无限扩张阻碍社会的发展，将国家限制在怎样的合法范围内即国家的界限问题，建立一个能够与国家相抗衡，并且能够积极参与的“公民社会”，这些都成为必须面对的问题。有学者提出权力制约可以通过政治体制内的“以权力制约权力”和政治体制外的“以社会制约权力”。也产生了一些三权分立、建立陪审团制度、培育“公民社会”组织的主张。由此可见，西方的国家与社会关系是二元对立、截然分离的，构成了一种此消彼长的零和博弈关系，是可以相互抗衡、相互制约的。

在中国的传统社会中，国家与社会的界限一直处于一种模糊的状态，并没有引起人们的重视。在传统中国基层社会中，虽然存在着对国家力量形成制约的社会力量，但国家与社会的关系仍始终表现为国家权力支配社会。在“皇权不下乡”的基层社会，国家靠宗族和士绅对社会进行治理和控制，国家权力与社会力量紧密相连。新中国成立后，由于中国长期的战乱和政治不统一，再加上高度集中的计划经济体制和传统政治文化的影响，此时的国家与社会关系仍明显偏向于国家，当时的国家与社会是同构的。总体来说，中国传统的国家与社会关系和西方是不同的，西方的国家与社会关系是对立和分离的，而中国的国家与社会关系却是一体化，相互交融的，即“国家消融于社会里面，社会与国家相浑融”。

改革开放以来，国家与社会的关系也受到了一定的影响。随着市场经济体制的建立，“政企分开”使市场逐渐从政治体制中分离，传统的单位制也逐渐瓦解，单位的社会职能逐渐回归社会，这些都使得政府对社会的干预逐渐减少，社会发展空间逐步扩大，促进了社会组织的快速发展。由此可见，市场经济的发展给国家与社会关系的分离提供了可能。可以说，国家与社会关系的一体化模式开始向国家与社会分离的趋势发展。

在国家不再对社会实行严格控制之后，国家与社会到底要形成怎样的关系，引起了国内学者们的极大关注，他们在西方国家与社会关系理论以及本土经验研究的基础上，提出了具有代表性的理论概念，试图对我国现阶段的国家与社会关系进行解读，包括“嵌入式治理”和“行政吸纳社会”。

根据以上两种理论，可以发现，国家通过培育各种基层治理主体，主动对群众提供各种公共服务，满足社会需求换取权威，获得权力下沉的合法性，并充分利用和整合基层社会资源，试图替代社会自治组织，夺回对基层社会的控制权，实现对基层社会的“嵌入式治理”。在社区治理不断被倡导和实践的今天，社会领域不断壮大，社会力量不断增强，但是并未导致国家权力在基层社会的退出，反而更加强化了国家对基层社会的控制，国家与社会关系并不是一种此消彼长的零和博弈关系，这就是本文的理论假设。正如米格代尔提出的“国家在社会中”的概念，认为第三世界的“国家与社会”是可以相互转化的，实现正和博弈的。下文将试图通过对网格化管理这种新型社会治理手段来论证：在强调社区自治的今天，国家鼓励社会自治组织以及各种社会力量的发展，但是，国家力量对于基层社会的控制和有效动员能力并未减弱，反而通过网格化治理模式实现并强化了对基层社会的控制。

3. 样本村情况

笔者选取上海市松江区 S 镇为调查地点，S 镇位于松江区西南处，属于上海市距市区较远的镇，建制于 2001 年 1 月，由原 S 镇和 L 镇两镇合并而成，镇距上海市区约 40 公里，下辖 10 个村，3 个居委会，加一个工业区，占地 43.8 平方公里。到 2015 年，外地户籍人口 4.1 万，本地户籍人口2.1万，常住人口1万多。可以看出，S镇外来人口占比已多于本地人。所以外来人口的管理困难已成为S镇的一大问题。而网格化管理的提出就是为了应对特大城市日益突出的“流动性难题”，所以，网格化管理的实施具有了现实需求。S镇正式开展网格化管理工作是从2014年9月开始，相对于松江区其他镇要晚一些。据工作人员表述，主要是由于2012年松江区实行网格化管理初，S镇不太重视，而且区里面没有一个总体的部门管，比较凌乱，直到2014年松江区成立了区社办，S镇才相继成立社治办，网格化管理才得以真正实施。经过一年的时间，S镇响应区里号召，积极推进网格化管理工作，已经形成了一套较为成熟的网格化治理体系。

首先，从组织架构上来看，S镇设立了网格化领导小组，联合社会治理办公室、社会治理联动指挥分中心与信息化管理中心“四位一体”办公，科学合理划分网格，全镇10个村、3个居委会和1个工业园区划分为66个网格，全面覆盖整个社区，并统一进行数字编号。配齐配强网格人员，各村（居）委会挂牌成立了社区工作站，负责管理网格内事务，形成统一布局、统一标识、统一规章制度，每个网格内部均以“1+X+Y”模式配备一名网格长，若干志愿者以及职能部门工作人员，实现管理责任落实到位，试图组建一支村居情况熟、业务素质好、群众威信高的网格员队伍。

其次，从具体的管理机制来看，管理内容面面俱到，事无巨细，“管房”“管地”“管人”“管事”，涉及生产、服务、人口计生、治安稳定、土地建设、消防安全、生态环境、宣传各个方面。并且利用信息化的手段不断创新管理方法，将监控探头、可参与观察小喇叭、手机APP、微信平台等运用到日常管理中去，将网格化管理不断深化。设有完善的网格监督考核机制，每月对社区工作站以及每个网格长所开展的各项工作进行严格的考核排名，并将考核与薪资报酬直接挂钩。

最后，从实施效果来看，网格的建立对于乡村治理问题确实起到了作用，特别是治安案件的发案率持续下降。针对一些“乱象”整治工作，S镇明确了以镇网格化管理分中心为牵头单位，相关职能部门和村民委员会作为治理主体单位，分工明确、权责明晰。数据表明，2014年共打击群租142户，取缔16家无证食品营业店，1家无证无照网吧、24家无证废品收购站。除此之外，在养老、医疗、就业等方面的服务体系逐渐完善，违法搭建、垃圾乱扔、非法行医等情况都大大减少。

第二节　乡村社会治理的网格化模式逻辑

一、“网格化”模式的提出

20 世纪末我国开始大力开展社区建设，以实现社区自治作为高层次的目标，试图通过政府的大力支持和培育，激活过去在“单位制”影响下长期处于休眠状态的社会自治力量。经过 10 多年的努力，社区建设取得了突出的成绩和效果。但是，在强政府的影响下，社区发展依然具有强烈的行政化倾向，行政权力不断进入社区。另外，随着社会矛盾越发紧张，社区承担了大量的维稳工作，从而处于一种超负荷状态，这对当下基层社会治理形成了巨大的挑战。作为对上述挑战的回应，近年来一种新型社会治理方式——网格化管理模式应运而生，并在全国范围内广泛推崇和开展。

所谓网格化管理，就是在保留原有管理体制的基础上，再将传统社区划分为若干单元，形成类似于“网”的格子，并对每一个网格进行全方位、动态的管理和监控，为网格内的居民提供主动、及时、高效的服务，进而提高管理和服务效能。

网格化管理最初是从 2004 年北京市东城区开始实行，做法是将所辖地区以 1 万平方米为单位划分为若干个网格，并借助互联网信息系统平台、空间定位系统、移动通信技术，将信息技术手段运用到城市管理之中，以解决传统城市管理中的难题。比如，利用定位技术将城市部件进行定位，并对其进行分类管理。另外，北京东城区还创建了“双轴心”管理体制（指挥中心和监督中心），开创了“发现—指挥—处理—反馈”的新型管理流程①。作为城市管理改革与管理现代化的一个方向，网格化管理更像是一种事前预警性的管理，通过整合系统资

① 陈平：《网格化：城市管理新模式》，北京大学出版社，2006 年版，第 47—50 页。

源，运用技术手段对城市管理进行监控、反馈和督办，能够快速解决居民诉求，避免城市管理中的“死角”和“盲点”，有利于促进政府与群众的沟通互动[①②]。

随后，该模式受到了高度的好评与支持，相继在各地得到纷纷效仿。2013 年，“非典”事件之后，上海市委主要领导和有关部门也多次提出“网格化管理”模式，将城市划分为一个个社区网格，优化配置和整合资源，以提高政府的行政效能，增强快速反应能力。2005 年 8 月在上海等 10 个城市进行了第一批试点。上海市实施网格化管理以来，其核心目标是强调“城市管理、市场监管、街面治安”[③] 的管理，目的是去除城市痼疾，实现城市管理的有序和有效，并将网格化模式向外来人口管理、突发应急处置、信访工作、社区公共服务等领域拓展。简而言之，这种管理方式的提出就是为了应对特大型城市日益突出的“流动性难题”，强调“部门协调”的问题处置操作性原则。在此基础上，相关文件指出“希望在全市范围内能够规范统一网格综合管理体制，使得管理方式更加顺畅，统筹协调更加便捷，资源调配更加合理，利民服务质量更高”[④]。这是对推进这种管理方式提出了目标要求，即，其强调这种管理的模式推进的终极目标是“利民服务”。

在市场经济飞速发展的今天，传统农村不再只是局限在乡村土地上一个个孤立的单位。尤其是上海各个郊区农村，单一、封闭的传统乡村社会形象已不复存在，逐渐走向开放多元，村庄的地域边界和人口边界发生了很大的改变。传统乡村社会中以户籍身份和土地集体产权为基础的村民自治环境逐渐消失，村民对村民委员会等组织的认同感下降，两者之间的关系日渐疏远。所有这些都加大了乡村治理的难度，使得农村社会治理从“村民自治”向“社区自治”转型。所以网格化管理模式逐渐在上海市农村社会展开。

但是，相对于城市而言，农村仍然是一个“熟人社会”，那么网格

① 陈先毅、施倩：《对数字化网格化管理的理论思考》，载《上海经济研究》2006 年第 1 期。

② 阎耀军：《城市网格化管理的特点及启示》，载《城市问题》2006 年第 2 期。

③ 《关于进一步创新社会治理加强基层建设的意见》。

④ 《关于进一步创新社会治理加强基层建设的意见》。

化管理模式成效如何，是本章试图探讨的一个问题；另外，这种治理模式是消解还是加强了传统的乡村治理模式，这是本章试图探讨的另一个问题。

二、上海市S镇网格化管理概况

根据调查发现，与过去相比该镇发生了四个方面的较大变化，导致原有的管理模式不能满足现实要求。

人口结构的变化。以前S镇基本上都是本地人，几乎没有外来人口，现在外来人口占到将近60%，只有40%是本地人口。到2015年，S镇外来人口已达到4.1万，本地户籍人口2.1万，常住的只有1万多人。可见，外地人口远远多于本地人口。所以外来人口的管理困难逐渐成为S镇的一大现实问题。

就业方式的转变。以前S镇村民主要以种田为主。由于城市化、工业化的快速发展，使农村地区大量劳动力向外流动，其中青壮年几乎都选择到城市中打工，选择务农留在农村的人非常少。就业方式的转变对于农村来说最大的结果之一就是导致了居住模式的改变：由过去单一的住房、四世同堂的居住模式转变为多处住房、多个居住点的居住模式。在笔者的走访中，发现留在镇里的本地人大多是老年人，访谈发现他们的子女由于在外工作都住到松江城区或者市区，只有双休日或者逢年过节才回来，很难尽孝。由此带来的一大问题就是年轻生产力的缺失以及老年人的生活困难问题。

环境、治安和管理方法的变化。近年来，上海城郊农村环境越来越差，社会治安问题越变越复杂，刑事案件数逐渐攀升。过去S镇的刑事案件数量少，一年也没有几起，而现在一个月的案件数就可以达到过去一年的数量。而犯事人员多为外来人口，高达70%。除此之外，违法搭建、非法行医、废品收购站逐渐增多，导致管理更加困难。

以上问题引起了各级党委政府对于农村社会治理的高度重视，对乡村社会治理的要求提出了更高的标准。因此，在这一背景下，S镇响应上级政府号召，积极开展社会治理创新，稳步推进网格化管理模式。

据S镇网格化管理分中心的工作人员的介绍，在实施网格化管理以前，S镇的管理有以下问题：①责任主体不明确。可以将其描述为

“上面千根线，下面一根针”的状态，部门条线一直管到村民，这就导致管理主体复杂而不明确，“似乎都有人管，但最终无人管”，有些事情没有一个明确责任人，互相扯皮现象严重。②管理界限不清晰。相关管理主体对于管理区域、管理对象、管理范围不明确，中心工作人员将此描述为“似乎这些工作都可以做，但又不知道如何做，也不知道可以或者应该做到什么样的程度”。③管理内容不具体。现在农村社会管理内容越来越多，管人、管地、管环境、管违法建设、管社会治安，但又没有统一具体的标准或方法去执行。④指挥体系混乱。没有一个统一的指挥部门，遇到问题时，有些人去找村居委会，有些人找乡镇政府，还有部分人到区里相关部门，导致多头指挥、各自为政、体系混乱，不能形成统一的指挥体系，解决效果不高。⑤管理手段不科学。以前管理人员只依靠一支笔一个本子，跑到每家每户走走记记，管理手段传统落后，另外缺乏考核监督机制，工作人员的工作水平无法客观真实衡量。

比如你有些事情，比如一根电线杆倒了，但是一个电线杆其实涉及很多个部门，对吧，你找不到一个部门去处理，你可能找电信，电信说不是我们的，有可能找东方有线，还有是移动啊这种对哇，那总归没有一个人——你推这个人你推那个人，对哇，没有一个统一的指挥部门，比如说，现在我们成立这个部门，人家报上来，你说电线杆坏了，由我们去安排，就是说你也要去你们自己去认领那个是哪个的，就是说有一个总的指挥部门，对哇。就像——其实很多事，就是一个窨井盖就分很多部门的，还有就是说人家报110，你报110，其实就是一个老头儿老太太吵架，夫妻俩吵架，你报110，对吧，那这个事情怎么管啊，110也不管这个事情对哇，这个叫是什么，这个叫夫妻矛盾，你这个是要调解的吧，必须就是一个你所在的居委会啊，要去给他调解，那110也不管，他肯定就到场一下人就走了，那这个时候怎么办，那所以呢，总归就是有一个统一部门，就是说什么事情就是派单，你这个归谁管的，那你就去处置这个事情。对哇，不可能110全都管啊，对吧，我是打一个比方。(Case01)

基于上述背景，S镇在原“大联动”系统的基础上升级打造出网格化管理的模式，原则上每个网格150—250户，常住人口500—1000人，面积

500—2000 亩，由于某些场镇人口集中，面积较少，商铺较多，作了相应调整后，将 10 个村、3 个居委会和 1 个工业园区划分为 66 个网格。各村（居）委会成立了社区工作站，负责网格内事务的管理和服务，从而形成了乡镇—村（居）委会工作站—网格三级农村基层政权组织关系。这与以往传统的乡村社会治理体系类似，比如保甲制度中的“县官—保长—甲长”、人民公社制度中的“公社—生产大队—生产小队”。相对于“乡政村治”体系中的“乡镇—村（居）委会—村民小组”，网格化模式取消了原有的村民小组，划分为网格。66 个网格实现统一布局设置、形象标识、规章制度，以“1 + X + Y”模式配备人员。“1”是指网格属地内一名负责人为网格长，全面负责网格内网格化各项工作；“X”是指网格内的社会自治力量，由村居民小组长、退休老干部、老党员和社区志愿者等兼职力量对于网格长的巡查工作进行帮助；Y 是指政府执法力量，由相关职能部门设立在街镇或工作站的专职工作人员或辅助工作人员组成，与网格长责任捆绑起来，参与和跟踪问题处置的过程（网格长、X 协助力量，Y 协助力量和社区工作站的工作方式如图 2 所示）。那么网格管理人员的职能是否类似于传统乡村治理模式中的保甲长或者生产队长抑或是村民小组长，这是我们之后要讨论的重点。

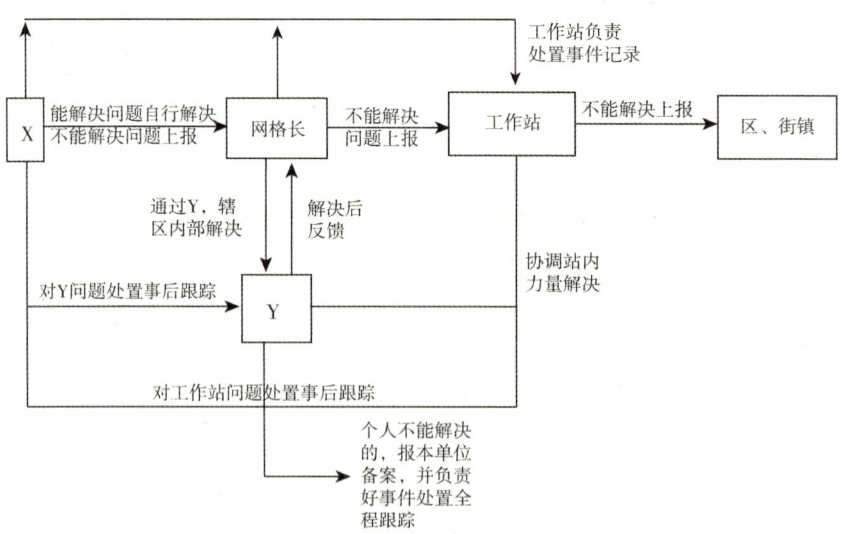

图 7－1　松江区网格化管理“1 + X + Y”力量配备图

据分中心工作人员反映，S镇实施网格化管理一年以来，也不可避免地碰到了一些难题：首先是条与块的关系尚未完全理顺。网格化管理体现了“以块为主”的管理模式，但是由于大量职能部门是垂直管理部门，地方政府在管理、监督和指挥过程中的缺乏权威性，导致职能部门（条）和属地管理（块）难以有机结合，增加了相互间的协调困难，影响了工作效率，有时也会出现重复工作的现象。比如网格长每天进行网格巡查，发现事件上报的是区社治平台，而网格监督员也必须同样进行巡查，要完成城市网格的事件上报，这就导致了工作的交叉重叠。其次是网格长业务水平不一，责任心有待加强。从网格长构成来看，一部分网格长是新招聘人员，由于从未接触过村（居）委会基层工作，对网格长职责还不够清楚，即便通过了培训和考试，但在实际工作中仍然存在着各种各样的问题，责任心也有待加强，服务意识有待提高。最后是网格内X、Y力量的不足和缺失。因为经费等原因，村居内志愿者的力量严重不足，还未探索出如何吸引、管理志愿者的有效手段和办法。此外，具有执法权的职能部门在S镇的配置力量不足，导致网格内发现问题后，职能部门的处置跟不上。以下为S镇网格化管理分中心工作人员向笔者反映的网格化开展以来所碰到的一些问题：

但是这个问题是，现在这个系统我们开发得不好，就是因为这个处置部门比较少，就是能派单的处置部门比较少，一个就是城管，一个就是派出所，一个是工商，一个是食药监，但是现在工商和食药监已经并掉了，叫社会市场监督管理所，所以呢，其实也就是三个部门我们派的，但是呢，有些事情，其实这三个部门也是不归他们管的，所以10月份以后呢，我们新的系统，就是区里面自己开发的一个系统，就是说把我们就是一些其他部门没加进去的全部要加进去，直接派单给他们让他们去做，所以是这个样子的。困难的话我觉得还是职能部门，就是配合程度的问题，还有就是网格长年龄偏大，责任心不够。（Case01）

通过对上海市以及S镇的网格化管理的背景以及推行情况进行了介绍后，笔者将网格化模式的功能概括为以下三点：社会控制功能、信息传递功能和社区服务功能。在接下来的三节中将围绕这三个方面功能详细展开，以探讨网格化管理的实质。从而证实：现代乡村社会治理形式，如传统社会一样，有一个共同的特点：国家权力从未停止对基层社会的控制。

第三节　基层治理者：国家权力在“网格”中的嵌入

无论是传统社会还是现代社会，地方精英在乡村社会治理中处于一个重要的地位，是国家与社会的联结，国家权力通过地方精英对乡村社会的治理来实现对社会的嵌入。如上文所述，这种“嵌入式治理”使得国家不再是以一个独立的、外在的上级组织来实现对基层社会的控制，而是通过将其权力渗透、嵌入日渐独立的基层社会中，运用政治、行政等手段干预基层社会的内部运作，从而达到国家控制的目的①。

网格化模式是在原有的“区—镇—社区”的三级管理体制之下增设一级，在社区下划分若干网格，国家通过在乡镇以下建立自己的“代理人”，把社区工作站以及网格长作为自己的行政下级或派出机构，传达行政命令，将其权力渗透到基层社会组织内部，以实现对基层社会的治理和控制。这实质上是一种行政权力的下沉，形成了国家在基层社会更小的“网格”中的“嵌入式治理”，在最微观的层面上实现了国家政权与社会个体的联结，个体更明确地被纳入社区管理中，大大提高了治理的实际效果②。

一、社区工作站：国家权力的支点

作为基层社会的主要治理主体，村（居）委会被赋予了多重角色：“既要代表政府进行基层社会治理，又要代表村（居）民表达民意，还要为社会提供公共服务。”③ 但是现实情况是，村（居）委会并未扮演好这些角色，不仅自治性未实现，处理行政事务也捉襟见肘，公共服务更是未做到位。这不仅达不到政府的要求，居民也不认可，不少学者认为，为了解决居委会的治理困境，“要提高村（居）委会适应新形势的能力，就必须

① 陈锋：《论基层政权的“嵌入式治理”——基于鲁中东村的实地调研》，载《青年研究》2011 年第 1 期。

② 田毅鹏、薛文龙：《城市管理“网格化”模式与社区自治关系刍议》，载《学海》2012 年第 3 期。

③ 张鸣宇、汪智汉：《转型时期居委会的三重角色》，载《社会主义研究》2005 年第 4 期。

对村（居）委会的角色进行重新定位，回归村（居）委会所应具备的自治角色”①。所谓“回归自治”，是指剥离村（居）委会的行政事务功能，还原村（居）委会“基层群众性自治组织”的本来面目，使村（居）委会能够真正发挥自治功能，自主处理本辖区事务，由政府的“腿”真正转变成为居民的“头”②。那么如何“回归自治”，一些地方采取的做法是设立社区工作站，承担从村（居）委会剥离出来的行政事务。

调查发现，S 镇社区都有一个共同点，在每个村（居）委会都成立了社区工作站，负责管理网格内事务。由村（居）委会的党支部书记兼任站长，由行政副主任兼任驻站副站长，下设 3—4 名工作人员，另外配备 X、Y 两种角色（详见上文）。

1. 社区工作站的职责

根据 S 镇网格化管理分中心工作人员提供的文件，总结出社区工作站一共负责以下五项工作：

第一，随着乡村的网格化管理工作内容、方法、标准不断改变，需要社区工作站不断充实和调整网格化工作内容；

第二，对网格长进行管理、考核和监督，并定期开展培训；

第三，对于网格长上报上来的问题予以及时解决，解决不了上报网格管理分中心；

第四，收集整理并报送对网格化管理、社区各项服务的资料；

第五，落实各级政府的要求，切实推进基层各项工作。

可以看出，社区工作站除了网格化工作外，事实上还要负责各级政府安排的各项行政性工作。一个社区工作站的工作人员只有寥寥数人，需要承担的工作却高达百项。有些职能部门或街道将自己的工作分派到社区工作站是常有之事，这导致社区工作站的工作内容五花八门，从安全巡查到计划生育，还要处理突发应急事件，成了社区的“应急突击队”。

2. 社区工作站的角色

社区工作站是社区在政府职能转变过程中产生的，对上为政府分忧，对

① 徐勇、陈伟东等：《中国城市社区自治》，武汉出版社，2002 年版，第 43 页。

② 邹树彬：《“回归自治”后的社区居委会：困境与出路》，载《佳木斯教育学院学报》，2013 年第 5 期。

下为居民办事服务的新型社会组织，其工作性质是承担政府下移到社区的相关管理服务职能，面向社区居民提供“一门式”服务。社区工作站是在街道办事处、社区党组织和村（居）民委员会的指导和监督下开展工作的。成立社区工作站的目的，就是把不属于社区居民委员会工作职责的行政性工作分离出来，这实现了国家的初衷——可以名正言顺地向社区工作站下达行政任务，社区工作站俨然成为国家权力在基层社会中实现的一条合法性渠道。

笔者调查的X村社区工作站承担了各种各样的工作，墙上挂满了各种牌子，如社会治理网格化工作站、综治工作站、消防工作站、志愿者工作站、食品药品安全工作站、人民调解委员会、党员诉求站、工会委员会、流动人口协会之家、一家人计生诉求室、残疾人协会、残疾人活动之家、家庭暴力案件受理点、人大代表联系接待点等，居委会所在地挂的牌子最多的达到14个，涉及消防、公安、工商、卫生、计生、党组织、残联等职能部门。从T街道工作站工作人员处得知，政府并未派人进驻社区，而是将工作任务直接交给社区工作站。他对笔者说：“各大政府职能部门将牌子挂到社区，就是把政府的工作给了工作站。”一些工作比如人口普查登记、社会治安综合治理工作、安全生产、清理和运送垃圾、下水道的清洁和维修、征兵送检、救灾救济、残疾人工作等本应由政府职能部门负责的工作，全部由工作站代劳。

据社区工作站工作人员反映：

“我们工作站，包括网格长在内，忙死了每天，政府下发的任务要做，居民反映的问题也要做，什么事情都要管，感觉没什么该是我们不用做的，只要是社区内的。”（Case08）

这种“漏斗效应”使社区工作站职责不断膨胀，行政化色彩浓厚，俨然成为国家权力在基层社会的支点，完成着各级政府安排的各项事务，以实现对基层社会的治理。另外，社区工作站的日益庞大也使得村（居）委会出现了边缘化，基层社会的自治力量也随之减弱。从S镇的调查发现，首先，村（居）委会不坐班，而工作站每天上班，完全占据了原有社区村居的办公场所。这也使得居民认为工作站就是以前的村（居）委会的错误认识。其次是职能方面，有人认为工作站就是村（居）委会的复制品，两者基本没有什么差别。社区工作人员告诉笔者：

“大部分工作都是上面派下来的，我们也分不清到底哪个是政府部分

的，哪个是自治部分的，反正上面派下来的任务，我们就得做。”（Case04）

比如笔者在对T街道的个体户的访谈中发现，他们中绝大多数人并不知道网格长和社区工作站，他们将每天巡查的网格长以及社区工作站的工作人员都称作居委会或村民委员会。另外社区工作站又因为没有执法权、处罚权等行政权力，导致工作开展过程中也面临着巨大的困难。

因此，笔者发现社区工作站其实就是“换汤不换药”的村（居）委会，首先，社区工作站就设在原先的村（居）委办公点，只是改名为社区工作站；其次，社区工作站工作人员几乎同时是居委会工作人员，这些人熟悉业务，可以迅速地接过原有村（居）委会承担的政府下派的治理性工作，为各级政府所用；最后，村（居）民将社区工作站等同于村（居）委会，他们并不清楚两者差别，访谈发现，村（居）民的谈话里都是“找村民委员会”“村民委员会的人”这样的字眼，说到工作站他们表示没有听说过。而之所以有这样的变化，就是为了解决国家权力在基层社会的缺位问题，摆脱社会对“居委会行政化”的批评，可以名正言顺地向社区工作站下达行政任务，可以说，社区工作站已成为国家权力在基层实现的支点。

二、网格长：代理人还是当家人

在对S镇的调查发现，不管是乡镇政府、社区工作站还是网格长本身，对于网格长的角色，他们一再强调，网格长是联结政府与百姓的桥梁和纽带。一方面，网格长代表国家向居民（社会）传递国家意志，将政府的政策精神向“下面”传达；另一方面，代表居民向国家表达意见，将百姓的意见向“上面”反映。可见网格长具有双重身份，既是国家代理人，又是村民当家人，两者是网格长的应然角色。但在实际操作中，网格长是否能够很好地发挥两个方面的作用，在成为国家权力进入基层社会的执行者的同时，也代表着居民的一种力量？这是接下来要探讨的。下文将简要介绍网格长的选拔机制和工作内容，着重分析网格长所面临的治理困境以及由此导致的角色迷失。

1. 网格长的选拔机制

S镇试图建立一支村民情况熟、业务素质好、群众威信高的网格长队伍，用S镇书记的话就是要建设一支“一呼百应”的队伍。网格长主要来自两个渠道，一个是由原来村（居）民委员会的基层干部转岗，如以前的村民小组长、外口专管员等，占60%。另一个是村（居）民委员会召开村民代表大会推荐，由镇有关职能部门组织进行考核、笔试、面试、录用，这部分网格长占40%左右。录用后对所有网格长开展统一培训、统一考试，需持证上岗，最终确立了66个网格长。一律遵循属地原则，网格长必须由居住在网格内的本地居民担任，能够熟悉自己所管辖的网格。除了负责工业区的3名网格长是兼职网格长（同时是发展公司的客户经理）以外，其余村居网格长都是全职网格长。

2. 网格长的工作内容

上文提到，S镇有66个网格，每个网格配备1名网格长，除了3名居委会网格长在社区工作站集中办公，工业区的三位网格长是在所任职的发展公司办公外，其余各村都在网格长的家中设立网格受理点接待村民，统一配备群众来访留言板、群众诉求箱、户外公告栏、网格长工作职责、网格基本情况、网格区域图等，从而解决服务村民的“最后一公里”问题。日常性的工作主要是每天要到网格内至少巡查两次（但据网格长反映要远远多于两次），在巡查过程中要解决遇到的一些问题，比如及时清理小广告或垃圾、登记外来人口、检查是否跨门经营等，并及时向社区工作站上报遇到的难题。

S镇网格长将他们的工作概括为三个词：“四管”“六员”“八大类”。其中“四管”为管理网格内的人、地、房、事。“六员”表现出网格长所要承担的角色之多——信息员、宣传员、指导员、服务员、调解员、监督员。“八大类”指的是开展工作的领域之多——产业、稳定、人口、民生、环境、消防、建设、宣传等。一名T居委会的网格长详细地向笔者介绍了他们每天的基本工作：摸——对网格内基本情况进行摸排，清楚网格内的人和事。核——对相关的信息、事件的处置情况进行核实，及时修正。巡——每天全面巡查，全面了解区域情况。问——对巡查过程中发现的问题开展多方询问，深入了解问题原委。看——查看网格内的违反法律法规的行为，随手拍摄记录。宣——大力宣传国家各项方针政策以及法律法规，并做好解疑工作。帮——主动帮助村民解决生产生活中遇到的困难。管——管理网格内人和事。督——对相关职能部门的事件处理情况进行监督核查。报——遇到自己解决不了的问题，立即当场上报社区工作站。据调查，从S镇网格化推行以来网格长一共上报了43825个事件，主要包括市容环境、道路交通、经营行为、治安消防和食品安全等。

另外，为了更好地落实网格化模式在基层社会的运行，S镇完善了考核机制，分别对社区工作站、网格长制定详细的考核标准，作为年终考核、收入分配的重要衡量依据。并且组建了网格监督员队伍，全面巡查网格长履职情况。

由于受到网格化管理分中心和村（居）委会的双重领导和监督，网格长处于一种“上面下派的工作都得做”“居民提出来的事情也得做”“社区里一切事情都要管”的尴尬局面，这导致了网格长的治理困境。

3. 网格长的治理困境

根据笔者对网格长的访谈发现，网格长普遍反映工作太累，压力太大，治理困境主要由于以下几点。

第一，工作繁重，网格长共需负责辖区内包括市容环境类、生产经营类、道路交通类、治安消防类以及食品药品安全类5个大项23个小项的基本治乱工作和72项基本职责，涵盖了多个部门的管理范围。一名T居委会的网格志愿者形象地比喻网格长为“七十二变的孙悟空”。不过现实是网格化管理要求网格长变身为会七十二变的孙悟空，可是一个网格长，既不是政府官员也不是自治组织的责任人，是否有动力或者能力完成这么繁重的工作吗？会不会导致敷衍了事？笔者在对T居委会和X村民委员会的网格长的访谈中发现，居委会的网格长基本能够按部就班地完成每天的工作，而村里面的网格长却并没有按照规定要求严格执行。

问：你们不用手机APP吗？

答：用的。每个星期一天这个APP自发自处和事件上报，每个星期一天。

问：每个星期只用一天？

答：对的。因为这个记录档案的，因为如果你每一件事情都要先拍照再什么的，太多太烦琐了，一般我们就留一条就可以了，比如说上面有一条最重要的就可以了，主要是存档，每个星期存一条就可以了，但是你多存也可以，他们规定一条嘛。因为如果你光是单就做这个存档工作，其他事情就耽搁了啊。

问：那你做其他事情，没有存档，他们也不知道啊？

答：自己知道就可以了啊。（Case14）

S镇每个网格长都备有两部手机，一部是由S镇网格化管理分中心配发的，其中包含松江区社会联动治理平台的APP，用于网格长在网格区域内治理和巡查过程之中发现问题的及时上报和处理；另一部是由镇公安派出所配发，内部同样配备有一个APP，主要是用于外来人口的登记和流动监控。但是笔者在采访X村网格长的时候发现，在实际操作中，并没有一发现问题就拍照上报，而是每周只发一条，只要满足上面每周至少一条事件上报的要求即可，网格长普遍认为如果每个事情都要层层上报太复杂，因为农村事情太多太杂，不可能做到每件事情都拍照上报。这一案例可以反映出网格化管理在农村社区乡村治理中实行的可操作性难题。

第二，虽然有固定的上下班时间，但是下班以后还有节假日还是要24小时待命，网格内一有事情，网格长必须随叫随到。这一点在实地调查中得到了验证，在笔者调查期间，正赶上T居委会屋证登记时间，T居委会3名网格长已经连续加班几个星期，回家经常还要工作到很晚。由于工作内容繁忙，网格长基本上不能照顾家里。

答：社区工作杂七杂八的比较多，人家吵架也要过去的。别人可能看我们居委会的工作应该是怎么怎么样，但是说实话像这位哥哥（22号网格长）已经好几个礼拜没有休息了，得天天在这边上班。

问：哦，你们周末也不休息的啊？

答：一个电话打过来有事我们就得过来。

问：所以就是周末是放假的，但是有事必须要随时过来？

答：也有值班的，周末是安排值班的。

问：那你们是做几休几啊？

答：一个月单休，一个月双休。但双休的话一有事情我们就要马上过来，随时待命，手机24小时不关机的，有什么事情接到电话就要过来。（Case02）

T居委会的这名女性网格长说家里的事情基本上是管不了的，没有空儿，都是公婆做家务和带孩子。其他网格长也普遍反映基本上每天所有时间都花费在网格长工作上，根本无暇照顾家庭。

第三，个别工作开展困难。根据笔者整理，网格长普遍认为比较困难的是外来人口信息采集和拆违工作等。

最大的困难，现在的困难就是都要我们管理，最主要就是外地人管理，最麻烦。他们今天走了，明天不知道什么时候来一家人家。那么你看到了就看到，看不到了就——今天走了，还没走，他们晚上走的，他们每天都在上班，早上晚上都不在，晚上回来晚一点，我都没看到，对不对啊，那么就这样，他们外来人口登记要查我们的，要扣分的，最麻烦这个。（Case15）

外来人口白天外出工作，晚上要很晚才能够回家，双休日也要加班；而且外来人口流动性大，甚至有的人可能今天来，明天就走了，这些都在无形中增加了网格长的信息收集困难。

还有一个问题就是居住证，现在小孩子上学要有居住证积分嘛，为了小孩子读书，有的地方是没有产权证的，是办不出居住证的，他们想着他把卡刷在这边我们镇的村里面去，然后人呢仍然还住在这个片区，所以这个对我们外来人员的管理难度特别大。因为有些人每天都是可以遇到的，但是不知不觉就会让他们把卡刷到别的地方去，因为我们不可能天天去查这个。我这边就有一个例子，上次查到我这一片区，卡刷在中心村的，但事实上人就住在这边，每天都看得到的，然后房东也在，我还跑到他家里去了，他爸爸妈妈，我还问了，你儿子杨江涛，你媳妇刘乐，包括你孙子杨志浩是不是住在这儿的，他说是住在这的，但是我打电话给刘乐，我问她你现在住到中心村了是吗，他们自己知道的，卡刷在那边的，对啊，住在中心村，我说你们这里没住吧，就你爸爸妈妈两个人住吗，因为是两室一厅的，她说对，就他们两个老人住的，她肯定知道我们干吗去问她，无缘无故问她，她肯定也为了小孩子居住证，我到时候肯定还得把她变更过来。但变更过来她假如办的是临时居住证，半年刷一次，半年过去了，她再去刷，我人已经把她变更过来之后，她就刷不了了。所以你打电话问她，她每次都说我住在中心村，我这里没住，其实人就住在这。所以外来人口的这个问题就是最大的问题。采集信息，卡刷了是最麻烦的，因为你不知道什么时候你区域的人就变更走了。（Case03）

由于流入地对外来人口的严格管控，外来人口的户口问题以及子女上学问题就成为外来人口所面临的一大难题，而“上有政策，下有对策”，他们会钻政策漏洞，如上述例子一般，这在无形中更增加了网格长的工作难度。

比如现在的拆违章，现在不是全市都在拆违吗，拆违章这个问题，你说肯定哪家里自己辛辛苦苦搭的房子肯定不愿意拆掉是吧，这就给我们的工作增加了难度，这就是刚刚你说的我们的一个困难，这个也是困难，我们要一次、两次、三次甚至是多次，我们也要跑到他们家里去。

问：不能直接找职能部门吗？

答：职能部门，这个嘛，现在也是人性化管理，尽量我们先去给他做思想工作，因为尽量能做到让他心里满意，说服他。

问：能说服吗？

答：基本上有些人呢，比方说，自己带头了，自己家里也有那个违章的，网格长带头，把自己家里先拆掉，起到一个带头作用，这样呢也有个说服力。

问：那如果有的人就是不拆，那怎么办？

答：那我们联系拆违办。

问：一般都是可以说服的吗？

答：啊——基本上——哦，因为我们都要多跑，多去几回，多数人基本上——少数人——。(Case04)

你比如说，有些汽车，停在马路上，因为我们没有执法权，然后有时候他们也不会，我们说呢不乱停呢，他们就不停，也有的跟我们对着干，那必须找执法部门，乱停车我们要通过派出所的，跨门营业我们要通知工商的。(Case04)

从上述两个例子可见，网格长对于一些工作开展困难也表示很无奈，因为他们没有执法权，所以解决问题的能力不足，对于一些违规行为没有强制力，只能够靠说好话、磨嘴皮来做思想工作，甚至要跑多次。实在解决不了，就会上报职能部门进行强制执行。分配了行政管理事务却不赋予相应的行政执法权力，这是造成网格长治理困境的最大原因。

第四，考核压力大。为了让网格长更好地投入工作，S 镇引入考核机制工作，并制订了相应的考核方案，社区对网格长考核分值占 70%，镇网格分中心根据网格长日常表现进行打分，占 30%，对市民寻访团发现问题的片区网格长进行倒扣分，发现一次扣 5 分，镇网格分中心按照以上计算方式得出总分值。对每月排名末三位的网格长进行警告；对连续三个月排名末三位的网格长直接予以淘汰。

访谈发现，网格长的压力大部分源于考核制度。比如他们在收集外来人口信息时，经常担心漏掉一些外来人口信息，所以会加班加点多次上门巡查，还会安排“眼线”（志愿者、房东、老年人等）通知自己新增外来人口。因为如果出现漏记错记情况，他们就会被扣分，进而影响整个村的排名以及自己的工资。

问：那你觉得压力大吗?

答：压力蛮大的，然后外来人口也要抽查的。

问：那外来人口问题给你造成很大压力是吗?

答：是的。他们今天走了，明天不知道什么时候来一家人家。那么你看到了就看到，看不到了就……今天走了，还没走，他们晚上走的，他们每天都在上班，早上晚上都不在，晚上回来晚一点，我都没看到，对不对啊，那么就这样，他们外来人口登记要查我们的，要扣分的，最麻烦这个。

问：那都是什么人来抽查呢?

答：抽查的话是派出所的。

问：那他们怎么抽查呢?

答：上门去每家都查，每个月查一次，然后排名次，第一名、第二名、第三名……

问：每个网格长排名吗?

答：每个村（居）民委员会，都要扣分的啊，这个扣分不是看个人的，是整个居委会的，错几个，对几个。

问：扣分有什么惩罚吗?

答：扣分有排名的，关于我们整个村民委员会的排名，包括我们的网格长，就是一年的收入都有的。排名高收入高，排名低收入低。(Case03)

如表 7－1 为 10 月份对 65 个村居网格长（除 58 号网格长长期请病假外）的排名，此排名在 S 镇政府网站上被公示出来。我们可以看出 S 镇网格长普遍处于一种“压力型体制”之中，即为了完成上级政府下达的各项任务，各级政府将其量化分解，下派并责令下级组织在规定时间内完成，并根据下级组织的完成情况进行相应的奖惩，因此下级组织承受着由考核机制产生的压力。这些奖励有经济性的，比如工资，也有政治性的，与干部的升职提拔挂钩。S 镇将网格长作为自己的下级组织，通过行政管理权控制其运行。为了保证任务的完成，采取了对村（居）委会进行考核与网格长报酬相结合的办法。在这样的体制下，村（居）民委员会和网格长无形中都强化了行政化色彩，也淡化了村（居）委会的自治功能，更为保障了国家权力对基层社会的管控力度和嵌入程度。

表7－1　S镇网格长10月排名汇总表

村居	网格号	人员性质	得分	村居	网格号	人员性质	得分
T居委工作站	24	招聘	96	JH村工作站	11	村民小组长	85.3
X村工作站	62	招聘	94.6	XY村工作站	42	千百人(外口协管员)	85
G居委工作站	57	万千百队伍(居家养老)	94.2	DX村工作站	44	村民小组长	84.6
T居委工作站	22	万千百队伍(联防队员)	94	ZZ村工作站	35	招聘	84.1
G居委工作站	56	万千百队伍(外口协管员)	93.6	DX村工作站	16	万千百队伍(联防队员)	83
T居委工作站	23	招聘	92.9	J村工作站	16	万千百队伍(联防队员)	83
X村工作站	60	村民小组长	92.6	DX村工作站	46	村民小组长	82.4
G村工作站	19	村民小组长	92.3	JH村工作站	12	村民小组长	81
D村工作站	1	万千百队伍(联防队员)	92.3	JH村工作站	9	万千百队伍（助残员）	80.2
D村工作站	5	招聘	92.2	XY村工作站	41	小队长	79
G居委工作站	55	万千百队伍(外口协管员)	92	DX村工作站	45	村民小组长	78.4
J村工作站	6	万千百队伍(外口协管员)	91.9	J村工作站	17	万千百队伍(外口协管员)	78
D村工作站	2	招聘	91.5	ZZ村工作站	32	招聘	77.3
D村工作站	4	招聘	91.3	ZZ村工作站	37	招聘	76.8
J村工作站	21	村民小组长	91	JH村工作站	7	村民小组长	75.2
T居委工作站	26	万千百队伍(外口协管员)	90.9	TR居委工作站	27	万千百队伍(外口协管员)	74
X村工作站	63	村民小组长	90.7	ZZ村工作站	33	村民小组长	73.5

续　表

村居	网格号	人员性质	得分	村居	网格号	人员性质	得分
XY 村工作站	38	小队长	90.7	XZ 村工作站	31	村民小组长	75
Z 村工作站	64	村民小组长	90.6	Z 村工作站	66	村民小组长	74.2
X 村工作站	61	村民小组长	90.4	DX 村工作站	43	村民小组长	73.8
G 居委工作站	59	招聘	90.4	TR 居委工作站	25	万千百队伍（外口协管员）	73.5
Z 村工作站	65	万千百队伍（助残员）	90.1	ZZ 村工作站	34	村民小组长	73.1
J 村工作站	18	村民小组长	89.8	TR 居委工作站	28	招聘	72.8
XZ 村工作站	29	万千百队伍（联防队员）	89.6	XY 村工作站	40	小队长	71.5
JH 村工作站	10	招聘	89.4	D 村工作站	3	万千百队伍（联防队员）	70
XY 村工作站	39	小队长	89.5	L 村工作站	54	村民小组长	68
XZ 村工作站	30	招聘	88.2	L 村工作站	48	村民小组长	67
J 村工作站	20	万千百队伍（外口协管员）	88.1	L 村工作站	49	村民小组长	66.2
工业区工作站	15	管理科调入	88	L 村工作站	53	村民小组长	66
工业区工作站	13	管理科调入	87.9	L 村工作站	52	万千百队伍（外口协管员）	65
JH 村工作站	8	招聘	87	L 村工作站	50	村民小组长	64.8
ZZ 村工作站	36	招聘	86.5	L 村工作站	51	村民小组长	64
工业区工作站	14	管理科调入	86	G 居委工作站	58	招聘	70.1

4. 网格长的角色迷失

调查过程中发现，这些治理困境使得网格长在社区治理中的角色存在着迷失的现象。网格长作为政府与老百姓的桥梁，对下代表政府，对上代表老百姓，并且应将工作重点定位为反映居民的意愿和主张、积极热心为居民办实事上面——了解居民意见，维护居民权益，协调社区冲突，解决社区矛盾，扮演更多的应是百姓的当家人，而不仅是国家的代理人，是由下到上的传达民意民需，而不仅是由上到下的贯彻执行国家的政策。但在实际操作中，网格长能否发挥这样的作用，成为在进入基层社区的国家权力之外，一股来自居民自治的力量。

在上述的工作描述中，可以发现网格长的工作有三个特点：科层化、行政化、职业化。这些特点不可避免地会导致网格长的角色出现迷失。网格长的角色迷失主要表现为“角色错位”，扮演的主要是政府代理人这一角色。在X村对网格长以及村民的访谈中发现，虽然网格长担当的是老百姓和政府之间的桥梁，但是在政府和老百姓意见不统一的时候，网格长或者工作站还是会站在政府一边，尽管居民意见颇多，还是会强制执行政府的政策决定，让人难以看到其居民当家人的身份。网格长是沟通政府与居民关系的桥梁，但如何处理好两者之间的关系，实现两者平衡，既履行好居民当家人的角色，又能传达政府的声音，这对网格长这些基层治理者来说是一个莫大的难题。

问：那你觉得这个网格化管理对于村民有没有实质性的帮助或者改善？

答：有的方面有，有的方面我觉得没有。

问：哪些方面没有呢？

答：这种事情我都不好说的。总之一句话，我跟你说，现在老百姓对我们上面的领导评价这个影响是不太好的。为什么呢？特别这个搞卫生啊绿化什么的这种事情，老百姓他们不喜欢做这种事情的，像这个道路他们都要种蔬菜。观念不一样。老百姓喜欢种蔬菜，领导嘛喜欢绿化干净嘛，就是观念不一样，观念起冲突的。所以我们这项工作是最难的，最累的，把他们原来种蔬菜的地方让他们不要种了，要种绿化，我们是属于夹在中间的。

问：那所以有些工作是没有必要的，是吗？

答：嗯，现在就我们几个人我说的这话，我在外面不肯说这话的，上面领导知道了肯定会说我的啊。

问：那你觉得你是代表上面政府的还是代表下面老百姓的利益？

答：我们肯定政府和村民都要的……桥梁啊，要协调啊。

问：如果要有矛盾了，怎么办？

答：化解掉啊，不应该是偏向任何一边。

问：化解掉能达到共赢吗？那政府也会去听老百姓的吗？

答：非常圆满这方面肯定不可能的嘛。因为观念的话他们几十年来老观念根深蒂固了，得慢慢来。

问：那你的意思是政府的观点代表的是新的观点好的观点是吗？还是要帮助政府去说服村民是吗？

答：哎，对。只能说让老百姓慢慢适应。因为他们这个任务派下来，肯定要做的，不做不行的。只能多协调多做些思想工作。那肯定你现在按照领导这方面讲，肯定要按照领导这方面做呀。（Case14）

可以看出，网格长由于没有执法权，权力不够，权威不足，加之在调查中发现，网格长普遍待遇不高，再加之部分人员自身素质有限，有些是从以前的“队长”转化而来，文化水平不高，而且年龄很大，体力、精力跟不上，工作责任心和积极性不足，所以在管理实践中解决问题的能力不强，开展工作困难，使得联结政府和村（居）民的桥梁和纽带发生了断裂，不能真正反映居民的意见，网格长的群众当家人角色严重缺失。但另一方面，网格长的角色更像是行政事务的代理人，只是停留在一个“通报”的角色上：在社区工作站承接上级政府的具体行政指令，并且扮演着宣扬国家政策和政府行为的角色，俨然成了国家权力在基层社会的“腿”。他们不像是问题的解决者，而是问题的发现者，然而作为当家人的角色却发生了迷失。

三、志愿者：基层社会治理中的积极分子

积极分子在传统社会的政治结构中一直处于一个重要的地位[①]。国家会选择借助基层社会治理中的积极分子，建立起与居民之间的良好关系，以便更好地控制基层社会。

由于社区工作站人员以及网格长不多，且任务繁重，所以他们需要借助积极分子的力量，协助他们收集人口等相关信息，并利用与村民之间的良好关系动员村民配合完成上级下达的任务。这种模式的成功往往依赖的

① Soloman, Richard H. “On Activism and Activist: Maoist Conceptions of Motivation and Political Role Linking State to Society”. The China Quarterly (1969). p. 39

是人情因素。不管是网格长对积极分子，抑或是积极分子对村民都没有约束力，但是积极分子成功协助开展工作取决于存在于三者之间的人情关系。可以说，S 镇网格化管理的有效开展离不开这种社会力量，即这些积极分子的参与。

1. 组成与职责

在对 S 镇的研究中，基层社会治理中的积极分子主要指志愿者。S 镇网格化管理的“1 + X + Y”模式中的 X 即为志愿者。一个网格内配有多名志愿者，迄今为止共招募了 158 名志愿者。这些志愿者多是热心社区事务的退休老干部、老党员、原先的生产队长、楼组长、妇女主任等。与村（居）委会或者网格长相比，这些志愿者与居民的关系更为密切。笔者一共采访了 S 镇三个网格内的 3 名志愿者，居委会的志愿者类似以前的楼组长，一人负责几幢楼的事务，每天在门卫处坐镇。平时主要帮助社区工作站和网格长处理垃圾分类、高空坠物、楼道公共设施、乱停乱放等工作，有事情向网格长和社区工作站反映。村里的志愿者主要是对外来人口进行巡查，发现新的外来人口，及时通报网格长做好信息统计。

志愿者的工作完全是义务性质的，没有报酬。所以一般都是退休人员和政治觉悟高的老党员，他们对自己所居住的网格比较熟悉，具有很高的权威和良好的人际关系，对于村（居）民具有很好的说服力，有助于更有效地完成工作。

2. “积极性”的动力来源

既然是完全义务性的，那么是什么驱使这些志愿者为社区服务呢？朱健刚认为，这种“积极性”背后的动力机制是复杂的，由多种因素共同构成：包括互惠性交换、对社会交往的心理需求以及人情与面子这一极具中国特色的本土性文化资源[①]。

在笔者对 3 名志愿者的访谈发现，相对而言，他们看重的并不是物质利益或工具性回报，而是心理性和文化性的因素，比如志愿者的工作可以满足一些志愿者们的社交性欲望，让他们在村庄内部建立一个相对较为紧密的社交网络。X 村的志愿者吴女士，原为 X 村妇女副主任，退下来之后

---

① 朱健刚：《国与家之间：上海邻里的市民团体和社区运动的民族志》，香港中文大学博士学位论文，2002 年，第 40 页。

无所事事，闲着很不习惯，而志愿者的工作让她每天都有事情可做，每天走家串户，既与邻里进行着“张家长李家短的日常闲聊”，满足了个人的社交欲望，又帮助了村民委员会和网格长的工作，获得了成就感和满足感。（Case19）

调查发现，一些志愿者之所以积极协助工作和为村民服务，与其说是出于关心公共事务或者公共利益的志愿主义，不如说是由于人情和面子在背后所推动。志愿者的积极性以及工作效率，很大程度上取决于他们在人情方面所作的“投资”和“回报”。S 镇两个居委会与志愿者的交情相对最好，所以这两个居委会的志愿者的积极性要强一些，几个志愿者都有较高的工作热情，工作认真负责。这些都与感情投资有关，据网格长反映，他们平常都会与志愿者搞好关系，志愿者们平常也与居民拉拉家常，获得居民信任，才好在关键时刻做好动员，完成工作。

3. 志愿者的积极作用

志愿者在基层社会治理中的重要作用，在于其处于一个联结作用，联结着居委会等治理主体与村（居）民。首先，志愿者对于所在网格内的人和事的感知比较敏感，能够在第一时间捕捉到网格内的变化。所以网格长采集外来人口信息，很大程度上依赖于志愿者为他们提供信息，第一时间告知他们“村里来新人了”。（Case3、Case16）

其次，选用的志愿者多为退休干部、老党员，所以与居委会干部的联系更为密切，也对网格内工作较为熟悉。更为重要的是，在农村社会中，具有较高权威的人往往是村庄中“年老（或辈分高）有德有威望（或面子）、人际关系熟、会说理”的村庄领袖①。志愿者一般是网格内有较高权威和话语权的老人，处于网格内社会关系网络的重要位置，可以影响一些居民的行动决策，更容易动员网格内成员，从而往政策命令的方向行动。另外，他们都要较强的国家观念，使得国家政策得到更好的贯彻执行。比如在调查中笔者发现，年老有德望的志愿者在处理邻里纠纷时得心应手，他们会说理会劝和，具有权威性，而且居民也会给他们“面子”，维护了农村社区邻里之间的和谐关系。还有一些实施起来比较棘手的工作，大部

① 王汉生、王迪：《农村民间纠纷调解中的公平建构与公平逻辑》，载《社会》2012 年第 2 期。

分村民碍于情面，在老人家的说服下都会积极配合。所以，国家权力任用这些积极分子，来帮助其管理基层社会，有助于国家权力的贯彻实施，更有效地控制基层社会的稳定。

综合上述三节描述，本章主要以基层社会治理主体——社区工作站、网格长以及志愿者为研究对象，研究发现：国家设立社区工作站作为国家权力的支点、任命网格长作为国家权力在基层社会的“代理人”，并选拔志愿者作为国家权力的“助攻”，赋予他们行政权力，处理行政事务，将国家意志贯彻到基层社会中，从而建立了进入基层社会的合法性渠道。由此，国家权力实现了在基层社会的嵌入。

第四节　技术化治理：
国家权力在“网格”中的强化

从制度层面看，技术治理侧重通过规范、标准和可控的过程实现治理目标，强调社会治理的目标导向；从手段层面看，技术治理借助数字信息技术来提高治理效能。网格化管理可以看作是将数字信息技术“嵌入”科层化的行政体系之中从而引发的制度与技术互动的产物①。作为一种新的社会治理技术，网格化模式强调建立完善的数字技术服务平台，利用信息化技术打破传统管理中条块分化、各自为政的治理困境，整合信息和资源，将社区内所有管理人员全部纳入网格化体系中，统筹管理使用。

一、技术化治理的构成要素

1. 单元网格管理法

网格化模式在原有社区的基础上再下设一级治理单元，采用单元网格管理法，综合考虑了人口数量、构成以及面积等要素，将辖区分为若干个网格单元，每个网格内设置一名或多名网格长对网格内事务进行管理。

---

① 田毅鹏、薛文龙：《城市管理“网格化”模式与社区自治关系刍议》，载《学海》2012年第3期。

根据前文介绍，S镇按每个网格一定的人口标准和土地面积标准将辖区划分为66个网格，以"1+X+Y"模式配备人员。在单元网格管理中最核心的要素就是网格长，发挥着上下联结的重要作用，是问题上报和解决机制中核心的一环。关于网格长的工作内容和角色功能在上文已经详细讲过，这里就不再赘述，这里主要关注网格长作为整个网格管理流程中的一个技术构成要素所发挥的作用。

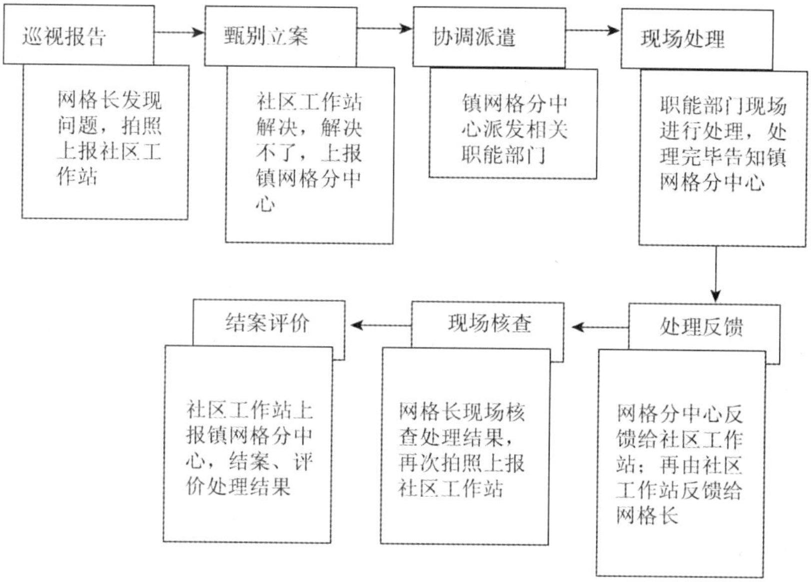

图7-2 网格化管理流程图

首先，先简单概括一下网格化模式的管理流程，分为巡视报告—甄别立案—协调派遣—现场处理—处理反馈—现场核查—结案评价7大步骤（如图7-2所示）。整个管理过程分为自下而上的事件上报过程和自上而下的事件处理过程，之所以将网格长作为一个技术构成要素，是因为在这两个过程中，网格长都发挥着关键作用。S镇每个网格长都配发了两部手机，当网格长在巡查过程中发现问题，要使用由S镇社治办配发的那部手机，手机里面配有松江区社会联动治理平台的APP，利用这一APP进行照片拍摄、选择事件类型、简要描述事件情况，如果能够自己处理，则现场处理，处理好后再次拍摄照片，上传到系统；如果无法自行处理，则需上报到社区工作站，工作站甄别立案，同样，若能处理则自行处理，若处理不了将事件再上报到镇网格化管理分中心，由分中心确定后派发给相关职能部门，待职能部门解决完成后，告知镇管理中心，再将处理结果向下反馈，反馈过程包括两次，即由镇网格分中心反馈至社区工作站，社区工作站再反馈至网格长，最后由网格长进行现场勘查复核，若问题解决，则再次拍摄照片或视频上传到系统，由监督中心结案、评价处理结果，至此，一个事件才算处理完毕，体现了一种三级联动的管理模式。另一部手机是由镇公安派出所配发，内部同样配备有一个 APP，主要是用于外来人口的登记和流动监控，网格长若在网格内发现外来人口，用此 APP 录入身份信息，上传到镇公安系统，若此人有违法犯罪前科，网格长则会第一时间知道，之后会重点关注此人。与传统管理相比，这种闭环式的管理，可以通过网格长的巡查将对基层社会信息的掌控由被动转为主动，第一时间发现问题，并且通过信息平台第一时间上报事件，通过规范系统的管理流程第一时间快速派发任务和进行处理，极大地提高了工作效率和管理水平。S 镇要求，事件的上报和处理都要在 12 小时之内完成，单元网格管理法的速度之快、效率之高由此可见一斑。另外，S 镇还利用监控探头在全镇布下“天网”，据统计，全镇共安装了 272 个监控探头，将监控视频接入镇社会治理联动指挥分中心，实时监控视频动态，笔者在分中心看到 S 镇重点路段都处于监控之下，一发生问题一目了然。

2. 城市部件与社区事件问题管理法

S 镇采用了与城市网格化管理相同的城市部件管理法和城市事件问题管理法，即运用地理编码技术，将公共设施类、卫生环境类、道路交通类、房屋土地类等 6 类市政工程设施以及市容环境、宣传广告、施工管理、突发事件、街面秩序等 5 类城市事件，纳入网格化管理信息平台，分别建立数据库，并且利用 GPS 技术定位到网格地图上，赋予编码，明确各自的名称、所在的位置、归属和责任单位以及其他基本情况。并且将这些部件和事件的数据库与无线终端相连，比如网格长手中的手机以及 APP，就是利用网络技术以及定位技术研发出来的用于信息采集的终端，当网格长在巡查过程中发现某一设施出现问题或者发生某些事件时，就可以通过手机 APP 信息平台在选项中选择代表相应的部件或者事件的代码，并利用定位系统进行定位，将这些信息发送到社区工作站，社区工作站的信息人员不用到达现场也可以清晰准确地知道网格内发生的事情。利用这种城市部件以及城市事件分类编码并定位的管理技术，大大节约了信息传递的成本，拉近了基层社会和政府以及相关职能部门的管理距离。

3. 数字化管理法

数字化管理法是一种理性的、精确的、可以计算的管理方法，对于效率的追求是数字化管理兴起的重要原因。网格化管理模式被高度数字化了，数字化报表、数字化指标、数字化考核、数字化排名，规范和细化了基层社会的治理方式。这也响应了中央对于社会治理更加法治化、规范化、技术化的号召。

访问社区工作站的时候，工作人员普遍反映事情太多太累，根据笔者的观察发现，他们有各种各样的档案文件，仅统计报表的填写就有几十份之多。S 村民委员会工作站桌子上部分的文件材料和报表，有人民调解委员会工作报表、垃圾分类报表、安监所人力资源情况、外来人口调查表、计划生育表格、拆违工作及违法用地巡查情况表、“老伙伴”材料、60 周岁老年人名单统计、网格长电瓶车使用情况表、网格长四管表、村民需求汇总表、网格巡查各类事件上报记录表、社区服务站信息上报记录表等。询问为什么有那么多表格时，社区工作人员说：“现在什么都信息化，每项工作上面都会发下来表格，要求我们每项工作都要按照表格统计汇报，再上报给他们，他们也要对我们上报的进行检查，要求很高的，还不能出错。”可见社区工作者都被这套精确化、数字化的档案文件体系所包围，S 镇的最主要的考核方式之一是“查台账”，每天都需要检查表格、数据、记录是否齐全、合乎规范；对于外来人口登记信息的考核更为严格，派出所会定期去上门抽查，如果出现漏登错登的情况，就要对村（居）委会进行扣分，然后排名，并最终影响网格长的工资收入。不少网格工作人员抱怨“查台账”这种事情，他们认为事件上报浪费了他们工作的时间，但是为了得到较好的考评结果，也只能竭尽全力应付。

表7－2　2015年3月S镇居村委实有人口检查统计表

序号	单位	报警人(20)		涉案对象(10)		居住情况检查(50)				重点房屋清理(10)			信息质量				手机工作量统计						服务实战			排名	月份得分
		错误数	得分	错误数	得分	总人数	正确数	百分比	得分	总数	正确数	得分	人员采集	照片质量	错误总数	得分	登记数	变更数	注销数	总数	排名	得分	治安	刑事	得分		
1	TH居委	2	19	0	10	80	66	83%	28	10	10	10	1	0	1	9	64	14	63	141	11	1				1	77
2	TR居委	1	19.5	0	10	80	66	83%	28	10	10	10	2	2	4	6	439	96	93	628	5	2				2	77.5
3	ZQ村	0	20	0	10	80	67	84%	24	10	10	10	0	0	0	10	16	0	8	24	18	1				3	75
4	GS居委	0	20	0	10	80	64	80%	25	10	6	6	2	4	6	4	307	119	155	581	6	2				4	67
5	JS村	2	19	0	10	80	58	73%	23	10	10	10	2	6	8	2	437	306	90	883	2	3				4	67
6	DX村	0	20	0	10	80	64	80%	20	10	10	10	2	2	2	4	83	85	76	244	8	2				5	66
7	X村	0	20	0	10	80	57	71%	18	10	9	9	1	2	3	7	288	122	305	715	4	8				6	65
8	ZZ村	1	19.5	0	10	80	56	70%	15	10	10	10	1	0	1	9	102	22	44	168	9	1				7	64.5
9	XZ村	0	20	0	10	80	53	66%	11	10	10	10	2	1	3	7	53	30	17	100	12	1				8	59
10	XY村	1	19.5	0	10	80	59	74%	14	10	10	10	2	4	6	4	70	42	36	148	10	1				9	58.5
11	LX村	0	20	0	10	80	56	70%	15	10	7	7	3	19	22	0	285	149	331	765	3	3				10	55
12	JH村	4	18	0	10	80	50	63%	13	10	5	5	3	5	8	2	391	86	65	542	7	2				11	50
13	DG村	3	18.5	0	10	80	33	41%	0	10	7	7	11	10	21	0	595	311	389	1295	1	3				12	38.5

备注:1. 报警人得分为扣分项,每人次扣0.5分;2. 涉案对象得分为扣分制,每发现一名涉案对象未登记扣2分,扣完为止;3. 居住检查得分以各村居委登记标准为准,30分为基准,每超出人口测查标准1%加1分,每低于人口测查标准1%扣1分;4. 重点房屋得分为正确率乘项目分;5. 信息质量得分为扣分制,每个错误扣1分,扣完为止;6. 手机工作量得分按各村居委会每月手机采集数据量排名,第一至第四名加3分,第五至第八名加2分,第八至第十三名加1分,无数据得0分;7. 服务实战得分为辅助加分,根据人口信息采集情况与涉案人员信息比对,登记情况正确或根据日常工作提供线索情况,抓获违法犯罪嫌疑人的,每提供一条信息,经查实治安类加1分,刑事类加2分,不设上限;8. 检查数据比对以公安网实有人口数据为准。

Q：是什么人来查你们的啊?

A：派出所。看你信息登记的有没有遗漏有没有错，比如说我借住在这里，把我漏登了，就要扣分的。

Q：扣的是什么人的分呢？是网格长自己的分还是整个村民委员会的分?

A：村民委员会的。

Q：扣分有什么惩罚吗?

A：扣分有排名的，关于我们整个村民委员会的排名，包括我们的网格长，就是一年的收入都有的。排名高收入高，排名低收入低。(Case15)

表7－2为S镇2015年3月对各村居实有人口进行检查的统计表，里面记录了每个村居在人口采集方面工作的得分情况以及排名。具体做法是①报警人得分为扣分项，每人次扣0.5分；②涉案对象得分为扣分制，每发现一名涉案对象未登记扣2分，扣完为止；③居住检查得分以各村居委登记标准为准，30分为基准，每超出人口测查标准1%加1分，每低于人口测查标准1%扣1分；④重点房屋得分为正确率乘项目分；⑤信息质量得分为扣分制，每个错误扣1分，扣完为止；⑥手机工作量得分按各村居委每月手机采集数据量排名，第一至第四名加3分，第五至第八名加2分，第八至第十三名加1分，无数据得0分；⑦服务实战得分为辅助加分，根据人口信息采集情况与涉案人员信息比对，登记情况正确或根据日常工作提供线索情况，抓获违法犯罪嫌疑人的，每提供一条信息，经查实治安类加1分，刑事类加2分，不设上限；⑧检查数据比对以公安网实有人口数据为准。S镇对各村（居）民委员会以及网格长详细具体的量化考核指标可见一斑。可见网格长在人口采集方面的工作任务之多之细、压力之大，每错登、漏登一人，一旦被检查到都可能会被扣分。由此可见，单就人口信息采集工作就被完全数字化了，详细具体的考核指标使得社区任务艰巨，并且明确的惩罚措施让社区工作人员以及网格长压力很大。

如上文所述，为了让网格长更好地投入工作，S镇建立了工作目标责任制，并制订了相应的具有多重指标的数字化考核方案，网格长评分体系分为两部分：每个社区工作站对网格长考核分值占70%，镇网格分中心根据网格长日常表现进行打分占30%。并配有监督人员，若市民寻访团发现问题，该片区网格长进行扣分，发现一次扣5分，最终镇网格分中心按照

表 7-3 S 镇 2015 年 11 月各村(居)考核排名情况汇总表

编制单位:经济管理事务所

序号	考核大类/考核部门/单位	社会管理与服务工作																										备注
		综合排名		市民巡访扣分	考核得分	社区中心		农办		综治信访		社治办		村镇办		社管办		安监所		计生办		社保所		水务所				
		得分	排名		考分	考分	排名	考分	排名	考分	排名	考分	排名	考分	排名	考分	排名	考分	排名	考分	排名	考分	排名	考分	排名			
1	JS 村	92.92	1	0.4	93.32	98	1	94	3	88	6	94	3	94	3	92	4	82	9	98	1	98	1	98	1			
2	X 村	92.72	2	0.5	93.32	96	2	92	4	96	2	90	5	98	1	98	1	84	8	94	3	96	2	86	7			
3	XY 村	89.68	3	1.1	90.78	94	3	96	2	98	1	84	8	88	6	86	7	90	5	92	4	94	3	90	5			
4	ZZ 村	89.50	4	0.4	89.90	90	5	84	8	92	4	88	6	92	4	88	6	98	1	88	6	82	9	96	2			
5	DG 村	88.42	5	0.4	88.82	88	6	90	5	90	5	98	1	82	9	3	80	10	86	7	92	4	88	6				
6	ZQ 村	88.30	6		88.30	92	4	80	10	82	9	96	2	90	5	94	3	82	9	86	7	80	10					
7	LX 村	87.06	7	0.8	87.86	80	10	88	6	84	8	8010	96	2	96	2	96	2	90	5	88	6	82	9				
8	XZ 村	86.08	8	0.4	86.48	86	7	86	7	94	3	92	4	84	8	84	8	88	6	80	10	80	10	84	8			
9	JH 村	85.02	9	0.4	85.42	82	9	82	9	86	7	86	7	80	10	82	9	92	4	96	2	84	8	92	4			
10	DX 村	84.90	10	1	85.90	84	8	98	1	80	10	82	9	86	7	80	10	86	7	84	8	90	5	94	3			
11	TH 居委会	92.50	1	0.1	92.60	90	2			90	2	95	1	90	2	95	1	95	1	95	1	95	1					
12	GS 居委会	89.10	2		89.10	85	3			95	1	90	2	1	95	1	85	3	85	3	85	3	90	2				
13	TR 新苑	87.45	3	0.6	88.05	95	1			85	3	85	3	90	2	90	2	90	2	85	3							

备注:1. 涉及社会管理的各考核部门考分以百分制计算;综合排名村、居分别排名。

2. 社会管理工作考核得分由涉及的各考核部门考分计算权重形成,分值计算权重比例村委会分别为:社区中心 12%、农办 10%、综治信访 10%、社治办 15%、村镇办 15%、安监所 10%、社管办 8%、社保所 7%、水务所 6%;分值计算比例居委会分别为:社区中心 15%、综治信访 12%、社治办 17%、村镇办 16%、安监所 12%、计生办 9%、社保所 9%。

3. 村委会第 1 名以 98 分为考核分值,每下降 1 名减 2 分;居委会第 1 名以 95 分为考核分值,每下降 1 名减 5 分。

4. 综合排名得分等于考核得分减去市民巡访扣分。

以上计算方式得出总分值。对每月排名末三位的网格长进行警告；对连续三个月排名末三位的网格长直接予以淘汰。如网格化管理分中心工作人员向笔者所述：

我们最近搞了一个，我自己弄了一个我们网格长的一个工作考核，就是说，对他们考核以后，如果一直排名末三位的，我们就是先给他一个警告，对吧，如果还是连续六个月都这样，那我们就直接淘汰，为什么啊，网格长的队伍不及时地清理，大家跟不上我们这个脚步，像现在这个年龄大的，难道你真的要一直做到退休吗？那你精力上就不够，你不可能一直都投入在这个工作，就跟不上我们这个所说的“一呼百应”的队伍，你什么都不去做，你什么都不去学，那我们这个就没意义了，按照我们领导所画的那个蓝图，是比较好的，我们要倚靠他，怎么怎么样，一呼百应，其实我们觉得这是一个很难的过程。真的很难的一个过程！

表7－3即为2015年11月S镇各村（居）在社会管理和服务工作中的排名情况，由此表可以看出考核体制具有多重量化指标，越来越多的领域被纳入数字化考核体系中。

二、技术化治理的成效

S镇在网格化治理过程中，表现出的正是一种技术化管理。也正是因为这种“技管”作用，S镇在社会风险的及时消除、社会问题的及时解决、社会冲突的及时化解等方面产生了较好的效果。

从技术手段层面上，信息化的联动管理方式无疑是具有极高的行政效率的。S镇信息化管理方式主要依靠网格长手持的移动终端（即两台手机的APP）和区域内的电子监控同时进行管理。这种技术手段的采用，使得过去那种管理部门因为无法发现问题的“盲区”问题得以有效解决，因为一旦问题上传，就迫使“处理部门”必须采取有效的应对手段，这使得问题的处理效率大幅度提高。在采访某网格长时，他向笔者详细解释了他是如何运用APP进行信息管理的：

石湖荡66个网格，我们这边工业区是6个网格，每个网格长都有个手机，里面有个松江设置的一个上报用的APP。打开来看吧，我的网格编号，我的姓名。我们平时每次都要巡查两三次的，发现什么问题，自己能够处理的，像广告啊小的垃圾啊，能当场处理的，点自发自处进去，拍一下事件，处理好后再拍一下，点上报，这个时间就被存到了服务器中，我们再一次地审核，上传镇里，镇里上报区里。第二个是问题我们网格长不能处理的，就要上报，像交通的、环境啊、经营啊之类的。比如一大堆垃圾啊在我们网格内，那就选乱倒垃圾，几卡车一样装在那里我们就只有上报，卫星定位，写好情况，什么事件，然后拍照或者录音，拍三张，一是一堆垃圾的近景状态，第二个拍远景加上参照物，第三个拍路牌，上传上去后要让陌生人都能一看就知道是哪里。上报后镇里审核，审核后给相关部门，比如建筑垃圾很大的，就是镇里的环卫所协调处理，派环卫所的员工，12 小时之内处理完。（Case14）

由此可见，无论问题是由网格长直接进行处理还是上报上级机构审核后进行处理，都要求在 12 小时之内解决，这样的行政效率毋庸置疑是非常高的。

S 镇网格化管理在重点路段运用“天网”配备了监控探头，并在事件多发地段和街面安装了 9 个小喇叭，一旦监控发现问题后立即由指挥分中心通过喇叭进行制止，若制止无效则要求相关职能部门或综合执法队在规定时间内到现场处置。这些都可以有效地对于突发事件作出反应，对于问题及时进行处理。据相关负责人透露：“这种网格的建立确实起到了作用，比如导致治安案件的发案率持续下降。”这一系列的手段都为技术化治理提供了人力和物力的支持。

三、技术化治理与国家权力的强化

基层社会治理的技术化治理强调信息化、数字化、规范化、精确化，这些价值标准带来了一定的治理成效：信息和资源共享更加便捷、治安环境更加和谐、公共服务更加高效、社区建设更加规范有序。但是，一些学者也认识到了技术化管理带来的一系列不容忽视的问题。渠敬东等学者表达了对技术化治理的担忧：虽然社会治理已经脱离了总体支配的格局，逐渐走向了技术治理，但是行政体制的“压力型体制”并未发生根本改变，认为全面的技术治理就像一部“设计合理、运转有效的庞大机器”，但面对社会突发情况时，则需要机器上的每一个部件、每一个齿轮都随其改变方向，这会降低应对能力。它最大的特征就是提供的只是单一问题的理性解决方案，而问题往往是复杂的，一个问题可能会衍生出更多的问题[1]。竺乾威更敏锐地察觉到："数目字管理"是一种理性的管理方式，但是却一定程度上压抑了人性，并且导致了"理性的非理性化"，而这种"理性的非理性化"又导致了技术压倒政治、目的和手段分离、人性的压抑以及人性互动的弱化这些问题的出现[2]。

回到网格化管理，笔者在调查中通过基层治理者（社区工作人员以及网格长）和民众对于技术化治理的评价，也感受到了这种技术化治理潜在的问题。

首先，技术化治理采用了大规模的理性、精确、规范的非人工技术，制定了一系列规则、标准、指标，来规定和指导着人们的行动。基层社会治理者"人"的因素慢慢减弱，慢慢地被一些具体的可以评价的数字所衡量。治理者只需按照规定运用技术完成所负责的工作即可，比如社区工作者的各种表格性材料，网格长发现问题后上报和处理过程。技术化治理通过开发和利用技术不断地对人进行控制，使人的行为越来越类似于机器的行为，人的主体性和自主性都不复存在。登哈特说："最完美的官僚主义并不关注要做什么，人们只需按照规定完成所负责的工作，然后将其传递给系统中的下一个步骤就可以了。"[3] 可见，这种技术化治理带来的必定是行政化、官僚化的强化。

其次，"理性管理的一个表现在于对工具理性的追求超越了对价值理性的追求"[4]，那么技术化管理必定强调工具理性而忽略价值理性。罗比特·登哈特在对新公共管理批评时，曾指出手段和目标不一致所带来的消极后果："理性模式使我们的注意力都集中在能够达到目的的手段上，最终会导致我们忽略目的本身。"[5] 因此，技术性治理往往会导致过于强调形式而偏离目标实质的结果产生。比如考核检查原本是确保实现目标的约束

---

① 渠敬东、周飞舟、应星：《从总体支配到技术治理》，载《中国社会科学》2009 年第 6 期。

② 竺乾威：《数目字管理与人本的回归》，载《中国行政管理》2011 年第 3 期。

③ 罗伯特·登哈特：《公共组织理论》（扶松茂等译），中国人民大学出版社，2003 年版，第 161 页。

④ 竺乾威：《数目字管理与人本的回归》，载《中国行政管理》2011 年第 3 期。

⑤ 罗伯特·登哈特：《公共组织理论》（扶松茂等译），中国人民大学出版社，2003 年版，第 174 页。

手段，然而很多时候却成为治理中围绕的中心。在调查中发现，S镇的最主要的考核方式之一是“查台账”，如检查表格、数据、记录是否齐全、合乎规范和达到规定目标；对于外来人口登记信息的考核更为严格，派出所会定期去上门抽查，如果出现漏登错登的情况，就要对村（居）委会进行扣分，然后排名，并最终影响网格长的工资收入。不少网格工作人员抱怨制作台账、事件上报这些浪费了他们工作的时间，但他们为了得到较好的考评结果，只能竭尽全力应付，所以这就导致了网格长更多的不是关注治理目标的实现而是治理手段的形式要素达成。

笔者在访谈中发现，正是对形式的强调导致了社区工作人员以及网格长的工作量大大增加，再加上工作人员数量有限，造成了工作压力的加大。社区工作人员在被卷入各种数字化的档案文件以及报表中难以应付时，也有着自己的应对策略。在对网格长的调查中发现，他们并不是所有的要求都有做到，在长期工作中，他们积累了很多经验：他们知道什么任务必须完成，什么东西是政府想要看到的，等等。面对任务繁多，什么都要管的治理困境，再加上这些烦琐的档案信息收集以及各种报表材料统计等，基层治理者只能从政府重视度去衡量任务的重要性，有选择地处理一些事情，至于那些事情是不是民众所需求的，已然不是最先关注的。

最后，基层政府以及更高级别的政府通过各种多重化的考核指标和数字化的考核评分，以此来衡量网格长的工作水平，并以此作为发放工资和进行奖惩的依据，这些奖励有经济性的，比如工资，也有政治性的，与干部的升职提拔挂钩。从而实现对基层社会治理主体的控制和规训。由检查、评分、排名等一系列的考核机制所带来的“压力型体制”迫使社区治理主体不得不竭尽所能地完成任务，这也使得基层社会的资源得到了动员和整合。

S镇将网格长作为自己的下级组织，通过行政管理权控制其运行。为了保证任务的完成，采取了对村（居）委会进行考核与网格长报酬相结合的办法。在这样的体制下，村居委会和网格长无形中都强化了行政化色彩，也淡化了村居委会的自治功能，更为保障了国家权力对基层社会的管控力度和嵌入程度。正如福柯指出：“检查导入一种机制，把一种知识形成类型与一种权力行使方式联系起来，借助各种详细档案和文件制度，检查使得个体和活动完全被对象化了，这样就可以对其进行描述、分析、度量、比较、分类，进而有区别地控制和使用。”①

上面三点的分析表明，技术化治理在一定程度上加强了国家权力对基层社会的控制。第一，国家通过规范化、程序化管理方式和运行机制，使得基层行动者在治理过程中严格遵守规则，使得基层治理者更像是机器，淡化了人的特点，毫无自主性和独立性，这种规范化、技术化、标准化的治理逻辑自然而然就延伸到了基层治理单元；第二，国家通过档案、数据、文件等数字化治理模式将基层治理主体纳入高度一致性的国家体系中，进而将抽象的行政目标落实到抽象的指标体系上，使得国家权力重新获得了合理化渠道，形成了自上而下的话语统一；第三，多重化的考核指标和评分体系，考核与报酬直接挂钩，优胜劣汰的奖惩机制，这些都影响了基层治理者的行为，从而实现国家对基层治理者的更大程度的控制，让基层治理者不得不尽其所能竭尽全力完成任务，达到目标的一致性。

综上所述，笔者可以得出结论，国家通过技术性治理实现了对基层治理者的规训，使其成为国家意志的贯彻者和国家权力的执行者，从而强化了对基层社会的治理和控制。

第五节　国家权力影响下的乡村社会秩序

前两节主要讨论了国家权力通过在基层社会设置行政化的治理主体——社区工作站以及网格长实现了对基层社会的控制，并且通过技术化治理影响和规训这些治理主体，从而强化了国家权力对基层社会的控制。本节一方面主要探讨在国家权力成功进入基层社会后，被规训的基层治理者是如何通过建立自己的权威，以确保治理合法性，如何对网格进行全面掌控，维护稳定，达到国家设定的治理目标的；另一方面，在国家权力的影响下，乡村社会秩序发生了怎样的变化。

① 米歇尔·福柯：《规训与惩罚》（刘北成、杨远婴译），北京·三联书店，2003 年版，第 208—216 页。

一、基层治理者的治理逻辑

1. 网格：一个巨大的信息收集网络

国家权力之所以不仅要在行动上也要在观念上实现对基层社会的嵌入，目的是为了“为人民服务”还是维稳目的，这是判断网格化管理制度内涵的关键。国家不断强调和谐稳定的治理理念，“稳定压倒一切”，这些理念被贯彻到社会管理实践过程中。

网格化管理就是一个专门为管理基层社会而创新的管理模式，由此应运而生的社区工作站也是专门为此而设立的草根国家组织，是国家权力在基层社会的延伸。每一个社区工作站配备几个专职工作人员，负责整合乡镇政府各个职能部门的资源并承担各种工作任务，其中维稳是最重要的工作。另外，网格长、志愿者等每日两次巡查，对网格内的各种人和事进行排查登记，采集安全生产、维稳、外来人口、计划生育和劳动保障等各种信息，发现问题及时解决或上报到社区工作站解决。网格长和志愿者都是本网格内的村（居）民，所以对于所辖网格内的人和事都了然于心，能够较为及时顺利地发现并解决各种问题隐患。

例如网格化管理最为重要的一项工作就是外来人口信息的采集工作，由于S镇近年来大量外来人口流入，已远远多于本地常住人口，且流动性大，而发案率最高的犯罪人口基本上是外来人口为主，占了70%左右，所以S镇将外来人口管控作为工作重点。

在对网格长以及村民的调查以及访谈中，笔者发现，他们一律认为管理外来人口是有必要的，并且应该严格管控。

问：那你们都要查他们什么呢？

答：要登记的，登记信息。出生地、工作单位啊、他的手机号码，都要登记的。

问：登记这些是干什么用的呢？

答：这个关系到社会治安，因为上海犯罪率是最高的。牵扯事情多了。因为我们户籍人口就不用了，他们都在这边，房子就一个，不可能住到别的地方去了，像外来人口流动人口一直都在变的，今天住在这里，明天住在那里，所以要一直掌控他们的信息，便于管理。你看这个手机是专门做外来人口的，就是这个“上海松江社区”，全国联网的，要把他们的信息输进去。你看这个都有的，车辆采集、社区盘查、实有房屋、实有人口、房屋检查这些。

问：那外来人口他们流动性大吗？

答：大。就是因为流动性大，所以才要做这项工作，像我们户籍人口就住在这里，不可能住到别的地方去，他们就是比如说这边工作不做了，换个地方工作了，就住到别的地方去了。流动性太大了，所以才要做这项工作，这项工作的持续性很大的，要一直做这项工作，不停的。（Case16）

据笔者对外地人口的调查发现，外地人口基本上没有享受过什么特别的服务，平常与网格长、村（居）工作人员的交流只限于登记信息、检查营业执照、消防设备（针对个体户）等。甚至一些外地居民都不知道每天在外面巡逻的人是谁，也不知道自己所在网格的网格长是谁，与这些人的交流仅限于登记信息、计划生育以及规范经营等方面。网格长及时更新外来人口的各类信息，出生地、身份证号、工作单位、手机号码等，并上报公安局联网系统，同步外地人口信息，核对、确定该人是否“可疑”“有案底”，对敏感目标实施就要加大“监视”和管控。为了防止漏登错登，他们会在网格内布满“眼线”，包括房东、志愿者、老年人等，吩咐他们一有生面孔，就要及时通知他。

其实，不只是对外地人口的管控，对于日常生活的一切信息收集工作都可以看作是管控的一种手段。66 个网格组成了一个巨大的信息收集网络，通过划分网格，网格长运用着新技术（手机 APP、监控探头）和志愿者情报网络在社区内巡查和及时解决各种问题隐患，定期将信息上报给相关职能部门，有效地在网格内部收集所需一切信息，66 个网格结成了一张信息收集的大网络。

比如在访谈 T 居委会的网格长过程中，发现他们运用“互联网＋”的思维，还开设了一个微信群，居民可利用微信上报生活中遇到的困难，通过微信向网格长反映发现的问题，简化了参与社区治理的渠道和程序，提高了居民上报诉求，提高了社区治理的效率。

因为我们对这个区域比较熟悉，所以有哪些人在什么地方的话脑子里也都是有些印象的，然后有的时候我们也通过微信嘛，就是我们把房子、人员的信息都加了微信了，然后有房东也会告诉我们，就是我这边的房子换人了，要求我们去上门登记，因为这样子的话房东也放心嘛，比如说你

这边有没有住惯犯什么的，所以房东还是挺配合我们调查的。（Case02）

楼道灯不亮啊，下水道堵塞啊，厨房间漏水啊或者阳台上怎么样啦，现在一般小问题他们都会来问我们的，因为他们有些居民都加了微信群，然后他们有的时候就会直接在微信上告诉我们窨井盖碎掉啦，这个几零几的楼道灯不亮啊，然后我们及时的跟物业的啊，环卫所的啊，垃圾就跟环卫所，像那个楼道灯不亮我们直接就会跟物业联系。（Case03）

可见，微信的运用，使得这张以66个网格结成的大网更加疏而不漏，再加之以志愿者为代表的“眼线”的紧密巡逻，网格内的一切人与事都尽在网格长的掌握之中。

2. 建立权威：基层治理者的治理策略

（1）借用国家和上级权威

基层治理者面临着一个很大的治理困境，与传统的“队长”不同，他们是由镇一级聘用，更主要的身份是管理者、政府的代言人，而不是由村民推举上来，群众代言人的身份缺失。另外，他们也不是行政职能部门的执法人员，没有执法权，这两点使得他们存在着传统权威和法理型权威的双重性缺失。王迪在对北京某居委会的调查中发现，居委会工作中存在着一个“话语包装”的特点：从“中央提出建立和谐社会”到“北京市会议精神”，再到“街道工作思路”，逐层递进，将居委会的工作纳入“从中央到社区”的体系中[①]。笔者从S镇的工作汇报以及其他相关文件中，也发现了这一特点，处处都是“深入贯彻党的十八大和十八届三中、四中全会精神”“深入贯彻落实科学发展观”“结合上海市文件精神”“完成镇四届人大四次会议确定的主要目标任务”，使得自己的工作要求都代表着国家精神由上而下的传递，充分显示了其背后所代表的国家权威[②]。通过这些“话语包装”，基层治理者增强了自己的“国家代言人”身份，成为国家权力和意志的贯彻执行者，这些都在对村（居）民的日常管理中，起到有效的动员作用。在访谈中发现，一旦网格长在工作过程中遇到村（居）民不配合，在再三劝说无果后，就会请出“上级政府”“领导”“中央”或“国家”这些尚方宝剑，以此来确立作为管理者的“合法性”身份，以及

① 王迪：《国家权力在城市基层社会的实现》，北京大学博士学位论文，2011年。
② 同上。

工作的“必要性”，甚至是“强制性”。

（2）以服务换权威

除了收集信息以外，提供服务是网格化模式的另一种治理技术。S镇村居提供的一些服务实际上与维护稳定的任务密切相关。首先，社区工作站试图通过为村民提供便民服务来培育与村民的良好关系。比如X村正在建设智慧小屋，提供养老助老服务，比如代收代缴水电费、医疗服务等，这些都是为了建立在不稳定时能够动员到的有效力量。李静君在对业主维权事件的调查中发现，老年人是维稳工作顺利开展的一个有效保障力量，比如一些退休人员和老年居民能够对他们的子女施加巨大的控制力，阻止其进行抗争①。同样，笔者在调查中也发现，S镇通过为老年人提供服务从而塑造一个好政府的形象，以期待一些德高望重的老年人能够在关键时刻对闹事子女或其他村民产生一定的影响力和控制力。

我们下一步计划，要在新源村开发这样一个智慧小屋，有一些养老助老啊、医疗平台，就是说你可以给他们代收代缴，因为向我们这种浦南地区，老年人比较多，年轻人都搬出去了，缴费，像电费水费这种，要跑到镇上来缴，我们可以实行网格长替他们来代缴费，代收代缴，你可以买东西也可以通过他们来买，因为我们就是要培养一个，按照我们领导的说法就是要打造成一支“一呼百应”的网格长队伍。他们智慧小屋里面其实什么都有，通过网格长，现在不是看病比较多吗比较难吗？你可以通过网格长，可以走绿色通道，挂上专家号，还有就是我刚刚所说的就是代缴代收，就是你们能想到的都放在这个智慧小屋里面，由网格长来操作，来帮你做。（Case01）

其次，网格长经常会下到网格中普及一些安全生产、规范经营和计划生育的知识，尤其是对外来人口的计划生育宣传服务，一方面是为了宣传计生，提高他们的计划生育意识，另一方面也是为了收集信息，比如巡查到外来人口怀孕，就要让她回老家生，实质上仍是对外地人口的管控。在问到一名网格长，对于外来人口是否有提供服务时，网格长是这样说的：

答：有，就是宣传计生方面的，宣传他们计划生育。因为他们计划生

① 张永宏、李静君：《制造同意——基层政府怎样吸纳民众抗争》，载《开放时代》2012年第7期。

育意识是比较淡薄的，男人重男轻女现象比较严重。

问：外来人口可以在这里生孩子吗？

答：不可以的，他们肚子大了，叫他们回老家，你在这里生了以后，我们就要扣钱，要扣分的。扣我们的分就是扣我们的钱。（Case14）

根据网格长的描述，如果外来人口在本地生育，网格长就要受到一定的惩罚，这种与考核机制直接挂钩的“服务”的严格性由此可见一斑，实质就是通过服务以达到对外来人口的管控。

S镇除了村居委会外，还有一个工业园区，负责工业区的3名网格长同时是S镇经济发展有限公司的职员，在与他们的访谈中发现，在企业和员工发生矛盾时，主要是欠保欠薪问题，网格长会给员工提供调解服务，代表他们与企业老板沟通。

问：那你们平时跟企业的老板啊员工啊会经常交流打交道吗？

答：员工的话基本上问一下就是工资有没有按时发啊这些，跟老板接触不多，我们一般跟人事办公室主任接触比较多。

问：如果企业与员工有矛盾的话也会让你们去调解吗？

答：对的，要看什么矛盾了。我们就是比如说没有按时交金嘛，就是欠保欠薪嘛，这个是我们去协商的，他个人的事情我们不管的。（Case25）

问及为何只注重此类服务，而其他方面的服务缺失的原因时，网格长表示发生欠薪时，员工都是一群人一起来投诉，为了防止他们闹事，发生群体性事件，必须要着重这方面的工作，安抚他们的情绪，解决他们的问题，特别是年底他们要回老家过年的时候。他们必须用服务换稳定。

网格长的管理逻辑很简单，他们相信人都是讲感情的。一位网格长对我们说：“刚开始的时候呢，不是很理解，现在呢看到我们的时候就是有的时候会主动跟我们打招呼，因为确确实实是帮他们解决了一些问题，所以他们才会觉得网格化管理是有优点的。”（Case02）

S镇网格化分中心工作人员的访谈中也说道：“刚刚开始的时候就是说，有99%的人是反对网格化这件事情，就是觉得网格长管得太多了，现在就是网格长管的真的很多，卫生清洁对哇，还有我们的拆违章，我们的违章搭建，都是由网格长发现，我们再去报的对哇，那网格长现在管的事情那么多，老百姓说违章建筑关你们什么事啊，对吧，就是说他们认为，你这个网格长干吗就是……就是管闲事，这个也要管，那个也要管，但是我们推行一年以后，至少有90%的人就是已经认同这个网格长的存在。因为大家就是觉得有事情都可以找网格长，他们可以帮你解决了。”（Case01）

网格化实施一年多以来，村民对于网格化管理看法的转变体现出一种以服务换权威的治理逻辑。网格长认为他们实际上并没有执法权，特别在农村的熟人社会中，村民缺少一种制度化的意识：

“不是说你是工作人员，他们就会听你的。”他们缺少一定的权威，一些工作很难推进。这些基层治理者的治理思路就是通过服务来换权威，通过服务来维稳，比如“我这次对你好，你下次肯定就会听我的，所以平常要和他们多提供些便民利民的服务以建立感情，如果以后工作中出现了矛盾，就可以打好这张‘感情牌’”。

问：做网格长有什么要求吗？

答：做社区工作嘛肯定嘴巴要甜，做事要能吃苦耐劳的，说得难听点就是别人骂你了不要有怨言你要能忍的那种，各式各样的人都碰得到的，他要是不配合，特别是上门采集啊，他不肯拿出来的话，话还说得挺难听的，一天到晚登记登记的，有什么好登记的，登记给你们有什么用啊。（Case03）

问：听说您是做得最好的网格长？您是怎么做到的呢？

答：这个就是说什么呢，把居民的事当自己的事，你比如说社区里，我自己网格内，有孤寡老人，就是一个人住的，有些人比如说经常生病的，我就会经常去提醒，阿婆该吃药了，今天中饭烧了吗？就等于像用孙子一样的心理去对待人家老人。还有居民的事情当作自己的事情。这样有什么工作他们才会配合，也不会有意见。（Case04）

上述例子中证明了这些“感情牌”在基层工作中是至关重要的。因为基层治理者没有执法权，只能选择软权力，也就是如下面这名网格长口中所说的“磨”。

问：那你觉得你们的要求居民们会听吗？

答：如果是合理的要求肯定会听的。比如现在的拆违章，现在不是全市都在拆违吗，拆违章这个问题，你说肯定哪家里自己辛辛苦苦搭的房子肯定不愿意拆掉是吧，这就给我们的工作增加了难度，这就是刚刚你说的我们的一个困难，这个也是困难，我们要一次、两次、三次，甚至是多次，我们也要跑到他们家里去，跟他们“磨”嘴皮。

问：不能直接找职能部门吗？

答：职能部门，这个嘛，现在也是人性化管理，尽量我们先去给他做思想工作，因为尽量能做到让他心里满意，说服他。

问：能说服吗？

答：基本上有些人呢，比方说，自己带头了，自己家里也有那个违章的，网格长带头，把自己家里先拆掉，起到一个带头作用，这样呢也有个说服力。（Case04）

由于网格长内生于基层村民中，和村民具有亲近的关系，他们在解决一些棘手的问题时就会显得容易一些。他们会运用不同的治理方式，比如上述的网格长带头、软硬兼施、运用人情，或是塑造一个道德政府，除这些以外，还利用信息技术不断创新工作方法，比如T居委会网格长将自己网格内的居民加入一个微信群，有问题直接在微信上告知，方便了居民，也方便了自己的治理。

综上所述，由于国家权力的规训，基层治理者以维护稳定作为一切工作的终极目标。然而，一直没有具体标准来规定该怎么维稳，他们只能在自己的治理单元里建立与被治理者的情感支持，通过付出换权威，服务换稳定。

二、乡村社会关联

村庄秩序，简单地说，就是村庄得以聚集的方式。学术界普遍认为村庄秩序的获得有两种途径：一个是靠外生力量，如国家行政力量介入；另一个是靠内生力量，由村庄内部自发形成的，如农村的乡规民约、村民自治等。而不管是哪种村庄秩序的获得都是以村庄内部的社会关联为基础的，比如村庄的政治关系、村庄的经济合作关系以及村民生活中的社会联系。通过村民之间的互动形成社会关联，改变村庄社会关系网络，从而改变村庄秩序。

社会关联最早由迪尔凯姆提出，他阐释的社会关联是一种联系状态，是将建立在某种共同情感、信仰或者价值观基础上的个体与个体、个体与群体以及群体与群体结合在一起的社会纽带①。中国学者将这一概念用在

① 埃米尔·涂尔干：《社会分工论》（渠东译），北京·三联书店，2008年版，第10—15页。

村庄社会秩序的研究中。贺雪峰提出了村庄社会关联的概念，这一概念是指“在村庄内村民因为地缘关系、血缘关系、生产互惠、共同经历以及社会契约关系和权威—服从关系等，所结成的人与人之间联系的总和”①。

本章中的村庄社会关联指的是村庄内部的民众各种关系的总和，包括干群之间、村民与村民之间、本地人口和外来人口之间的社会关联；包括政治、经济、文化和日常生活等方面的社会关联；包括国家主导的社会关联和村庄内生的社会关联。因为本章主要从国家与社会关系视角出发，所以下面按照第三种分类分别进行讨论，探讨这两种社会关联在国家权力影响下的变化。

1. 国家建构的社会关联

由前面几节的分析可知，国家在基层通过行政权力的下沉实现了对基层社会的控制。国家在乡村社会设置政权“代理人”——社区工作站和网格长，甚至将村庄社会中的传统力量——过去的村民小组长、队长、妇女主任以及退休老干部吸纳行政体系中执行和贯彻行政政策，必然导致了乡村社会关系网络的改变，即社会关联的改变。那么由国家主导的强制性力量支配下达成的村民间相互联系是怎样的状态，这是我们接下来要探讨的。

通过对S镇的调查，笔者主要通过两方面来分析国家主导下达致的村庄社会关联，一个是通过最能体现村民自治的选举活动产生的政治关联，另一个是通过建立一些文化活动场所以及举办文化活动而产生的村民间的日常文化活动关联。

国家通过自上而下的制度设计，在村一级设立自治组织，实行社区自治，推行民主选举、民主决策、民主管理、民主监督，试图增强基层社会自治力量和村庄的社会关联。然而在具体的实施过程中，笔者发现村民对于关系自身的村民选举、国家政策关心不多，政治参与意识比较淡薄，特别是在村民选举上，虽然每个村民基本上都会参与，但是参与程度和积极性都不是很高。一般来说，在民主选举过程中，村民并没有表现出明显的兴趣，并不觉得选举是自己的权利。据笔者采访，大多数村民对于选举的

---

① 贺雪峰：《论村庄社会关联——兼论村庄秩序的社会基础》，载《中国科学社会》2002年版，第4页。

态度都是“不关心”“不清楚”“别人让我选谁我就选谁”“选不选都一样”“走个形式”等。究其原因，一方面虽然村民委员会在选举过程中努力按照选举的流程以及文件精神进行，很多村民都表示“选举都是上头安排的”，比如网格长的任用，很多村民表示并未征求过他们的意见，甚至有些村民压根不知道网格长的“存在”；另一方面，S镇中有能力的人都纷纷到松江区和上海市区谋生发展，读书出去的村民更不愿回来，导致了村庄精英的流失。日本东京大学田原史起认为，中国农村振兴无法推行的一个主要原因就是农村人才的缺失以及人才的外流①。这在笔者的调查中得到了证实。然而访谈中发现村民其实有着对于理想中的村干部的期望：一是有领导力，有经济头脑；二是有公益心，愿意为村民服务。但是上头对于选举的“操控”加上人才的流失，使得现实的情况与村民的期望存在很大差距，这样的选举制度并不能使符合村民期望的人被选出来。据有些村民反映，现实中的村干部甚至形成了一个利益群体，只为自己谋福利，而真正为村民着想的比较少。他们普遍认为：“上面的政策是好的，想搞民主的，是为老百姓的，但是下面的执行就会慢慢脱离了上面的精神，一到后头就不知道歪到哪里去了。”于是，期望落空，村民对于选举和村干部的失望以及不信任转向了对村落政治的消极对待。张文明根据帕特南提出的“在一个共同体中，随着信任水平的增加，合作的可能性也就越大”这一理论反思：是否是因为选举活动没有按照既有程序操作而使得村民的信任感开始下降？如果是这样，说明村民在村落的以选举为特征的社会行动过程中可能“不是昏昏然”的，相反是因为对选举的“操控”让村民无法通过合理的手段选出他们认为合适的人导致信任度的降低，这成为影响农村自治及村民社会信任的很重要的障碍因素②。

另外，在文化生活方面，据网格长反映，S镇经常会举办一些公共文化活动，组织村民参与，比如植树活动、环保活动、学雷锋行动、妇女节活动、保健活动等，但是在对村民的访谈中发现，他们很少会去参加这些活动。从村民的叙述来看，一是村民忙于工作，没有太多空闲时间；二是村民对这些活动也不太感兴趣，缺少参与公共活动的意识，甚至有些村民

① 张文明：《上海农村调查》，北京·中国社会出版社，2014年版，第88页。

② 张文明：《上海农村调查》，北京·中国社会出版社，2014年版，第86—88页。

压根不知道有这些活动。

从以上分析，笔者可以得出结论：国家权力虽然通过各种方式强化了对乡村基层社会的控制，但是村民对于国家强制力建构下的各种组织和活动的参与度并不高。随着村民自治制度在乡村社会的实施，国家试图通过权力的下沉，在村民委员会、社区工作站、网格中不同程度的发挥来提高村民的政治参与性，但是，村民对于这些组织的参与度远远不够，基于此而产生的政治关联并未增强。另外，虽然政府举办了各种文化活动，鼓励村民参与，但是村民并未真正参与其中，由此而发生的文化关联也并未增强。

2. 村庄内生的社会关联

在生产领域，随着农村市场化建设的加快推进，农民由传统的专职种地纷纷转向从事兼职农业，特别是年轻人基本上已经完全脱离土地，村民之间由于农业生产而进行的合作劳动和互帮互助逐渐较少，由此而发生的社会关联逐渐弱化。

另外，村民的社会关系网络也产生了变化。村民逐渐具有市场理性，注重经济利益。传统农村社会，集体意识和伦理道德是村民交往所遵循的准则。而现在村民之间的交往逐渐趋于理性化，经济利益成为最重要的考量标准。S 镇大部分本地居民都选择外出谋生，所以很多村民的生产生活重心已经开始偏离村落这个传统的生活空间，导致他们很少去参加村落的各种活动。村民正在成为一个个“原子化的个体”，村落社会有组织活动的日益减少，使得村民间的联络纽带被割裂，因此导致村民的集体行动意识正在日益萎缩，对村庄事务的关心也明显缺失，村庄共同体意识减弱。这加剧了“熟人社会”的陌生化趋势。当下村民交往最多的仍是邻里之间，邻居是村民最重要的交往对象。但是从村民对于日常交往的描述中，笔者发现，虽然邻里交往最多，但是密切程度也大不如从前。

值得注意的是，由于 S 镇外来务工人员很多，使得邻里关系又增加了一种新的关系。他们与本地人之间的关系处于一种紧张的状态。从访谈中发现，大部分本地人都比较排斥外地人，认为外来人口的增多，对本地治安环境、居住环境造成了一定的破坏，并且分摊了本来就不太充足的公共资源，损害了本地居民的利益。而外地人也表示跟本地人很少有交往，只局限于租赁关系。所以外地人不可能真正融入当地，很难与本地居民增强联系。在谈到外地人必须办理暂住证，而且管理越来越严格的问题时，一名社区服务站的工作人员是这样说的：

说到底就是叫外地人回家，就是不让他们办居住证，就是减少外来人口，我们上海的资源都要被外地人抢光了，（外来）人口这里实在太多，小孩子读书，一个学校如果都在这里读书的话读也读不下来。我女儿在学校读小学三年级了，四个班级真正本地人估计合起来两个半都到不了。（Case08）

这个案例中的居民认为外来人员子女抢夺了本地学生的教育资源，破坏了当地的教学环境，对于一些“叫外地人回家”的政策非常支持。

问：那你觉得平常对外来人口的管理有必要吗？

答：那肯定有必要的啊，不管理不行的，外来人不管理不行的。

问：为什么呢？

答：外来人，我对你讲啊，他们有的时候出去搞搞蔬菜啊（偷）什么的也有，人家农民种的蔬菜有的人也要搞，少花钱喽，人家菜地上搞点就吃喽。我对你讲，外地人嘛，就是你身份证拿出来，暂住证拿出来，你住什么地方，哪里人，今年几岁，叫什么名字，在哪个厂子工作，住在哪一家人家，这个都要登记的。还有一个什么呢，了解是哪里人，有的时候有的坏的人也有的，叫他拿身份证出来他也不拿出来，你不拿出来我就是到上面去，反正网上都有的，就前一阵子嘛，东面来个小年轻，就是他刚监牢里出来，叫他拿身份证出来他不肯。（Case19）

在自治能力上，国家权力处于一种强势地位，但是农民却是一个个分散的个人，他们总体上呈现出一种“原子化的状态”。因此，农民的话语权难以得到有效的表达，农民之间形不成一种可以与村民委员会以及上级政府相对抗的力量。在村庄内缺乏有效的农民经济利益组织和其他能够聚合村民意见、表达村民公共看法、有效监督村务管理工作的组织体制[①]。很少有比如基于共同经济生活需要建立的专业合作组织、基于公共生活需要建立的社区群体组织、基于监督村庄民主而建立舆论组织等草根组织，导致村民很难形成可以与国家权力相抗衡的力量，很难真正实现自主管理。

① 刘义强：《中国农村村民自治：现状、问题、建议与趋势》，载《中国农村研究》（徐勇主编），北京·社会科学出版社，2007 年版，第 89 页。

在与S镇村民的访谈中发现，他们确实感受到了网格化管理带来的好处，比如公共服务完善了，村庄环境整洁了，社会治安变好了，但是村民并未增强对国家认同感和权力正当性的认同，对于这一新型治理的接受度却不那么乐观。一些村（居）民认为网格化管理管得太多，什么方面都管，传统乡村社会的一些行为（自家房子旁种菜、家门口晾晒衣服、店门前摆放货品等）都要被整顿禁止，打破了传统乡村社会的生活秩序，村民很不理解；而且虽然管得很多，但都不是出自民众的利益考虑，是一种被动治理，民众并不能从中受益。而且基层治理者在代表政府还是代表群众的问题上，村（居）民甚至是网格长都认为两者利益发生冲突时，最终还是代表政府，网格长的桥梁作用并未体现出来。所以，网格化治理，这种被国家视为一种正当化自己权力的新型方式，从乡村社会民众接受度来看，并未真正发挥作用。

究其原因，笔者认为主要是因为网格化模式体现的是一种自上而下的权力格局安排，虽然它有利于迅速掌握社情民意，但还是未能改变村民作为被动管理对象的局面。当国家利益与百姓利益出现矛盾的时候，缺少一种向上对抗政府的力量，社会中也没有任何一种自治力量可以与国家权力抗衡。这也是与传统乡村社会所不同的。比如在实行保甲制的很长一段时间，虽然国家从未停止将权力的触角延伸到乡村基层社会，与网格长相同，保长甲长都需要是本地域的居民，由地方官选任，对地方官负责，没有什么实权。职责也具有一定的行政性，维护社会治安和催办钱粮赋税。前者以维护地方统治秩序、严密防范和镇压民众反抗为首要目的。牌长每天需要进行户口稽查工作，逐家查问，若发生人口变化，如果是正常变化则上报甲长，经保长核实后更改户籍；若管辖区域内发现形迹可疑之人，需立即上报甲长，甲长上报保长，逐级上报，自己可以解决的自己查办，不能处理的上报官府捉拿。这其中可以看到网格化制度的相似之处。可以说网格化制度与保甲制一样，都是一种代表国家权力的体制内制度。但传统乡村基层社会中权力体系都是由三股力量所构成，“皇权—族权—绅权”，形成了一个稳定的三角关系。保甲制代表的皇权是一种体制内制度，族权和绅权则是乡村社会内生的影响力，在乡村社会，除了自上而下的国家权力的嵌入，还具有维系着乡村社会自我管理内部事务的自治权力。而这股自治权力足以约束乡村社会，国家若想获得对基层社会的控制，必须要依靠宗族组织以及地方精英们，所以行政权和自治权是分离的，掌握在不同主体手中。士绅是国家与百姓联结的桥梁，这与网格长的作用相似，为地方事务出谋划策，同时在官吏面前又代表着百姓利益。而且有学者表示保长不仅要侍奉地方官员，还要遵从地方士绅的意见。当国家与百姓之间的利益相互矛盾时，士绅则会批评，甚至反对和抵制政府的行为。传统社会中的基层社会治理之所以有效率并不在于国家权力的控制，而在于基层社会的乡绅、宗族等自治力量具有绝对的权威。而现在的村民自治实际上是一种形式民主，选举出来的村干部以及社区工作人员和网格长扮演的是国家代理人的角色，并不能够代表村民与国家政权抗衡，网格化制度下的乡村社会中，内生的传统自治力量已逐渐消逝，这从很大程度上弱化了村庄内生的社会关联。

因此，笔者发现不管是生产生活上，或是日常交往中，抑或是社区自治中，传统村庄内生的社会关联逐渐弱化。

在国家权力控制下的基层治理者行使着自己的治理逻辑。网格化模式实施以来，通过基层治理者的治理，为居民提供了各种公共服务，也提高社会的秩序，解决了流动性难题。杜赞奇说过：“权力的运作总是要去正当化自己的，通过与文化的方式去正当化权力的运作。”网格化模式下，作为国家意志在基层社会的贯彻者和执行者，基层治理者正是通过对被治理者生产生活等方面提供便利的服务，解决民众的问题，来换取治理的权威，塑造一个“道德型政府”，来正当化国家权力在基层社会的运作。因为只有通过服务，民众才会“见好就收”，配合治理者的治理，才会实现基层社会的稳定。

在当今的农村社会中，笔者发现不管是国家主导下的社会关联还是村庄内生的社会关联都没有得到加强，反而逐渐减弱。一方面，国家试图在基层社会建立公共文化活动以及政治选举等来调动村民的参与积极性，但是遗憾的是，村民并未能够真正参与到这些活动和组织中来。另一方面，随着市场化的发展以及从事职业的多样性，村民在农业生产上发生的社会关联减少；另外，村民的价值观发生变化，逐渐趋于经济理性，人际交往方式发生了变化；更为重要的是，传统的乡村精英也逐渐没落，社会自治力量并没有壮大。基于传统生产生活、交往活动以及社会自治力量带来的村庄内生的社会关联也逐渐减弱。

在国家权力的强势控制下，通过对基层治理者的规训，并运用各种技术化治理，实现了对基层社会的控制。但是具体实施过程中，可以发现：一方面，基层治理者的考核压力和工作压力，导致他们的角色迷失，以及治理策略上的变通与走样；另一方面，基层社会的社会关联，包括民众之间的关联以及民众与政府之间的关联，并没有得到实质性的增强，甚至传统的社会关联正在减弱。这值得我们反思。

第六节　结论

本研究主要从国家与社会的关系视角出发，以“网格化管理”为研究对象，在此基础上试图回答两个问题：一是国家权力如何进入基层社会，从而实现对基层社会的治理与控制；二是随着国家权力在基层社会的实现，乡村社会秩序又受到了怎样的影响。通过对这两个问题的回答，笔者进而对乡村社会的网格化管理进行评价，并且对该模式下的国家与社会关系进行探讨。

一、国家权力在基层社会的实现与强化

国家权力在基层社会的实现，依赖于国家权威在基层社会的合法性建立。因此国家必须重建在基层社会的合法性权力基础以及制度性进入渠道。

国家权力主要从三个方面重建其在基层社会的合法性。

第一，“中国式的国家政权建设主要体现为国家试图以新的组织精英、权威体系和正式的官僚制取代传统乡绅治理乡村社会的非正式治理形式，使国家权力深入基层社会之中，实现对乡村社会的控制”①。所以 S 镇改变了村（居）委会的组成和面貌，设立了新的社会组织——社区工作站和网格长，作为基层社会治理主体，他们成为国家权力在基层社会的重要支点和“腿”，为国家权力进入基层社会提供了组织和人员上的保证。

① 李建斌、李寒：《国家政权建设视野下的乡村建设》，载《江西师范大学学报（哲学社会科学版）》2007 年第 1 期。

第二，聘用大量社区积极分子，这些积极分子多是热心社区事务的退休老干部、老党员以及原先的村民小组长（楼组长）。相对而言，这些志愿者具有较强的国家观念，在农村社会中具有较高的权威和良好的人际关系。吸纳这些志愿者对于完成国家设定的治理目标和任务具有积极的促进作用。

第三，国家创新治理手段，运用技术化治理方式，通过规范、标准和可控的过程实现治理目标，并借助数字信息技术提升治理效率。通过选拔聘用和目标考核机制等一系列技术化治理，更大程度地控制基层治理主体，使得基层社会组织不得不依附于国家权力，成为国家意志在基层社会的延伸，国家基层政权的辅助组织。

二、国家权力影响下的基层社会治理

在权力关系的另一端，基层治理者必须朝着符合国家意志的方向发展。本章对基层治理主体的管理实践的研究发现，社区工作站以及网格长等社区治理主体面临着一个很大的治理困境，与传统的“队长”不同，他们是由镇一级聘用，更主要的身份是管理者、政府的代言人，而群众代言人的身份缺失。另外，他们也不是行政职能部门的执法人员，没有执法权，这两点使得他们存在着传统权威和法理型权威的双重性缺失。国家权力和治理困境的双重压力下，基层治理者形成了自己独特的治理逻辑。

第一，基层治理者通过借助国家权威和用服务换权威两种方式，来建立自己在基层社会治理过程中的权威，获得基层治理的合法性地位，以便更好地完成上面布置的行政事务。一旦网格长在工作过程中遇到村（居）民不配合，在再三劝说无果后，一方面他们会请出“上级政府”“领导”“中央”或“国家”这些尚方宝剑，以此来确立作为管理者的“合法性”身份，以及工作的“必要性”，甚至是“强制性”。另一方面，在平常生活中，他们会积极“为人民服务”，以获得群众的信任，为了建立在不稳定时能够动员的有效力量。

第二，严格的目标考核机制使得基层社会治理者面临着巨大的压力，形成了一种“压力型体制”。调查发现，为了达到考核目标，S镇基层治理者不得不采取一些应对策略。而上级政府只注重目标的实现，而不注重基层治理者的目标实现所采取的方式，这就为基层治理者提供了可以变通的自主空间。基层治理者在执行上级任务时，一切以目标为主，而不在乎其手段，甚至会采取一些违背善治原则的手段，比如为了达到维稳的目标，治理者运用新技术（互联网、监控探头）对基层社会采取全方面高强度的“监视”和管控，形成了一张无所不包的大网，每个人都被笼罩其中，通过巡查发现“事件”，进行处理或防范，化解风险或排除障碍，达到维护社会秩序的目的。治理主体的工作重点侧重于对“事件”的防范和处理，着眼“眼前”利益，管理服务的范围也仅限于需要应急处理的“事件”。而不是寄管理于服务之中，将重点放在对“人”的服务和提高人民生活质量上来。这体现了一种实用主义的治理逻辑。

三、国家权力影响下的乡村社会关联

对于乡村社会秩序的变化，本章主要通过乡村社会关联的角度来探讨。学界认为村庄秩序的获得有两种途径，一是靠国家的强制力量，二是靠村庄内生的传统力量。所以本章将社会关联分为两种类型，一是国家权力建构下的社会关联，二是村庄内生的社会关联。

一方面，网格化治理下，国家权力试图在基层社会建立公共文化活动、社会组织、政治选举等来调动村民的参与积极性，但令人遗憾的是，村民并未能够真正参与到这些活动和组织中来，并不能真正达到村民自治的目的。所以国家影响下的社会关联并未得到明显的加强。

另一方面，随着市场化的发展，传统乡村秩序发生了很大的变化，从事纯农业的农民越来越少，外出打工的村民越来越多，使得村民的土地意识逐渐降低，进而村民在农业生产上发生的社会关联减少；另外，村民的价值观发生变化，使得人际交往方式发生了变化，村庄共同体意识减弱，愈加趋于个体化、原子化，基于传统生产生活以及交往活动带来的村庄内生的社会关联减弱。此外，国家权力在基层社会设立了新的治理组织，选出了代表国家利益的代理人，使得这类新的乡村精英并不能维护村民的利益，而传统的乡村精英也逐渐没落，社会力量并没有壮大。

由以上两点笔者发现不管是国家主导下的社会关联还是村庄内生的社会关联都没有得到加强，反而逐渐减弱。新型的治理模式并未能够有效地增强村庄的社会关联，在一定程度上打破了传统乡村社会内发的村庄秩序。

第八章　村落的终结延续模式与人的流动

第一节　绪论

一、研究与问题的缘起

改革开放以来，上海的城市化速度一直处于全国领先水平。随着城市化水平不断提高，城市化进程表现为单向向郊区农村推进的趋势，特别是20世纪90年代以来，上海郊区农村城市化快速发展，村落不断地转变为城市的居住小区，逐步被纳入城市的发展体系中。村落的终结在城市化的推动下正在变成事实。对此，李培林在《村落的终结》中用数字进行了具体的说明："从1985年到2001年，中国村落的个数由于城镇化和村庄兼并等原因，从940617个锐减到709257个。仅2001年一年，中国那些延续了数千年的村落，就比2000年减少了25458个，平均每天减少约70个。"[①]在城市化和市场化快速发展的上海，城市强大的经济辐射力和扩散力，使处在近郊的Q村深受影响。在城市"拉力"不断增加，城乡差距不断扩大的背景下，大量农村人口离开土地外出谋求发展，肯留在村庄的只有那些年迈人员或"无技能"的中年人。作为农村社会生活的主体——村民的缺位，使得原有的村庄社会结构遭到破坏，传统的乡村社会关系随之也发生深刻的变化。原本空置的村庄随着外来人口的内迁，恢复了农村社会应有的活力，在某种程度上延续了村庄的发展。但是，在这样一个人口置换的

① 李培林：《村落的终结》，北京·商务印书馆，2004年版，第1页。

背景下，村庄发生了什么样的变化，随着本村人口的减少和外来人口的不断增加，这类传统意义上的村落是否走到了终结的关口上，那么与其他内陆村子发展不同的是，村庄还仍然在延续。这些问题引起了笔者的研究兴趣。

上海近郊农村有着自己的独特特征，这种类型的农村即大量的耕地仍然存在，村落的空间形态没有多大变化；但由于其处于都市的郊区，受城市的影响较大，村庄自身对外来人口存在着一定的拉力。外来人口的入住及生活对原本衰退的村庄起到一定的延续作用，并促使村庄向高度组织化的城市社区过渡。这类型的村庄社会是沿海发达地区农村发展的特色之一。

所以，基于以上的分析，本章主要想探讨的问题包括：作为村落的核心即社会关系，在村民迁出和外来人迁入这样一个过程中发生了怎样的变化？村庄社会的传统功能是如何一步步走向消亡的？而村庄在面对庞大的外来人口时，村庄的治理以及权威是怎样走向制度化的？因此，笔者假设，如果我们把传统村庄和城市社区作为村庄理想类型的两个极端，那么这个村庄的发展正是处于这个过程上的，而且是偏离传统村庄，靠近城市社区的点上。

二、理论视角与基本概念

1. 结构功能主义的视角

结构功能主义认为社会是具有一定结构或组织化手段的系统，社会的各组成部分以有序的有规律的方式相互关联着，并对社会整体发挥着必要的功能。整体是以平衡的状态存在着，任何部分的变化都会趋于新的平衡。正如林耀华在《金翼——中国家族制度的社会学研究》中所描写的一样，社会是“由竹竿和橡皮带所组成的框架结构，任何时候任何一个有弹性的皮带和一个竹竿的变化都可以使整个框架瓦解。人类行为的平衡，也是由类似这种人际关系网络所组成的。每一点都代表着单一的个体，而每个个体的变动都在这个体系中发生影响，反之他也受其他个体变动的影响”①。因此，依据结构功能的理论，一定的社会结构发挥着一定的功能，

① 林耀华：《金翼——中国家族制度的社会学研究》（庄孔韶、林宗成译），北京·三联书店，1989 年版。

而功能发挥的背后必定有一定的结构在支撑。在一个平衡稳定的系统中，如果某处结点出现断裂或失去平衡，将会导致牵一发而动全身的效果，使得整个社会系统的结构发生变化。社会关系的稳定与否是社会结构平衡与否的标志，所以说，具体的社会关系离不开现实的社会结构，不同的社会结构意味着不同的社会关系①。本章主要利用结构—功能主义的理论框架分析村庄结构的变化引起村庄传统社会功能的什么变化，主要侧重社会关系从传统不断走向疏远和理性化，以及村庄治理也发生相应的改变。

2. 日常生活理论

匈牙利女哲学家阿洛尼丝·赫勒（A. HELLER）在《日常生活》一书中从多方面分析了日常生活的基本结构和一般图式的特点。她认为如果个体要再生产出社会，他们就必须再生产出作为个体的自身，因此可以把日常生活界定为“那些同时使社会再生产成为可能的个体再生产要素的集合”②。认为日常生活具有以下特点：首先，日常生活具有重复性，是以重复性思维和重复性实践为基础的活动领域；其次，日常生活具有自在性，是以给定的规则和归类模式而理所当然、自然而然地展开的活动领域；最后，日常生活具有经验性和实用性。这就是说，所谓日常生活就是旨在维持个体生存和再生产的各种活动的总称。各种活动至少包括以下三个基本层次：一是日常消费活动。衣食住行、饮食男女等以个体的肉体生命延续为宗旨的日常生活资料的获得与消费活动，是日常生活世界的最基本的层面。二是日常交往活动。杂谈、闲聊、礼尚往来、情感交流、游戏等以日常语言为媒介、以血缘关系和天然情感为基础的日常交往活动，占据着日常生活的重要地位，并随着物质财富匮乏问题的相对缓解与科学技术的发展，日益丰富，它构成了人的日常社会活动。三是日常观念活动。这是一种非创造性的、以重复性为本质特征的自在思维活动。它包括传统、习惯、风俗、经验常识等自在的日常思维③。因此，日常生活是以常识为基础，以重复性、自在性和经验性为特征，处于特定的历史时空条件之下的人们所进行的衣食住行、婚丧嫁娶、风俗礼仪、岁时节日、行为心理等具

---

① 徐晓军：《内核 - 外围：传统乡土社会关系结构的变动——以鄂东乡村艾滋病人社会关系重构为例》，载《社会学研究》2009 年第 1 期。

② 阿洛尼丝·赫勒：《日常生活》，重庆出版社，1990 年版。

③ 杨建华：《日常生活：中国村落研究的一个新视角》，载《浙江学刊》2002 年第 4 期。

体生产和生活实践的抽象集合体[①]。而本章的日常生活理论主要侧重村民的日常交往活动，通过观察他们日常生活的互动，来探讨村庄日常生活背后的机制。

三、样本村概况

Q 村位于上海市宝山区 Y 镇西北，东与长江口隔江相望，南与宝钢相接，练祁河、钱陆路贯穿村庄的东西、南北。辖区总面积 1.29 平方公里。水陆交通十分便利，村口有直接到镇上的公交车，步行 20 分钟左右可到镇中心。1949 年新中国成立后属新分乡，1954 年组成三个初级合作社，1958 年为跃进公社第三大队钱潘中队，1962 年组建盛桥公社时改为 Q 大队，1954 年撤大队建立村民委员会。由自然村西钱宅、中钱宅、东钱宅、时家宅、曹家宅、东周家角、潘家宅组成。Q 村一共有 7 个村民自然小组，257 户，总人口 3666 人。本村人 795 人，外来人口 2871 人，其中村民有农保的为 276 人，有镇保的为 20 人，有城保的为 47 人，其他在村中的人没有保障。Q 村是一个多姓村，以钱、潘两大姓为主，还有周姓、陈姓等，在村中的领导班子中，主要以钱和潘姓占主导，可见其两大姓氏在村中的地位。Q 村共有耕地 604.0 亩，粮田 136 亩，常年菜田 285 亩，林地 180 亩，其他 3 亩，田地就在屋舍周围。村中有四家企业，一个经济合作社。且有全国最大的现代化钢铁企业上海宝钢集团坐落在 Y 镇东部[②]。Q 村各村民小组基本上都分布在贯穿村内公路的东西两侧，各村民小组聚族而居，但组与组之间距离间隔较远，这是由各个自然村合并为行政村的典型特征。各小组内的房屋距离很近，左邻右舍只有一墙相隔，有的甚至是相通的，中间没有任何东西阻隔。在房屋的形态上呈现的是年久失修、衰败凌乱的景象，由于有房屋高度的限制，因此都是二层楼的小院子。

① 常利兵：《日常生活研究的理论与方法——对一种社会史研究的再思考》，载《山西大学学报（哲学社会科学版）》2009 年第 3 期。

② 摘引自 Q 村村民委员会中自有的网络平台的数据。

第二节　流动的村庄：作为一种可能的村庄结构

中国传统的村落原本是一个相对稳定、有自己运行机制的共同体，在工业化、市场化未来临之前，村民的生活是安稳、朴实的。但在城市化、市场化的冲击下，打破了传统村庄原有的那份平衡，撼动了传统乡村的社会结构，乡村社会丧失了原有的社会功能，失去了村庄原有的特征，引起乡村社会的变迁，尤其是处在大都市近郊的农村，这种变化更加明显。随着城市的不断发展，不断吸引着农村的剩余劳动力向城市转移，而处于沿海发达的都市近郊农村，完全务农的纯农户几乎是凤毛麟角，大多数的村民离开土地进入城镇从事非农工作，并且在城中购置房产，生活的重心已完全偏向城市。同时，农村中大量空置的房屋为外来人口进入城镇工作提供了很好的住所。我们知道，村庄社会结构的主体是活动着的人，人在社会结构中生活，受结构的制约，并在结构中建构自己的世界。而主体的变换，其相应的一套结构体系及制度安排也随之发生着转换。而传统村庄逐渐变得“空心化”，随着外来人口的入住使得村庄在某种程度上得到延续，在这种背景下，村庄的既有结构发生了哪些变化。作为一种可能性的村庄结构又由什么支撑？本章主要解决村庄在一种什么样的背景下进行运转的问题。从村庄的人口状况、产业状况、土地状况以及社区发展状况四方面来阐述。

一、村民外迁

在城市化以及市场化因素的推动下，城市吸引力的巨大，城乡差距的扩大，使得Q村的村民陆续走出村庄，进入城市谋求发展。根据笔者的访谈得知Q村在近20年的时间里，外出村民占总人口的2/3，留下来的是那些年老体衰的老人或无技能的中年人。而村民的离开，土地的撂荒，与村里的联系减弱，这些对村落产生了很大的影响，作为具有共同文化价值观的村落共同体在某种程度上逐渐地解体。

1. 人口的变化

20世纪90年代以来，Q村的村民开始陆续地向城镇转移，高峰是在

2000 年之后，这 10 年间，村里的居民大部分是在这个时期迁出去的。随着城乡差异的不断扩大，使得有能力，有文化、有技术的中青年人离开村庄进入都市或者离家不远的镇上生活。根据笔者在 Q 村作的调查，2/3 的村民在城镇从事非农工作并购置房产，实现了非农化的转移。

考察村中人口的情况，主要考察村中现在家庭结构以及外出人员的情况。也会引用张文明《上海市郊区农村“空洞化”状况调查》的相关数据进行说明。

表 8－1　家庭成员数频次分布

	家庭成员数									总计
	1 人	2 人	3 人	4 人	5 人	6 人	7 人	8 人	9 人	
频数	8	26	12	5	25	5	2	3	3	89
百分比	8. 99%	29. 21%	13. 48%	5. 62%	28. 09%	5. 62%	2. 25%	3. 37%	3. 37%	100%

家庭成员数反映着村庄的家庭结构，如表 8－1 所示，笔者抽取了 89 个有效样本数进行了调查。由表 8－1 中可知家庭成员数是两人的比例最高达 29. 2%。结合笔者访问该村的情况来看，两人家庭基本上是两个老人在村里居住，子女在城里居住，这种由空巢老人组成的空巢家庭在村庄中普遍存在。

表 8－2　非同居家庭成员的频数分布

非同居家庭成员的频数分布				
		应答数		有效百分比
		频数	百分比	
	在市区打工	5	10. 6%	12. 5%
	在镇上打工	16	34. 0%	40. 0%
	在外地或城里读书	12	25. 5%	30. 0%
	在养老院	1	2. 1%	2. 5%
	分居	12	25. 5%	30. 0%
	其他	1	2. 1%	2. 5%
总计		47	100. 0%	117. 5%

而从表8-2中可进一步看出未与老人在家居住的家庭成员大多是“在镇上打工”或是“分居”以及“外出读书”。可见，在样本中非同居家庭成员工作的地点多是在村外，主要集聚在镇上工作。因此，村中人口基本上都是在村外工作，留在村中的是一些没有劳动能力的老人，以空巢家庭为主，子女不在身边，节假日有空再回来看看在家的老人。

2. 土地意识的变化

费孝通先生说“土地不仅是农民生产粮食的基本资料，土地的产出率还直接跟农民的手艺、名声挂钩。土地使人们的生活有相对的保障，是农民安全感的直接来源。而且土地还是农民可继承财产中极其重要的一部分。”可见土地是传统村落的重要资源。因为土地、村落才具有明显的边界，在此基础上形成村民的集体认同感。而如今，对Q村村民来说，村民的土地意识如何，在村民生活中又占据着什么地位，又是怎样看待现在土地的呢？笔者主要从村民对土地的情感和土地对村民的作用两方面来阐述。

随着商品化、市场化观念的深入人心，伴随着土地耕种收益的下降，他们留下了收益较少的耕地，趁着城市化的机会出外谋发展。土地不再是村民赖以生存的唯一基础，不再是收入的唯一来源，更不是安全感的来源之所在。在访谈中问及村民没有土地或不种田时的安全感时，年纪大的和年轻的被访谈者有着几乎一致的观点，都认为安全感程度与土地的关联不大。

没什么感觉，年轻人都不在家，自己年纪大了种不动了，就在家门口的自留地种点蔬菜自己吃也蛮好的。（被访者Q01）

我们也老了，有田想种也种不动了，就是希望政府多给农民点钱，多给农民一点保障就好了。（被访者Q08）

而访问到周末从镇上回来的年轻人时，他们这样说道：

现在的生活压力这么大，种田的收入太少，而且又累，我们都不愿意种田的，也不会让自己的小孩以后种田，再说家里的地也少，有没有地都与安全感没多大关系，多挣钱才是保障。（被访者Q06）。

谈不上安全不安全，我觉得在这个时代种田是社会的退步，种田应该属于过去的事了，像西方国家都实现的是规模化经营，我们也应该那样。（被访者Q09）

可见，土地已不具备提供心理安全感的功能，对于不断变得理性的村民来说，物质保障也许更能给村民以安全感。因此，这也显现了土地在维系传统村民关系上的功能显得十分脆弱，这根纽带在不断地弱化、消减。

而从另一方面来看，由于Q村正处于都市发展的近郊区，是城市化重点推进的区域，在这个前提下村庄土地的升值空间比较大。所以，村民时刻在关注着村庄土地被征情况。这里的土地在2005年有一次大规模的征用，用来扩建上海申特型钢有限公司的厂房及辅助用房，共征用四队耕地11076.3平方米和七队的耕地1666平方米[①]。“与其放着没有什么收入，还不如让征走，可以获得征地补偿费。”村民这样评价土地对他们的价值。所以说土地对村民的作用体现在城市化过程中，土地作为一种资源，作为农民最后即将消失的庇护所的资金补偿，是农民当前最为关注土地价值之所在。土地不再是人格化了的土地，它只是外在于自己日常生活的物——有着生产力，也有经济价值还是可以增值的物。传统的土地观在城市化的面前变得支离破碎，变得更加实用和功利。

3. 产业的变化

(1) 劳动力向非农产业的转移

根据村民委员会的相关资料介绍，Q村在2000年时，村中共有本地居民189户，其中专职农业的有30户，从事兼职农业的，约占村庄总户数48%；而在2009年，村中本地居民257户，只有3户本村人在从事专职农业，仅占总户数的1%。从事专职农业的户数急剧缩小，而从事非农产业的人在逐渐攀升。同时，企业的数目也在增加，从原来的零家企业增至现在的四家企业，还建成一个农场。在表8-3中拥有本村户籍的378名从业人员中（不包括已经搬出去的村民），完全从事农业生产的只有3人，其余的均从事非农产业的工作，职业的种类包括制造业、建筑业、运输业、餐饮业以及服务业，等等，农村的劳动力基本实现了从第一产业向第二产业、第三产业转移，实现了从农业向非农业的转移。因此，Q村的村民收入基本来

① 数据来源：上海市宝山区人民政府网，网址：www.shbsq.gov.cn.

自从事第二产业、第三产业的活动。

表 8－3 2009 年 Q 村从事职业种类的分布情况

类别＼户籍	农业从业人员	工业从业人员							其他从业人员	合计
		制造业	建筑业	交通运输仓储	批发零售业	住宿和餐饮业	计算机、软件等	居民服务和服务业		
本市	3	176	33	20	20	5	14	62	45	378
非本市	60	699	411	501	0	103	0	210	0	1984
总计	63	875	444	521	20	108	14	272	45	2362

注：数据来源：Q 村农村基层组织和农村户数、人口及从业人员情况表，2009 年 12 月。

（2）就业地域

大多数村民从农业活动中转移到第二产业、第三产业，那么在城市化发达的都市近郊，他们在就业地域上有什么特点，对其的考察有助于更好地理解都市的发展对农村劳动力转移的作用。

表 8－4 Q 村从事非农工作村民的工作范围

人数＼劳动力类别	区域	工作单位	人数	总计
务工劳动力数	乡镇内务工	镇级集体企业	130	220
		村组集体企业	13	
		民营、私营、个体企业	47	
		镇村干部及事业单位	12	
		公益、技术服务等组织和社团	18	
	外出务工劳动力	乡外县内	58	65
		县外市内	6	
		市外	1	
从事家庭营业	在村中	从事第一产业	3	3
总计			288	288

通过表 8－4 中的数据呈现了 Q 村从事外出务工的村民大多数都集中在本镇和市区内，到外省务工的村民很少。可见处在发达都市近郊的农村，劳动力的转移得以依靠城市的发展，有足够的能力吸纳农村的劳动力。这是沿海地区发达城市周边村庄村民对就业地域选择的特点之一。从访谈中笔者也可以看出这一点。

我们没有地了，村里又没有活干，别看村里有工厂，但是那些工厂不要我们本村人的，除非你有点关系，都是私人老板自己带人过来的。我们只能在外面找找工作，一般嘛，就在镇上的私营企业里干干活儿，有关系的有技术的进宝钢，还有的在市里面打工。（被访者 Q02）

在宝钢的餐饮部门干活，自己年纪大了也找不到什么好工作了，以前还可以种种地，现在连地都没有了，粮食什么的都要买着吃，所以还是得找份工作养活自己。（被访者 Q01）

一般嘛就在宝山区还有 YP 打工，市里面也有去的，但是比较少，一般都是读书留下来，或者有本事的年轻人，去外省的就更加少了。（被访者 Q05）

4. 社区生活的变化

土地是村庄生活的基础，通过土地联结起来的村庄共同体，在人口的外迁之下，逐渐打破这种封闭、平衡的状态，不断瓦解着有共同价值观、有共同地方记忆及认同度较高的农村社区。对迁出去的村民来说，村庄生活仅是其生活的一部分，并且是越来越少的一部分，他们的生活重心逐渐向村外转移。随着走出村庄的人日益增多，村庄的自然边界和社会边界均被打破，村庄的共同生活遭到破坏。村民的共同意识日趋淡薄，失去了对村庄的认同感，村民日益“原子化”和“边缘化”，参与村庄活动的积极性也大大地降低。对村中的政治生活显得冷淡，很少关心村中事务，即使在选举的时候，也由其家里的老人代为投票。由于人口的减少，使得原本单调的农村生活变得更加单调。

二、外来人口迁入

1. 农村的租房群体

由于 Q 村位于上海市近郊，离镇中心较近，进入城镇的交通也很方便。随着城市化和市场化的发展，城镇的拉力以及吸引力越来越大，Q 村村民逐渐从土地的束缚中走出来，进入城镇工作生活，购房定居成功转变为非农人员。而他们的离开，留下了不愿出村，也不想出村的老人以及村中无人居住的房屋。这些因素的组合，对从外省来上海以及城镇打工的人来说，相比较城镇里的高房租费，他们更愿意迁到离镇上不远的农村来住。从统计到的数字来看，截至 2009 年末，全村人口共 3666 人，只有 795 人是本村人，其余 2871 人是外来人口，外来人口在数量上是本村人的 3 倍多。如此庞大的一个数目，让笔者看到了外来人员充当了村庄的“住民”，白天在周边工厂、城镇工作，晚上在这里居住休息，对他们来说村庄就是一个居住的住所，再没其他更多的意义。

笔者在走访的过程中发现，每户村民家里约有 4—6 户外地人居住，基本上是一间房居住一户外来人，他们以亲属或同乡为单位居住。农户的房子基本上是两层楼，住在楼上的人一般都要自己在屋外搭一个简易的铁架楼梯，方便上下楼。甚至有的外来人为了节省成本，尽可能地利用村中可以居住的房屋。在访谈中笔者遇到一位湖南籍的外来人，居住在 Q 村的历史达 10 年之久。根据他的描述，现在他们一家居住的房子，是当地人以前的猪圈，因为面积大，条件不太好，成本比较低，就选择了这个地方作为一家五口人的安身之地。所以，选择在离城镇不远的村庄居住，是大多数外来人口的最优选择。笔者在访谈的过程中也问及选择在 Q 村租房的原因，一名当厨师的四川年轻人这样说道：“来这里已经四年多了，没有什么文化，就在 YP 镇一个饭店里当厨师，这里的房租便宜，一个月两三百，比工作地方的房租便宜多了，而且这边老乡也蛮多的，现在就是和一个老乡一起合租的。”刚住进来不久的被访者：“原来我在隔壁村租的房子，后来房东要涨房租，就找到 Q 村，这边每个月能便宜好几十。”

对于房租的收取是按月和面积计算的，在 Q 村是每月每平方米 10 元。房东一般都是居住在本村的上了年纪的人，也有的是在镇上居住的年轻人，每个月回来收一次房费就匆匆离开。庞大的租房群体涌现，一方面增加了村民的收入，尤其对村中的老人来说，这部分收入可以说是家庭收入的重要补充；另一方面，随着大量外来人口的进入，村中的秩序和环境受到了某种程度的影响，增加了村中管理成本以及环境卫生的难度。村党支部的钱书记谈到这点的时候说道：“总体来说他们进来好处是多于坏处的，充分利用了空置的房屋，同时也让村民获得了实际的好处，每年我们村的房租收入也不少。”

2. 土地的接替

在农村劳动力大量外迁、农村土地撂荒的背景下，外来人口的入住无疑给村庄注入了一股新的力量和发展的动力，外来人口大量承包土地，当地经济在一定程度上得到了发展，更加解放了当地的农村劳动力。

由表8－3中看出在村中从事农业活动的大多是非本市户籍人口，占村中从事专职农业活动人员的95%。他们基本上承担了整个村的大部分农田耕种任务，承包的面积多则几十亩，少则五六亩，承包的时间长短不一。承包的土地一般用来种植蔬菜、瓜果等经济作物。一名浙江籍菜农在谈到来Q村种田的原因时说道：

在老家种蘑菇价格低，收入少，销路也不好，后来通过老乡的介绍到了上海，在蘑菇成熟的季节专门有人来收购，卖得很快，而且收购价格比在老家高，不愁卖不出去。所以我们老两口在这里一干就干了7年，孩子也都毕业参加工作了，老劝我们俩不要干了，我想着趁年轻还能动，再干一两年回家养老。（W03）

因此，村子里从事专职农业的外来人并不是单纯的种植水稻等传统农作物，而是由市场引导，与市场的需求挂钩，通过自己掌握的种植技术经营经济作物。因此，外来人口的入住一方面有效地防止村庄耕地进一步走向空洞化，有效地提高了土地的利用价值；另一方面也使郊区农村发挥了它应有的作用，成为为城市源源不断地提供新鲜果蔬的供给站。这些都与外来人承担起土地耕种任务，从事农业活动离不开的，可以说他们间接地为上海的经济发展作出了贡献。

3. 社区的变化

大量的外来人进入村庄居住，他们在为村庄带来一定经济收益的同时，也给“熟人社会”带来了较强的冲击力和影响力。一方面，他们让原本同质性较强的社会，融进了许多“陌生”的因素，不断增加村庄的异质性，冲击着主要以血缘、地缘维持关系的传统方式，使传统逐渐渗透进利益和契约的因素；另一方面，村庄为了适应这种改变，在运行过程中必须考虑这些来自村外的陌生人，改变自身以往的村社运行规则以适应村庄的这些变化，如设立专门治理机构等。对村民的改变较明显的就是在Q村，村民的普通话水平普遍比较高，即使是六七十岁的老人，也能用普通话跟笔者交流。这是村民长期与外来人口交往而形成的一个习俗。“因为要收房租，要经常与他们接触，慢慢地我们就自然的与他们讲起了普通话。”一位老人得意地说道。这种互动的影响还表现在社会关系方面，这在下文有详细的探讨。

在Q村村民外迁、外来人口内迁的过程中，农民和外来人口的混居形成了不同职业类型、不同籍贯、不同生活方式以及不同文化素质的强烈对比与并存的局面。在村中，居民构成和社会群体之间呈现出强烈的异质性与流动性。因此，“流动的村庄”是Q村现阶段主要的特点，不断“流动的村庄”在逐渐瓦解着村庄原有的村庄秩序。村庄的村落度①不断降低，村庄结构在不断适应新的变化，传统的村庄社会关系逐渐受到冲击，村庄丧失了原本成其为村庄的传统本质，而村落的终结是否正在进行中，村庄的延续又是如何继续的?

第三节　村落终结

德国古典社会学家齐美尔将社会结构比喻为关系网络，他把社会想象为相互交织的社会关系，认为社会不是一个形式，而是一种过程，社会的本质存在于人与人之间的交往或互动过程之中。著名的人类学家拉德克利夫-布朗认为社会结构是指制度化的角色和关系中的人的配置，是“在由制度即社会上已确定的行为规范或模式所规定或支配的关系中，人的不断配置组合”。他将社会结构定义为“实际存在的社会关系的一种网络”②。在他看来，结构是存在于实体之间的一系列关系，而社会结构就是作为基本单元的个人所联结而成的社会关系，他由个人以及个人构成的有组织的群体互动构成的社会生活过程来维持。他提出应把人与人之间的一切关系看作是社会结构的一部分。从这个角度看，社会要素之间的关系就是社会结构。而根据结构功能主义的说法，结构的变动必将影响其相应功能的变化。基于以上说明，笔者认为村落社会结构的变动主要是村庄关系网络的

---

① 富永健一:《日本的现代化与社会变迁》，北京·商务印书馆，2004年版。

② A. R. 拉德克利夫-布朗:《社会人类学方法》（夏建中译），济南·山东人民出版社，1988年版，第148页。

变化。在本村人外迁及外地人内迁的过程中传统村落关系在逐渐地发生变化，相应的村落传统功能也在悄悄地改变。

李培林在研究羊城村时，谈到一个完整的村落共同体，其实具有五种可以识别的边界：即社会边界、文化边界、行政边界、自然边界和经济边界。他指出："……文化边界是基于共同价值体系的心理和社会认同；社会边界是基于血缘、地缘关系的社会关系圈子。""在传统的相对封闭的村落来说，这五种边界几乎是重合的，也就是一个农民一生的生活半径。但随着村落的开放，随着村落的非农化、工业化、去工业化和城市化，村落的边界也发生了分化，这五种边界也变得不再重合了。但是这个边界分化的过程，并不是杂乱无章的，它有一个从边缘到核心、从经济边界开放到社会边界开放的基本次序。""血缘和地缘关系的逐步淡化和消解，社会边界的彻底解体意味着村落的终结。"① 因此考察 Q 村"终结"的问题，笔者主要参照李培林对村落终结标志的界定，从村庄内核即文化和社会边界的变化来考察村落在何种程度上终结。

本节以 Q 村在本村人外迁、外来人口内迁以及村庄结构变化的情况下，讨论村庄的文化边界与社会边界问题，即村民对村庄文化认同以及村民的社会关系圈子的变化以及村庄经济上发生的变化。笔者将文化边界和社会边界归为村庄的核心边界，它是村庄的内核是村庄最难动摇的部分，也是村落成其为村落的标志。Q 村在城市化和市场化的影响下，吸引了大量的青壮年离乡进城打工，基本上实现了就业结构从农业向非农产业的转变，这是村落经济边界的开放；有的村民在城镇留下来并在城镇里工作和生活，生活的重心一步步地在偏离农村而转向城镇，这是自然边界得到了开放；而进入城镇后的村民购置房产改变了农村户口，这就是行政边界得到了开放，而本章重点考察的是村庄文化边界以及社会边界的开放程度，以此来考察上海近郊村落的终结与否。

一、村落文化边界日渐淡化

文化边界指的是基于共同价值体系的心理和社会认同。在一个传统的

① 李培林：《村落的终结——羊城村的故事》，北京·商务印书馆，2004 年版，第 41—42 页。

村落中，这种心理和社会认同主要体现在村民对村落的认同以及对村落文化的认同上。“熟人社会”中的村落文化是一种建立在特定文化基础上的社群文化或伦理文化，是村落特有的、共享的道德伦理、社区规范、社会制度、典章法律等，它可使具有村落同样生活方式的人，借此得以从事社会生活，形成特定的社区形态，这是狭义的村落文化的界定。村落这种文化使得村民之间有着强烈的地方感和共同的社区记忆，这些传统的价值体系在维系村中稳定和安宁的乡村秩序中发挥了核心作用。正是在这些文化观念的统领下，乡民们相互合作，共同生活，使乡村生活充满了浓厚的人情味儿，对村落有着强烈的认同感。然而市场经济和现代因素在村庄的渗入和影响，促使村庄流动性的加强和村庄边界的开放，不断冲击着村落的传统文化。

1. 村落认同

村落认同主要体现在村民对村落的心理归属上。在 Q 村村民的活动范围不断扩大、自然边界不断开放的情况下，村民对村落的感情表现出的态度也不一样。根据笔者的访谈，对待村庄的态度大致有这样三类情况，一类是对村落有着浓厚的感情，一类是将村落作为自身利益的来源，另一类是对村落比较冷漠。对村中居住的老年人来说，村落对于他们是“生于斯，死于斯”的是最后归宿，是他们一辈子不愿离开的地方，对村落有着强烈的认同感，不愿离开与他们朝夕相处的村庄。

他们那里我们不去的，去的话也是去帮忙看一看小孩，做一做饭，平时都是他们回来看我们，年纪大了不愿意在外面生活了。(被访者 Q05)

儿子、女儿在上海，我不去的，去那里都不习惯，都是他们歇班的时候回家来看我们，有时我们有事也会让他们回来。(被访者 Q07)

在城里住不习惯，整天在屋子里没地方走，挺无聊的，东西还死贵，哪有在农村住好啊，环境好，空气也好，行动也方便，还能经常去活动室打打牌。(被访者 Q08)

这是对村落有着较强依赖感的老年人对村庄的高度认同。而对村里的中年人来说，他们对村落却有着自己的算盘：

我们希望村子能够快点开发，好把我们的土地和房子征走，这样就有补偿费安置费了，现在我们村里也没有什么本地人，有钱的人都搬出去了，没钱的嘛就在村里受苦。(被访者 QP10)

现在农村都不是原来那样的农村了，上海发展这么快，到时候我们这边肯定会被征掉的，现在村里不让我们乱造房子，也不能扩房子，怕以后动迁要增加动迁成本，所以希望那一天早点到。（被访者 Q11）

靠国家把我们的房子拆掉，一征地户口就换了，农转非以后生活就有社会保障了。10 年以后这里全部是城镇化了，上海以后没有农村了，也不用再种田了。（被访者 Q14）

可见，村中的中年人希望土地被征或者房屋被动迁，他们认为这是摆脱农村进入城市的最好方式，也是最快的途径。在城乡差距不断扩大、农民生活保障仍然较低的情况下，农民以手中的房屋或土地作为交易的筹码换取未来生活的改善，这完全是出于他们理性思考衡量后的选择。他们向往城市的生活和市民待遇，对村庄的认同感已然淡化，对村落的关心也只剩下土地能否给自己带来经济利益这一点上。

而对于那些迁移出去住在城镇里的村民，不管从生活方式还是价值观上均已适应了城市里的生活，村落生活对他们来说相对比较陌生而且仅仅是其生活的一小部分。生活重心的转移，促使他们无暇顾及村落的活动和事务，对村落的关注自然就淡化了许多。就如访谈中遇到的一个假期回来的人所说的：

像我们在镇上住的，一般在周末或假期抽空回来看看家中的老人，帮老人修修东西、干干活儿，平时也没有啥时间回来的，对村里发生的事一般也是从老人口中知道的。（被访者 Q16）

通过以上三类村民对农村的看法，笔者了解到在城乡二元户籍制度的背景以及城乡差距加剧下的农村，村落的内聚力和自主性逐渐下降，村民对乡村的认同感弱化，剩下的多是对村落经济利益的期盼；另外随着流动性的加强，村落开放程度加大，村落和城市相互接触，村中的人与外部的关系联系紧密，生活重心的转移等都不断冲击和瓦解着传统农村所具有的共同价值观和共同的社区记忆，促使村落的认同感不断下降。

2. 村落的传统仪式

仪式是村落传统文化的重要组成部分，村落文化可理解为村落中一套行为规范和价值体系[①]。在村落文化的空间里生活，人们会自觉或不自觉

① 李银河：《生育与村落文化一爷之孙》，北京・文化艺术出版社，2003 年版，第 62 页。

地遵守村落文化规范。同时，村落文化是受国家权威影响的，在现代化的过程中，村落文化要随国家基层政权的变化而变迁的①。在传统的乡土社会中，村落的文化习俗具有一系列的社会功能，使得村落作为一个整体而得以延续。但在外界环境以及社会结构变动的强烈冲击下，人们的生活观念以及文化认同随着社会变迁而发生变化，村落习俗的功能也在弱化和消失。而在村民外迁以及生活观念不断变化下，使得原有的传统悄悄地转变，而不断地向城市的生活理念接近。对于传统中的大事来说，婚礼和葬礼是集中的体现，被访者在谈到如何办红白事的时候，表达了这样的看法：

丧事在家里办，喝喜酒上饭店，亲戚朋友街坊邻居都来参加。老人嘛都在家里办，年轻人都在饭店办，怕麻烦。丧事喜事都不送礼的，姐妹亲戚都来参加。送礼来的人，还会把礼退回去。（被访者 Q07）

办丧事都在家里办，请小队的人来帮帮忙，喜事都在饭店里了请些亲戚朋友过来聚聚，其他小队和外来人口都不参加的。（被访者 Q11）

有钱人家嘛就去饭店里，我们自己家就是把亲戚朋友请过来热闹热闹，自己买菜，请厨师过来做，就是这样的。（被访者 Q13）

婚丧嫁娶传统是村落中重要的传统文化，在传统农村，它始终是村民生活中的大事，是反映传统农村社会生活的典型事件，其本身具有很大的稳定性。而这种传统仪式的活动在 Q 村给笔者呈现的是传统性和现代性的交融。传统的农村，其红白事都要在当事人家里或近亲家里举办，这种集体性的活动增强了村庄的凝聚力和亲密性。

但是在 Q 村，传统的礼俗一方面仍保留传统的丧葬礼仪，传统村落的影子仍然散见于其中；另一方面，市场理性等现代性的因素不断侵入村落。体现较为明显的是在村中所举办的婚礼，作为人生重大事件之一的婚礼，随着仪式事件发生场所的变化，程序的简单化以及追求快速效率的特征，这些具有现代特征的因素，使得村落的传统掺入了“终结”的因素，生活时空和工作空间的变化是促使这些变化产生的因素。

正如吴毅在研究中指出的，传统的红白事的社会功能由单纯的庆贺和哀悼扩大为包括这两者在内的社区成员的非正式聚会，这种非正式聚会为

① 王铭铭：《村落视野中的文化与权力》，北京·三联书店，1997 年版，第 45—47 页。

村落成员的见面、沟通和交流提供了场合，它部分地填补了村落公共空间的空缺，满足了村落公共精神互动的需要。而笔者认为，传统村落在日益城市化与市场化中发生着变迁，其原先应有的功能不断地被弱化，婚丧嫁娶作为一种礼仪，不断地被简单化和效率化，消解了礼俗的传统（人情交往）功能，这是现代因素渗入的结果。

二、村庄社会边界日益模糊

社会边界是基于血缘、地缘关系的社会关系圈子。社会关系的变化首先体现在村民外迁后工作圈和生活圈的扩大导致村落人际交往关系的变化上。笔者在这里将社会关系界定为人与人之间的互动而结成的关系，主要指人际交往方面的关系。在传统村庄内部，村庄的流动性较低，而且从事农业活动，村民之间的同质性较强，因此社会关系仍保留着传统特色，注重人情，面子等。但在工业化和城市化的过程中，Q 村村民逐渐从从事农业产业活动转移到第二产业、第三产业，职业结构发生了根本性变化，促使社会阶层发生分化。职业结构的转变和社会阶层的分化又带来了乡村社会人际关系的变化。另外，由于村庄开放程度的增强，需要面临不断内迁的外地人，村庄的异质性程度较高。来自不同地域、拥有不同文化背景的群体聚居在一起，其间的互动必然变得复杂和多变。因此，笔者从以下三方面来探讨 Q 村的社会边界模糊问题，主要体现在亲缘关系的内聚、邻里关系的生疏和业缘关系的增强。

1. 亲缘关系：走向内核化

亲缘关系是村民人际关系中最为原始的一种。“亲缘关系是人类社会关系中相对于地缘关系、业缘关系而独立存在的亲属关系，它包括由生育带来的血亲群体和由婚配带来的姻亲群体，在社会结构中属于传统的先赋关系范畴”[①]。在传统村庄的日常生活和生产经营中，可以看到亲缘关系是无处不在的。一般在超出个人或家庭能力之外的事情或生活上发生困难需要求助的时候，大都向外请求帮助，这时亲戚会作为首选对象。在 Q 村，笔者发现这里的亲缘关系仅局限于由生育带来的血亲群体，村民们在遇到困难时，大都向自己最亲的人帮忙，比如子女。大多被访者认为子女和自

① 郭于华：《农村现代化过程中的传统亲缘关系》，载《社会学研究》1994 年第 4 期。

己才是最可靠的。

没什么人情味儿了，都是自己顾自己了。亲戚平时都不来往的，只有办喜事才来的，一般通知一下就过来了。(被访者 Q12)

没什么人求助，我老婆失业快两年在家了，都没有人来管的。上面表面上说的好听，谁来管你啊。(被访者 Q10)

没什么，有事给外面的儿子打电话，都能解决了，别人一般不叫的。像装个电表、粉刷墙这些活都是他们回来帮忙干的。(被访者 Q18)

从访谈中可以看出，亲缘关系仅局限于核心家庭范围之内，主要指父母子女之间基于血缘的直系血亲关系，其他诸如旁系、族亲之类的亲属，并没有在村民的日常生活中发挥作用。村民的外迁导致家庭结构发生变化，现居住在村落的家庭大多数是空巢家庭，子女因工作迁出村庄，留下年老的人在村里生活。通过上面的访谈可以看出 Q 村的社会支持体系是以核心家庭内部成员为主，在城市化的进程中，村落日益呈现出“原子化”的局面。

2. 邻里关系：生疏化

“邻里，就是一组户的联合，他们日常有着很亲密的接触并且互相帮助。……在日常生活中，当某人家有搬运笨重东西等类似的家务劳动，需要额外的劳力时，邻居们一起来帮忙。如果经济拮据，也可向邻居借到小额贷款，不需利息。此种互相帮助的关系，并不严格地限制在几户人家之中，它更多地取决于个人之间的亲密关系，而不是按照正式规定。”[①] 这是费孝通先生对“邻里”的界定，他认为：“地缘是血缘的投影，不分离的。”[②] 村里地缘关系最突出的表现是邻里关系，邻里之间的互帮互助，是传统村落重要的支持系统之一。那么现在的 Q 村邻里关系如何呢?

平时一般不跟邻里打交道的，一周只有一天休息，在家做做家务，打扫一下卫生，交往面比较窄，毕竟都是外地人，邻居也不认识。大家都很忙的，关系很淡漠，也互不找谁聊天，没时间。不像我以前在家里，邻居们在一起好热闹的，关系也比较好。(被访者 Q08)

一般不聊天的，大家都是各干各事，也没什么人交往，现在外地人比

① 费孝通:《江村经济》，上海人民出版社，2006 年版，第 69 页。
② 费孝通:《乡土中国·生育制度》，北京大学出版社，1998 年版，第 70 页。

较多，年轻人都出去了，年纪大的在农村里，平时就在家看家收房租，有时间去棋牌室打打牌。邻居们都是各干各的了，也不怎么聊天了。（被访者 Q11）

在农村里还好点，全都认识，但住在外面的全都不认识，跟他们打交道的也很少。（被访者 Q012）

如果把乡村社会视为一个有机体，那么随着社会流动的增加，村庄大量青壮年流失，基本角色的缺席便成为常态。从而导致乡村社会的日常生活运作不具“熟人社会”的特征，日渐呈现出帕森斯“社会系统”理论中认为的，由于缺乏足够数量的行动者而无法维持系统均衡的“病态”。正如吴重庆所说的那样，这种主体的缺失，可以称作为“无主体的熟人社会”[①]。Q 村虽然还是聚居社区，邻里之间依旧是“抬头不见低头见”的老熟人，但目前乡村社会大量青壮年劳动力定居城镇、外来人口入住以及由此而来的村庄生产、生活多元化，导致邻里关系的陌生化和生疏化，心理距离不断拉大。“村民”之间的异质性程度增加，导致乡村社会的日常生活运作不具“熟人社会”的特征，人与人之间互不关心的思想，使得村庄人际关系不断冷漠化，传统意义上的农村邻里关系逐渐向“陌生化”转变。

所以，这种现象导致村民私人生活和公共生活发生了重大的变化，村民之间串门聊天大为减少，家庭关系日益私密化，村民们更加需要一个公共生活的空间来打发闲暇时光。随着村民就业形式的多元化和经济社会的分化，他们越来越不适应过去以串门聊天打发时间的传统消遣方式，而是需要更加公共化的自由进退的闲暇消遣方式，这些表明村落正从“熟人社会”向“半熟人社会”的转变[②]。同时也暗示着以前作为日常生活活动公共空间的住宅和庭院逐渐被新的公共空间所代替，追求不受时间地点束缚的交往空间。在 Q 村的几次访谈过程中，院子里基本上是看不到当地人的身影的，村民平时有空大都集聚在老年活动室、外来人口管理室、棋牌室以及一些约定俗成的场所，打发闲暇时光。这种公共生活空间的形成，使得村落传统的日常活动方式不断与城市的生活方式接轨。

---

① 吴重庆：《无主体熟人社会》，载《开放时代》2002 年第 1 期。

② 贺雪峰：《农村的半熟人社会化与公共生活的重建——辽宁大古村调查》，载《中国乡村研究》（黄宗智编），福州 · 福建教育出版社，2010 年第 7 辑，第 149 页。

3. 业缘关系增强

受城市化的影响，村民的生活重心逐渐向外转移，在村庄血缘和地缘关系日益淡化下，村民通过从事非农工作而结成的同事关系即业缘关系却在逐渐发展起来。随着生活圈子和工作圈子的不断扩大，村中的青壮年与外界的联系日益广泛，朋友、同学关系越来越多，类似的人生经历、共同的兴趣爱好、一致的经济利益等，都正在构成人际关系的基础，使得业缘关系有可能成为村民交往中的主流关系。以前农村人情往来都是亲戚，现在人情中朋友的比重则越来越大。农民越来越成为社会各个朋友圈子的一部分，而不再只是宗族圈子的一员。而朋友圈子是团体格局的，正如徐勇所说的“圈子内的人具有一定的平等和互利性”。

在村里的还好点，全都认识，同一个村的话，经常会来往的。跟外面的同事来往的，交往比较多，比如搬家、请客、办喜事。外地的同事也多，也来往的，但走得不近，我们是两样的，大部分是跟上海人交往。(被访者Q05)

现在跟村里的人交往比较少，大都搬出去了。大多在外面跟工作上的人还有同学接触的比较多。(被访者Q09)

对于在村中的村民来说，他们非农职业的转变，让他们在村外建立了广泛的人际关系网，业缘关系不断增强和交往重心不断转移到村外，社会边界突破村庄和地域的边界，更加具有现代性的特点。随着亲缘关系的内核化以及村庄的地缘关系的弱化，业缘关系使得村民在城市中找到了另一种归属感，愈加接近城市，向城市靠拢。

而对于进入村落的外来人口来说，他们一般是通过老乡的关系介绍来沪务工的，首先通过地缘关系进入村庄，其次通过职业生活构建起属于自己的业缘关系，有的会与同乡关系重合。有的外来人与本地人之间建立了同事关系，这部分外来人主要是村中私企老板从老家直接带过来的。因此，缺乏血缘和地缘关系的外来人在村庄中通过同乡或业缘关系形成了自己的交往和生活圈，成为他们在异地生活的支持系统。业缘关系在村中的出现，使得各种社会关系在村落内交织，不断突破村庄的社会边界，开放程度日益增大，使得村落传统不断的，不断适应城市社会的理性、异质性的价值观和生活方式，村落的社会关系也逐渐呈现理性和功利的趋向，在一定程度上显示了村落的“终结”。

第四节　村庄延续

对本地人社会关系的现状进行了分析。而对于在人口数量上占优势的外省来沪人员在村中的社会关系的探讨，以及他们生活状况的考察也是必要的。因为，正是这些外来人员在村中的居住和生活，使得原本“空壳”的村落没有出现内陆村落由于大量农民劳动力的外出而导致村庄衰败的命运，反而在某种程度上得到了延续。村落不仅在体现在人口数量上，而且外来人口与村民的互动也出现了新的社会关系，同时也延续了村庄经济的发展。从另一个角度来考虑，外来人的进入对村落的结构产生了影响。结构的变动将会引起村落相应组织功能的变化，尤其是村落管理组织传统的治理方式的变化，从而不断塑造着村落的治理结构向高度组织化方向转变，逐渐与城市社区衔接，不断走向城市化。

一、文化认同和归属感

根据美国著名社会学家英格尔斯的观点，外来人员与本地居民接触的经验也会带来外来人员对流入地的认同感和归属感的形成。那么Q村的外来人员，在村落的日常生活与交往活动中，有没有建立起共同心理价值观和对流入地的归属感呢？有没有出现英格尔斯所指出的那样，会在流入地形成一定的认同感和归属感。

1. “居住”场所

据考察，外来人口进入村落的方式有两种：一种是通过租赁村中的房屋进入村庄；一种是通过承包租赁村中的土地，即通过实现就业的方式进入。这两种方式均很好地利用了村落的闲置资源，在村落的“硬实力”方面维持了村落的发展。但是，作为在村里生活着的群体，不仅要对村落硬性条件如提供住所和可耕种的土地有要求，而且对村落的“软实力”如得到村民的认同、融入村庄生活等也应该有所期望。在访谈中问及其对村落的看法时，被访谈的外来人表达了这样的看法：

他们这边本村人很小气的，而且看不起我们外地人，他们人情味儿少，就是口袋里有点钱。比如哪家老人去世了，就放一天就悄悄地抬出

去了，连个鞭炮都不放的。（被访者W01）

我们一天到晚在外面打工，晚上回来睡一觉，第二天又要上班。周末有时还要加班，哪有时间和当地人打交道，就跟房东稍微熟悉些，对于他们来说我们最多就是个租房子的，没什么感情的。（被访者 W03）

可见在这些外来人中间，将村落当成暂住地的在多数，而对村落认同感和归属感的建立是一个艰难而漫长的过程，这与乡村的乡土文化和制度方面有着密切的关系。

一方面在村落的传统文化中，传统的血缘和地缘关系决定了村民的身份，村民对村落认同感和归属感都是基于这两者产生的。外来人虽然在数量上远超于在村中的本地人，但成为村子里的人必须具备两个条件："一是在村里有土地，二是从婚姻中进入当地的亲属圈子。"[①] 而"外来人"作为系统外部的人，即使在村里承包土地进入，在心理上仍难以找到在家乡的那种归属感和被认同感，他们被排斥在村落活动的范围之外。如与本地人间的人情往来：

我们外地人都不参加当地人的婚丧嫁娶的，也不上礼的，我们跟他们交流比较封闭的，自己圈子里交往。（被访者 W01）

另一方面，外来人本身所具有的强流动性以及受户籍制度的制约，他们仅将村落当成一个居住地或者工作的场所，而没有心理感情上的期待。正是这种强流动性和归属感的缺乏，让外来人更加不受羁绊，如果他们发现有比这个村更低的房租、更好的耕种条件时，他们会随时理性地迁到别处去。

2. 返乡

在访谈的外来人中有个人已在村里居住达 10 年之久，10 年间，由开始的一个人，到后来的整个家庭，再到自己的亲戚朋友，都在这个村里租房住，在村外工厂打杂工。具有这种情况的外来人在村中不少见。在问及以后是否会考虑回家时，大家都有同样的想法：

要回去的，家里还有土地，出来也正是为了多挣点钱回去。（被访者 W04）

回去啊，长期在外面漂，不是个长久之计，等到自己种不动地了再回

① 费孝通：《乡土中国·生育制度》，北京大学出版社，1998 年版，第 72 页。

去养老。（被访者W05）

走一步看一步，但一般会回去的，上海的房子哪能买得起，不回去也不行，在这里多淘点金回去娶媳妇。（被访者 W02）

笔者看到返乡是外来人发展的最后出路。一方面，城市巨大的拉力将他们“拉”出来；另一方面，又是城市的斥力将他们排除在外。没有保障，没有归属感和认同感，在这种情况下，外来人口对这里的感觉只能是一个暂时居住的住所，返乡生活才是最后的归宿。

二、建构新的社会关系

在 Q 村居住的外来人口主要来自四川、安徽、湖南、山东等内陆地区。他们操着不同的口音，从事不同的职业，通过老乡的关系，从一个农村进入另外一个农村，不断增加其在农村中的数量，并在村中形成了以老乡为交往圈的关系网。那么外来人作为“陌生人”进入熟人社会中，打破了熟人社会的一套规则，他们如何建构自己在村中的关系网，在哪些地方又延续了村庄的关系网（他们是农村人，所以在与老乡交往的过程中，仍然运用的是他们在村中老家的逻辑，还是传统文化中的逻辑，这跟村庄人口流动前是一致的）。笔者主要从外来人介入村庄邻里，外来人间的交往以及他们的业缘关系三方面进行考察。

1. 介入日常邻里生活

Q 村村民的搬迁过程与“城中村”的形成是一个相异的过程，不是以往所研究的因外地人“侵入”而“挤走”本地人这样一个过程。它是本地人因城市的“拉力”搬迁出去，同时无意识地为外来人提供了居住空间的过程。Q 村也不像“超级村庄”那样拥有发达的工业和丰富的社区资源，唯一的优势是靠近经济最为发达的城市近郊，离城镇中心近受城市辐射较大。城市的“拉力”和村中为其提供合适的住所契合了外来人的需求，同时他们的入住打破了村庄人少地空的局面，给村中的日常生活带来了重要的变化。因此在青壮年主动迁出村落的背景下，外来人与本土居民之间的交往程度，村民对外来人的态度方面以及两者交往关系程度上都有着不同的特点。

外地人进入村落首先接触的本地人就是房东，他们在日常生活中经常会保持一种房客和房东的关系，关系的紧密度较差，更深层次的人情和情感交往关系在这里也是无法看到的。在访谈外地人与本地人是否打交道，频率如何时，湖南籍的唐某在院中跟笔者说道：

打交道的，但没什么事就各做各的。平时遇到寒暄几句，一般仅限于语言上的交流，人情往来是没有的，就是收房租的时候聊聊。（被访者W01）

而与承包当地土地的外来人聊到这个问题时：

像我们承包户一般住在地里，把房租都省了，也没什么邻居，可打交道的人也少。但有些村里人也会照顾一下我们，比如送我们旧家具之类的东西，我们也会时不时送他们些地里种的东西。（被访者W04）

而本地人与外地人的互动则是依赖于双方有经济上的关系，涉及利益关系方面的问题，更多地带有功利主义的色彩，在人情互惠方面也很有限，如下面所谈的：

平时打打招呼，需要帮忙的，就叫他们帮帮忙。他们有好有坏，大多数是四川人和安徽人，但毕竟坏人极少数的。他们来了，我们空着的房子，就有收入可以补贴家用。（被访者Q02）

与外地人没啥可打交道的，收房租时候、买菜的时候和他们聊聊天，平时嘛就和村子里的老人一起聊天，打牌。（被访者Q05）

跟他们关系差不多，经常和他们聊天外来人来这里租房是好处，把房子租给他们，给我们本地人增加收入。（被访者Q11）

可见，本村人一方面欢迎外来人进入村落的日常生活，对其有着经济上的依赖；另一方面又将他们排除在村落生活的外围形成有限的交往模式，互动范围极其有限。两者建立起来的房东与房客这样具有市场交易性质的经济关系，将传统互惠的邻里关系变成理性经济的契约关系。因此，可以看到村中外来人与本村人所建立起来的这种比邻而居的“邻里关系”是暂时和缺乏交流的。

2. 同乡关系

美国社会学家格兰诺维特通过对人们在求职途径中所运用的社会关系的考察，将关系状态分为“强关系”和“弱关系”状态。“强关系”是指人们之间建立起来的内部性纽带，以信任、亲密、友好为基础；“弱关系”以不经常互动或不太亲密为特征，但是其范围广、信息多，能够创造更多的工作机会和就业渠道。根据他的界定，同乡关系是典型的“弱关系”，在外来人的流动以及求职过程中发挥较强的功能。在Q村，外来人口的流动主要是依靠地缘关系，通过老乡带老乡、朋友带朋友而聚集在Q村。那么他们在闲暇时一般做什么，跟什么人交往来往的比较多，以此来考察他们的交往圈的范围。

我们就和老乡比较熟悉，住在一起大家有个照应，毕竟出门在外，要靠朋友老乡，本村人他们不愿意和我们打交道的，我们也融不进去，各玩各的。（被访者W01）

都在村里不出去的，在家里洗洗衣服，休息睡觉，偶尔也出去逛逛街，我们都是和老乡或厂子里的姐妹在一起玩。（被访者W03）

平时没事做了，和自己认识的乡人在一起聊聊天，本地人是不会加入我们的。（被访者W07）

没有空的时间，我们种田的一般就在田里守着，有空儿就去小卖铺凑凑热闹，看他们（外来人）打麻将闲聊几句，与其他人交往比较少的。（被访者W05）

在访谈的过程中，随处可见三三两两的年轻妇女坐在院子里聊天，有的干着手中的针线活，有的手中抱着小孩，很少看到本村人参与到她们的聊天中来。在外地人中间，一般是男的出外工作，女的在家带孩子，到处嬉戏玩耍的小孩，还有不少抱在手中的孩子。从外表看村落俨然是一个由熟人组成的传统农村社会，院中邻居聚集聊天，小孩沿街打闹，农田片片，呈现出的是一片和谐的农村社会生活。

通过以上的访谈可知，外来人口在近郊农村的交际圈子具有较大的局限性，其交往对象仅停留在老乡或与自身经历相似的外来人员的层面上。他们在流入地的农村重建着自己所熟悉的乡村社会生活和生存环境，以信赖的地缘关系为基础，构造一个以同乡为主体的亚社会结构，在这一重新建构的社会网络里，资源是以网内流向的方式为主的。Q村以外来人为主体的建立的关系网复苏了村中的传统关系网络，仍以“邻里关系”的交往为主，“邻里”之间互惠互助。因此在这层意义上，笔者可以说村庄得到了延续。

三、村庄的政治与治理

Q村仍然实行的是村民自治的治理方式，仍然是村民委员会和党支部是一套人马、两套班子，但是在流动性和异质性不断增强的情况下，村庄又呈现出不同的特点。

1. 村民委员会选举

村民委员会是国家法律明确规定的村民实行自我管理、自我教育、自我服务的农村基层群众性自治组织。农民通过村民委员会实行自治，实际上包含两重含义，一是参与影响执掌村域公共权力的村民委员会活动，如村民委员会选举、村务决策、村务监督；二是将村民委员会作为一个不同于县乡等地方行政区域的地域性自治平台，农民通过各种自组织开展自治活动。那么作为自我组织管理的村民委员会，村民是如何看待村庄的选举，在选举过程中倾向于给具备什么条件的人投票呢？

表 8－5　村民委员会选举中给谁投票的频数分布

		回答数		个案百分比
		频数	百分比	
	有公益心的人	12	11.3%	15.0%
	有经济头脑的人	5	4.7%	6.2%
	有领导能力的人	13	12.3%	16.2%
	原来的老领导	17	16.0%	21.2%
	年轻有知识有文化的人	3	2.8%	3.8%
	给谁都行	14	13.2%	17.5%
	指定人选没得选择	42	39.6%	52.5%
总计		106	100.0%	132.5%

注：其中选“自己家的亲戚”“自己的朋友”和“没搞过选举”三项均为零。

通过表 8－5 看出在 89 个样本中，回答总数排在前三位的依次是“指定的人没得选择”“原来的老领导”“给谁都行”，所占百分比分别为 39.6%、16% 和 13.2%。通过村民们的描述，在一些村子，经济利益已经成为村落政治的焦点，其操作模式演变成“买选票”。这样，村民“选择指定好的人”就极大缩短了选举流程，并在一定程度上掩盖了村民自治选举的民主性。从中可以看出村民在选举过程中还是会作出一个理性选择。对于老领导的青睐也表明村民自治的思维定式，以此规避新领导上任带来的风险。此外，老领导在之前的治理过程中积累下来的群众基础是一种社会资本，他们本身是一种信任表述和经验表述。选择自家亲戚和自己的朋友的均为零，这也表明了村民的选举行为在逐渐抛开传统的家族人情的关系纽带，转而从更为现实的层面上考虑问题，理性化程度有所提高，这也是农村现代化的一个侧面反映。

在“半熟人社会”中，村民委员会选举成为发生在村落中的一件大事，也正是这件大事折射出了村庄的“半熟人社会”的特点。“半熟人社会”的选举，由于村民之间的利益整合比较困难，加上村民缺乏制约村干部的舆论和监督机制，使得村民委员会选举中往往造成村民的政治挫折感，从而对选举的公正性和公平性提出质疑。就像村民所说的那样：

村民委员会选举说不民主吧也民主。每家都有告示，通知我们去选举。都会去的，每张票发 10 块钱，没有钱一个人也不会去的，说句老实话，就是冲着那10 块钱的面子去的。反正闲着，就一个小时，看在钱的面子上去啊。一般都是内定的，你自己写一个没用的，就你自己一票根本没用。

村民委员会选举是定期的，只是形式，他们都定好的。他们的名字都写好了，就让我们签个字，事先说好选他有什么好处，选上了什么都没有。他们到家里来，有领导过来，我们能不选他们吗？那些领导我们都不认识。

3 年一次，把我们集中一起，只要有选民资格的都要去的，回不来的年轻人就让家人代替，外来人是没有权利的，他们不能参与。

通过访谈的内容，村民对选举的参与度是比较高的，在村中的村民基本上都要去参加，在外工作的年轻人回不来让家里年长的父母代其参加。但年轻人代表有文化、有思想、有主见的一代人，大量年轻人在村中政治活动中角色的缺失，仅有村中的老人和少数留在村中的村民参与村中重大的政治活动。在某种程度上，村民事实上丧失了对村中政治活动的约束能力，政治的抗衡力量自然显得单薄和弱小。村庄选举流于形式，村民把权利当作一项任务来完成，当作与村组织的交易，形成一种“给钱我就去参选”的心理。村民的政治意识较为淡薄，在经济利益横行的当下，无暇顾及村庄的发展，关注的是自身的利益和权利，而村民委员会的功能一方面也在不断地往外流人口管理的方向转变。

2. 干群关系

表 8－6 村民委员会所做的事情的频数分布

频 数				
		回答数		个案百分比
		频数	百分比	
村民委员会为村民做的事项	指导农业生产	5	3.7%	5.7%
	调解村民间纠纷	17	12.6%	19.5%
	负责村子里道路、水利等设施的维护	45	33.3%	51.7%
	制订发展村落经济的计划	2	1.5%	2.3%
	招商引资	3	2.2%	3.4%
	做一些村民的社会保障等服务性工作	26	19.3%	29.9%
	完成上级政府交给的任务	6	4.4%	6.9%
	没做什么事	9	6.7%	10.3%
	不知道	22	16.3%	25.3%
合计		135	100.0%	155.2%

通过表 8－6 可以看出村民委员会在维护村庄的基础设施和社会保障服务性工作上得到村民的认可，在招商引资和制订经济计划方面有较少的认同。说明村民委员会的职能主要还是对内，以村民的基本生活服务为主，对村落经济上的发展贡献比较少。一方面村庄可依靠的资源少；另一方面由于村庄的地理位置，靠近上海近郊，农村劳动力流动性大，在村里生活的青壮年较少，外来人口居多。

在问及干部与群众的关系怎么样，经常来往吗？

他们都搬到公房里去住了，工作时间就和城里上班时间一样，平时没什么事不去找他们的，不像大队的时候，村干部和村民的关系好好的，经常和村民聊聊天，现在连个人影都看不到了。

一般有事的时候去找他们，没事不去村民委员会的，联系比较少，但平时家里办大事一般都要请他们的。

我们村的干部为老百姓还是做了不少好事的，像我们老人的养老金就比隔壁的村要每个月高出几十块钱。

村落的干群关系在一定程度上疏远了，一方面是空间距离的拉大，一方面是心理距离的扩大。但是村民委员会在情感上疏远了村民，但是在为村民做实事上，还是体现出一个管理阶层对村民的责任。

3. 村庄治理

村落对外来人口的开放，无论其开放的程度多少，都意味着传统村落社会中因外来人口的入住不断改变原来的治理和管理秩序。村落依靠权威、村规民约等传统的约束方式管理，在异质性不断增强的农村社会逐渐失效了。笔者看到村落不可能完全采用以前对待普通村民时以道德舆论约束的方式，它必须建立一些普遍主义的制度和规则。因此，Q村基于村落的环境，便于管理外来人口以及维护村落秩序，配备了村联防队来管理村庄的治安和环境，成立专门的机构如外来人口办公室，以加强对外来人口的登记、疏导、安置等管理工作。这些具有正式的行政机构的设置，改变了村庄传统的管理秩序。

在外来人之间发生较大冲突或矛盾的时候，联防队就会出面协调纠纷和矛盾，但不乏有的外来人直接拨打110，由公安局直接干预。一名本村人这样说道：

本地人之间的纠纷倒是挺少的，外地人的矛盾比较大，还结成帮派的斗。平时的小矛盾嘛像小孩被狗咬了私底下互相协商赔点医疗费就解决了；但大的纠纷他们会请联防队出面和解，有的甚至直接拨110，让公安局出面来解决，比如打架斗殴、偷东西之类的都要报警的。

虽然村民在处理纠纷的问题时，采用传统的或习惯的方式，但不可否认的是随着外来人的入住，村落需要依靠组织、法律等正式的手段来管理，外来人直接将日常生活纳入正式的组织制度之中，利益受损直接找国家的正式机关，这是他们在村落表现出理性的地方，也对村庄传统秩序造成一定的冲击。

村书记这样跟笔者说道：

村里的人大部分都搬到公房里去了，村里太多外来人了，我们也对如何管理这么多外来人制定了一些规则，毕竟他们和本村人是不一样的，管理他们需要新的方式。

第五节　结论

在城市化快速发展的上海，其近郊的农村不断地受其城市辐射力和吸引力的影响，将近郊农村的农民“拉”进城市，不断解放束缚在土地上的劳动力。本章通过对Q村的人口、土地、产业和社区四方面变化的描述，了解到Q村的农民基本实现了向非农的转移，多在城镇从事第二产业、第三产业，成功地从土地的束缚中走出来。农民作为一种职业，即从事农业生产活动的人，在Q村的当地人中仅存3人；但作为一种与生俱来的、很难改变的身份，则依然存在。因此，从农民作为一种职业的角度来说农民得到了终结。根据李培林对广州“羊城村”的研究中得出的结论：“人们通常认为村落的终结与农民的终结是同一个过程，就是非农化、工业化或户籍制度的变革过程，但在现实中，村落作为一种生活制度和社会关系网络，其终结过程要比农民的职业身份转变更加延迟和艰难。”① 作者考察的是上海近郊农村的终结以及延续问题，大中城市的吸引，村内中壮年人口整体移向城市，从而使村落成为“空壳村”，村落趋于解体的情形。而在外来人口入住的背景下村庄又发生了什么变化，是否走向终结？

通过对Q村社会边界和文化边界的考察，发现村民的生活重心在不断地向城市转移，迁出去的村民与村中的联系甚少，社会关系不断地走向衰退，但是村庄的形态仍然保存完好，这又为来沪务工的外来人口进入上海打工提供了一个很好的平台。因此需要关注村庄的延续——主要是外来人口对村庄的延续作用，他们在村庄承包土地、租赁房屋，维持了村落的经济发展。在流入地的社会关系方面，在都市近郊农村很好地复制和呈现了家乡传统的社会关系，同时又重构新的社会关系，在这个意义上来看外来人口的入住延续了村庄传统的“邻里”关系，延续了村庄的发展，不至于让近郊农村因为村落主体的流失而衰败下去；但大量外来人口的流入对村落秩序造成了一定的冲击，村落的治理方式不断地从传统的依靠村规民约转向现代的手段，如建立正式的组织机构和办公室，理性、契约、规则等

① 李培林：《村落的终结》，北京·商务印书馆，2004年版，第2页。

现代性的因素进入村落的管理方式中，使得农村社区不断走向组织化，不断向城市社区转变。

笔者将村落终结理解为在经济社会发展进程中，卷入城市化浪潮的村落由农村社区转向为城市社区这一现象。农村社区向城市社区的转变，村庄社会关系的彻底断裂，这是村落终结的标志。而外来人口在自身无意识的情况下促使了村落向现代城市社区的转变。所以，Q 村在外来人口的迁入这样一个变量影响下，其终结的过程不是那么容易的事。他将在传统村落向城市社区的过渡阶段来回徘徊，在终结和延续、现代和传统间来回碰撞和摩擦。

结　语

从1975年瑞典的哈马绍（Dag Hjalmar Agne Carl Hammarskj. ld）财团在联合国特别经济会议报告（*What Now*）中第一次使用了“不同的发展”（Another Development）概念开始，“内生发展（endogenous development）”的模式就开始被广泛关注与讨论。但是，遗憾的是内生发展思想在20世纪后半叶的发展过程中常常被现代化理论和全球化理论所淹没，在很多后发型国家，这种思想更是被当作意识形态对抗时期的产物而被束之高阁。在我国，这种“以人的基本精神与传统为基础，尊重发展多样性，重视‘社区’存在与自立”的内生发展思想同样被以城市化为特征的经济开发思想及全球性资本的跨国开发潮所掩盖——与之相对应的景象是：随着城市的无限扩张，资源被高度集中在城市社区，特别是大城市，这使得与之并存的农村社区资源日益枯竭，“空心化”态势明显。而这种趋势与日本20世纪60年代到80年代的四次“全国综合开发计划”非常相似，日本在战后经济高速发展过程中分别提出的“重化学工业向沿海集中（1962）”“建设都市型日本（1969）”“建设新干线（高铁）交通网络以降低地区间发展不平衡（1977）”“开发工业园区吸引资本（1987）”四次开发计划的直接结果是导致“农村环境破坏和农村空心化”①，间接结果是大量投资导致了传统村落社区的逐渐弱化以及可持续发展的基本动力逐渐丧失。

目前，我国由于外向型经济发展受到全球贸易萎靡的影响，“城市化水平与发达国家相比还处于较低水平，城市化可以确保中国经济继续发展30年”的论调正在被新一轮的发展理念所接受。但是，与之相对应的一个社会事实是，在主要城市外围，农村已经开始出现以“拆迁抗争”为特征的“赤裸裸”的抵抗和“再建边界”为特征的“静悄悄”的抵抗，城市

① 若原幸范：《内発的発展論の現実化に向けて》，载《社会教育研究》2007年3月号。

与农村的矛盾正在成为中国社会的主要矛盾，其中乡村的延续与否极可能正在成为这一矛盾的核心议题。总体上看，这种抗争目前主要发生在那些基本完成了工业化却还在积极推进城市化的主要大城市周围，与发达国家自上而下的政策调整不同，其呈现出明显的自下而上的"内生自发性"特征。

内生发展理论主要侧重于文化本身，指在社会变迁中由该社会的内部创造所引起的发展方式。内生发展的动力是本土资源，依赖本土劳动力创新机制，而不诉诸外在力量的驱使，不改变本土传统文化，有效调动民众自主性并且发挥其积极性和本土特色，主张自力更生改变处境①。英国莱斯特大学的 Lan Bowler 认为，应加强对本土（local）的强调来回应全球化的经济力量。内生发展意味着借助当地资源，发挥自我维持的一个过程，并且没有依赖于国际金融机构、跨国公司和国际监管机构制约的嵌入式发展②。该进程已经被广泛用于探索区域和农村发展的均衡问题，也在此基础上对于农业内生发展作了更多的努力，在那里"自下而上"的战略已与先前主导的"自上而下"或外生发展范式③相比较，呈现出鲜明的自力更生色彩。研究认为农业内生发展的基本特征是对本土资源的依赖、对发展的当地控制和本土发展利益的保持力，强调基于本土价值基础上的文化认同，并在本土发展优势上建立成熟的控制机制——自身边界维持，如此本土资源可为本土化发展提供再促进机制——即新的动力。

英国纽卡斯尔大学农村经济中心的 Christopher Ray 更多关注于区域身份，主张通过探索内生的或区域的发展活动和现代性反思的广阔社会力量之间的关系来寻找路径。目的是表明身份建构与区域建构之间的联系，认为这一身份的主要来源是文化、历史或物质。他指出区域身份建构的目的在于在制定战略和落实到地方结构过程中，这种地方结构可以使本土化协调更多和更有效的外部力量，而这种外部力量可能会破坏本土化的良好社

① 李国庆：《中国村落类型分析视角》，载百村调查试点村《行仁庄》卷导论，北京·社会科学文献出版社，2001 年版。

② Amin, A, "The Difficult Transition from Informal Economy to Marshallian Industrial District." Area 26 (1994), pp. 13 - 24.

③ Barke, M. & M. Newton, "The EU LEADER Initiative and Endogenous Rural Development." Journal of Rural Studies 13 (1997), pp. 319 - 341.

会经济基础。该方法试图以提高本土化的意识作为发展政策和行动单位[1]。无独有偶，目前在我国主要大城市周边发生的抗争运动正是这种本土化意识建构的一个现实版缩影。在城市化主导的经济发展理念的作用下，大城市外围的农村首当其冲成为城市扩张的一线区域，而目前的政策虽然建议保护农民群体的利益，但是开发主义（恐怖的经济主义[2]）的势力远非农民能够抵挡得了，在这样的背景下，在很多地区出现的个体性抗争抑或群体性抗争都具有极其明显的内生特征，表面上看是农民的一种利益维持行为，但实际上这正是农民基于本土资源建构自身区域身份而试图维持自身发展进程的行动。以中国目前城市化水平最高的上海为例，其城市化进程的一个显著特征是，本地农业人口向中心集镇流动和外来农业人口流入郊区特别是近郊农村，这一过程使得中国发达大都市的城市化与西方发达国家城市化的路径存在明显差异。这种“进出互补模式”使得在上海这种必须严重依赖外来人口实现发展的城市周边形成了一个新的“裙带”，在这里村落的本土性特征正在被日益强化，成为抵抗城市扩张的第一道屏障。其主要表现在两个方面：第一，由于外来人口和本地人口的“互补”使濒临崩溃的村落文化边界正在“静悄悄”地恢复并在强化；第二，这种文化边界形成得到了“历史与物质”上的强有力支持，本地村民基于集体资产利益分配考量与外来人口进行的“地租交易合作”行动使村落的行政和经济边界因由利益而被强化，并正在使得某些行动更加具有集体属性。

首先，上海周边农村的人口流动过程与“城中村”的形成有所不同，不是相关研究中讨论的“侵入”与“排挤”的过程，而是“出”与“进”的自然互补过程，本地村民的迁出主要是在城市拉力作用下的职业性和行政性迁出，而外来人口的迁入正好补充了这种人少地空的局面，这一过程比较自然，没有发生外来人口与本地人口争夺资源的矛盾——这为外来人口的大量涌入和“定住化”创造了条件。外来人口的进入主要是通过老乡关系到该村居住和劳动，他们作为“陌生人群”进入日渐空心化的村落社会中，随着数量的增加和居住时间的延长，使村落因为人员外流而日渐衰

① Christopher Ray, “Endogenous development in the era of reflexive modernity.” Journal of Rural Studies 15 (1999), pp. 257 –259.

② 宫本宪一：《地域開発はこれでよいか》，东京·岩波书店（新书），1973年版，第42页。

退的传统文化习惯得以延续，并在“城市优位主义”的背景下强化了村落的新集体认同。美国著名社会学家英格尔斯认为，外来人员与本地居民接触的经验也会促使外来人员对流入地的认同感和归属感的形成。在这里，由于本地居民的缺位及本地居民与外来人员之间的“地租依赖”关系的存在，致使两者之间的关系比较融洽并日趋牢固，外来人员对传统的重视正在逐步唤醒本地居民的传统文化记忆，同时，外来人员由于群体性移入而带来的传统文化习惯（与本地的文化习惯没有什么不同）的“现地化”植入，也对村落新归属感的形成起到了推动作用。另外，外来人员的同乡背景下的“文化韧性”以及城市郊区这一空间局限也事实上使村落的认同感得以强化，并日益形成新的力量。

其次，李培林认为“村落的经济边界是基于经济活动和财产权利的网络和疆域，村落的终结往往始肇于经济边界的开放”①，而笔者认为考察村落经济边界的存在与否更多应该考察“农民个体间的交易活动”②，但是这种交易活动却与“农民的实际社会区域的边界由他的基层市场区域的边界决定”③ 不同，而是更多强调交易媒介——货币化的土地。由于国家一系列关于宅基地及农业用地产权的规定，郊区农村目前还拥有土地和宅基地的农民已经清楚地认识到这些“资本”的“租借（给外地人）”将带给他们源源不断的收入，并且他们已经开始有意识地通过“讨价还价”等手段抵制城市化的“开发”。而事实是这种“地租交易”模式可能使村落的经济边界得以长时间的维持。人们在这种交易的过程中都会理性地维持自身利益——一方面希望以最低的价格保证生存空间的稳定，另一方面希望稳定的收益保证生活可持续。本地村民与外地村民通过交易活动的“最大化理性”使他们之间的关系更加融洽，共同发挥了维持村落经济边界——货币化的土地得以长时间存在的作用。与此密切相关，目前，在上海郊区农村很多地方都无法推行村改居制度，即使是在已经高度城市化的近郊农村，很多还保持着村的建制，其原因就是因为集体资产处置的障碍——这

① 李培林：《村落的终结》，北京・商务印书馆，2004 年版。

② 施坚雅：《中国农村的市场和社会结构》（史建云、徐秀丽译），北京・中国社会科学出版社，1998 年版，第 1—2 页。

③ 施坚雅：《中国农村的市场和社会结构》（史建云、徐秀丽译），北京・中国社会科学出版社，1998 年版，第 18 页。

种障碍的产生正是因为村民基于“集体身份”的维权行动。在村民看来，集体给他们带来巨大的现实利益和潜在利益，他们甚至有目的、有计划地在维持这种身份，而这种基于主动性的整体维持成为村落行政边界得以维系的主要基础，使得城市化再次遇到制度性障碍。

众所周知，对于农民来说，“土地是研究农民在土地上进化与发展的历史”①。因此，笔者认为土地集中体现了农民的集体认同——土地具有多重属性，主要有经济属性和文化属性，其中，经济属性在生产资料的生产和集体劳动的进行过程中形成了村民的集体认同感，如前所述，土地的生产功能虽然以“货币地租”和“集体身份”的形式存在，但是它却事实上在“交易”的过程中使土地的价值深入人心，使村民的集体认同得以强化；文化属性在生活方式的确立和社会交往系统形成的过程中使本土价值观得以再建。从两者之间的关系来看，文化属性是联系农民与农民身份之间的纽带，是形成村落集体认同的唯一载体，是乡村诸多边界存在的基石，如果农民对土地的集体认同感依然存在，无论这种认同是基于何种理性，那么以土地作为基础的乡村文化边界、经济边界以及行政边界都将长期存在。而且基于这种边界维持冲动的自发的维权行动也将持续展开，城市扩张不得不与这种具有强大动力的内生力量进行博弈，如果这种博弈最终因为社会稳定因素而不得不被重视，那么可能就是一次伟大变革的开始。

① 吴晔：《关于中国土地文化的几个问题》，载《中国土地》2008 年第 1 期。

后　记

本书是继2005年初《上海农村调查》之后，又一本研究上海郊区农村的著作，与之前对沪郊4个村的定量研究不同，本书展示了从2007年到2015年我和我的研究生们对沪郊农村8个村的定性访谈研究结果。

上海一直以来都是以城市的形象存在于中国乃至世界的文化人及学者的视野中，西方普遍把上海称为“魔都”。上海被称为“魔都”应该是从日本作家松村梢风（1889—1961年）在1923年第一次来到上海后发表在《中央公论》（1923年8月）上的《不可思议的都市“上海”》文章开始的，1924年由这篇文章改名而来的《魔都》正式由小西书店出版，从此在日本和西方，人们开始把上海称为“魔都”。在此之后，在日本及西方世界，关于上海作为都市的研究及文学著作多达几十部，从不同侧面对都市上海进行了各种叙事与研究——关于“魔都”的描述主要集中在上海作为一个大都市的世象百态：“裹挟所有秘密和罪恶的‘国际都市’”“冲破天际的摩天大楼、极其繁盛的茶馆、数量庞大的妓女群、鸦片窟。作为西方入口的国民国家的破坏能力”“一切事物并存的混沌世界”“魅惑并且危险的都市”“能够包容各种阴暗的城市”“文化繁荣与进步的引导”“世界各种规则交融的接点”……各种讨论不一而足，其中最为经典之作当为Harriet Sergeant作的《上海——魔都100年的兴亡》，该书第一章对上海作为远东第一都市的兴衰历史进行了全景式的描述，成为西方研究都市上海的切入点。

我们知道，上海虽然一直以来都是以都市面孔被“想象”，但是，作为一个行政区划单位，这里与其他内陆省份同样也存在着广阔的“农村”——“到中环，便能够看到大量的乡村风景，出了外环便觉得这里已经很不上海了”，这是我的那些来自全国各地的学生们来到这个城市后最多的感叹。与这种感叹相一致的是：在学术研究领域，也几乎没有人关注上海的农村。我在有限的国内研究中只找到了寥寥几个人（比如，华东师范大学的李学昌等）对上海郊区农村有所关注，除此以外，据我所知只有日本关西大学的石田浩作了极其细致的研究，他基于大量的田野调查在日本出版了三部专著：1993 年《中国农村经济的基本结构——上海近郊农村的工业化和现代化的过程》；1996 年，《中国传统农村的变革和工业化——上海近郊农村调查报告》；2005 年，《中国农村的结构变动与三农问题——上海郊区农村实态调查》。这三本书对 20 世纪 80 年代和 90 年代的上海郊区农村作了深入的田野调查，留下了大量珍贵的一手资料。2006 年我开始参与导师三谷孝的“华北农村再调查”项目，2007 年在山西平遥的调查中，来自神户大学的小岛教授听说我在进行上海郊区研究，爽快地答应把石田课题组调查的报告书寄给我，并在 2007 年年底寄到上海。从此，我一边研读相关资料与书籍，一边着手开始上海农村的研究。那一年也是我招收硕士研究生的开始，这些来自全国各地的学子们便很自然地跟着我踏访沪郊农村的家家户户，也开始了他们研究上海以及全国农村的学习历程。今天呈献给读者的就是我的部分研究生们在上海郊区农村田野调查后提交的硕士论文的部分内容：第一章，翟清菊（现在杭州科技职业技术学院）；第二章，滕燕华（现在上海开放大学崇明分校）；第三章，李红梅（现在顺丰快递上海公司）；第四章，张天颖（现在上海电信公司）；第五章，张会纤（现在河北省石家庄市军械工程学院）；第六章，周媛（现在江苏省苏州市吴中区党校）；第七章，陈罕（现在江苏省宿迁市宿城区党校）；第八章，夏兰兰（现在陕西省榆林市工商行政管理局）。其中，很多同学的田野调查都得到了我当时承担的上海市哲学社会科学课题“新农村建设与农村市民社会的形成：内发发展主义视角下的上海农村”、上海市浦江人才计划课题“大都市近郊农村的在地城市化与市民社会的形成——以上海和东京为例”、上海市决策咨询课题“上海郊区农村‘空洞化’状况调查研究”和“上海郊区居民生活状况调查研究”等课题的资助，并且引用了以上课题调查的相关数据。假如没有这些课题的资助，我的农村调查是无法展开的，那么，这些同学的这些生动多彩的研究也可能大打折扣。在全书的八章里，深入细致的田野调查内容为我们展现了今天上海农村的丰富的社会事实，这些内容从比较传统的社会治理及村庄政治到村落的日常习俗；从村落内源性发展的理性思考到家庭农场的实验；从大学生村官的制度嵌入到村落网格化治理的尝试；从都市内超级村庄的形成与村落的传统力量空心化等方方面面进行了全景式的展示，让我们看到即使在中国最为发达的城市型社会上海，其乡土性问题依然是一个很重要的问题，城乡差距与城乡区隔依然是这里未来很长一段时间的主题，可以这样说：人们想象中的上海依然“十分乡土”。

在此，我想借助本书的出版机会，感谢我的研究生们，他们在我回国10年的教学生涯中始终是我思想的重要源泉，他们敏捷的思维以及孜孜以求的吃苦精神始终也激励着我这个“导师”，没有他们专业的研究精神，这本书便不会呈现在读者面前。他们有的来自新疆、有的来自四川、有的来自海南、有的来自内蒙古，几乎遍布五湖四海，跟着我跑遍了上海的农村，我却没有带他们去过一趟淮海路、南京路这样的繁华商业街……他们有的甚至没有来得及深入了解这个“魔都”，便背起行囊回到了自己的家乡或者陌生的城市开始了“朝九晚五”的生活。也许，这种来去匆匆才应该是城市的生活方式。不知道他们在自己的孩子进入梦乡后，偶尔怀念的上海会是一种什么图景。

张文明

二零一六年于闵行校区法商楼

参 考 文 献

中文专著

艾尔·巴比，邱泽奇．社会研究方法［M］．北京：华夏出版社，2005.

奥尔森．集体行动的逻辑［M］．上海人民出版社，1995.

彼得·布劳．不平等和异质性［M］．北京：中国社会科学出版社，1991.

布迪厄．实践与反思［M］．北京：中央编译出版社，2004.

陈映芳．征地与郊区农村的城市化［M］．上海：文汇出版社，2003.

邓正来．国家与社会：中国市民社会研究［M］．北京大学出版社，2008.

杜赞奇．文化、权力与国家：1900—1942 年的华北农村［M］．南京：江苏人民出版社，2006.

费孝通，鹤见和子等．农村振兴和小城镇问题——中日学者共同研究［M］．南京：江苏人民出版社，1991.

费孝通．江村经济——中国农民的生活［M］．北京：商务印书馆，2006.

费孝通．乡土中国［M］．上海人民出版社，2006.

富永健一．社会学原理［M］．北京：社会科学文献出版社，1992.

富永健一著，李国庆，刘畅译．日本的现代化与社会变迁［M］．北京：商务印书馆，2004.

格尔茨．地方性知识［M］．北京：中央编译出版社，2000.

葛学溥．华南的乡村生活［M］．北京：知识产权出版社，2012.

贺雪峰．乡村治理的社会基础［M］．北京：中国社会科学出版社，2003.

贺雪峰．新乡土中国［M］．北京大学出版社，2013.

黄光国．面子——中国人的权力游戏［M］．北京：中国人民大学出版社，2004.

黄宗智．华北的小农经济与社会变迁［M］．北京：中华书局，2000.

黄宗智．长江三角洲小农家庭与乡村发展［M］．北京：中华书局，1992.

金太军．村庄治理与权力结构［M］．广州：广东人民出版社，2008.

科尔曼．社会理论的基础［M］．北京：社会科学文献出版社，1999.

蓝宇蕴．都市里的村庄：一个“新村社共同体”的实地研究［M］．北京：生活·读书·新知三联书店，2005.

李国庆．日本农村的社会变迁——富士见町调查［M］．北京：中国社会科学出版社，1999.

李培林．村落的终结［M］．北京：商务印书馆，2004.

理查德·谢弗．社会学与生活：第9版［M］．北京世图出版社，2006.

联合国教科文组织．内源发展战略［M］．北京：社会科学文献出版社，1988.

林耀华．金翼：中国家族制度的社会学研究［M］．北京：生活·读书·新知三联书店，2009.

陆学艺．当代中国社会阶层研究报告［M］．北京：社会科学文献出版社，2002.

陆学艺．内发的村庄［M］．北京：社会科学文献出版社，2001.

罗吉斯．乡村社会变迁［M］．杭州：浙江人民出版社，1988.

马克斯·韦伯．经济与社会［M］．上海人民出版社，2010.

孟德拉斯．农民的终结［M］．北京：中国社会科学出版社，1991.

米格代尔．社会中的国家：国家与社会如何相互改变与相互构成［M］．南京：江苏人民出版社，2013.

米歇尔·福柯．规训与惩罚［M］．北京：生活·读书·新知三联书店，2003.

帕森斯．社会行动的结构［M］．南京：译林出版社，2003.

施坚雅．中国农村的市场和社会结构［M］．北京：中国社会科学出版社，1998.

特尼斯．共同体与社会［M］．北京：商务印书馆，1999.

王铭铭．村落视野中的文化与权力［M］．北京：生活·读书·新知三联书店，1997.

王铭铭．乡土社会的秩序、公正与权威［M］．北京：中国政法大学出版社，1997.

王晓毅．转型时期的农村社会冲突［M］．广州：广东教育出版社，2009.

吴毅．村治变迁中的权威与秩序［M］．北京：中国社会科学出版社，2002.

徐勇，徐增阳．乡土民主的成长：村民自治20年研究集萃［M］．上海：华中师范大学出版社，2007.

徐勇．非均衡的中国政治［M］．北京：中国广播电视出版社，1992.

阎云翔．礼物的流动［M］．上海人民出版社，2000.

阎云翔．私人生活的变革：一个中国村庄里的爱情、家庭与亲密关系：1949—1999［M］．上海书店出版社，2009.

于建嵘．岳村政治［M］．长沙：湖南文艺出版社，2013.

张静．国家与社会［M］．杭州：浙江人民出版社，1998.

张静．现代公共规则与乡村社会［M］．上海书店出版社，2006.

罗吉斯·伯德格著，王晓毅，王地宁译．乡村社会变迁［M］．杭州：浙江人民出版社，1988.

张文明．上海农村调查［M］．北京：中国社会出版社，2014.

赵旭东．否定的逻辑：反思中国乡村社会研究［M］．北京：民族出版社，2008.

折晓叶．村庄的再造［M］．北京：中国社会科学出版社，1997.

周大鸣，刘志扬，秦红增．寻求内源发展：中国西部的民族与文化［M］．广州：中山大学出版社，2006.

周晓虹．传统与变迁［M］．北京：生活·读书·新知三联书店，1998.

外文专著

宫本宪一．環境経済学［M］．岩波書店，1989.

鹤见和子．内発的発展論の展開［M］．株式会社筑摩書房，1996.

張文明．中国村民自治の実証研究［M］．御茶の水書房，2006.

Chu G C, Hsu F L K. China' s new social fabric /［M］. Kegan Paul International in association with the East – West Center, Honolulu, 1983.

Gans H J, Lindemann E. The urban villagers : group and class in the life of Italian – Americans［M］. Free Press, Collier – Macmillan, 1965.

Kaldor D R. Transforming Traditional Agriculture.［M］// Transforming traditional agriculture. Yale University Press, 1964: 688 –9.

Lowe P. Participation in rural development : a review of european experience［M］. Centre for Rural Economy, Department of Agricultural Economics and Food Marketing, University of Newcastle upon Tyne, 1998.

Mackenzie D. The Cambridge Dictionary of Sociology［M］// The Cambridge dictionary of sociology /. Cambridge University Press, 2006: 146 – 146.

Oi J C. State and peasant in contemporary China : the political economy of village government［M］. University of California Press, 2010.

Pierre J, Peters B G. Governance, politics and the state［M］. Macmillan, St Martin' s Press, 2001.

Tajfel H. Differentiation between social groups: Studies in the social psychology of intergroup relations.［M］. Academic Press, 1978.

Turner J H. The structure of sociological theory /［M］. Wadsworth Pub. Co. 1998.

Whyte M K. Small groups and political rituals in China.［M］. University of California Press, 1974.

Zukin S, Dimaggio P. Structures of capital : the social organization of the economy［M］. Cambridge University Press, 1990.

中文期刊

曹海林．乡村社会变迁中的村落公共空间——以苏北窑村为例考察村庄秩序重构的一项经验研究［J］．中国农村观察，2005（6）：61－73.

党国印．论农村集体产权［J］．中国农村观察，1998（4）：3－11.

刁统菊，赵丙祥，刘晓琳．宗族村落中姻亲关系的建立、维护与重组——以鲁东小姚格庄为个案［J］．民俗研究，2008（3）．

高帆，张文景．中国语境中的“家庭农场”［J］．探索与争鸣，2013（6）：57－61.

管爱华，崔宜明．“生存理性”与传统道德——中国传统农民的经济生活与价值诉求［J］．探索与争鸣，2006（6）：41－43.

桂勇．邻里政治：城市基层的权力操作策略与国家－社会的粘连模式［J］．社会，2007，27（6）：102－126.

郭于华．农村现代化过程中的传统亲缘关系［J］．社会学研究，1994（6）：49－58.

贺雪峰，仝志辉．论村庄社会关联——兼论村庄秩序的社会基础［J］．中国社会科学，2002（3）：124－134.

贺雪峰．农民行动逻辑与乡村治理的区域差异［J］．开放时代，2007（1）：105－121.

贺雪峰．缺乏分层与缺失记忆型村庄的权力结构——关于村庄性质的一项内部考察［J］．社会学研究，2001（2）：21－23.

黄玉琴．礼物、生命仪礼和人情圈——以徐家村为例［J］．社会学研究，2002（4）：88－101.

汲喆．礼物交换作为宗教生活的基本形式［J］．社会学研究，2009（3）：1－25.

康晓光，韩恒．行政吸纳社会——当前中国大陆国家与社会关系再研究［J］．中国社会科学 2007（2）：116－128.

蓝宇蕴．都市村社共同体——有关农民城市化组织方式与生活方式的个案研究［J］．中国社会科学，2005（2）：144－154.

李国庆．关于中国村落共同体的论战——以“戒能—平野论战”为核心［J］．社会学研究，2005（6）：194－213.

李连江，欧博文．当代中国农民的依法抗争［J］．太平洋世纪研究所，1997，第 6 期，2－22.

李培林．巨变：村落的终结——都市里的村庄研究［J］．中国社会科学，2002（1）：168－179.

李培林．中国乡村里的都市工业［J］．社会学研究，1995（1）：20－29.

刘拥华．礼物交换："崇高主题"还是"支配策略"？［J］．社会学研究，2010（1）：157－176.

刘玉照．集体行动中的结构分化与组织化——以白洋淀某村修路与基层选举为例［J］．社会，2004，第11期，21.

綦淑娟．政府与农民互动关系的分析——以三门峡水利移民为个案［J］．社会学研究，1996（4）：35－41.

秦晖．"大共同体本位"与传统中国社会（下）［J］．社会学研究，1999（3）：50－58.

渠敬东，周飞舟，应星．从总体支配到技术治理——基于中国30年改革经验的社会学分析［J］．中国社会科学，2009（6）：104－127.

沈毅．"仁"、"义"、"礼"的日常实践："关系"、"人情"与"面子"——从"差序格局"看儒家"大传统"在日常"小传统"中的现实定位［J］．开放时代，2007（4）：88－104.

孙立平，王汉生，王思斌，等．改革以来中国社会结构的变迁［J］．中国社会科学，1994（02）：47－62.

孙立平．"关系"、社会关系与社会结构［J］．社会学研究，1996（5）：22－32.

仝志辉，贺雪峰．村庄权力结构的三层分析——兼论选举后村级权力的合法性［J］．中国社会科学，2002（1）：158－167.

王铭铭．物的社会生命——莫斯《论礼物》的解释力与局限性［J］．社会学研究，2006（4）：225－238.

王思斌．村干部的边际地位与行为分析［J］．社会学研究，1991（4）：46－51.

吴毅．双重边缘化：村干部角色与行为的类型学分析［J］．管理世界，2002（11）：78－85.

吴重庆．无主体熟人社会［J］．开放时代，2002（1）：121－122.

应星．草根动员与农民群体利益的表达机制——四个个案的比较研究［J］．社会学研究，2007（2）：1－23.

翟学伟．人情、面子与权力的再生产——情理社会中的社会交换方式［J］．社会学研究，2004（5）：48－57.

张永宏，李静君．制造同意：基层政府怎样吸纳民众的抗争［J］．开放时代，2012（7）：5－25.

赵鼎新．集体行动、搭便车理论与形式社会学方法［J］．社会学研究，2006（1）：1－21.

折晓叶．村庄边界的多元化——经济边界开放与社会边界封闭的冲突与共生［J］．中国社会科学，1996（3）：66－78.

折晓叶．合作与非对抗性抵制——弱者的“韧武器”［J］．社会学研究，2008（3）：1－28.

周大鸣，高崇．城乡结合部社区的研究——广州南景村50年的变迁［J］．社会学研究，2001（4）：99－108.

外文期刊

守友，裕一．地域農業の再構成と内発的発展論［J］．Journal of Rural Economics，2000，72：60－70.

Thomas W. H. NG and Daniel C. Feldman. Occupational embeddedness and job performance［J］. Journal of Organizational Behavior，2009（10）：863－891.

P M. Rural Policy Reform and Local Development Programmes：Appropriate Evaluation Procedures［J］. Journal of Agricultural Economics，1998，49（3）：409－426.

Adams J H. The Decoupling of Farm and Household：Differential Consequences of Capitalist Development on Southern Illinois and Third World Family Farms［J］. Comparative Studies in Society & History，1988，30（3）：453－482.

Amin A，Thrift N，Amin A，et al. Globalisation，institutional “thickness” and the local economy［J］. Healey P Et Al Managing Cities，1995.

Barke M，Newton M. The EU LEADER initiative and endogenous rural development：The application of the programme in two rural areas of Andalusia，Southern Spain［J］. Journal of Rural Studies，1997，13（3）：319－341.

Bennett K. A Time for Change? Patriarchy，the Former Coalfields and

Family Farming [J] . Sociologia Ruralis, 2004, 44 (2): 147 - 166.

Bowler I R. DIRECT MARKETING IN AGRICULTURE: A BRITISH EXAMPLE [J] . Tijdschrift Voor Economische En Sociale Geografie, 1982, 73 (1): 22 - 31.

Bowler I. Endogenous Agricultural Development in Western Europe [J] . Tijdschrift Voor Economische En Sociale Geografie, 1999, 90 (3): 260 - 271.

Caporale G M, Howells P, Soliman A M. Endogenous Growth Models and Stock Market Development: Evidence from Four Countries [J] . Review of Development Economics, 2005, 9 (2): 166 -176.

Carlos M. Mallol, Brooks C. Holtom and Thomas W. Lee. Job Embeddedness in a Culturally Diverse Environment [J] . Journal of Business and Psychology, 2007 (9): 35 -44.

Cohen, A. An Examination of the elationships between work and nonwork commitment and nonwork domains [J] . HumanRelations, 1996 (48): 239 -263.

Curtin C, Varley T. Populism and petit capitalism in rural Ireland [J] . 1991.

Djurfeldt G. Defining and Operationalizing Family Farming from a Sociological Perspective [J] . Sociologia Ruralis, 1996, 36 (3): 340 - 351.

Elosta H S, Morehart M J. Determinants of Poverty among U. S. Farm Households [J] . Journal of Agricultural & Applied Economics, 2008, 40 (01): 1 -20.

Granovetter M. Economic Action and Social Structure: The Problem of Embeddedness [J] . American Journal of Sociology, 1985, 91 (3) (3): 481 -510.

Griffeth, R. W. , Hom, P. W. , Gaertner, S. A metaanalysis of antecedents and correlates of employee turnover: Update, moderator tests, and research implications for the millennium [J] . Journal of Management, 2000 (26): 463 -488.

High C, Nemes G. Social Learning in LEADER: Exogenous, Endogenous and Hybrid Evaluation in Rural Development [J] . Sociologia Ruralis, 2007, 47 (2): 103 - 119.

Jervell A M. Changing Patterns of Family Farming and Pluriactivity [J] .

Sociologia Ruralis, 2002, 39 (1): 110 – 116.

Lee , T W, Mitchell, T R, Sablynski, C J, Burton , J P, and Holtom , B C. The effects of job embeddedness on organizational citizenship, job performance, volitional absences, and voluntary turnover [J] . Academy of Management Journal, 2004, 47 (5): 711 – 722.

Mcgill R. Urban management in developing countries [J] . Cities, 1998, 15 (6): 463 – 471.

Nee V. A Theory of Market Transition: From Redistribution to Markets in State Socialism [J] . American Sociological Review, 1989, 54 (5): 663 – 681.

Nemes G. Integrated rural development – The concept and its operation [J] . Iehas Discussion Papers, 2005.

Pagano M. Financial markets and growth: An overview [J] . European Economic Review, 1993, 37 (2 – 3): 613 – 622.

R. Gasson. FARM DIVERSIFICATION AND RURAL DEVELOPMENT [J] . Journal of Agricultural Economics, 1988, 39 (39): 175 – 182.

Ray C. Endogenous socio – economic development in the European union — issues of evaluation [J] . Journal of Rural Studies, 2000, 16 (4): 447 – 458.

Ray C. Towards a Theory of the Dialectic of Local Rural Development within the European Union [J] . Sociologia Ruralis, 2008, 37 (3): 345 – 362.

Reitz, Anderson. An overview of job embeddedness [J] . Journal of Professional Nursing, 2011 (27): 320 – 327.

Steidlmeier P. Gift Giving, Bribery and Corruption: Ethical Management of Business Relationships in China [J] . Journal of Business Ethics, 1999, 20 (2): 121 – 132.

Sui D Z, Hui Z. Modeling the dynamics of landscape structure in Asia' s emerging desakota regions: a case study in Shenzhen [J] . Landscape & Urban Planning, 2001, 53 (1 – 4): 37 – 52.

Whatmore S, Lowe P, Marsden T. Rural enterprise: shifting perspectives on small – scale production. [J] . 1991, 49 (2): 262 – 262.

Zhang T. Land market forces and government' s role in sprawl : The case of China [J] . Cities, 2000, 17 (2): 123 – 135.